Guy Sorman

Der neue Reichtum der Nationen

Guy Sorman

# Der neue Reichtum der Nationen

## Die Dritte Welt im Aufbruch

Aus dem Französischen
von Hermann Kusterer

ECON Verlag
Düsseldorf · Wien · New York

Titel der französischen Originalausgabe:
»La nouvelle Richesse des Nations«
Originalverlag: Editions Fayard, Paris
Übersetzt von Hermann Kusterer


CIP-Titelaufnahme der Deutschen Bibliothek

*Sorman, Guy:*
Der neue Reichtum der Nationen: d. Dritte Welt im Aufbruch /
Guy Sorman. Aus d. Franz. von Hermann Kusterer. –
Düsseldorf; Wien; New York: ECON Verl., 1989
Einheitssacht.: La nouvelle richesse des nations ⟨dt.⟩
ISBN 3-430-18626-9


Gesetzt aus der Times, Berthold
Satz: Dörlemann-Satz, Lemförde
Papier: Papierfabrik Schleipen GmbH, Bad Dürkheim
Druck und Bindearbeiten: F. Pustet, Regensburg
Printed in Germany
ISBN 3-430-18626-9

*Höchstes Anliegen einer Regierung sollte es sein,*
*ihr Volk nach und nach daran zu gewöhnen,*
*daß es ohne sie auskommt.*

ALEXIS DE TOCQUEVILLE
Carnets de voyage, 1831

# INHALT

# PROLOG

# An der Grenze

Brauner Schlapphut, undurchdringliche Spiegelbrille, tadellos sitzendes Khakihemd mit scharfen Bügelfalten: Leutnant William Doelittle von den *US Border Patrols* steht Wache gegen Mexiko. Wie ein buntgescheckter Streifen markieren die rosa- und purpurgestrichenen Bruchbuden von Tijuana die Grenze zwischen den beiden Amerikas: angelsächsischer Wohlstand im Norden, im Süden lateinamerikanisches Elend. Nirgends sonst gibt es eine schärfere Trennlinie zwischen der Welt der Reichen und der Dritten Welt – 3000 Kilometer einer schnurgeraden, von den Wechselfällen des Krieges und der Geschichte bestimmten Grenze.

Vor zwanzig Jahren kämpfte Doelittle in Vietnam. Heute heischt der Colt an seinem Gürtel nur noch Ehrerbietung, aber an seinem Auftrag hat sich für Doelittle nichts geändert: Schutz der freien Welt, der weißen Zivilisation, des materiellen Wohlstands ... Schutz wovor?

Auf der mexikanischen Seite wandern rund tausend Menschen ziellos auf dem schmalen Erdstreifen hin und her, der die letzten Fassaden von Tijuana vom amerikanischen Hoheitsgebiet trennt; in kleinen Gruppen kommen und gehen sie, scheinen darauf zu warten, daß an diesem gottverlassenen Ort trotz allem irgend etwas geschieht. In Wirklichkeit warten sie lediglich darauf, daß der amerikanische Leutnant wieder in seinen Wagen steigt, um einen anderen illegalen Grenzübergang zu inspizieren. Doelittle, der diese Taktik zur Genüge kennt, hat Verstärkung herbeigerufen und mit seinen Kameraden eine dünne Wehr errichtet – alles in allem vier Fahrzeuge und sechs Männer. So stehen sie einander gegenüber, tausend gegen sechs. Immer wieder überfliegt ein Hubschrauber der Grenzwacht das Operationsgebiet, knattert die Kammlinie entlang, dreht zur Pazifikküste ab, taucht wieder auf, geräuschvoll und sinnlos. Dieses Spiel dauert ein paar Stunden, bis schlagartig die Nacht hereinbricht. Paradoxerweise erleichtert die Dunkelheit den mit Infrarotgläsern ausgestatteten *Border Patrols* die Beobachtung. Die Mexikaner wissen das nicht. Sie glauben sich von der Dunkelheit geschützt und setzen sich plötzlich signal- und geräuschlos in Bewegung, laufen einfach los, was das Zeug hält, in Richtung Vereinigte Staaten. In diesem gespenstischen Räuber- und Gendarmspiel bleibt Doelittle und seinen Männern nur eines: Sie brüllen den Eindringlingen zu, stehenzubleiben. Und unerklärlicherweise bleiben sie alle stehen, als fühle sich jeder unmittelbar angerufen; vielleicht gehorchen sie einer ungeschriebenen Spielregel, vielleicht auch hat sie reine Panik erfaßt, der Reflex des mexikanischen Bauern vor den *oficiales*, den Vertretern der Staatsmacht ...

In dieser Nacht schlägt für 1500 illegale Einwanderer der Versuch fehl; sie werden ins Haftlager der Grenzpatrouille in Chula Vista verfrachtet. Aber die Zahl derer, die durchkommen, beträgt das Zwei- oder Dreifache - wer wollte es wissen? Ein Strom, der sich ins riesige Menschenmeer ergießt, das an der Grenze zwischen Tijuana und Rio Grande immer weiter anschwillt und überzuschwappen droht, eine Flut, die den Nordamerikanern Angst einzujagen beginnt, eine Invasion, nicht die eines Feindes, sondern der Armut, des Hungers, der Entschlossenheit, sich durchzuboxen. Nach allgemeiner Schätzung leben zwischen zwei und vier Millionen Mexikaner ständig illegal auf nordamerikanischem Boden. Hinzu kommen eine Million Saisonarbeiter, die sechs Monate bleiben, in ihr Dorf zurückgehen und dann wiederkommen.

Die Menschen, die sich da an den Pforten der Industriewelt drängen, sind keineswegs so jung, wie man meinen möchte. Die meisten, Familienväter zwischen vierzig und fünfzig, haben Frau und Kinder in ihrem Dorf zurückgelassen. Doch jenseits ihres scheinbar gemeinsamen Schicksals hat ein jeder seine ureigene Geschichte. Nur eine davon will ich erzählen, die Geschichte von José Zaragoza.

Er ist älter als seine Unglücksgefährten und zeigt sich peinlich berührt, den *oficiales* der Vereinigten Staaten in so dreckiger, von der Reise beschmutzter Kleidung gegenüberzutreten. So besteht er darauf, mir zu zeigen, daß er darunter ein reines Hemd und eine saubere Hose trägt, in denen er sich einem möglichen Arbeitgeber präsentieren wollte, und noch mal darunter eine dritte Ausstattung für die Sonntagsmesse. Diese drei Bekleidungen sind Zaragozas einziger Besitz; ein skrupelloser Arbeitsvermittler, der bis in sein Dorf Ahueanetzingo im Staat Morelos vorgedrungen war, hat ihn um seine gesamten Ersparnisse erleichtert, 1000 Dollar im Tausch gegen die Scheinadresse eines amerikanischen Arbeitgebers, eines Bauern in New York! Zaragoza spricht kein Wort Englisch und wiederholt nur unablässig *»Nueva-York, Nueva-York«*. Ein Mitglied der *Border Patrols* versucht, ihm mühsam klarzumachen, New York liege 5000 Kilometer von Tijuana entfernt, und Ackerland gebe es dort ohnehin nicht.

Die abgedrängten Mexikaner bleiben nur ein paar Stunden lang in Haft, gerade so lange, bis man sie von den anderen Lateinamerikanern abgesondert hat. Die Guatemalteken, Honduraner, Salvadorianer und Kolumbianer dürfen das Land wählen, in das sie ausgewiesen werden wollen. Nicht so die Mexikaner. Jeder von ihnen muß einen Namen nennen, egal welchen, und dann steigen sie in einen Bus mit vergitterten Fenstern, der sie binnen weniger Minuten nach Tijuana zurückbringt. Für die meisten ist der mißlungene Grenzübertritt und die Rückkehr zur Ausgangshütte schon zu einer Routineangelegenheit geworden.

Zehnmal, zwanzigmal schon haben sie die Grenze zu überqueren versucht. Oft ist es ihnen gelungen, dann haben sie in den USA gearbeitet, sind wieder zu ihrer Familie zurückgekehrt und später wieder rückfällig geworden. Alle wissen, daß Doelittles Patrouille sie nicht wirklich aufhalten kann. Das Spiel ist praktisch gefahrlos: keinerlei Gewalt, keinerlei Beschimpfung seitens der amerikanischen Behörden. Doelittle beschränkt sich auf eine kurze Ansprache in schlechtem Spanisch, erklärt ihnen die Rechtsgrundlage der Abschiebung nach Mexiko. Im eigenen Land hingegen werden sie gleich bei Ankunft des Busses von der mexikanischen Polizei belästigt, die ihnen Geld und Wertgegenstände wegnimmt. Doelittles Leute raten deshalb den Anfängern, die zum ersten Mal zurückgewiesen werden, etwas Geld in der Tasche zu lassen, ein gutes Mittel, um dem Gefilztwerden zu entgehen.

In der Sammelhalle, bevor sie den Schicksalsbus besteigen, demonstrieren die Mexikaner nicht etwa gegen die Vereinigten Staaten, sondern gegen ihre eigene Regierung: Weil sich die Politiker bereichern, sei das Volk so arm. Doelittles Assistent Dick Cisneros, ein in Kalifornien geborener *chicano*, rät seinen fernen Landsleuten, sie sollten die Revolution wiederholen, sich einem neuen Zapata – dem legendären Helden der mexikanischen Bauern ohne Land – anschließen. Und jedem wünscht Cisneros beim nächsten Mal mehr Glück.

William Doelittle sagt lieber nichts; gegen die Tausende von Illegalen, die in der amerikanischen Menge der Grenzstadt San Ysidro untertauchen, vermag er ohnehin nichts mehr. Ungezählte Male hat er einen Mexikaner zur roten Straßenbahn nach San Diego rennen und unter den Fahrgästen verschwinden sehen. Das amerikanische Recht erlaubt dem Leutnant nicht, die Bahn zu besteigen und den Mexikaner festzunehmen, wenn er ihn nicht in flagranti erwischt.[1] Ebensowenig kann Doelittle etwas gegen den »unsichtbaren« Zustrom mexikanischen Fluchtkapitals unternehmen, das in die amerikanischen Banken fließt. Auch den Drogenschmuggel (das in den USA verkaufte Marihuana stammt zur Hälfte aus Mexiko) kann Doelittle nicht mehr bremsen, ebensowenig der Abwanderung mexikanischer Intelligenz, der *fuga de cerebros*, der »Flucht der Gehirne«, Einhalt gebieten. Einhundertvierzig Jahre nach dem amerikanisch-mexikanischen Krieg hat an der Grenze eine regelrechte Reconquista eingesetzt.

Doelittle gesteht mir, er erkenne sein weißes Amerika nicht wieder: Der Süden Kaliforniens trage mittlerweile ganz die Züge der lateinamerikanischen Kultur – Architektur, Gesichter, Farben, Laute. Dennoch denkt der Leutnant nicht daran, aus den *Border Patrols* auszuscheiden; für 20 000 Dollar im Jahr bleibt er Wächter

1 Seit Mai 1987 ist es Amerikanern bei Strafandrohung verboten, illegale Arbeitskräfte zu beschäftigen. Vielleicht dämmt diese neue Gesetzgebung die illegale Einwanderung etwas ein. Es besteht jedoch die Gefahr, daß sich die sozialen Probleme in Mexiko selbst weiter verschärfen und daß gewisse nordamerikanische Unternehmen, die plötzlich auf billige Arbeitskräfte verzichten müssen, in Schwierigkeiten geraten.

in einem absurden Guerillakrieg, dazu verurteilt, niemals die Welle der Einwanderer aufhalten zu können, die weltweit nach Norden schwappt. Denn diese Männer und Frauen aus dem Süden wollen nicht etwa nur der Armut entkommen, sie fliehen nicht minder aus dem Joch monströser Polizeiherrschaft, wahnwitziger Diktaturen, alleserstickender Bürokratien. Sie ziehen in eine reichere, aber auch freiere, die menschliche Person respektierendere Welt.

Tag für Tag begegnen wir diesen Völkern der Dritten Welt in unseren Straßen, manchmal auch sehen wir sie in ihrem eigenen Lande. Zumeist indessen übersehen wir sie, weil wir nur Durchreisende sind, oder aber wir überziehen sie mit unseren eigenen Analysen, unserem guten oder auch schlechten Gewissen. Für ihre Entwicklung denken wir uns Lösungen aus, die nichts anderes sind als der Widerschein unserer eigenen Wertvorstellungen und Ansichten und nicht etwa der ihren. Darum habe ich in Tijuana beschlossen, Doelittle Adieu zu sagen und meinerseits die Grenzlinie zu überschreiten, aber in der anderen Richtung. Drei Jahre lang bin ich von Norden nach Süden gereist, und oft genug war mir, als habe ich auf die andere Seite eines Spiegels gewechselt.

ERSTER TEIL

# Die Politik der Armut

# I

# Wenn die *peones* erwachen

Zur Siestastunde sitzt im engen Dunkel der Kirche von Ahueanetzingo ein alter Mann, auf seinen Stock gestützt, auf dem Kopf einen breiten Sombrero; er wartet auf den Fremden, der bereit ist, sich seine Geschichte anzuhören (die Dorfbewohner kennen sie längst). Er heißt Elijio Martínez Cuevas und hat noch Zapata gekannt, ihn die Landrückgabe an die Bauern fordern hören. Das war 1910, nicht weit von hier, in Ayala. Danach kam Zapata mit seinen Waffengefährten bis nach Ahueanetzingo und soll sogar eine Stunde geblieben sein; wieder war Martínez dabei. Ob die Geschichte stimmt oder nicht, spielt keine Rolle: Alle mexikanischen Bauern in Martínez' Generation haben Zapata gesehen oder glauben, ihn gesehen zu haben, manche gar noch nach seiner Ermordung. Zapata ist der melancholische Held der Landbevölkerung, der *campesinos*: »Er starb«, schreibt Octavio Paz, »wie er gelebt hatte: er küßte die Erde.«

Ahueanetzingo sieht genauso aus, wie man sich Mexiko vorstellt: verlassene Staubstraßen, grelles Licht, weiße Mauern, hermetisch geschlossene Holzfensterläden. Um diese Stunde dösen die Tequilaverkäufer hinter ihrer Theke. Über einen Fernsehschirm läuft vor leeren Bänken ein Schulprogramm. Da es im Dorf keinen Lehrer gibt, wird von den Kindern erwartet, daß sie, allein vor dem Bildschirm, den Unterricht mitmachen. Die von den Spaniern auf einem ehemaligen Aztekentempel erbaute Barockkirche ist seit fünfzig Jahren geschlossen. Der katholische Klerus hatte damals versucht, das Volk zum Aufstand gegen die Revolution zu bewegen, aber diese *christiada* wurde blutig niedergeschlagen. Hier ließ Graham Greene *Die Macht und die Herrlichkeit* spielen, den Roman über jenen letzten Kreuzzug. Das Haus des Volkes hingegen steht weit offen, und der junge Sekretär der seit sechzig Jahren regierenden Institutionellen Revolutionspartei

(PRI) tut seinen Dienst. Der Bürokrat stammt aus der Hauptstadt des Staates Morelos, Cuernavaca; man sieht sofort, daß seine Haut heller ist als die der Ortsbewohner. Er verkörpert hier die Allmacht des Staates über Menschen und Land.

Drei Vierteljahrhunderte nach Zapatas Proklamation wartet Elijio Martínez noch immer darauf, daß den Bauern Mexikos das Land zurückgegeben wird. Gewiß wurden 1936 die Besitzer der riesigen Haziendas von Morelos enteignet; die Großherren, die die Bauern ausbeuteten, wurden ermordet oder flohen in die Vereinigten Staaten. Doch Eigentümer ist Martínez darum noch lange nicht geworden, denn Privateigentum, so hieß es, sei der mexikanischen Tradition fremd!

In einem unglaublichen Taschenspielertrick mit der Geschichte hat die PRI-Regierung von General Cárdenas eine einstige Azteken-Institution wieder zum Leben erweckt. In diesem System, das die spanischen Eroberer mit eigenen Vorstellungen verbanden und in *ejido* umbenannten, war das Land Gemeinschaftseigentum und nur der Anbau individuell. Jede Familie erhielt von den aztekischen Machthabern - heute von der PRI - das jederzeit widerrufliche Recht, eine Landparzelle zu bebauen. Das *ejido* kann weder verkauft noch verpachtet werden, nur sein unmittelbarer Inhaber darf es bebauen. Dieses Anbaurecht kann an die Witwe oder das älteste Kind vererbt werden. Der *ejidatario* befindet sich also ständig in einem Klima der Rechtsunsicherheit und der Abhängigkeit vom Staat, der Landeigentümer bleibt. Unzählig sind die Unklarheiten, unter denen der *ejidatario* seine Parzelle bebaut, ohne jemals einen Rechtstitel darauf bekommen zu haben, und genauso unzählig sind die Grenzstreitigkeiten: Fünfzig Jahre nach der Landreform ist die Regierung noch immer dabei, die Grenzen zwischen den einzelnen Landstücken zu ziehen. Das geschieht mit voller Absicht, denn damit verbleibt ihr die Schiedsgewalt über das *ejido*. Es gibt in der mexikanischen Landschaft kaum einen gewohnteren Anblick als die Prozessionen, in denen die Bauerndelegationen zum Verwaltungssitz der Region und manchmal bis zur Hauptstadt ziehen, um bei Bürokraten und Politikern ihr Anrecht auf das *ejido* geltend zu machen. Auf diese Weise sorgt die linke PRI unter dem Deckmantel einer Aztekentradition für die Unterwürfigkeit der *campesinos.* »Die Bauern verlangen überhaupt kein Privateigentum«, versichert mir allen Ernstes der PRI-Sekretär. Als Beweis führt er an, die konservative Opposition, die Partei für Nationale Aktion (PAN), sei für das Privateigentum und verliere jedesmal die Wahlen. Folglich sind die Bauern gegen Privateigentum ...

Die Landreform hat diesen Teil Mexikos in ein Puzzle aus Winzigbetrieben verwandelt. Nur selten ist ein *ejido* von Ahueanetzingo größer als ein halber Hektar; ein Zusammenlegen ist untersagt, jeglicher Produktivitätszuwachs unmöglich. Ausgerechnet dort, wo dem Menschen erstmalig der Maisanbau gelang, liegt der Ertrag der dürftigen Kolben, die auf dem ausgetrockneten Boden in weitem Abstand voneinander wachsen, so niedrig wie sonst fast nirgends auf der Welt, so daß Mexiko ein Drittel seines Verbrauchs für teures Geld einführen muß. Doch nicht Unwissenheit oder Festhalten am Hergebrachten verhindern, daß die *peones* moderne Anbaumethoden anwenden. Eingezwängt in einen allzu schmalen Streifen Land und angewiesen auf die ungemein niedrigen Preise, zu denen ihnen die Regierung die Ernte abkauft, haben sie allen Anlaß, auf jegliche Investition zu verzichten und keinesfalls mehr zu erzeugen, als sie für sich selber brauchen. Die Bauern von Ahueanetzingo verhalten sich völlig vernünftig, wenn sie nicht zuviel arbeiten. Unter solchen Umständen sehen sie lieber fern oder wandern in die Vereinigten Staaten aus.

Von den 1200 Dorfbewohnern haben sich achtzig Erwachsene auf den Weg gemacht und sorgen mit dem Geld, das sie schicken, für den Unterhalt ihrer Familien. Die vielen Parabolantennen auf den Dächern von Ahueanetzingo, mit denen sich die nordamerikanischen Programme einfangen lassen, sagen deutlich, wohin die eigentlichen Interessen der Bauern dieses Dorfes 2000 Kilometer südlich des Rio Grande gehen.

Von totalitärer Bürokratie erdrückt, von der politischen Propaganda hinters Licht geführt, seiner eigenen Geschichte beraubt, durch eine Fremdkultur entwurzelt und ein absurdes Wirtschaftssystem zur Armut verurteilt, trägt der mexikanische *peón* die ganze Last der Dritten Welt auf seinen Schultern. Er könnte, versichert mir Octavio Paz, ihre Symbolfigur sein.

Octavio Paz ist der Dichter, das Orakel der Nation. Was er sagt und schreibt, findet in Mexiko und ganz Lateinamerika breiten Widerhall. Lange Zeit war er ein Würdenträger des Regimes. Bis zu dem Tag, da die Regierung auf demonstrierende Studenten zu schießen befahl, dem 12. Oktober 1968, auf dem Platz der Drei Kulturen im Mexico-City-Vorort Tlateloco.[1] Daraufhin brach Octavio Paz öffentlich mit der PRI-Staatsmacht und wurde zum intellektuellen Dissidenten, der sich in seine Wohnung an der Avenida de Los Insurgentes inmitten der Hauptstadt flüchtete, umgeben von Büchern, präkolumbianischen Kunstgegenständen und aus Indien, wo er Botschafter war, mitgebrachten Statuen. Die großen Risse in der Decke erinnern daran, daß sein Haus das Erdbeben von 1985 nur knapp überstand. Die mit Ölgeld allzu schnell gebauten Wolkenkratzer ringsum indes wurden sämtlich abrasiert. Der Mann mit dem schweren, rätselhaften Häuptlingsgesicht gehört zu den einflußreichsten Denkern des Kontinents; nur sein Bekanntheitsgrad schützt den unbeugsamen Gegner vor seiner eigenen Regierung. Er ist die Galionsfigur aller antitotalitären Kämpfe, steht Pinochet ebenso feindselig gegenüber wie Castro.

Kein Volk, sagt Paz zu mir, gehöre deutlicher zur Dritten Welt als das mexikanische, denn keines wurde und werde strenger unterjocht; nacheinander von den Azteken, den spanischen Konquistadoren, den katholischen Missionaren, den Gemeindevorstehern und den Revolutionsführern erdrückt, keuche Mexiko heute unter den Stiefeln einer totalitären Bürokratie, der Partei der Institutionellen Revolution.

Für Octavio Paz ist die PRI der Erztypus aller Apparate, seien sie nun Einheitspartei oder herrschende Partei, die die armen Völker unterdrücken, eine Art bolschewikische Partei, sagt er, der es gelungen sei, unter dem Anschein von Demokratie und Plura-

1 Die Studenten nutzten die Gelegenheit der Olympischen Spiele und demonstrierten in jenem Jahr in Mexiko wie überall in der Welt. Seinen Namen bezieht der Platz aus dem Nebeneinander einer Kolonialkathedrale, einer Aztekenpyramide und eines Wolkenkratzers.

lismus seit sechzig Jahren sämtliche Präsidentschaftswahlen zu gewinnen. Diese Bürokratie sei zudem erblich: die Minister sind Ministersöhne, die Präsidenten Nachkommen von Parteigewaltigen.[1] Diese absolute Herrschaft über das mexikanische Volk verdanke die PRI nicht nur den gewohnten Methoden jeder totalitären Organisation - Gewalttat, Korruption, Einschüchterung -, sondern mehr noch der Art und Weise, wie sie die einfältigen *peones* manipuliere. Die PRI habe sich die magischen Machtriten der alten Azteken zu eigen gemacht. Nach ihrem Vorbild übe der mexikanische Präsident eine persönliche und geheime Macht aus, zu der es in der ganzen Welt kein Gegenstück gebe, doch nach Ablauf seiner sechsjährigen Amtszeit, nach der er nicht wiedergewählt werden kann, werde er vermittels des von ihm selbst ausgewählten Nachfolgers zum Gegenstand heftigster Kritik. Dieses Opferritual erlaube es der Regierung, sich auf immer zu halten, denn das Volk werde seinen Unmut los, die Macht der Partei aber bleibe fester gegründet als in jeder anderen Diktatur.

Deswegen hätten die mexikanischen Regierungen einen wahren Aztekenkult entfaltet, den Museen, Wandfresken, Statuen und Reden bis zum Überdruß feierten. Dabei hätten die Azteken, der aus dem Norden eingefallene Stamm, nichts anderes mitgebracht als ihre blutrünstigen Riten; ihre Kultur sei mittelmäßig, ihre Kunst grobschlächtig und weit niedrigeren Standes gewesen als die der alten und von den Azteken unterjochten Völker Mexikos, der Maya oder Tolteken. Aber, so lehrt mich Paz, für Mexiko seien die Azteken die Erfinder des zentralisierten Staates gewesen; wer die Azteken feiere, wolle nicht mehr und nicht weniger, als die fortdauernde Notwendigkeit dieser Staatsform mit der Geschichte legitimieren. Mit dieser Mischung aus Vergangenheitskult und modernistischem Gerede sei es den Dynastien, die seit der Revolution die PRI beherrschten, gelungen, absolute

1 1987 sind alle Präsidentschaftskandidaten Söhne von Gouverneuren oder Ministern. Ein weiteres Beispiel: Präsident López Portillo ernannte 1976 seinen Sohn zum Budgetminister, seine Mätresse wurde Minister für Fremdenverkehr, seine Schwester übernahm die Leitung des staatlichen Fernsehens, seine Kusine wurde Gesundheitsminister, und seine Frau erhielt die Leitung des Fonds für kulturelle Entwicklung.

Autorität mit den Vokabeln und dem Anschein einer demokratischen und fortschrittlichen Legitimität zu verschleiern.

Im übrigen, bedauert Octavio Paz, stünden die europäischen Intellektuellen gegen die Diktatur in Mexiko niemals in der Weise auf, wie sie gegen Pinochet wetterten. Liege nicht hierin für alle Despoten der Dritten Welt ein unbestreitbarer Erfolgsbeweis?

Ich erhoffte mir von Paz ein paar Schlüssel zur Dritten Welt, vor allem eine Definition. Fragte ich mich doch am Anfang meiner Reise, ob der Begriff überhaupt einen Sinn habe, ob es nicht absurd sei, ein höchst vielgestaltiges Mosaik mit einem einzigen Etikett versehen zu wollen.

Für Paz indessen gibt es sie sehr wohl, die Dritte Welt. Die ihr zugezählten Völker fühlten sich ihr zugehörig. Der Begriff umfasse eine erlebte Wirklichkeit. Entgegen der herrschenden Meinung sei jedoch diese Einheit der Dritten Welt keineswegs wirtschaftlicher Art. Nicht das Pro-Kopf-Einkommen, der technische Rückstand, die aberwitzige Verteilung des Reichtums und auch nicht die Art des Verhältnisses zu den reichen Ländern, weder Kolonialismus noch Imperialismus ließen eine Definition der Dritten Welt zu. Ob ein Volk zur Dritten Welt gehöre, hänge vor allem anderen mit seinem politischen System zusammen. Die Dritte Welt werde beherrscht von autoritären oder totalitären Machthabern, von politischen Kasten, die mit Worten und Institutionen jonglierten. Die Dritte Welt, das sei nicht nur die Massenarmut, sondern es sei - mit graduellen Unterschieden - der ständige Sieg der Starken über die Schwachen, die Herrschaft hirnrissiger Ideologien, der Vorrang des Politischen vor dem Wirtschaftlichen und der Hierarchie vor der Begabung, die Mißachtung der Menschenrechte, das Fehlen jeglicher Legalität, die Ablehnung des Pluralismus, das Verbot der Kritik und die Verachtung des Individuums.

Paz fügt ein einfaches Kriterium hinzu, anhand dessen sich sofort feststellen lasse, ob eine Nation zur Dritten Welt gehöre oder nicht: die öffentliche Korruption. Wo immer die Vertreter des Staates, Beamte oder Politiker, auf allen Ebenen der Hierarchie korrupt seien und diese Praxis gewissermaßen amtlich sei, befänden wir uns fraglos in der Dritten Welt. Am oberen Ende der Hierarchie gelte es als selbstverständlich, daß der Präsident zu seinen Gunsten ein paar Millionen Dollar abzweigt, bevor er sich aus dem öffentlichen Leben zurückzieht. Notwendige Ergänzung zur Korruption sei, daß man sie anprangere: Jeder neue Staatschef sei es sich schuldig, die Schandtaten seiner Vorgänger zu brandmarken und zu schwören, er werde das Land von dieser Geißel befreien. Man dürfe auf keinen Fall achselzuckend über die Korruption hinweggehen. Allzuoft neigten die Europäer dazu, sie als bloße bedauerliche Gewohnheit, als Zug der lokalen Kultur oder als Folge der Armut zu sehen. Das sei völlig falsch! In Mexiko – und nicht nur dort – sei die Korruption ein unerläßlicher Bestandteil der politischen Macht. Mit der gezielten Vergabe der Posten, die sich am besten für die unrechtmäßige Bereicherung eignen, versichere sich die Partei der Hörigkeit der Staatsbeamten.

Mehr noch: Die Korruption offenbare Rechtlosigkeit. In den meisten Ländern der Dritten Welt seien die Gesetze nicht etwa Regeln, die neutral und rechtens für alle gälten; immer und immer sei das Verhältnis zur Macht personenbezogen. Nur über die heimliche Entlohnung zahlloser Mittelspersonen könne der Bürger überhaupt zur Verwaltung vordringen, den Schutz der öffentlichen Hand erlangen. In Mexiko setze diese Korruption schon auf der untersten Ebene mit der *mordida* (dem »Brotbissen«) für den Polizisten ein. Der englische Volkswirtschaftler Peter Bauer nenne dieses politische System »Kleptokratie«. Der Staat sei hier nicht das, was er in Europa sei, sondern er sei Privateigentum. Ebendiese Vereinnahmung des Staates durch Cliquen, schließt Paz, sei der gemeinsame Nenner für die Dritte Welt.

## *Octavio Paz' Sinneswandel*

Einen Octavio Paz, der dem Staat den Prozeß macht, hatte ich nun wirklich nicht erwartet! Ich war nach Mexiko gekommen in der Meinung, in ihm dem surrealistischen Dichter, dem Weggefährten André Bretons, dem Kämpfer im spanischen Bürgerkrieg, kurzum: dem Linksintellektuellen zu begegnen. Ich war falsch unterrichtet. Aus Paz ist ein Liberaler geworden; inzwischen ist er der Ansicht, die Entwicklung seines Landes setze politische Demokratie und freies Unternehmertum voraus.

Das ist alles andere als der Weg des geringeren Widerstandes oder der Bequemlichkeit auf einem Kontinent, wo der Liberalismus schief angesehen wird. Schon das Wort ist unscharf und bedeutet keineswegs in allen Ländern dasselbe. Wegen des rhetorischen Mißbrauchs, den die Militärdiktaturen Brasiliens, Argentiniens und Chiles damit getrieben haben, meint man weithin, Marktwirtschaft und politischer Autoritarismus gingen Hand in Hand. In Mexiko ist Liberalismus gleichbedeutend mit Antiklerikalismus, zudem hat der Begriff einen nordamerikanischen Hautgout - ein Greuel südlich des Rio Grande. Schließlich ist er hier wie überall verschrieen als die Ideologie der Arbeitgeber gegen die Arbeitnehmer, der Besitzenden gegen die Armen, der reichen Völker gegen die Dritte Welt.

Octavio Paz kennt diese Zerrbilder alle, doch ist er der Ansicht, diesem übel zugerichteten Liberalismus ergehe es wie allen Geschichtsphilosophien - die sich auf ihn beriefen, hätten ihn verraten. Geschehe das nicht häufig genug dem Christentum seitens der Kirche, und werde nicht der Marxismus unablässig von den kommunistischen Parteien verraten? So werde auch der Liberalismus oft ein Opfer der Bourgeoisie, die sich seiner bemächtige, und der Politiker, die ihn in ihren Reden feierten. Nach Paz macht es »die schmerzende Wunde und die Größe« des liberalen Intellektuellen aus, alle diese Widersprüche auf sich nehmen und die liberale Gesellschaft aufbauen und zugleich kritisieren zu müssen.

Liberal sein heißt nach seinen Worten, nicht zu glauben, es gebe einen Entwicklungsweg »à la mexicaine«, sondern es gebe universell anwendbare Grundsätze, die auch für Mexiko gälten. In seinem Lande entspreche der Mexikaner dem Klischee der Faulheit und Tatenlosigkeit, doch kaum überschreite er die Grenze zu den USA, werde er schlagartig fleißig und unternehmungsfreudig.[1] Beweis dafür, daß Armut und Unterwürfigkeit viel mehr dem

1 Auf der mexikanischen Seite der Grenze genehmigte die Regierung Anfang der achtziger Jahre die Einrichtung von Zulieferfabriken; diese *maquiladoras* arbeiten auf Bestellung nordamerikanischer, japanischer und europäischer Gesellschaften für den Export. Die mexikanische Belegschaft arbeitet dabei in einem

politischen System Mexikos als historischen oder natürlichen Ursachen zuzuschreiben seien. Das ganze Geheimnis des Liberalismus liege in dieser Feststellung, daß die Menschen nicht von Natur aus gut oder schlecht, tüchtig oder untüchtig, »zur Entwicklung fähig oder unfähig« seien, sondern daß sie ihr Verhalten nach den Institutionen richten, die nun ihrerseits wirklich gut oder schlecht sein können.

Diese Analyse trifft den Kern. In allen Ländern, die ich näher untersuchte, gelangte ich jedesmal zu der Erkenntnis, daß die Entwicklungstheoretiker in zwei Lager zerfallen. Die einen sind der Meinung, daß nur eine nationalistische, staatsmonopolistische und sozialistische Strategie die Armut der Völker beseitigen kann, und seit dem Zweiten Weltkrieg überwog diese Haltung in der Dritten Welt mit ganz wenigen Ausnahmen. Die anderen hingegen halten Unternehmungsgeist, Freihandel und Demokratie für universal gültige Prinzipien, die sich mithin auf sämtliche Kulturen anwenden lassen. Deshalb reicht die symbolische Bedeutung des Übertritts von Octavio Paz vom ersten ins zweite Lager weit über Mexiko hinaus. Hier ist ein Mann, dessen persönliche Geschichte mit der des Jahrhunderts eng verflochten ist und der an allen seinen Kämpfen teilgenommen hat. Daß er am Ende eines nachdenklichen Lebens Lateinamerika dazu aufruft, den liberalen Weg einzuschlagen, weil dieser ihm universell gültig erscheint, ist das Wahrzeichen eines tiefgreifenden Sinneswandels.

## *Der aktuelle Adam Smith*

Meine Begegnung mit Octavio Paz war ausschlaggebend für meine ganze Untersuchung. Ich wollte versuchen, ein paar allgemeingültige Entwicklungsregeln freizulegen, befürchtete aber anfangs

»westlichen« Rahmen; ihre Leistung entspricht der der tüchtigsten Unternehmen von Taiwan. Die *maquiladoras* sind, gleich hinter dem Erdöl, zur zweitwichtigsten Devisenquelle Mexikos geworden. Ihr Erfolg zeigt, daß für die miserablen Wirtschaftsergebnisse des Landes keineswegs der Charakter des mexikanischen Arbeiters verantwortlich ist.

dieser Reise, ich säße dem Eurozentrismus auf, wenn ich mir anmaßte, ein mitgebrachtes Analysesystem von Land zu Land, von Kultur zu Kultur weiterzuschleppen. Daß eine große Stimme der Dritten Welt ausgerechnet die Gültigkeit eines universalistischen Wurfs bekräftigte, ermutigte mich weiterzumachen, wobei ich vielen weiteren Persönlichkeiten begegnen sollte, die auf ihre Art, in ihrer Sprache, in ihrer eigenen Kultur verwurzelt, ebenfalls der Auffassung huldigten, daß dieses Bestreben durchaus zu verwirklichen sei. Natürlich muß man sich über die Bedeutung der Worte einig sein. Liberales Denken ist alles andere als dogmatisch, es ist nicht eine aus irgendwelchen Offenbarungen gewonnene magische Formel, die ungeachtet der Umstände und Breitengrade als solche angewendet werden könnte. Was wir hier und auf den folgenden Seiten hervorheben wollen, ist vor allem anderen eine Verhaltensweise, ein unvoreingenommenes Sehen der Menschen und Fakten, es berücksichtigt den Ort ebenso wie den Zeitpunkt der Betrachtung.

So habe ich, um dieses Buch zu schreiben, achtzehn Länder[1] besucht, und das heißt zugleich, daß ich ein gutes Hundert ausgelassen habe. Insbesondere ließ ich im Krieg befindliche Länder wie Äthiopien oder Iran aus, weil ich der Meinung war, in diesem Fall sei die Wirtschaft voll und ganz auf die militärische Anstrengung ausgerichtet und von Entwicklungspolitik könne keine Rede sein. Natürlich ist diese Entscheidung durchaus anfechtbar, ist doch der Bürger- oder Nachbarkrieg eine bedeutsame Dimension der Dritten Welt. War meine Wahl auch willkürlich, so war sie doch nicht zufällig. Ich gestehe, Repräsentatives ausgewählt zu haben für das, was mir zukunftsträchtig und hoffnungskündend erschien, zu Lasten des Katastrophalen und Mißlungenen; mir war es weniger um bloße Feststellung zu tun als darum, Perspektiven aufzuzeigen. Tatsächlich ist ja die Dritte-Welt-Literatur überwiegend pessimistisch und gibt meines Erachtens die Wirklichkeit und die Anstrengungen dieser in Gärung befindlichen Völker

1 *In Lateinamerika*: Argentinien, Bolivien, Brasilien, Chile, Kuba, Mexiko. *In Asien*: China, Hong Kong, Indien, Korea, Pakistan, Singapur, Taiwan. *In Afrika*: Ägypten, Côte d'Ivoire, Senegal, Südafrika, Tansania.

wenig zutreffend wieder. Denn die Dritte Welt bewegt sich, arbeitet, innoviert. Sie ist ganz und gar nicht jene träge und hoffnungslose Masse, als die wir sie im Westen zu sehen belieben. Desgleichen stelle ich den Begriff der Entwicklung in den Vordergrund, die, wir wissen es, traditionelle Gleichgewichte zerstört, ehrwürdige Kulturen in den industriellen Wirbel stürzt und keineswegs zwangsläufig das Glück der Völker bewirkt. Ich behaupte darum nicht, Entwicklung sei immer und überall ein höheres Gut als die alte Kultur, stelle aber fest, daß sie es ist, wonach die Dritte Welt selbst verlangt, daß sie es ist, was die Menschen suchen, die wir nach Norden strömen sehen. Zu Recht oder zu Unrecht gilt die allgemeine Sehnsucht dieser Völker einem materiellen Dasein, das dem des Abendlandes näherkommt, gilt einer weniger »exotischen« Welt.

Der Titel dieses Buches schließlich ist dem schottischen Philosophen Adam Smith entlehnt; sein 1776 erschienenes Werk[1] wird oft als Ausgangspunkt und Fundament des ökonomischen Liberalismus angesehen. Er sah im Wirtschaftsliberalismus eine Methode, Wohlstand zu entwickeln und zugleich eine ausgewogene Verteilung der Reichtümer zu fördern; seine Verteidigung der wirtschaftlichen Freiheit stand im Gegensatz zu allen damals geltenden Vorstellungen. Das Europa, in dem Adam Smith schrieb, ähnelte in vielem der heutigen Dritten Welt: ein Geflecht aus großem Reichtum und bitterer Armut, traditionelle Kultur im Aufruhr des Modernitätsstrebens, Konflikt von Despotismus und Demokratie, tiefgehende intellektuelle Gärung. Mein Bestreben reicht beileibe nicht an das Adam Smiths heran; ich will lediglich das sagen, was ich – oft nur allzu flüchtig – gesehen habe, und meine Eindrücke mit dem Leser teilen.

Mit der Titelanleihe soll zugleich deutlich werden, was ich dem großen Manne verdanke, desgleichen mein persönliches Engagement in einer Denkschule, die seit zwei Jahrhunderten Freiheit und Recht der Willkür, forschendes Suchen der begriffsstutzigen Voreingenommenheit entgegenzustellen versucht.

1 Der volle Titel (dt. 3 Bde., 1794–1796) lautet: *Untersuchung über die Natur und die Ursachen des Nationalreichthums.*

Diese Art der Wirklichkeitsbetrachtung hat mich zu der Überzeugung gebracht, daß die Armut der Nationen keineswegs schicksalsgegeben, sondern eher die Folge falscher Politik aufgrund einer falschen Vorstellung ist. Diese falsche Vorstellung hat viele Namen. Stets jedoch geht sie davon aus, die politische Führung und alles, was ihr zu Geltung verhilft - Staatsallmacht, Einheitspartei, Armee, Staatsunternehmen -, seien ipso facto auch schon ein Faktor des Fortschritts. Das Individuum, alles Private, Dissidenz, kritischer Geist seien hingegen immer und allemal rückständig. Auf unserer langen Reise von Kontinent zu Kontinent, von Geschichte zu Geschichte und von Kultur zu Kultur werden wir indes feststellen, daß die Erfahrung der Dritten Welt seit Anfang der sechziger Jahre genau das Gegenteil besagt.

Eine falsche Vorstellung entsteht nicht von ungefähr. Das wirtschaftliche Denken in Lateinamerika entstammt einem einzigen und unerwarteten Laboratorium: Santiago de Chile.

# 2

# Die zwei Lehrmeister von Santiago

Warum ausgerechnet Santiago? Weil hier ein Wirtschaftswissenschaftler argentinischer Herkunft, Raúl Prebisch, in den sechziger Jahren das theoretische Modell des Wachstums durch Industrialisierung und Protektionismus entworfen hat, das so vielen führenden Persönlichkeiten in Lateinamerika, aber auch in Afrika und Asien zum Leitbild wurde. Prebisch spielte für die Wirtschaft der Dritten Welt etwa die Rolle, die Keynes für die Industrieländer spielte. Er starb 1985, aber die von ihm gegründete Einrichtung, die UN-Wirtschaftskommission für Lateinamerika (ECLAC), hat weiterhin ihren Sitz in Santiago und ist das Weltzentrum des »National-Industrialismus« geblieben. Man hat seine Mühe zu glauben, das so provinziell anmutende Santiago könne außerhalb Chiles etwas darstellen. Allerdings wurde der Standort zu einer Zeit gewählt, als das Land in dem Ruf stand, die vernünftigste Demokratie des ganzen Kontinents zu sein. Chile, hieß es damals, sei (neben Uruguay) die Schweiz Lateinamerikas. Heute ist an Schweizerischem bestenfalls noch das verschneite Panorama der Kordilleren übriggeblieben, die dieses am Ende der Welt in feindseligem politischem Klima verlorene Stückchen UNO umsäumen.

Das Paradoxe ist natürlich, daß in Santiago selbst genau das Gegenteil von dem abläuft, was die ECLAC lehrt: der »Liberalismus« der Regierung Pinochet, der sich an der Chicagoer Schule und insbesondere Milton Friedman zu orientieren vorgibt. So kann diese kleine Stadt am Rande der Welt zwischen Prebisch und Friedman Anspruch auf den Titel erheben, die ideologische Hauptstadt Lateinamerikas zu sein, eines Kontinents, der sich in Ideologien geradezu verzehrt.

Der Flug nach Santiago blieb mir also nicht erspart, auch wenn ich wenig Lust dazu verspürte. Als die Kordilleren in Sicht kommen, fällt mir Jean Mermoz ein, der 1930 in Toulouse zum ersten Flug nach Santiago gestartet war und dazu drei Tage gebraucht hatte. Heute überwindet der Jumbo die Andengipfel in stoischem Gleichmut binnen einer Viertelstunde.

Ungemütlich war mir vor allem beim Gedanken an das erste Zusammentreffen mit den Soldaten der Diktatur. Mein Unbehagen galt weniger der Armee als der Tatsache, daß mich jede Bekundung von Gewalt unwillkürlich aggressiv reagieren läßt. Um so größer war meine Überraschung, als mir von Pinochets Horden auf dem bescheidenen Flughafen nur ein Polizist mit einem Schäferhund entgegentrat, der das Gepäck nach Drogen abschnüffelte. Im übrigen war mein Abenteuer ganz und gar nichts Außergewöhnliches, denn die Maschine aus Paris war voll besetzt; in Chile kann jedermann ein- und ausreisen, sogar ein Journalist; in diesem September 1986 gilt in Santiago kein Ausnahmezustand mehr. Das beweist schon die Tatsache, daß man seine Gegnerschaft zum Regime frei äußern kann; in Pinochets ersten Jahren wäre das undenkbar gewesen.

Der Kontrast zwischen meinen Vorurteilen und der Wirklichkeit wurde noch deutlicher, als mich die katholische Universität von Santiago zu einem Vortrag über den Liberalismus einlud. Ich nutzte die Gelegenheit zu der Feststellung, ohne Demokratie sei wirtschaftliche Freiheit theoretisch wie praktisch ein Unding. Das mit Studenten und Professoren vollbesetzte Auditorium schien dieser These zugetan, und wir diskutierten völlig ungehemmt darüber. Am nächsten Morgen druckte die bedeutende konservative Zeitung *Mercurio* meine gegen die Regierung Pinochet und ihre liberalen Mitarbeiter gerichteten Ausführungen unverändert unter dem Titel »Eine kritische Betrachtung Chiles« ab. Eine Demokratie ist Chile gewiß nicht, aber es ist auch keine Hölle mehr. Das Pinochet-Regime ist autoritär, aber totalitär ist es nicht, sondern gleicht eher Spanien in Francos letzten Jahren. Es bleibt herauszufinden, warum sich die *Chicago Boys*, wie man sie in der ganzen Welt nennt, hier das seltsame Experiment in den Kopf gesetzt haben, Marktwirtschaft und politischen Autoritarismus auf einen Nenner zu bringen, was den Liberalismus in den Augen der Dritten Welt sehr häßlich aussehen läßt.

## *Ein liberaler und zufriedener Minister*

Hernán Bucchi, Finanzminister unter Pinochet, kennt sehr wohl den schlechten Ruf, den sein Land im Ausland hat, und weiß, daß Chile zu den Paria-Staaten gehört, etwa wie Südafrika oder Taiwan, wie er sagt. Der Minister ist noch nicht vierzig Jahre alt; ins Büro, das dem Präsidentenpalast La Moneda gegenüber liegt, fährt er im Bus inmitten der Menge. Die Haare trägt er sehr lang, wie die Beatles in den sechziger Jahren, und die zehn Stockwerke seines Ministeriums steigt er zu Fuß hinauf, um in Form zu bleiben. Dieser lebhafte und agile Mann paßt ganz und gar nicht ins Bild von der stursten Diktatur Lateinamerikas.

Für Bucchi ist die Vorstellung, die man sich von Chile gemeinhin macht, das Werk der Linkspropaganda. So erzähle die Legende, der demokratisch gewählte, brave Allende sei durch ein hinterhältiges amerikanisches Komplott gestürzt worden, damit die amerikanischen Firmen der Verstaatlichung entgingen. Die Realität freilich sei vielschichtiger gewesen: Allende habe nur ein Drittel der Stimmen erhalten und seine Präsidentschaft der Uneinigkeit seiner Gegner verdankt. Seine Wirtschaftspolitik unter Mitwirkung kommunistischer Minister habe die stärkste Inflation und die schlimmste Unordnung in der ganzen Geschichte Chiles zur Folge gehabt; im übrigen habe bei Pinochets Staatsstreich die Erhebung der Mittelschicht gewiß eine größere Rolle gespielt als der CIA. Des weiteren sage die Legende, die Washingtoner Regierung habe Pinochet eine Gruppe von Technokraten aufgezwungen, die an der Chicagoer Universität von Milton Friedman ausgebildet worden seien, Fanatiker des Kapitalismus und der Marktwirtschaft. In Wirklichkeit seien die *Chicago Boys*, wie mir Bucchi sagt (der seinerseits am Massachusetts Institute of Technology in Boston studierte), ganz und gar nicht im amerikanischen Diplomatengepäck nach Santiago gekommen, sondern hätten sich schon seit langem dort befunden! Es sei üblich, daß die Studenten der Wirtschaftswissenschaften an der katholischen Universität von Santiago ihre Ausbildung in Chicago im Rahmen eines Austauschprogramms vervollständigten, dessen Leitung jedoch nicht in den Händen Milton Friedmans, sondern Arnold

Hardbergers liege. Hardberger ist unbeugsamer Anhänger einer Tradition, die der österreichische Wirtschaftswissenschaftler von Mises vertritt, der ganz systematisch das »Laisser-faire« befürwortet. Als Pinochet die Macht ergriff, habe er keine präzisen wirtschaftspolitischen Vorstellungen gehabt, aber diese brillanten, ideenreichen jungen Leute hätten zur Verfügung gestanden. Der Diktator übertrug ihnen die höchste fachliche Verantwortung in der Zentralbank und im Finanzministerium. Damit bot der Despot den meisten *Chicago Boys* die Chance, das in Büchern Erlernte in voller Größenordnung in der Praxis anzuwenden. Chile wurde zu ihrem Übungsfeld. »Wir sind reine Wirtschaftsfachleute«, sagt Bucchi. »Politische Entscheidungen haben die *Chicago Boys* nicht getroffen, auch wenn ihnen bewußt war, was es bedeutete, daß sie sich an der Regierung Pinochet beteiligten.«

Der Finanzminister legt mir also die strikt fachliche Bilanz des chilenischen Versuchs einer Rückkehr zur Marktwirtschaft dar. Nun hat Chile ja auch ein paar nennenswerte Ergebnisse aufzuweisen, die sich in einer kurzen Statistik zusammenfassen lassen: 1973, beim Sturz Allendes, war Chile zu 90 Prozent auf seine Kupferexporte angewiesen; heute macht das Kupfer, dank einer bemerkenswerten Diversifizierung der landwirtschaftlichen und gewerblichen Klein- und Mittelbetriebe, nur noch 43 Prozent der Außenverkäufe aus. Diese Wende in der Zusammensetzung des Außenhandels ist ausschlaggebend, zeigt sie doch, daß es durchaus möglich ist, das Grundhemmnis der meisten Länder der Dritten Welt zu überwinden: die Außenabhängigkeit von einem Mono-Grundstoff mit unberechenbaren Kursschwankungen.

Damit habe Chile, wie Bucchi bemerkt, lediglich eines der liberalen Rezepte zur Anwendung gebracht: freie Entfaltung der Vergleichsvorteile. Das Land hat dem vom ECLAC befürworteten Protektionismus radikal den Rücken gekehrt, sämtliche Zölle auf 10 Prozent herabgesetzt, alle Quoten beseitigt, seine Währung abgewertet und auf dem Binnenmarkt sämtliche Löhne und Preise freigegeben. Die Folge war ein völliger Strukturwandel. Die Industrien, die nur dann bestehen konnten, wenn sie vor der Fremdkonkurrenz geschützt waren, wurden weggefegt, während andere neu entstanden und aufblühten, weil sie den Vorteil preisgünstiger Arbeitskräfte und leicht zugänglicher Naturschätze zu nutzen wußten. So wurde die Kupferausfuhr fortschreitend durch Obst-, Holz- und Leichtmaschinenexporte abgelöst. Während dieser Zeit gab es bei den Einkommen und in der Beschäftigung erhebliche Einbrüche, die zum Teil zwar auch auf diese Politik, noch mehr aber auf die Weltkrise zurückzuführen waren. Alles in allem hat das Land nach Meinung Bucchis und der Mehrheit der chilenischen Wirtschaftswissenschaftler diese Jahre besser überstanden als die anderen Länder Lateinamerikas; insbesondere nimmt die Zahl der Arbeitsplätze in Chile zu, während sie in Bolivien und Argentinien rückläufig ist. Das Wachstum ist wieder stark, während es in den Nachbarstaaten meist bei Null liegt oder negativ ist.

## *Der aufgeklärte Despotismus der* Chicago Boys

Nicht alle *Chicago Boys* sind so bescheiden wie Bucchi, und es wäre falsch zu glauben, ihr Ehrgeiz beschränke sich eng auf die Wirtschaftspolitik. Unter dem Druck der eigenen und internationalen öffentlichen Meinung, die die Wiederherstellung der Demokratie fordert, tun sie so, als bereiteten sie die Rückkehr dazu vor. So hält der ehemalige Arbeitsminister José Piñera die Rückkehr zur Demokratie in Lateinamerika so lange für eine Illusion, als die Gesellschaft selbst zentral organisiert ist und dem Staat - sei er nun demokratisch oder nicht - eine übermäßige Autorität über die zivile Gesellschaft übertragen bleibt. In Brasilien oder Argentinien habe die Rückkehr zur Demokratie nichts anderes bewirkt als die Legitimierung wesenhaft totalitärer Institutionen durch (mehr oder weniger ehrlich durchgeführte) allgemeine Wahlen. Aus dieser, den Theorien Hayeks, Friedmans oder auch Tocquevilles nahestehenden Sicht müßten deshalb zunächst die Institutionen dezentralisiert und die Gesellschaft liberalisiert werden, ehe man - wie von Chile erwartet - zur Demokratisierung schreite.

Als - zugegeben einziges - Beispiel dieser Vorbereitung auf die Demokratie nennt José Piñera die Privatisierung der Renten. In Chile wurden die Rentenkassen vom Staat verwaltet, womit die

Regierung (welcher Art auch immer) beträchtliche Finanzmittel und erhebliche Möglichkeiten der Druckausübung auf die Bevölkerung in der Hand hatte. Seit 1985 sind die Rentenkassen privatisiert; jeder Arbeitnehmer kann jetzt unter rund zwanzig Privatorganisationen wählen, die hinsichtlich der Beiträge und Leistungen miteinander wetteifern. Damit genießt der chilenische Bürger nach José Piñera eine Wahlfreiheit, wie sie ihm in einer Demokratie keineswegs immer geboten werde.

Der Frage der sozialen Gerechtigkeit gehen die *Chicago Boys* ebensowenig aus dem Weg wie der Frage der Demokratie. Nach Meinung der wichtigsten Wirtschaftswissenschaftler der liberalen Schule, denen man im Institut für Wirtschaftsstudien begegnet, und insbesondere des ehemaligen Finanzministers Sergio de la Cuadra, kommen die Wohltaten des neuen chilenischen Wachstums dank der Fortschritte in der Landwirtschaft und bei den exportorientierten Kleinunternehmen der ganzen Gesellschaft zugute. Dieser im Reagan-Amerika als *trickle down* bekannte Riesel-Effekt ist ein Schlüsselelement der liberalen Orthodoxie; ist er tatsächlich feststellbar, so läßt sich mit seiner Hilfe nachweisen, daß der Kapitalismus nicht nur leistungsfähiger ist als der Sozialismus, sondern auch gerechter. In Südkorea und Taiwan werden wir feststellen, daß dieser Verbreitungseffekt unbestreitbar ist und in den letzten 25 Jahren nachgewiesen werden kann. Im Falle Chiles ist er weniger offenkundig. Sergio de la Cuadra macht geltend, in den letzten 13 Jahren sei die durchschnittliche Kindersterblichkeit zurückgegangen, und daran lasse sich der wirkliche Fortschritt der sozialen Gerechtigkeit am besten ablesen. Er fügt hinzu, indem die Regierung die Verantwortung für die wirtschaftliche Entwicklung an den Privatsektor zurückgegeben habe, könne sie die Eingriffe der öffentlichen Hand zugunsten der Ärmsten konzentrieren. Auch diese Theorie ist als solche zutreffend; der Kontrast zwischen den Elendsvierteln von Santiago, den *poblaciones*, und dem Luxus des Bürgertums und der *oficiales* bleibt indessen frappant.

Viel wahrscheinlicher ist, daß sich in Chile die Verteilung des Reichtums seit 13 Jahren wenig geändert hat; eine Umverteilung der Vorteile der Entwicklung ist den *Chicago Boys* nicht besser gelungen als irgendeiner anderen lateinamerikanischen Regierung. Für den Wirtschaftswissenschaftler, der sich zur Marktwirtschaft bekennt, weil diese zugleich gerecht und leistungsfähig sei, stellt der Fall Chile folglich ein ernstes Hindernis dar. Selbst wenn man davon ausgeht, daß das *trickle down* in gewissem Maße funktioniert, geschieht dies doch so langsam, daß man es nicht bemerkt. Dies um so weniger, als eine autoritäre Regierung von vornherein der Ungerechtigkeit verdächtig ist und keine Kindersterblichkeits-Statistik der Welt daran etwas zu ändern vermag. Daß die arme Bevölkerung in Chile, einem traditionellen Land der Mittelschicht, viel kleiner ist als im übrigen Lateinamerika, macht diese Ungerechtigkeit noch unerträglicher. Wahrscheinlich wird darum das chilenische Volk, das in ganz Lateinamerika den schärfsten Sinn für Politik besitzt, nicht die Geduld aufbringen und abwarten, bis die positiven Wirkungen der Wirtschaftspolitik der *Chicago Boys* spürbar werden. Darin liegt natürlich ihre Hauptschwäche, aber es ist nicht die einzige. Die *Chicago Boys* haben auch den schweren Fehler begangen zu glauben, eine autoritäre Regierung lasse sie ihr Experiment an der langen Leine durchführen. Tatsächlich ist das Experiment von Anfang an verfälscht, denn Pinochet hat den *Chicago Boys* lediglich die Bereiche überlassen, in denen seine eigene Macht nicht unmittelbar betroffen ist, so zum Beispiel die Preisfreiheit, die Wechselkursfreiheit und die Rentenverwaltung. Der eigentliche öffentliche Sektor blieb unangetastet: Die Gewalt des Finanzministeriums über die Zentralbank, die einer wesentlichen Forderung der Liberalen widerspricht, ist nicht in Frage gestellt worden; Banken, Stahlindustrie, Energieversorgung, Fernmeldeverbindungen, Verkehr und Fernsehen sind weiterhin unmittelbar der Regierung unterstellt. Alles in allem ist das wirtschaftliche Gewicht des Staates unter Pinochet genauso lastend wie unter Allende, in einigen gewerblichen Sektoren sogar gestiegen, als die Regierung den von der Krise und dem Liberalismus angeschlagenen Privatunternehmen unter die Arme griff, indem sie die Kontrolle über sie übernahm. Es war naiv von den *Chicago Boys*, etwas anderes anzunehmen und zu meinen, eine Militärdiktatur werde ohne weiteres Autorität abgeben. Sie verfielen mithin in denselben Fehler wie die

Liberalen im 18. Jahrhundert, die geglaubt hatten, sie könnten sich mit den aufgeklärten Despoten einlassen und unter ihrer Herrschaft das Glück der Völker bewirken. Die vorläufige Moral dieses Abenteuers lautet, daß liberale Lösungen zwar tatsächlich wirtschaftliche Fortschritte ergeben, aber sofort fachlich und politisch in die Sackgasse geraten, wenn sie von einem Regime ausgehen, dem es in den Augen der Öffentlichkeit weithin an Legitimität mangelt.

Wie wir sehen werden, verleiht umgekehrt das andere Modell von Santiago, der »National-Industrialismus«, den Regierungen, die ihn anwenden, zwar Legitimität, führt aber geradewegs ins wirtschaftliche Fiasko.

## *Raúl Prebischs Erbe*

Prebisch war eine außergewöhnliche Gestalt, ein hervorragender Geist, was indes nicht heißt, daß er auch richtig dachte. Sein Leben lang herrschte er über die ECLAC; über das Werk des Lehrmeisters von Santiago sprach ich mit seinem Nachfolger und Jünger, Norberto González.

Nach Norberto González war Prebisch - genaugenommen - kein Sozialist, ebensowenig wie Keynes. Dennoch trugen beide erheblich zur Sozialisierung der Staaten und Idealisierung der Regierungen bei, und letztere machten sich ihre Empfehlungen eiligst zu eigen. Prebisch war jedenfalls eindeutig antiliberal, marktwirtschaftsfeindlich und überzeugt, die Dritte Welt sei ein Opfer des Imperialismus der reichen Länder. Dieser Theorie zufolge konnte sich die Dritte Welt nicht entwickeln, weil die Industriewelt sie absichtlich in einem Abhängigkeitszustand, einem Verhältnis »vom Zentrum zur Peripherie« hielt. Von Prebisch stammt die Systemvorstellung von der historischen Verschlechterung der *terms of trade*, des ständigen und unausweichlichen Wertverlustes der von den armen Ländern exportierten Roherzeugnisse gegenüber dem Wert der von den reichen Ländern verkauften Industrieprodukte. Diese Verschlechterung der Austauschrelationen, die schwer nachzuweisen und je nach Bezugszeitraum mal richtig, mal falsch ist, gehört zu den hartnäckigsten Mythen des Dritte-

Welt-Denkens. Dieser Mythos findet um so bereitwilligeres Gehör, als er den Regierenden der armen Länder die Möglichkeit bietet, die Verantwortung für ihr ganzes Unglück auf die reichen Länder abzuwälzen.

So bemerkte Julius Nyerere, Präsident von Tansania, 1981 auf der Konferenz von Cancún, 1965 habe sein Land einen Traktor noch mit vier Tonnen Kaffee bezahlen können; fünfzehn Jahre später habe es dafür schon zwanzig Tonnen aufbringen müssen. Dieser scheinbar unwiderlegliche Beweis, dem bei derlei diplomatischen Zusammenkünften auch kein Mensch widerspricht, läßt allerdings unerwähnt, daß es sich zwar um denselben Kaffee, nicht aber um dasselbe Traktormodell handelt. Bot Tansania (oder jede andere vergleichbare Volkswirtschaft) auf dem Markt ohne jeglichen Versuch einer Qualitätsverbesserung unablässig dasselbe Produkt an, so waren die Produzenten der Industriegüter ihrerseits unablässig mit Investition und Innovation beschäftigt. Nehmen wir einmal an, die Industrieländer hätten zwanzig Jahre lang stets denselben Traktortyp angeboten, so wäre vermutlich auch sein relativer Preis zusammengebrochen. Stempelt man also die Verschlechterung der *terms of trade* zur Ursache der Unterentwicklung, so verkehrt man die Reihenfolge der Faktoren in ihr einfaches Gegenteil. Ist diese Verschlechterung doch meist die Folge einer falschen Entwicklungspolitik.

Wie wir sehen werden, haben die neuen Industrieländer Asiens die angebliche Unausweichlichkeit der Verschlechterung der *terms of trade* überwunden, indem sie ihr Angebot auf dem Weltmarkt unablässig variierten. Dessen war sich Raúl Prebisch übrigens durchaus bewußt, lautete seine Lösung doch »Importsubstitution« (abgekürzt: IS). Nach diesem Grundprinzip sollte die Dritte Welt ihre Grenzen für Fertigwaren schließen und die Einfuhr durch eigene Erzeugung ersetzen. Dabei hegte man die Erwartung, der Protektionismus werde von sich aus eine Ersatz-Industrialisierung auslösen und den armen Ländern zugleich wirtschaftlichen Wohlstand und politische Unabhängigkeit bescheren. Natürlich setzte diese Strategie einen entscheidenden Eingriff der Regierungen zum Schutz ihrer Märkte an den Grenzen und zur Kanalisierung der Ersparnisse in die für den Ersatz notwendigen Investitionen voraus. Ein Grundelement dieses Modells war die Theorie der »Industrie im Kindheitszustand«. Mit den verschiedensten Hilfen und durch den Schutz an den Grenzen mußten die Regierungen unbedingt die anlaufende Industrieaktivität »bebrüten«, bis sie dann endlich in die Lage kam, sich der internationalen Konkurrenz zu stellen. Prebisch lieferte eine Rechtfertigung für das, was ohnehin seit jeher geschah, allerdings mit etwas mehr Hemmungen und manchmal auch mit schlechtem Gewissen. Jetzt konnten die Regierungen diese Praktiken guten Gewissens ausdehnen und hatten sogar noch ein theoretisches Alibi zur Hand, auch wenn, um ein launiges Wort Milton Friedmans zu gebrauchen, der Grundfehler der Industrien im Kindheitszustand darin besteht, daß sie nie erwachsen werden ...

## *Eine ansteckende Theorie*

Heute erkennt man in ganz Lateinamerika den Einfluß und die Verantwortung der ECLAC-Anhänger. Für die generelle Untüchtigkeit der geschützten Industrien macht man weithin das Prebisch-Modell verantwortlich. »Den Preis für die ECLAC haben wir teuer bezahlt«, meint Professor Solis, Wirtschaftsberater des mexikanischen Präsidenten Miguel de la Madrid. »Die Krise Mexikos«, fügt er mit seltener Ehrlichkeit hinzu, »ist nicht nur die Folge des gesunkenen Ölpreises, sondern, grundlegender noch, des schlechten Wirtschaftsmodells, dem sich Mexiko verschrieben hat und das auf Protektionismus und Importsubstitution aufbaut.«

Die politischen Vorteile dieses Modells sind indessen so groß, daß es trotz allem weiterhin starken Einfluß ausübt und manche Regierung dazu veranlaßt, es auf neuen Gebieten auszuprobieren. So hat die brasilianische Regierung ein überaus ehrgeiziges Programm der auf die Mikroinformatik angewandten IS in Angriff genommen, das in der Welt nicht seinesgleichen hat. 1982 wurde die Einfuhr sämtlicher Geräte dieser Art verboten, weil die Erzeugung hundertprozentig brasilianisch werden sollte. Seither fabrizieren staatliche und private Unternehmen des Landes Computer, die aussehen wie IBM, kompatibel sind mit IBM, aber eben keine

IBMs sind. Sie heißen »Cobra« oder »Scobus«, werden von Brasilianern gebaut mit Hilfe von Importteilen, Kopien, nach örtlicher Vorstellung und mit zahlreichen Nachbauversuchen.

Der Stand der brasilianischen Informatik zeigt deutlich die ganze Doppelbödigkeit der IS. Scheinbar bietet die »Marktreserve« der Informatik ausschließlich Vorteile: 250000 neue Arbeitsplätze; eine Ingenieursgeneration, die gezwungen war, für den einheimischen Markt passende Geräte und Programme zu erfinden; nationale Unabhängigkeit; keine Zahlungsverpflichtung gegenüber ausländischen Firmen. Die Nachteile springen weniger ins Auge, sind jedoch beträchtlich: Die brasilianischen Computer kosten, verglichen mit dem Weltmarkt, das Doppelte, funktionieren schlechter und sind technisch veraltet. Die Opfer des Informatik-Nationalismus sind folglich vor allem die brasilianischen Benutzer sowie sämtliche Unternehmen, deren Entwicklung sich verzögert, weil sie nicht die leistungsfähigsten Computer zum günstigsten Preis erwerben können. Trotzdem bleibt die Regierung dabei, denn die Hersteller bilden eine mächtige Pressionsgruppe, arbeiten Hand in Hand mit den Staatsbürokraten und mit der Armee und schaffen Arbeitsplätze für junge Ingenieure, während die Benutzer privat sind, unorganisiert und sich kaum Gehör verschaffen können. Endlich gilt jeglicher Protest gegen den Informatik-Plan in Brasilien als mangelnder Patriotismus; in der Dritten Welt hat die Computergier als Symbol der Unabhängigkeit den einstigen Hochofenhunger ersetzt.

Der Einfluß des Prebisch-Modells beschränkt sich jedoch keineswegs auf Lateinamerika, sondern hat kraft des Machtwillens der aus der Entkolonisierung hervorgegangenen neuen politischen Eliten die gesamte Dritte Welt erfaßt. So gesteht in Pakistan A.G.N. Kazi, Leiter der staatlichen Planung und seit dreißig Jahren Hauptverantwortlicher für die Entwicklung seines Landes, bis vor kurzem sei er ganz von der ECLAC geprägt gewesen. Nach Kazi fand das Modell nicht etwa aus wirtschaftlichen Gründen so großen Anklang, sondern wegen seines Antikolonialismus; es gehorchte nicht etwa der Entwicklungslogik, sondern dem Revanchedenken. Wollte man sich auch *wie* das ehemalige Mutterland entwickeln, so doch in jedem Falle *gegen* es! Der Einfluß des Prebisch-Modells erklärt nach Kazi auch, warum in so unterschiedlichen Ländern wie Pakistan oder Brasilien die Grundbedürfnisse der Bevölkerung - Wasser, Gesundheits-, Wohnungs- und Erziehungswesen - so oft hintangestellt worden sind. Diese Bedürfnisse sollten, so wollte es die Theorie, erst in einer zweiten Phase aus den Industrialisierungsgewinnen befriedigt werden. Der Begriff der *human resources*, der mittlerweile in der Entwicklung den ersten Platz einnimmt, gehörte nicht zum Gedankengut der sechziger Jahre. Für Kazi erklärt sich die für die ehemaligen Kolonien so typische Weigerung, Erziehung und Gesundheit fortzuentwickeln, nicht etwa aus dem »Feudalismus« der führenden Schichten. Ganz im Gegenteil seien die traditionellen Feudalen in den meisten Fällen von der Unabhängigkeit hinweggefegt worden und hätten die Macht an neue Eliten abgetreten: an die aus der Entkolonisierung entstandene Polit-Bürokratie und Intelligenzija. Das Prebisch-Modell habe sie magisch angezogen, stärkte es doch ihre nagelneue Autorität, und so hätten sie die Menschenressourcen auf dem Altar des industriellen Imperativs geopfert. Überdies sei dieses Verhalten der Regierungen der Dritten Welt noch von den internationalen Organisationen sanktioniert worden, die damals ja ausschließlich die industrielle Entwicklung förderten. Im Grunde hat Pakistan nach Kazis Erinnerung seine Projekte nur anhand der bei diesen Organisationen verfügbaren Finanzhilfe ausgewählt; mithin sei das Prebisch-Modell nicht zu umgehen gewesen, es war einfach unmöglich, dem »Zeitgeist« zu widerstehen.

Prebisch habe das nicht gewollt, versichert mir Norberto González; seine Thesen seien viel differenzierter gewesen als ihre tatsächliche Anwendung, er habe die Existenz des Marktes, der Unternehmer und des Außenhandels keineswegs geleugnet. Norberto González fügt hinzu, für Prebisch sei Sozialstaat oder Liberalismus kein Absolutum gewesen, denn für die Dritte Welt seien ein starker Staat und ein robuster Privatsektor gleichrangige Voraussetzungen.

Nun ist sicherlich das Werk des Lehrmeisters von Santiago deformiert worden, aber Prebischs Schicksal illustriert die ganze

Verantwortung der Volkswirtschaftler à la Keynes, wie er sie selbst im Schlußkapitel seiner *Allgemeinen Theorie* beschrieb. Auf eine kurze Formel gebracht: Alle Politiker wenden letztlich, meist ohne es zu wissen, Methoden an, die von längst verstorbenen Wirtschaftlern entwickelt wurden, an deren Namen sich niemand mehr erinnert. So scheinen mir auch Prebisch und seine Schule für die Strategien verantwortlich zu sein, die in ihrem Namen zur Anwendung kamen, und ebenso für deren Resultate.

Auf diese Weise ist die Dritte Welt zu einem riesigen Laboratorium geworden, wo Versuchsvolkswirtschaften Tag für Tag zu schmerzlichen Experimenten herhalten müssen. Diese Strategien scheinen mir weithin verantwortlich zu sein für die anhaltende Armut in nicht eben wenigen Ländern. Argentinien ist ein schlagendes Beispiel dafür. Einst ein blühendes Land, darbt es heute. Dabei ist seine Bevölkerung immer noch ebensosehr dieselbe wie seine Kultur. Geändert hat sich einzig und allein seine Politik. Indem sie den Gang der argentinischen Geschichte veränderte, hat sie das Land auf den Weg zur Unterentwicklung verwiesen.

# 3

# Die Gauchos sind nostalgisch

Buenos Aires ist nur noch ein Sammelsurium schöner Überreste, ein nostalgischer Würfelkasten des Alten Kontinents, ein rührendes Gemisch aus allzeit von Billard- oder Kartenspielern bevölkerten spanischen oder russischen Cafés, Pariser Avenuen im Schick der Jahrhundertwende, neapolitanischen Gassen und Madrider Avenidas. Die Stadt ist übersät von Denkmälern einer ruhmreichen Vergangenheit: Jeder Bürgergeneral oder gehberockte Held, der um 1810 irgendeinen obskuren Sieg über eine in Auflösung befindliche spanische Armee errang, hat hier Anrecht auf den ruhmreichen Titel *libertador* und auf sein Reiterstandbild. Einst war Buenos Aires eine der blühendsten Hauptstädte der Erde; noch heute weisen das Theater Colón und die herrschaftlichen Häuser der Avenida Alvear darauf hin.

In den dreißiger Jahren gab es den Spruch »reich wie ein Argentinier«; damals verband sich mit dem *estanciero*, dem Großgrundbesitzer der Pampa, ein Bild, wie wir es heute vom Ölscheich haben. Argentinien war Gegenstand einer überquellenden Literatur, die Zug um Zug die mystische Vorstellung vom Land der unbegrenzten Möglichkeiten widerspiegelte. 1929 schrieb Ortega y Gasset, »die Argentinier begnügen sich nicht damit, ein Volk unter anderen zu sein; sie erstreben ein außergewöhnliches Geschick«. Aufgrund seines Klimas, seiner Naturschätze, seiner im wesentlichen europäischen Bevölkerung war Argentinien völlig logisch dazu bestimmt, die lateinamerikanische Schwester des Riesen im Norden zu werden. So war es auch bis zum Zweiten Weltkrieg; das argentinische Volkseinkommen entsprach damals dem Australiens und Kanadas. Doch um 1945 geriet die Geschichte ins Stocken, und so bietet das Argentinien unserer Tage den einmaligen Fall vierzigjähriger wirtschaftlicher Stagnation eines sich »verdrittweltenden« europäischen Volkes.

## ¿Que nos pasa? – *Wie geschieht uns?*

Noch sind die Argentinier nicht arm; sie gehören weiterhin zu den privilegiertesten Völkern Lateinamerikas. Aber verglichen mit den anderen Völkern europäischer Herkunft in der Welt erscheinen sie, die sich die einzige wirklich weiße Bevölkerung der beiden Amerikas zu sein rühmen, heute als Ärmste unter allen. In der Skala des Pro-Kopf-Einkommens liegen sie mit Algerien und Jugoslawien gleichauf. Diese Tragödie macht in Buenos Aires jedes unbeschwerte Gespräch unmöglich; nur vom Schicksal der Nation ist die Rede. Kolloquien, Gesprächsrunden, Symposien und Leitartikel füllen den ganzen verfügbaren intellektuellen Raum. Ich kenne kein anderes Volk, das mehr mit Selbstbefragung beschäftigt ist. Die Argentinier bringen dazu die ganze Emotionalität und Beredsamkeit der kastilischen Sprache ein, die sie zudem mit italienischem Akzent sprechen. »*¿Que nos pasa?* – Wie geschieht uns?« Davon sind die Argentinier besessen, die feststellen müssen, daß ihr Lebensstandard unablässig zurückgeht und sich immer mehr dem ihrer unmittelbaren Nachbarn annähert. Hinzu kommt das fortschreitende Eindringen der Chilenen im Süden, der Bolivianer im Norden, eine Indio- und Mestizen-Einwanderung, die langsam, aber unaufhaltsam den Charakter der Nation verändert. Doch das beunruhigendste Symptom dieser Auflösung ist nicht wirtschaftlicher oder rassischer, sondern moralischer Art: In ihrer Mehrheit wollen die Argentinier nicht mehr Argentinier bleiben. *La Nación*, die große liberale Tageszeitung von Buenos Aires, offenbarte 1986 in einer Umfrage, daß 50 Prozent der Bevölkerung auswandern möchten, vorwiegend nach Spanien, womit sich der Kreis der Kolonialgeschichte auf seltsame Weise schlösse.

Dieses rätselhafte Erschlaffen Argentiniens wird oft mit den Ursprüngen des Landes erklärt, gewissermaßen als vom Kolonialgeist und spanischem Temperament ererbter genetischer Fatalismus; so wird behauptet, wenn ein Argentinier genug Gewinn aus dem Anbau gezogen habe, reize ihn nichts mehr, als das erschöpfte Territorium aufzugeben. Doch diese historische Interpretation erklärt noch lange nicht, warum dieses einstmals große und blühende Land so schlagartig nicht mehr prosperierte. Hinzu kommt, daß das heutige Argentinien ganz und gar nicht ein bloßer Abklatsch des Spanien des 17. Jahrhunderts ist, wie man gerne meint, sondern daß sich mit der ursprünglichen Kolonisierung längst eine umfangreiche italienische, deutsche, russische und jüdische Einwanderung verwoben hat. Jedenfalls werden wir sehen, daß Argentinien weder seiner Geschichte noch seiner Natur noch seiner Bevölkerung zum Opfer gefallen ist, sondern einzig und allein seiner Politik. Dazu braucht man sich nur in die Pampa zu begeben, zu den Quellen des einstigen Nationalreichtums, und schon liest man die Wirkungen einer wahrlichen Verarmungsstrategie wie in einem offenen Buch.

## *Verbrechen in der Pampa*

Gen Westen hin, jenseits von Buenos Aires, fängt die *pampa humeda* an, der reichste Boden der ganzen Erde: drei Meter tiefe Humusschicht, ein Klima, das nie zu kalt und nie zu heiß ist, übers ganze Jahr sauber gestaffelte Regenfälle. Als Transportmittel in diesem riesigen Hinterland ist ein kleines Propellerflugzeug unerläßlich, das zwar wenig vertrauenerweckend aussieht, aber auf jedem Feld landen kann. Der Pilot orientiert sich, indem er den Rio de la Plata entlangfliegt. Der alte Einfallweg ins südliche Amerika ist nicht nur bloße Mündung, sondern eine Art untiefer, schwemmlandgelber Lagune, von kleinen Frachtschiffen befahren, die meist Schmuggelgut nach Paraguay geladen haben. Aus 300 Metern Höhe erscheint durch den niedrigen Wolkenschleier und die Nebelschwaden die Weite der Felder wie punktiert von Baumgruppen, riesigen Getreidesilos und Windrädern, zu denen gewaltige Rinderherden streben. Diese *estancias* der Provinz Buenos Aires sind kaum unter 2000 bis 3000 Hektar groß. Als die Sicht praktisch auf Null sinkt, setzt der Pilot die Maschine aufs Geratewohl ins freie Land und wartet auf ein Lichtloch, damit wir wieder starten können. Beim Zwangszwischenaufenthalt in Colón schlagen wir die Zeit mit ein paar *empeñadas* tot, kleinen fleisch- und gewürzhaltigen Brötchen. Nach vier Stunden abenteuerlichen Wolkenspringens bringt unser tapferer Mermoz die Maschine endlich vor dem Eingang zu Alberto Duncans *estancia* »La Paquita« zum Stehen.

Empfangen werde ich von ein paar Gauchos in Schafledersätteln auf zottigen Kreolenpferden. Ihre spitzen Stiefel stecken tief in den Bügeln, im Leinengürtel zwischen der kurzen Weste und der weiten Hose stecken zwei Dolche, ein langer und ein kurzer, und all das verleiht den finster blickenden Gestalten eher ein besorgniserregendes als pittoreskes Aussehen. Nun ist ja auch der Gaucho im Gegensatz zu seinem fernen Vetter, dem nordamerikanischen Cowboy, in der argentinischen Tradition und Literatur ein negativer Held. Borges nennt ihn einen »flüchtenden und rauflustigen Deserteur«. José Hernández hat ihn in *Martín Fierro*, dem Epos, das jeder Argentinier kennt, unsterblich gemacht; der Gaucho ist weder gut noch gerecht, unehrlich auch, wenn man den berühmten Versen glaubt:

Cruz und Fierro stahlen sich weg
Mit den Pferden der *estancia*,
Trieben sie in die Pampa
Wie Gauchos gekonnt und keck,
Überquerten die Grenze nah,
Ohne daß einer sie sah ...

Glaubt man Borges' literarischem Weggefährten, dem Schriftsteller Adolfo Bioy Casares, so verdankt der Gaucho sein ungutes Temperament seiner zwielichtigen Herkunft; er sei ein Indianermestize, der seine Ursprünge zu verbergen trachte in einem sich als total europäisch gebenden Argentinien, das indessen viel weniger europäisch ist, als es selber meint.

Auf großen Holzfeuern braten die Gauchos von »La Paquita« ganze Ochsen und transportieren anschließend die Fleischstücke auf glühender Kohle in Schubkarren. Was der Reis für den Chinesen, die Tortilla für den Mexikaner, ist für den Argentinier das Rindfleisch. Der Jahresverzehr pro Kopf erreicht die Rekordhöhe von 80 Kilo. Es gibt kein billigeres Nahrungsmittel; die realen Herstellungskosten sind weniger als halb so hoch wie in Europa oder Amerika. Klima und reiches Grünfutter sorgen für ein Lebendgewicht von 500 Kilo binnen zwei Jahren – doppelt so schnell wie in Brasilien. Die Pampa-Erde ist so unerschöpflich fruchtbar, daß der argentinische Tierzüchter zur Bodenregeneration lediglich abwechselnd Getreide und Grünfutter anzubauen braucht. Die Kunst des *estanciero* besteht darin, daß er überhaupt nicht investiert, sondern immer nur den Boden und den Raum nutzt. Alle Betriebskosten liegen äußerst niedrig: Wenig Arbeitskräfte sind nötig, keinerlei Düngemittel, keinerlei Zusatznahrung, kaum Finanzmittel. Und dennoch: Trotz dieser natürlichen Vorteile bricht die Fleischproduktion auf »La Paquita« ebenso zusammen wie in ganz Argentinien!

Dieses Land, einst größter Lieferant Europas und der Vereinigten Staaten, verbraucht mittlerweile 90 Prozent seiner Erzeugung selbst, und der Export ist auf den niedrigsten Stand der Geschichte geschrumpft. Der Grund dafür ist einfach: Alberto Duncan reduziert seine Erzeugung, weil das Fleisch nichts mehr einbringt. Angesichts einer absurden Politik verhält er sich völlig vernünftig. Die Gesamtabschöpfung der öffentlichen Hand, die auf Alberto Duncan lastet, ist so groß, daß ihm für seine Fleisch- oder Getreideproduktion nur noch die Hälfte des Weltmarktpreises verbleibt und sein Gewinn gleich Null ist. Umgekehrt bekommt ein europäischer Erzeuger dank der EG-Subventionen mehr als den Weltmarktpreis auf die Hand. Zudem sind in Argentinien die Binnenpreise völlig unberechenbar geworden durch die galoppierende Inflation, die wiederholten Abwertungen, die Preiskontrolle und die öffentlichen Transportkosten. Damit haben die Regierungen von Buenos Aires jede Möglichkeit für eine langfristige Wirtschaftsplanung verbaut. Duncan kann sich nur noch über Wasser halten, wenn er seine Risiken auf ein Mindestmaß beschränkt und jede langfristige Festlegung vermeidet. Er kann nicht investieren, denn er weiß nie, ob überhaupt eine Amortisierungschance besteht. Das geringste Zittern des internationalen Marktes kann für ihn das Ende bedeuten, und um seine Verluste einzugrenzen, springt er je nach Kurslage von Kultur zu Kultur.

Natürlich muß man die Frage stellen, ob das wirtschaftliche Wechselbad des *estanciero* nicht auch einen anderen Grund haben kann: Ist der Betrieb von »La Paquita« vielleicht mehr das Opfer des Weltmarktes als der nationalen Politik? Der Preis für Getreide und Fleisch wird vom Weltmarkt bestimmt, und seine Schwankungen treffen mit voller Wucht den *estanciero*. Außerdem hebelt die unlautere Konkurrenz der Europäischen Gemeinschaft die Argentinier mit der Subventionierung aus ihrem traditionellen Markt. Dennoch glaubt Duncan, dieser Konkurrenz wäre er gewachsen, wenn ihn seine Regierung nur machen ließe. Er verlangt nicht etwa eine ohnehin kaum zu erwartende Reform der Regeln des Welthandels noch eine illusorische Preisstabilisierung, sondern er brandmarkt das katastrophale Paradox eines nationalen Systems, das die Gefahren des Außenhandels für seine eigenen Bürger noch erhöht. Schlimmer noch: Wie alle *estancieros* ist auch Duncan der Meinung, der Niedergang der Pampa werde bewußt betrieben! Der argentinische Staat, der sich an falschen Theorien orientiert, hält es für notwendig, die Industrialisierung zu Lasten der Landwirtschaft zu bevorzugen, indem die Erträge der *estancieros* den Arbeitermassen zugeführt werden mit der Folge, daß beide ärmer werden.

## *Evitas Kinder*

»Der Staat muß die Entwicklung anführen«, sagt mir Juan José Taccone, »denn in Argentinien gibt es kein kapitalistisches Bürgertum; die *estancieros* verhalten sich wie Rentiers und sind darauf bedacht, auf die Weltmarktkurse zu spekulieren und ihre Gewinne ins Ausland zu bringen, anstatt sie im eigenen Land anzulegen.« Folglich müsse man die Gewinne der *estancieros* konfiszieren und den Getreide- und Fleischpreis möglichst niedrig halten, um die Arbeiter von Buenos Aires ernähren und die Schaffung einer nationalen, vor der Auslandskonkurrenz geschützten Industrie finanzieren zu können.

Juan José Taccone, Chef der Gewerkschaft CGT, gehört nicht zur Welt der *estancieros*, sondern zum anderen Argentinien, dem der kleinen Leute, der italienischen Einwanderer, der *descamisados*, die Evita Perón so sehr am Herzen lagen. Er hat das Gefühl, niemals wirklich zum weißen, bürgerlichen und nach außen gewandten Argentinien gehört zu haben. Er ist eine eindrucksvolle Gestalt, stark wie ein Bulle, und wischt sich unablässig mit einem riesigen, karierten Schnupftuch den Schweiß von Gesicht und Hals. Taccone ist ein fester Anhänger der Gewaltlosigkeit, eine ziemliche Ausnahme in seiner Bewegung. Er ist Autodidakt, ein nachdenklicher Mann, der sich jedes Wort wohl überlegt, seine Sätze abwägt und sich nicht von der üblichen argentinischen Zungenfertigkeit hinreißen läßt. Ein weiterer, im politischen Leben des Landes seltener Zug: Taccone steht im Verdacht der Ehrlichkeit!

Taccone ist ein ausgesprochener Fußballfan und liebt General Perón[1] über alles, den Diktator, der sich an Mussolini orientierte, in den vierziger Jahren Argentinien von der übrigen Welt abschnitt und auf den Weg der autarken Entwicklung unter der Autorität des Staates führte. Er brach damit mit der liberalen Tradition, die bis dahin dem Land als Richtschnur gedient hatte.[2] Perón wird um so mehr das Modell für nicht wenige lateinamerikanische Caudillos abgeben, und sein Faschismus à la Dritte Welt wird um so mehr Schule machen, als die IS-Theorie Raúl Prebischs sie im nachhinein theoretisch untermauert. Doch der Peronismus erhebt nicht nur den Anspruch, Entwicklungsstrategie zu sein, sondern er sei mehr noch, erläutert mir Taccone, ein soziales Vorhaben, ein originärer Versuch, den Arbeiter an der Industrialisierung zu beteiligen, ohne dabei in Klassenkampf zu verfallen oder mit der katholischen Religion zu brechen - gewissermaßen eine Verschmelzung von traditionellen Wertvorstellungen und moderner Welt. Der Peronismus habe Argentinien vor dem Kommunismus gerettet! Im übrigen sei diese Philosophie so eng mit dem Schicksal des Landes verwoben, daß seit Perón alle Regierungen, mit ihm oder ohne ihn, nichts anderes als den Peronismus praktiziert hätten.

Tatsächlich lebt in Buenos Aires der National-Industrialismus fort und blüht und gedeiht dort seit vierzig Jahren im Reinzu-

1 Perón regierte von 1943 bis 1955 und von 1973 bis zu seinem Tod 1974. Seine zweite Frau Isabel trat bis zum Staatsstreich der Militärs im März 1976 seine Nachfolge an.

2 Die von dem großen Juristen Juan Bautista Alberdi entworfene Verfassung von 1853 untersagte ausdrücklich jede unmittelbare Einmischung des Staates in die Wirtschaft.

stand. Geschieht das aus Wahlopportunismus, aus absoluter Machtlust, oder weil die CGT auch in der Opposition jeden Augenblick die Hauptstadt mit einem Generalstreik lahmlegen kann? Jedenfalls entwickelten die Militärs, die von 1976 bis 1983 an der Macht waren und als Lippenbekenntnis der Marktwirtschaft huldigten, sehr schnell einen Hang zu großen öffentlichen Arbeiten und Rüstungsprogrammen, die viel eher der peronistischen Tradition als Milton Friedman zuzuschreiben waren. Ihr Nachfolger Raúl Alfonsín war kaum kohärenter. Zwar ist er ein mutiger Verteidiger der Menschenrechte, hat 1986 einen ersten Schritt zur Wiederöffnung der Grenze mit Brasilien getan und versucht, Währung und Staatsausgaben wieder in den Griff zu bekommen[1], aber alles in allem hat er nicht an das Übergewicht des öffentlichen Sektors, Zitadelle des Peronismus, zu rühren gewagt, hat den gesamten national-industrialistischen Apparat unangetastet gelassen, obwohl eben davon der ganze materielle und moralische Niedergang herrührt, den er bekämpfen will. Hinter dem lautstarken und wutschnaubenden Schauspiel der argentinischen Politik betreiben mithin sämtliche Regierungen, seien sie radikal oder gerechtigkeitsbesessen, zivil oder militärisch, ausnahmslos dieselbe Politik, bedrängen die Wirtschaftszweige, die noch etwas abwerfen - Landwirtschaft und Viehzucht -, um das zu verhätscheln, was nicht funktioniert. Die Verwaltung schießt ins Kraut, und der öffentliche Industriesektor ist bankrott. Letzterer kann schon deshalb nicht rentabel sein, weil er öffentlich ist, weder innen noch außen einer Konkurrenz ausgesetzt ist und weil schließlich der Markt viel zu klein ist, als daß er eine Importsubstitution rechtfertigen könnte. Da mit den Steuereinnahmen das Defizit nicht geschlossen werden kann, betätigt die Regierung hemmungslos die Notenpresse, und dies führt zu einer atemberaubenden Inflation und Verschuldung. So hat dieser kostspielige und untüchtige Staat objektiv die Voraussetzungen für den Niedergang geschaffen.

1 Der Austral-Plan von 1985.

## *Die Schattenwirtschaft*

In Ezeiza, einem Vorort von Buenos Aires, hat Terencio Moche, ein *estanciero*, der von der Viehzucht in die Nahrungsmittelindustrie überwechselte, das modernste Schlachthaus des Landes geschaffen. In ununterbrochenem Strom wird Vieh lastwagenweise am einen Ende seiner Fabrik abgeladen und kommt am anderen Ende als Gefrier- oder Konservenfleisch wieder heraus. Dazwischen liegt ein vielschichtiger Verarbeitungsprozeß, bei dem jedes Stück Verwendung findet. Das Unternehmen ist der größte argentinische Hersteller von Corned-Beef, das ausnahmslos nach Großbritannien geliefert wird, allerdings auf dem Umweg über die Niederlande (um den von der Falklandaffäre traumatisierten Endverbrauchern die wirkliche Herkunft zu verschleiern ...). Hier haben wir das Ideal einer argentinischen Fabrik, ein ausgezeichnetes Beispiel intelligenter, weltmarktorientierter Diversifizierung. Doch Terencio Moche, der mit der ganzen Welt in Verbindung sein muß, stellt sich ein unerwartetes Hindernis in den Weg: 30 Kilometer vor den Toren von Buenos Aires gibt es kein Telefon! Gerne hätte er sich ein Privatsystem einrichten lassen, aber das wurde ihm untersagt. Folglich steht auf seiner modernen Fabrik eine ebenso hohe wie illegale Funkantenne. Per Funk verkehrt er mit einem Büro, das er eigens in der Hauptstadt einrichten mußte, damit seine Führungskräfte wenigstens telefonieren können.

Diese Anekdote ist nur eines von tausend Symptomen für die Fehlverteilung der Rollen zwischen einem Staat, der sich in Argentinien mit allem beschäftigt außer mit dem, was seines Amtes ist, und seinen Bürgern, die unablässig auf Abhilfen sinnen müssen. So wimmelt es auf den Dächern von Buenos Aires von Antennen und freiliegenden Drähten, die sämtlich auf schwarze Telefon- oder Stromanlagen hinweisen. Dieses Wildgeflecht, das die Behausungen der Hauptstadt miteinander verbindet, offenbart die verborgene Seite der argentinischen Volkswirtschaft: eine intensive Paralleltätigkeit, die in die Illegalität flüchtet, um den übermäßigen und sinnlosen Eingriffen der öffentlichen Hand wenigstens einigermaßen standhalten zu können. Nach Meinung des Wirtschaftswissenschaftlers Alberto Benegas Lynch Jr. gehen fast 40 Prozent der wirklichen Produktion des Landes über den schwarzen Markt. Der peruanische Wirtschaftler Hermano de Soto schätzt, daß in Lima die Schattenwirtschaft 70 Prozent ausmacht. Desgleichen erzählt de Soto, um eine kleine Textilfabrik in Peru aufzumachen, habe er für die Erledigung der notwendigen Formalitäten vier Personen ein ganzes Jahr lang voll beschäftigen und allein für die erforderlichen Demarchen das Dreiundzwanzigfache des Mindestlohns aufwenden müssen. Ähnlich sehe es in Buenos Aires aus, es sei denn natürlich, man kürze die Wartezeiten durch entsprechende Weinlieferungen an die Beamten ab.

Nur dank dieser Behelfe, der Untätigkeit oder Überlistung der Regierung kann die Bevölkerung überhaupt überleben und befindet sich die Wirtschaft möglicherweise in besserem Zustand, als die amtlichen Statistiken erwarten ließen. Wollte ich mich bloß an die Zahlen halten, dann bliebe nur der Schluß, daß Argentinien nach vierzigjährigem Nullwachstum zu existieren aufgehört hat; nun sind die Argentinier aber immer noch da und stricken, einem Penelopegewand ähnlich, mit immer neuen unternehmerischen Anläufen einen Markt, den der Staat sich zu beseitigen bemüht. Wenn Juan José Taccone uns also sagt, die Privatinitiative versage, dann geht das in Wirklichkeit nicht auf das Konto mangelnden Unternehmergeistes, sondern ist darauf zurückzuführen, daß jedes unternehmerische Unterfangen schon an Tollkühnheit grenzt und sich an einer Umwelt stößt, die noch weniger überschaubar ist als die internationale.

## *Die Kunst, seine Schulden nicht zu bezahlen*

Letztlich läßt sich an der Inflation und Außenverschuldung die ganze Schwäche Argentiniens ablesen; beide dienen zur Finanzierung des künstlichen Überlebens des öffentlichen Sektors. Oft wird die Verschuldung als von außen auferlegte Behinderung des Wachstums dargestellt; in Wirklichkeit ist sie die unmittelbare Folge der argentinischen Innenpolitik.

Zunächst sind ein paar Tatsachen ohne jede diplomatische Schönung ins Gedächtnis zu rufen. Die Verschuldung Argentiniens - wie die Mexikos, Perus oder Venezuelas - ist *der* Betrug des Jahrhunderts![1] Ausschlaggebend dafür, daß Argentinien seine Schulden nicht bezahlen kann, ist, daß die von westlichen Banken geliehenen 50 Milliarden Dollar zwischen 1975 und 1983 weitgehend wieder ausgeführt wurden, und zwar auf Privatkonten in den USA oder der Schweiz. Der Internationale Währungsfonds schätzt den Anteil dieser Unterschlagungen auf 70 Prozent, womit Argentinien vor Venezuela (50 Prozent), Peru (35 Prozent) und Mexiko (33 Prozent) den Rekord hält.[2] Aber zu diesem Finanzschwindel tritt noch ein moralischer Betrug, sind doch heute die Armen Lateinamerikas gezwungen, diese Schulden mit einem brutalen Rückgang ihres Lebensstandards zu begleichen. Dies hindert freilich gewisse lateinamerikanische Regierungen ganz und gar nicht, sich zu Verteidigern ihres Volkes aufzuschwingen und die westlichen Gläubiger der Strangulierung zu beschuldigen, während sie häufig selbst oder durch ihre Komplizen dieses Kapital auf ihren eigenen Namen angelegt haben. Das alles wird mit Schweigen übergangen. In dieser Angelegenheit sitzen wir einer Verdrehung der Schuldgefühle auf, die typisch ist für das schlechte westliche Gewissen gegenüber der Dritten Welt: Die Schuldner fühlen sich geschädigt und werfen dem Westen vor, er habe ihnen frevlerisch zuviel geliehen! Nachdem wir an den Ursprung und zweifelhaften Hingang der Mittel erinnert haben, bleibt als Tatsache bestehen, daß Argentinien tatsächlich nicht zahlen kann, ebensowenig wie Mexiko. So debattiert man über allerlei Kniffe, unterläßt es aber wohlweislich, die einzig wirklich wichtige Frage auch nur zu erwähnen: Warum denn floh dieses Kapital aus diesen lateinamerikanischen Ländern?

Die Kapitalflucht als solche ist weder neu noch neuartig. In allen Erdteilen hat das Geld eine natürliche Tendenz, schlecht verwalteten Ländern den Rücken zu kehren und sich vor Torheiten der Politik in Sicherheit zu bringen. Die Originalität des Falles

1 Der Fall Brasilien liegt anders. Dieses Land hat als einziges in Lateinamerika den größten Teil des geliehenen Kapitals wirklich investiert. 1987 geriet es in die Zahlungsunfähigkeit, weil die Regierung vor den Wahlen von 1986 den Binnenverbrauch privilegierte.

2 Quelle: IWF-Zeitschrift *Finance and Development*, März 1987.

Argentinien besteht nicht darin, daß das Kapital floh, sondern daß es niemals zurückkehrt. Anfang dieses Jahrhunderts war das noch anders, als das Land politisch stabil und wirtschaftlich vielversprechend erschien. Folglich ist moralische Entrüstung hier ein schlechter Ratgeber: Bei dieser Riesenunterschlagung scheint es mir weniger um die Ethik der argentinischen Eliten zu gehen als um das politische System, das sie zu einem wirtschaftlichen Verhalten veranlaßt hat, das der Nation Schaden zufügte, individuell indes durchaus rational war. Solange die Argentinier sich vor ihrem eigenen Staat fürchten, Angst haben vor seiner potentiellen Gewalt, seinen Rechtsverletzungen, seiner Mißachtung der Sparsamkeit und des Eigentums, wird das Kapital weiter fliehen und Argentinien in der Drittweltskala immer tiefer rutschen.

## *Den Tango im Gemüt*

»Ich bin Franzose, aber auch Engländer und ein bißchen Skandinavier - kurzum: Argentinier«, sagt Borges zu mir in jenem ausgezeichneten Französisch, das man in Buenos Aires pflegt, »unser Erbe ist von ganz Europa geprägt.«

Bis vor kurzem konnte man Jorge Luis Borges jeden Nachmittag in der Bar des Claridge antreffen (er starb wenige Monate nach unserer Begegnung im Juni 1986 in Genf). Hier, wenige Schritte von seiner Wohnung in der Maipu-Straße entfernt, ging der große argentinische Schriftsteller seinen Gewohnheiten nach. Hier diktierte er Maria Kodama, seiner Lebensgefährtin mit dem hübschen japanischen Gesicht, die er vor seinem Tod noch ehelichte. Noch als über Achtzigjähriger hatte der Dichter die glatte Haut und das runde Gesicht eines Kindes. Er war fast blind, und sein heller Blick suchte den Gesprächspartner in allen Richtungen, als wolle er sagen: »Wo sind Sie bloß abgeblieben?« Die Gäste im Claridge grüßten diskret den Meister, tuschelten über Maria Kodama und empörten sich dann mit lauter Stimme, weil Borges immer noch nicht den Nobelpreis für Literatur erhalten habe. Das liege, so meint man in Buenos Aires gemeinhin, wohl daran, daß dieses Ruhmesblatt der Nation nicht links stehe und ohnehin die Welt für Argentinien nichts übrig habe.

Borges amüsierte sich köstlich ob soviel Aufhebens rund um eine Tasse Tee an einem regnerischen Spätnachmittag. Er pflegte zu sagen, soweit Politik ihn überhaupt angehe (und das sei wenig), sei er in der Tat immer ein Konservativer gewesen. Aber, fügte er hinzu, ein Konservativer »englischen Stils«, eindeutig gegen die populistische Diktatur Peróns ebenso wie der Militärs – eine Frage der »Ethik«! Und er fuhr fort: »Konservativ sein heißt in erster Linie, der Dummheit skeptisch gegenübertreten.« Tatsächlich mochte Borges weder die argentinische Politik noch auch Argentinien als Nation, waren sie ihm doch beide zu gravitätisch und humorlos. »Es gibt kaum eine kürzere Geschichte als die unsrige«, sagte er, »und doch kenne ich kaum ein Land, wo das Volk sich so an Jahrestagen, vaterländischen Feiern und Gräbern illustrer Toter berauscht.« Plötzlich bricht der Dichter ab, sagt, er müsse jetzt arbeiten, und vertreibt die Gaffer.

Borges war das kosmopolitische, universale, Europa und den Vereinigten Staaten zugewandte Antlitz Argentiniens. Aber vielleicht gibt es dieses Argentinien überhaupt nicht mehr. Das andere, jetzt viel präsentere Antlitz ist das des Juan José Taccone, vollblütig und leidenschaftlich. Es ist auch das Gesicht des Malwinen- oder Falklandkrieges. *»Las Malvinas son argentinas«*, wiederholen die Schulkinder unablässig, die seit ihrem zartesten Alter in der Hoffnung auf eine Wiedereroberung der Inseln, der letzten Bastion des englischen Kolonialreichs, erzogen worden sind. Daß Argentinien ein gigantisches und unterbevölkertes Land ist, die paar Hammelwiesen Tausende von Kilometern von Buenos Aires entfernt liegen – das alles sind objektive Argumente, die schon deswegen in der Debatte nichts zu suchen haben. Die Inbrunst, mit der die Bevölkerung den Fußball kultiviert, gehört demselben Argentinien zu: Die Weltmeisterschaft von 1986 war Anlaß zu einer Nacht der Ausgelassenheit in den Straßen der Hauptstadt, und dies in einem Grade, daß man schon fahnenschwingend durch die Gassen ziehen mußte, wenn man nicht weiter auffallen wollte!

Zwischen diesen beiden Polen der argentinischen Kultur, zwischen Vernunft und Ideologie, Weltoffenheit und Weltverschlossenheit, Politik und Wirtschaft, nationaler Macht und individueller Bereicherung, taumelt die Geschichte hin und her. Das »Leid« Argentiniens kommt daher, daß es unmöglich ist, diese beiden Naturen miteinander zu versöhnen. Wie in den packenden Tangos Carlos Gardels[1], der Musik und dem Gesang, die alles - Gesten, Stimmen und Gefühle - übersteigern, scheinen die Argentinier nur von einem Extrem ins andere verfallen zu können.

Im übrigen Lateinamerika karikiert man dieses Volk gerne als ein Volk »der Italiener, die spanisch sprechen, sich für Engländer halten und in Paris zu leben glauben«. Aber ebendiese Grundverschiedenheit Argentiniens ist die Quelle seines Reichtums, und sie verneinen und durch eine von nationalistischer Ideologie umspülte künstliche und unerreichbare Einheit ersetzen zu wollen, heißt unausweichlich, sie verkümmern zu lassen. Solange der individualistische und unternehmungsfreudige Pol sich durchsetzte, war Argentinien ein blühendes Land; seit es sich auf die nationalistische und abgeschirmte Seite begab, geht es mit ihm bergab. Schlimmer noch: Die Abschottungsideologie führte geradewegs in den Bürgerkrieg; für die Gewalttat in Argentinien scheint mir der National-Industrialismus ebenso verantwortlich wie für den wirtschaftlichen Niedergang. Die ersten Bombenleger in Buenos Aires waren linke Peronisten, die die Gesellschaft »reinigen« wollten; mit Perón geriet das Land in den Teufelskreis des Terrorismus und der Repression, aus dem es bis heute nicht herausgefunden hat. Die peronistische Rhetorik, die die städtischen Massen als »fortschrittlich« lobte und das Land als »reaktionär« beschimpfte, hat die beiden argentinischen Traditionen gegeneinander gehetzt, die Tradition der Diversität gegen jene der Einheit um jeden Preis. Die nationalistische Wirtschaftsstrategie ist unlöslich mit der sozialen Brutalität verquickt, die sie in Gang setzte.

Juan José Taccones eigene Söhne, gesteht er mir bitter, gehören zu der von *La Nación* festgestellten Hälfte Argentinier, die ihrem Land unwiderruflich den Rücken kehren möchten. Ein rührendes Geständnis - doch ist nicht gerade die von Taccone vertretene Ideologie unmittelbar für die Wahl seiner Kinder verantwortlich?

1 Der aus Toulouse stammende Carlos Gardel hat eine Reihe klassischer Tangos komponiert.

# 4

# *Bandeirantes* und *favelas*

Olacyr ist nachdenklich. Auf einer Brasilienkarte zeichnet er mit dem Finger die Umrisse des künftigen fruchtbaren Halbmonds Lateinamerikas nach, einen ausladenden Kreisbogen von 3000 Kilometern Länge, der von Rio de Janeiro bis Salvador da Bahía reicht und den größten Teil des Amazonasgebiets umspannt. Das Gebiet ist noch kaum erforscht. Olacyr ist der größte Sojaerzeuger Brasiliens, hält sich sogar für den größten der Welt. Er empfindet sich als Nachfahre jener portugiesischen Pioniere, der *bandeirantes*, die im 17. Jahrhundert unter Mißachtung des päpstlichen Schiedsspruchs die Grenzen Brasiliens hinausschoben, die Flüsse und Ströme hinauffuhren und die Flagge ihrer neuen Nation immer weiter trugen. Durchs Bullauge seines Privatjets zeigt er mir den Rio Paraná, den seine fernen Vorfahren überquert hatten, und weiter drüben die paraguayische Grenze. Genau wie ihnen ist sie auch ihm ein Greuel; unablässig träumt er davon, wie seine Traktoren, Bulldozer und Flugzeuge, die das Land da unten mit Insektenvertilgungsmittel besprühen, die Grenze überqueren.

Eineinhalb Stunden nach unserem Abflug aus São Paulo setzt unsere Landung dem Tagtraum ein Ende. Inmitten der kleinen Stadt, die sein Unternehmen für die 4000 Beschäftigten gebaut hat, kommt die Cessna auf Olacyrs Privatlandebahn zum Stehen. Die Lebensbedingungen liegen hier eindeutig über der brasilianischen Norm: Es gibt eine Schule, ein Krankenhaus, und vor jedem Haus steht ein Auto. Für sich selbst hat Olacyr auf einem Hügel eine *fazenda* im Ausmaß eines großen Hotels bauen lassen. Die luxuriösen Salons, die Tennisanlage, der Swimmingpool und der Speiseraum können mehrere hundert Gäste aufnehmen. Bislang ist das alles nur ein einziges Mal genutzt worden – für den brasilianischen Staatspräsidenten und sein Gefolge. Olacyr kommt nur selten hierher, er hat keine Zeit, lebt nur für seine Arbeit.

Mit fünfzehn Jahren fing der Sohn eines Gemüsebauern an, die Märkte von São Paulo mit den Erzeugnissen des Familienbetriebs zu beliefern. Fünf Jahre später besitzt er seinen ersten Lastwagen und fährt Zement. Von jetzt an verzahnt sich sein Lebensweg mit der städtischen Explosion von São Paulo; Olacyr wird Großunternehmer für öffentliche Bauaufträge. Doch wie jedem Brasilianer steckt auch ihm die Liebe zum Boden im Blut, weshalb er sein Vermögen in die Landwirtschaft reinvestiert. Für einen lächerlichen Betrag kauft er im Staat Mato Grosso an der Grenze zu Paraguay von einer britischen Gesellschaft einen 100 000 Hektar großen Grundbesitz auf. Die vorherigen Eigentümer hielten den Boden für unfruchtbar und für zu sauer, und so liegt das Land seit Jahren brach. Dabei brauchte man ihm lediglich Kalk zu geben, allerdings in riesigen Mengen. Folglich kauft Olacyr ein 150 Kilometer entfernt liegendes Kalkbergwerk und richtet zwischen ihm und seinem Grund und Boden eine Lkw-Pendelkette ein. Sodann muß die Trockenheit bekämpft werden, wozu er ein aus den benachbarten Flüssen gespeistes Bewässerungsnetz einrichtet. Vom Flugzeug aus gesehen, ist sein Grundbesitz rotes Land, in das die Besprengungsanlagen riesige grüne Kreise gezeichnet haben; jeder Kreis umfaßt 100 Hektar Sojaanbau. Besonders stolz ist Olacyr jedoch auf seine Silos; auf die Berge von Trockenkeimen, die auf den Abtransport in die Ölmühlen warten, hält er sich viel zugute. Nächstes Jahr will Olacyr seine eigene Ölmühle bauen. Desgleichen sollen die Ernteabfälle zur Fütterung von 30 000 Stallrindern genutzt werden. Mehrere 100 Meter lange Ställe sollen die Tiere vor der Sonne schützen. Die Futtertröge stehen schon da, aber die Rinder sind noch nicht eingetroffen. Zunächst muß eine Zuchtrasse ausgesucht werden, die das Klima und die Trockenheit verträgt: eine Kreuzung aus den USA eingeführter Stiere mit brasilianischen Zebukühen.

Das ist Brasilien, Unternehmungsgeist und Unmaß! Aber der gewöhnlich wortkarge Olacyr korrigiert sofort: Er sei nicht Brasilianer, sondern *Paulista*. Die *Paulistas*, sagt er, lebten nicht so gemächlich wie die anderen Brasilianer, das tropische Treibenlassen der Einwohner von Rio, der *Cariocas*, liege ihnen nicht, sondern sie vibrierten im Tempo der Weltgroßstädte. Es sei aufregend,

*Paulista* zu sein und sich dem ganzen übrigen Brasilien überlegen zu fühlen. São Paulo sei die eigentliche Hauptstadt dieses kontinentgroßen Landes; es sei der mächtige Motor der aufsehenerregenden Entwicklung Brasiliens in den letzten vierzig Jahren.

In São Paulo darf man nicht nach Pittoreskem Ausschau halten, sondern man muß es angehen wie die Entdeckung von New York oder Tokio: Hier erinnert fast nichts an die Vergangenheit. Auf der Avenida Paulista, der Hauptarterie dieses Stadtungeheuers, sind fast alle Häuser der Kaffeebarone im maurischen Stil verschwunden; an ihre Stelle sind die gläsernen Türme des modernen Brasilien getreten. Die wenigen Herrschaftshäuser, die die Jahrhundertwende überlebt haben, sind von Banken vereinnahmt oder zu Firmensitzen umgewandelt worden. Binnen zwanzig Jahren ist die Bevölkerung sprunghaft von zwei auf zwölf Millionen gestiegen. Diese Bevölkerungsexplosion geschah in heilloser Unordnung, schuf die undurchdringlichste, lärmendste und unsauberste Stadt der Welt. In São Paulo sammelt sich wie in einem Brennglas die ganze Geschichte Brasiliens, von den Plantagen der fernen Ursprünge bis zur heutigen Industriemacht, von der portugiesischen Kolonisierung bis zum Kosmopolitentum einer buntgescheckten Nation aus Deutschen, Japanern, Juden, Italienern und Türken.[1] São Paulo, das ist gewissermaßen New York mitten in Afrika. Äußerster Reichtum paart sich mit schlimmster Ungerechtigkeit, ein an Japan gemahnendes Wachstum ist umringt von der Armut der Sahelzone. Die eine Hälfte der *Paulistas* lebt im Komfort einer Industriegesellschaft, die andere darbt in den *favelas*.[2] São Paulo ist durch das moderne Entwicklungsepos wie in zwei radikal verschiedene Länder gespalten – ein unglaublich reiches und ein unglaublich armes. Das ist das zentrale Rätsel des heutigen Brasilien. Wie konnte ein so großer Staat binnen 25 Jahren in den Rang der siebtgrößten Industriemacht der Welt aufsteigen und zugleich die Mehrheit seiner Bevölkerung in schlimmster Not darben lassen?

1 Tatsächlich handelt es sich um Levantiner, die Anfang des Jahrhunderts mit türkischem Paß eingewandert sind.

2 Der Ursprung des Wortes ist nicht bekannt. Vermutlich bezeichnet es die Blätter der Pflanzen, mit denen die *Cariocas* früher ihre Behausungen deckten.

## *Sklavenkinder*

Alaíde de Lourdes ist aus Bahía nach São Paulo gekommen und bewohnt eine *favela* in einer feuchten Schlucht, eines der zahllosen Elendsquartiere der Stadt. Ihre Behausung ist eine Art Kasten aus Pappkarton und Kistenholz, davor ein winziger Hof, in dem sie ihre Wäsche aufhängt. Dennoch ist die lächelnde und zahnlose Alaíde mit ihrer schwarzen, vorzeitig gealterten Pergamenthaut ein glückliches Wesen. Sie bewohne eine »gute« *favela*: Sie hat nicht weit zur Arbeit, verfügt über eine elektrische Birne und hat Zugang zu einem Wasserkran, der 500 bis 600 Einwohner versorgt. Eine »schlechte« *favela* entbehrte aller dieser Vorteile und könnte zwei bis drei Autobusstunden von der Stadtmitte gelegen sein. Außerdem gebe es weit Schlimmeres, als in einer *favela* zu wohnen: wenn man in den *cortiços*, den »Rattenlöchern« hause. So nennen die *Paulistas* die von den Besitzern verlassenen Häuserruinen in der Stadtmitte. Sie werden von Vermittlern vermietet, pro Familie ein Zimmer. Vergleicht man die beiden Behausungen, dann schneidet tatsächlich die *favela* besser ab; Alaídes fünf Kinder können nach Lust und Laune im Dreck herumtoben und durch die Gassen rennen.

Alaíde hat ihre Hütte selbst gebaut, mit allem, was sie an Baustellen und am Straßenrand eben fand. *Favelas* schießen wie Pilze aus dem Boden, völlig planlos, in irgendwelchen vom Städtebau übergangenen Ecken, manchmal sogar auf den Gehsteigen. So stehen sie in unmittelbarer Nachbarschaft zu den Geschäftsvierteln oder schicken Wohngegenden und beweisen augenfällig den Kontrast zwischen äußerstem Luxus und absolutem Elend. Zwar gibt es zu diesem Thema weder eine Statistik noch eine Untersuchung, aber vermutlich wohnt die Hälfte der Bevölkerung von São Paulo - sechs von zwölf Millionen - »auf Widerruf«, wie es die Stadtverwaltung nennt. In Wirklichkeit ist das Provisorium zum Dauerzustand geworden, denn die Bewohner der *favelas* sind außerordentlich beständig: Alaíde lebt schon vierzehn Jahre hier. Nach und nach sorgen die Stadtbehörden unter dem Druck der Bewohner, die sich zusammentun, der Lokalpolitiker oder der Priester für Wasser- und Stromzufuhr. Fortschreitend wird das

Holz durch Ziegelsteine ersetzt, wird die *favela* zu einem Dorf, freilich immer noch nicht weniger elend und ungesund. Die *favela* ist also für Alaíde nicht etwa ein Notbehelf oder eine vorübergehende Lösung, sondern ihre ständige Bleibe.

In den meisten von der Industrialisierung zur Gärung gebrachten Großstädten der Welt beginnt die Zukunft mit einer Wohnung in einem Mietsilo. Nicht so in Brasilien. Hier wird das für den sozialen Wohnungsbau bestimmte Geld in Wohngebäude für die wohlhabenden Klassen investiert. Im aufstrebenden Brasilien verdient Alaíde de Lourdes, seit eh und je als Putzfrau im selben Unternehmen tätig, den Gegenwert von 100 Dollar pro Monat. Auf Arbeit hat sie ein Anrecht, nicht indes auf Wohnung.

Ich weiß, daß es überall in der Welt ähnliche Elendsviertel gibt, ähnliche Formen der Armut, und daß Alaíde de Lourdes auf der Skala der Not der Menschen noch relativ gut wegkommt: Sie hat ein Dach über dem Kopf, hat Strom, hat eine bezahlte Arbeit. Auch anderswo findet man viele derartige Kontraste zwischen Reich und Arm; sie sind sogar ein Wesenszug der Länder der Dritten Welt. Dennoch empfand ich in São Paulo die schlimmste Wut auf die bodenlose Ungerechtigkeit eines perversen Systems. Denn was man hier Alaíde de Lourdes (ich meine gar: absichtlich) verweigert, ist das Recht auf Eintritt in die neue brasilianische Gesellschaft, das Recht, voll und ganz *Paulista* zu werden. Schlimmer noch: Dieses Recht wird schon jetzt ihren Kindern vorenthalten.

Es bedarf keiner Erwähnung, daß sämtliche Erwachsenen in den *favelas* weder lesen noch schreiben können; viel schlimmer ist, daß auch ihre unzähligen Kinder Analphabeten sind und höchstwahrscheinlich bleiben werden. In der *favela* gibt es für 5000 Kinder ganze zwei Schulen – einen Kindergarten und eine Grundschule. Und selbst hierfür mußte sich Fátima, die einzige Lehrerin, mit den städtischen Behörden herumschlagen, bis sie endlich dieser *favela*, in der sie geboren ist, zugewiesen wurde – anstatt einer Schule in der Stadt. Sie mogelt sich um die Vorschriften herum, um zu erreichen, daß sie die Kinder in zwei Gruppen auf verschiedene Stunden aufteilen kann, so daß wenigstens achtzig von ihnen Unterricht bekommen können. Jedes Kind verbringt pro Tag höchstens drei Stunden in der Schule - Unterrichtsnorm in Brasiliens öffentlichem Schulwesen. Während der Schulstunden muß Fátima trotz der Dunkelheit und Hitze den Holzladen am einzigen Fenster schließen, damit ihre Schüler hören können, was sie sagt, denn die Schule wird umlagert von all denen - es sind Hunderte -, deren Teilnahme sie absagen mußte. Erwähnen wir der Vollständigkeit halber noch, daß bei einem Gehalt von 800 Cruzados (gesetzlicher Mindestlohn, die Hälfte von dem, was Alaíde de Lourdes bekommt) Fátimas Unterricht eher einem Opferamt als einer bezahlten Tätigkeit gleicht. Nur die katholische Kirche läßt ihr etwas Unterstützung zukommen: Mobiliar und Bücher. Von den paar Dutzend alphabetisierten Kindern werden bestenfalls vier oder fünf ihre Schulzeit außerhalb der *favela* fortsetzen können. Die Familien schrecken vor dem langen Schulweg im Autobus zurück, den die Kinder in die höhere Schule nehmen müssen, deren Kosten zudem zu ihren Lasten gehen. So ist die Bevölkerung der *favelas* zur Unwissenheit und Abhängigkeit verurteilt, und so bleibt die Hälfte der *Paulistas* auf immer Einwanderer im eigenen Land.

Aber vielleicht liegt ihr einziger Fehler darin, daß ihre Haut nicht hell genug ist? Besucht man die *favelas*, so stellt man fest, daß ihre Bewohner Schwarze oder Mestizen sind - weiß sind sie nie. Sollte die soziale Ungerechtigkeit nichts anderes sein als die Folge eines Rassenunterschieds?

## *Rasse oder Klasse?*

»Wie stufen Sie mich ein«, fragt mich Jorge Amado, »bin ich weiß, wirklich weiß?«

Auf diese Frage nicht gefaßt, schaue ich ihn mir näher an. Der große brasilianische Romanschriftsteller Amado ist eine nationale Institution. Seine Bücher verkaufen sich in Millionenauflagen, und die Brasilianer, die nichts von ihm gelesen haben, haben wenigstens eine der zahllosen *novelas* aus seinem Werk im Fernsehen gesehen. In Salvador da Bahía, seiner Stadt, trägt eine Avenue seinen Namen, ist ihm zu Ehren ein Monument errichtet, ist seine Villa ein Anziehungspunkt für Touristen. Jedermann in Brasilien kennt ihn und ruft ihn beim Vornamen. So daß – welches Paradox – der Erzähler, dessen Werk ganz und gar dem Leben in Bahía gilt, vier Monate im Jahr in Paris Zuflucht suchen muß, um in Ruhe schreiben zu können.

Nach eingehender Prüfung erscheint mir Jorge Amado völlig weiß. Irrtum! Das schöne, schwermütige Gesicht, der ironische Blick sind indianisch gefärbt und mit ein paar Tropfen schwarzen Bluts gewürzt. »Niemand in Brasilien«, sagt Amado, »ist vollständig weiß noch vollständig schwarz. Man braucht nur eine Brasilianerin über die Straße gehen zu sehen, und schon errät man, was wir Afrika verdanken!«

Seit seinen ersten Ursprüngen ist Brasilien halbblütig. Schenkt man Gilberto Freyre, dem Schöpfer der brasilianischen Soziologie, Glauben, so warfen sich die ersten portugiesischen Siedler, von einem wahren Sexfieber erfaßt, auf sämtliche Frauen. Nun waren sie selbst ja schon als Europäer stark mit maurischem Blut durchsetzt. Das Ergebnis ist eine unendliche Farbenvariation. Die Palme der Schönheit gebührt nach Amado den aus japanischem und mulattischem Blut gemischten Frauen, wobei die Mulatten selbst wiederum eine Kreuzung aus Schwarzen und Indianern darstellen. Dieses Mischgewirr soll, wie es heißt, der brasilianischen »Herzlichkeit«[1] zugrunde liegen. Sie offenbart sich in der ausladenden Umarmung, den Ergüssen, dem auch in gleichgültigster Unterhaltung benutzten Liebesvokabular, der ausschließlichen Anrede mit dem Vornamen in der Öffentlichkeit wie zu Hause. Die Beschäftigten reden ihren Arbeitgeber mit dem Vornamen an, und in den Wahlen kämpfen die Kandidaten nur mit ihrem Vornamen; desgleichen heißt die Ideologie des Diktators Getúlio Vargas »Getulismus« und nicht etwa »Vargismus«.

Doch selbst wenn man diesen Thesen von Mischung und Herzlichkeit Rechnung trägt, versteht man immer noch nicht, warum in Brasilien die Reichen heller sind als die Armen und die Beherrschten farbiger als die Herrschenden. Wie sollte man sich verhehlen, daß diese vorgebliche Nichtdiskriminierung der Ras-

1 Die Bezeichnung des Brasilianers als »herzlicher Mensch« geschah erstmalig 1964 durch den Historiker Sergio Buarque de Holanda.

sen in der brasilianischen Gesellschaft ganz und gar nicht mit der Wirklichkeit übereinstimmt? Weiß sind der Präsident und seine Minister, weiß die Industriellen, weiß die Rechtsanwälte, Journalisten, Politiker! Schwarz sind die Armen der *favelas* und gemischtfarbig die Bauern. Ein paar Ausnahmen höchstens bei den Künstlern oder berühmten Sportlern. Brasilien also als Land des Mischbluts, der Brasilianer also der »herzliche Mensch«? Oder sind das nichts als bequeme Mythen, um den Vorrang der Weißen vor allen anderen zu rechtfertigen? Wäre dies der Fall, so bewiese Brasilien ganz und gar nicht die Fähigkeit einer Mehrrassengesellschaft, sich zur Industriemacht aufzuschwingen, sondern ganz im Gegenteil die wirtschaftliche »Überlegenheit« der Weißen oder ihres Imperialismus. Ist umgekehrt der Brasilianer tatsächlich, was er zu sein vorgibt, die heterogenste Rassenmischung aller Orte und Epochen, so wäre der Beweis geliefert, daß die Weißen keinesfalls das Monopol der Modernisierung gepachtet haben. Versucht man also, das Wesen Brasiliens zu bestimmen, so gelangt man zu der allgemeinen Frage nach dem Verhältnis von Rasse und Entwicklung. Sind allein die Weißen »modern«, eben weil sie weiß sind, dann ist die Armut der anderen unausweichlich. Beantwortet man diese Frage für Brasilien, so beantwortet man sie zugleich für die übrige Welt.

Amados These lautet, das rassische Vorurteil sei in der Volkskultur unbekannt, doch bedienten sich die herrschenden Eliten der »Herzlichkeit«, um ihre Autorität zu festigen und die soziale Unruhe zu entschärfen. Die Rasse sei nicht die natürliche Ursache von Unterentwicklung und Armut, sie erkläre mitnichten die Fähigkeit oder Unfähigkeit zum Eintritt in die moderne Gesellschaft, nicht sie sei der Ursprung des wirtschaftlichen Zurückbleibens; letztlich sei sie nichts als eine Oberflächenerscheinung. Denn, so fährt er fort, die Segregation hänge nicht mit der Rasse, sondern mit der Klasse zusammen. Die Schwarzen seien nicht arm, weil sie schwarz, sondern weil sie die Nachfahren der noch nicht lange befreiten Sklaven seien (erst Ende des 19. Jahrhunderts wurde die Sklaverei von Rechts wegen abgeschafft). Ihre Kinder und Kindeskinder seien noch Gefangene von Kultur- und Familien-Denkschemata sowie eines Nachholbedarfs an Erziehung und Bildung, der auf ihren sozialen Ursprung zurückgehe und nicht etwa mit einer rassisch bedingten Unfähigkeit zusammenhänge. Ein brasilianischer Schwarzer sei nicht arm, weil er schwarz sei, sondern er sei arm, weil er Sohn eines Sklaven sei. Im übrigen werde in Brasilien ein Schwarzer, der Erfolg habe, gewissermaßen weiß. So habe ein Schriftsteller aus Salvador da Bahía kein Leserpublikum finden können; das schrieb er der Tatsache zu, daß er schwarz sei. Eines Tages aber habe er mit einem Roman den großen Durchbruch geschafft. Seither betrachte er sich selbst als »weißen« Schriftsteller und werde auch von anderen so betrachtet.

Auch für den Bischof von Recife, den berühmten Dom Hélder Câmara, liegt der sozialen Ungerechtigkeit in Brasilien der Klassenkampf zugrunde.

## *Die Sünde des Kapitalismus*

Seien nicht, sagt mir Dom Hélder Câmara, die *favelas* das deutlichste Symbol des ungezügelten Kapitalismus? Der Bischof glaubt nur Offenkundiges festzustellen: Wenn die Schwarzen und Mischlinge arm seien, so liege das nicht an ihrer Herkunft, sondern daran, daß sie Proletarier seien. Nur mit Ausbeutung der Volksmassen habe es der brasilianische Kapitalismus geschafft, binnen 25 Jahren eine ungeheure Industriemacht auf die Beine zu stellen. Dieser Zustand Brasiliens sei eine natürliche Entwicklungsphase, vergleichbar der Europas zur Zeit der industriellen Revolution. Für Dom Hélder ist das alles sonnenklar, da gibt es nichts zu fackeln; der Kardinal versichert mir, wenn er das sage, beziehe er weder politisch Stellung noch betreibe er Wirtschaftsanalyse.

Nun haben nur wenige Menschen Brasilien und die katholische Welt so tiefgreifend verändert wie Dom Hélder. Ihm ist der Bruch der historischen Verbindung zwischen dem lateinamerikanischen Klerus und dem Konservativismus zuzuschreiben. Er ist der geistige Vater der »Befreiungstheologie«, die ein anderer brasilianischer Geistlicher deutscher Abkunft, Ricardo Boff, ausgeformt hat. Auch nach seiner Pensionierung hat Dom Hélder nichts von seiner Leidenschaft noch von seinem Streben nach Heiligkeit verloren. Seit dreißig Jahren bewohnt er in Recife gleich neben seiner Pfarrkirche eine winzige, feuchte, kalkgeweißelte Wohnung, auf deren steinernem Fußboden sich die Kakerlaken tummeln und die lediglich mit einer Hängematte, ein paar Büchern, einem Tisch und einem Fernsehapparat ausgestattet ist. Ein einziges Foto an der Wand erinnert an die Messe, die er mit Johannes Paul II. in einem *favela*-Viertel von Recife vor einer Million Gläubigen zelebriert hat. Die meisten Priester und Bischöfe Brasiliens eifern ihm nach und leben äußerst anspruchslos. An dem Abend, als ich ihn aufsuchte, hatte der beinahe achtzigjährige Dom Hélder eine Protestdemonstration gegen die Gewalttat in den Städten angeführt. Ein Platzregen war niedergegangen. Er hatte gerade noch die Zeit gefunden, sich eine herrliche weiße, gestärkte Soutane überzuziehen.

Seit dreißig Jahren sucht Dom Hélder die Bevölkerung der *favelas* auf und versucht, sie »wachzurütteln« und zur Bildung von »Basisgemeinschaften« zu bewegen. Diese Gemeinschaften, die sich dem Gebet und der Aktion verschrieben haben, bemühen sich um eine Lösung der Alltagsprobleme. Aber Dom Hélder fordert sie auch auf, Druck auf die Behörden auszuüben, um zu bekommen, was lediglich die Verwaltung bewerkstelligen kann: Wasser, Strom, eine Schule. Indessen wehrt er sich gegen den Vorwurf der brasilianischen Rechten, er wiegele das Volk auf: »Nicht meine Rede ist subversiv, sondern die unmenschliche Lage der Hälfte der Brasilianer ist es.« Dom Hélder glaubt sich verpflichtet, das Ärgernis der Ungerechtigkeit brandmarken zu müssen. Schweigen wäre eine Unterlassungssünde, denn »Gott hat nicht die Spaltung Brasiliens in zwei Völker gewollt.« Die »Befreiungstheologie« sei nicht etwa von der brasilianischen Geistlichkeit gewollt, sondern sie habe sich ihr aus dem Kontakt mit den Armen geradezu »aufgezwungen«.

Es fällt schwer, nicht von den Beschwörungen dieses großartigen und begeisterten Redners mitgerissen zu werden – und wer wollte sich der Tatsache verschließen, daß tatsächlich die eine Hälfte des brasilianischen Volkes die andere Hälfte nicht sieht? Doch wie könnte man Dom Hélder auch dann noch folgen, wenn er sich nach der Rede über die Ungerechtigkeit plötzlich in reduktionistische Analysen und einen rudimentären Sozialismus verrennt? Tatsächlich scheint die ganze Kirche Brasiliens im Gefolge Dom Hélders vom Göttlichen ins Weltliche abgerutscht zu sein. Seine Prophezeiungen haben sich in ein halb sozialistisches, halb christliches politisches Vorhaben verwandelt, das jedermann, von der Bischofskonferenz bis zu den Gewerkschaften und den Linksparteien, nachbetet.

Sprecher und Star dieser sozialchristlichen Vulgata ist ein bärtiger und redefreudiger junger Metallarbeiter aus São Paulo, der fast nur von schwarzem Kaffee und braunem Tabak lebt. Luis Ignacio da Silva, genannt »Lula«, gilt als der Walesa Brasiliens, er ist »charismatisch« – genau das, was man in Lateinamerika liebt. Als militanter Gewerkschafter hat er angefangen; die Priester und die Linksintellektuellen von São Paulo tragen ihn auf Händen, und er ist der Bannerträger ihrer Hoffnungen an der Spitze der Arbeiterpartei und der CUT (*Central Única dos Trabalhadores*). Nach zwanzig Jahren Militärdiktatur ist Lula die Symbolfigur einer positiven Anstrengung für eine authentisch brasilianische Linke mit eigenen Ideen. Unglücklicherweise entstammen letztere dem einfallslosesten europäischen Sozialismus. Man muß gehört haben, wie Lula erläutert – genauer: rezitiert –, daß der Kapitalismus in Lateinamerika Reichtümer nur zugunsten der Bourgeoisie und durch Ausbeutung der arbeitenden Massen schaffen könne, daß das Wachstum São Paulos von der Knechtung des Proletariats ausgehe, daß der Staat zwangsläufig im Dienste der Oligarchie stehe, daß die Außenverschuldung Brasiliens den Beweis für ein Komplott der Multis liefere und man die Rückzahlung per Volksbefragung entscheiden müsse, daß die Lösung der ländlichen Armut in der Umverteilung des Großgrundbesitzes liege ... Für die Kirche ist diese Agrarreform zum Mittel der geistlichen Wiedereroberung der Bauern geworden. Auf halbem Wege zwischen den Bauernaufständen, die in den lateinamerikanischen Köpfen spukt, und einem romantischen Sozialismus gelegen, stellt diese Agrarreform im heutigen Brasilien den wichtigsten Zankapfel und das größte Destabilisierungsrisiko dar. In den anfälligsten Regionen stacheln Priester die besitzlosen Bauern – die Kirche schätzt sie auf 14 Millionen – dazu an, die mehr oder weniger brachliegenden Domänen in Besitz zu nehmen. Diese Initiativen führen zu manchmal gewalttätigen Auseinandersetzungen mit den Milizen der Eigentümer. Die brasilianische Bischofskonferenz führt präzise über die Zahl der Toten und Verletzten Buch, die sämtlich als Märtyrer gelten, wenngleich sich meist herausstellt, daß es sich eher um militante Gewerkschafter der CUT als um wirkliche Bauern handelt.

Mir will indes scheinen, daß der Antikapitalismus und die Agrarreform, wie sie Dom Hélder und Lula befürworten, kaum geeignet sind, das eigentliche Problem zu lösen, nämlich die schlechte Entwicklung Brasiliens. Wenn Lula vorschlägt, in einer ersten Phase müsse das Bewußtsein der Massen geweckt werden, damit man in einer zweiten Phase um so leichter die Produktionsmittel vergesellschaften kann, dann ist zwar sofort zu erkennen, daß damit das Wachstum Brasiliens gestoppt wird, nicht jedoch, wie die soziale Gerechtigkeit dadurch vorangebracht werden könnte. Die brasilianische Linke hat sich ganz einfach in der Analyse und in der Zielscheibe geirrt.

Wenn Brasilien seit 25 Jahren ein ungeahntes Wachstum erlebt, mit dem eine nicht weniger spektakuläre Ungleichheit einhergeht, dann ist das nicht etwa die Folge des Kapitalismus. Vielmehr ist es die Konsequenz einer sehr eigentümlichen Entwicklungsstrategie, jener nämlich, die vom Staat angeführt wird, mithin einer Art Staatskapitalismus, der wenig mit den Kapitalisten und alles mit der Regierung in Brasília zu tun hat.

## *Die Schuld des zügellosen Staates*

Eben weil die Entwicklung vom Staat und nicht von den Privatunternehmern geführt wurde, hat das brasilianische Wachstum die Ungerechtigkeit verschärft. So jedenfalls lautet die provozierende These von Roberto Campos und den wenigen vereinzelten liberalen Wirtschaftlern in Brasilien. Dennoch gewinnt sie seit der Rückkehr zur Demokratie an Boden.

Roberto Campos ist im politischen Leben Brasiliens eher eine Randfigur. Er hat an der Yale-Universität den Doktorhut in Wirtschaftswissenschaften erworben, ist heute Senator von Mato Grosso, war unter der Militärregierung Finanzminister, womit er automatisch als rechtsstehend gilt, aber in Wirklichkeit ist er ein Liberaler englischen Stils und läßt sich nicht ohne weiteres einer Partei zuordnen. Er nähme sich völlig britisch aus – zurückhaltend, bedächtig, gestreifter Flanellanzug –, wäre da nicht der riesige, mit einem sehr auffälligen ungeschliffenen Edelstein gekrönte Siegelring an seinem Finger. Campos ist ganz und gar Brasilianer. Aber ein wegen seiner leichten Ironie und seinem Sinn fürs Ganze seltener Brasilianer.

Für Roberto Campos sind Alaíde de Lourdes in ihrer *favela* und Brasília die beiden Seiten derselben Politik, das heißt einer fehlverstandenen Rolle des Staates. Sämtliche öffentlichen Mittel seien in riesige Vorhaben investiert worden, dagegen habe man die traditionellen Regierungsaufgaben vernachlässigt. Dieses Szenarium des *desenvolvimento*, der »Entwicklung auf brasilianisch«, tauchte erstmalig in den dreißiger Jahren auf, als Brasilien, das die Weltwirtschaftskrise von der übrigen Welt abgeschnitten hatte, nicht mehr von seinen traditionellen Ausfuhren leben konnte. Der Weltmarkt funktionierte nicht mehr, es gab zu wenige brasilianische Unternehmer. So beschloß die Regierung unter Getúlio Vargas, sich selbst der Industrialisierung anzunehmen. Somit wurde der Getulismus für Brasilien, was der Peronismus für Argentinien war, auch wenn sich Vargas aus historischen Gründen eher am portugiesischen Faschismus Salazars als an Mussolini orientierte.

Mochten die Regimes – mit oder ohne Vargas – auch seit fünfzig Jahren zwischen Zivil und Militär, zwischen rechts und links wechseln: die Gesamtrichtung ist immer dieselbe geblieben. Der Getulismus war und blieb die beherrschende Wirtschaftsphilosophie Brasiliens. Wie wenig die Partei-Etiketten besagen, beweist schon die Tatsache, daß Getúlio Vargas, nachdem er von 1930 bis 1945 eine faschistische Diktatur angeführt hatte, 1950 auf höchst demokratische Weise an die Macht kam, diesmal mit einem eher an Labour gemahnenden Programm.

Der Getulismus beruht auf dem Postulat, der Staat sei *das* Werkzeug der Entwicklung und verkörpere zwangsläufig wirtschaftlichen Fortschritt. Das *desenvolvimento* gibt sich mithin als parteineutral und Hüterin des Fortschrittsgeistes. Tatsächlich läuft es jedoch darauf hinaus, daß sämtliches verfügbare Kapital einem neuen, vom Staat ausgewählten Bürgertum aus Militärs, Technokraten, Geschäftsleuten und Politikern anvertraut wird. Dieser Staats-Bourgeoisie ist in fünfzig Jahren der Aufbau eines gigantischen Industriekomplexes gelungen. Alles, was groß ist, ist gut für Brasilien: der größte Staudamm, das erste Kernkraftwerk des Kontinents, die längste Straße quer durchs Amazonasgebiet, die erste Rüstungsindustrie und nunmehr die erste Informatikindustrie Lateinamerikas. Die Kleinunternehmen, die in dieser Pharaonensicht keinen Raum haben, überleben nur mit größter Mühe, da sämtliche verfügbaren Mittel in die Großprojekte fließen. Desgleichen wird die Landwirtschaft geopfert, denn sie gilt nicht als Faktor der nationalen Macht.

Die wichtigste soziale Konsequenz dieser kapitalistischen und zentralisierten Entwicklung ist, daß alle jene an den Rand gedrängt werden, die auf dem Arbeitsmarkt nur ihre Muskelkraft anzubieten haben: Arbeiter und Bauern. Drei Viertel der Bevölkerung stehen abseits dieses auf die Massiv-Investition konzentrierten Wachstums. Entgegen der marxistischen Analyse, die die Entwicklung mit der Ausbeutung der Massen erklärt, werden die brasilianischen Massen nicht etwa ausgebeutet, sondern ignoriert – und das ist viel schlimmer! Die ungerechte Entwicklung ist zugleich unmoralisch, weil eine ganze Klientel unechter Unternehmer von Staates Gnaden von ihr profitiert, zudem eher Monopolsituationen als wirkliche Reichtümer schafft. Schließlich ist diese Entwicklung kostspielig, denn sie wird über die Inflation und die internationale Verschuldung finanziert. Sämtliche öffentlichen Ressourcen gehen an den Produzenten Staat, nichts bleibt für Wohnung, Erziehung und Bildung oder Gesundheit. So ist Alaíde de Lourdes in ihrer *favela* weniger ein Opfer ihrer rassischen Herkunft, des Kapitalismus oder der Industrialisierung, sondern sie ist die Geisel der Machtstrategie des brasilianischen Staates. Nicht sie war bislang Empfängerin der Wohltaten der Entwicklung.

Während ich Campos in seinem Senatsbüro zuhöre, schweift mein Blick über diese wunderliche Hauptstadt. Brasília ist der geballte Ausdruck der Ideologie von der staatsgelenkten Entwicklung. Binnen vier Jahren erbaut, 1960 von Präsident Kubitschek eingeweiht, ist diese Stadt ihrer natürlichen Umgebung denkbar fremd. Ihr Architekt Oscar Niemeyer verteilte rechteckige Gebäude je nach ihrer Bestimmung - Bankenviertel, Hotelviertel - völlig reiz- und einfallslos auf die zwei Seiten einer zentralen Autobahn. In dieser Stadt zu Fuß gehen oder bummeln zu wollen, ist ebenso aussichtslos wie die Suche nach einem ruhigen Plätzchen oder etwas Schatten: In Brasília gibt es weder Eckchen noch Winkel noch Bäume. Den absoluten Höhepunkt erreicht diese Absurd-Architektur mit der Kathedrale: Das konische Glasdach auf Betonpfeilern sammelt die Strahlen der Tropensonne wie im Brennglas und macht das Ganze zu einem - jedenfalls für eine Messe - unbenutzbaren Backofen. Auch die Gerüche Brasílias sind alles andere als natürlich. Es riecht nach Abgasen des aus Zuckerrohr gewonnenen Benzins, und die trockene und unbewegte Atmosphäre vermag diesen Geruch niemals zu vertreiben. Die Stadt hat nur als Machtsymbol Bedeutung: Alles strebt auf die Paläste des Parlaments und des Präsidenten zu, und da erst verfeinert sich die Architektur. Daß Brasília so vielen Staatschefs der Dritten Welt zum Vorbild dient, die auch ihrerseits eine Hauptstadt mitten in die Wüste zu stellen bestrebt sind (in Argentinien beschloß Raúl Alfonsín 1986 den Bau einer neuen Hauptstadt in Patagonien . . .), sagt genug aus über ihre Großmannssucht. Brasília ist der betongewordene Traum einer Elite auf der Suche nach nationaler Macht: Elite der Technokraten, Militärs und Demagogen. Brasília und die *favelas* sind nicht die beiden Gesichter des Kapitalismus, sondern sehr wohl die beiden Seiten ein und derselben verfehlten Entwicklungspolitik.

Diese Entwicklungsideologie ist nicht nur für Brasilien typisch; vielmehr ist sie, gleichwie die allesbeherrschende Partei und die Kleptokratie, der Erztypus der Dritten Welt. Entwicklung ist hier zum Alibi für alle erdenklichen politischen Ansprüche geworden; in ihrem Namen ist alles erlaubt. Tatsächlich entwickelt sich Brasilien wie eine Reihe von Ländern der Dritten Welt mit einer hohen Wachstumsrate, aber dies geschieht zugunsten des Staates, seiner Bourgeoisie, seiner Bürokratie, und nicht zugunsten des ganzen

Volkes. Auch dies ist ein gemeinsamer Wesenszug der Dritten Welt: Was man dort Entwicklung nennt, ist nicht die Hebung des Lebensstandards der Bevölkerung, sondern die Stärkung der nationalen Macht. So also könnte die Erklärung für das seltsame Paradox jener Staaten der Dritten Welt lauten, in denen Reichtum und Armut nebeneinander stehen. Dieses zugleich mächtige und armselige Brasilien ist nicht der Ausdruck seiner kolonialen Ursprünge, seiner Feudalsitten, des Klassenkampfes oder des Rassismus; es ist das Produkt einer Fehlentwicklung, die die Modernisierung des Staates über die Verbesserung der Lebensbedingungen stellt. Doch all das wird sich - vielleicht - ändern: In Brasilien ist die Demokratie eingekehrt.

## *Die Caudillo-Dämmerung*

Am 15. November hat Alaíde de Lourdes zum ersten Mal in ihrem Leben gewählt. In Brasilien wurde die Demokratie wiederhergestellt. Genauer: Das allgemeine Wahlrecht hatte es zuvor nie wirklich gegeben, auch nicht vor der Militärdiktatur, sondern es war auf die alphabetisierte Bevölkerung - rund zwölf Millionen von 180 - beschränkt. Das Abenteuer von Alaíde steht nicht vereinzelt da, denn binnen kaum drei Jahren hat ein von Argentinien ausgehender Sturm der Demokratie fast alle autoritären Regimes Lateinamerikas und der Karibik weggeblasen. Unmittelbarer Anlaß dieser »Caudillo-Dämmerung« war die Unfähigkeit der Militärs, die Wirtschaftskrise der achtziger Jahre in den Griff zu bekommen, desgleichen die Entfremdung der Geschäftswelt von Offizieren, die sich, einmal an der Macht, als mittelmäßige Verwalter und Antikapitalisten entpuppten. Aber Lateinamerika erlebt auch deutlich, was der Raymond Aron am nächsten stehende argentinische Soziologe Natalio Botana das »Erwachen der zivilen Gesellschaft« genannt hat, eine Krise des Autoritarismus in allen seinen Formen, in der Familie, in der Kirche, in der Armee, im Unternehmen, im Staat. Auf dem ganzen Kontinent stehen jetzt die oligarchischen Machtstrukturen im Widerspruch und in Konkurrenz zu den aufsteigenden Mittelschichten, zum modernen Unternehmertum, zu Akademikern, Führungskräften,

Experten, Technikern, die bisher von den politischen Entscheidungen ferngehalten worden waren. Der Mitspracheanspruch dieser neuen Klassen äußert sich in jungen politischen Parteien, die überall aus dem Boden schießen, und mehr noch in Mitsprachebewegungen und Denkschulen in ganz Lateinamerika.[1]

Der brasilianische Wirtschaftler Celso Furtado, der nach einem langen Pariser Exil Kulturminister wurde, ist der Meinung, diese demokratische Welle werde über die Wiederherstellung der individuellen Freiheit hinaus (und schon das ist in der Dritten Welt nicht gerade wenig) auch die bisher in seinem Lande verfolgte Entwicklungsstrategie völlig neu gestalten. Das alte Modell – National-Industrialismus, Verachtung der Landwirtschaft, Fehlen öffentlicher Versorgungseinrichtungen – habe nur außerhalb jeder Mitwirkung der Massen erdacht und durchgeführt werden können. Das Eingreifen des Volkes ins wirtschaftliche Spiel werde die Regeln völlig umstülpen; die Zeit sei vorbei, sagt uns Furtado, da mehr oder weniger aufgeklärte Despoten über Schulden und Inflation riesige Arsenale und überdimensionierte Industrieprojekte finanzieren konnten. Um gewählt zu werden, müsse man von nun an – in Brasilien wie anderswo – Schulen und Krankenhäuser versprechen, und diese Versprechungen müßten früher oder später auch gehalten werden. Damit verändere sich die Rolle des Staates, und die öffentlichen Mittel würden zugunsten der Ärmsten eingesetzt. Die Demokratie führe mithin zwangsläufig, so Furtado, zugleich zu Wachstum und zu gerechteren Entwicklungsformen.

Diese Analyse Furtados hört sich in der Theorie richtig und verlockend an, aber die praktischen Ergebnisse lassen auf sich warten. Drei Jahre nach Einsetzen des demokratischen Prozes-

1 Für Argentinien sind auch Bauerngenossenschaften (z.B. AACREA – *Asociación Argentina de Consorcios Regionales de Experimentación Agrícola*), Unternehmerverbände (z.B. IDEA – *Instituto para el Desarrollo de Empresarios en la Argentina*), oder Zusammenschlüsse der studentischen Jugend zu nennen; in Brasilien das liberale Institut von Rio de Janeiro; in Chile die liberalen Studentenverbände. Das antiautoritäre Denken dieser neuen Kreise wird von großen Zeitungen wie dem *Jornal da Tarde* und *Visao* in São Paulo, *La Nación* in Buenos Aires, *El Norte* in Monterrey in Mexiko, *El Mercurio* in Santiago de Chile, *Ultima Hora* in La Paz bekannt gemacht.

ses weist – außer den Reden – nichts auf die geringste Richtungsänderung hin: Weiterhin beherrschen Inflation und grandiose Projekte die brasilianische Wirtschaftsszene.[1] Ist die Demokratie vielleicht noch zu jung, als daß man schon ein Urteil über sie fällen dürfte (es sei denn, sie sei ein bloßer Wahn)? Nachdem ich den Wahlkampf von 1986 miterlebte, habe ich das Gefühl, daß allgemeines Wahlrecht nicht notgedrungen auch eine funktionierende Demokratie bedeutet. Aus allerlei drolligen Situationen sei nur diese im Staat Bahía herausgegriffen, wo sich der Kandidat für den Gouverneursposten, Waldir (traditionsgemäß nur beim Vornamen genannt), als »demokratisch und sozialistisch« bezeichnete, sein Gegner Josaphat hingegen als ... »demokratisch und sozialistisch«.[2] Waldir, früher Minister unter Präsident Goulart, von den Militärs zwanzig Jahre lang ins Exil verbannt, gehörte eindeutig zur sozialistischen Linken, während Josaphat von ebenden Militärs unterstützt wurde. Im neuen Brasilien war es ganz einfach unmöglich, *nicht* »demokratisch und sozialistisch« zu sein, ohne daß dies sonst auch nur irgend etwas besagte.

Alaíde de Lourdes ist wählen gegangen, aber es ist nicht ausgemacht, daß sie auch wußte, wen sie wählte. Bisher hat die Demokratie in Brasilien lediglich die Zugangswege zur Macht verändert, nicht aber deren Wesen. Häufig sind die Männer an der Staatsspitze dieselben geblieben, und auch der Staat blieb das, was er war: zentralisiert und allgegenwärtig. Offenbar genügt das allgemeine Wahlrecht nicht für eine Demokratisierung der Macht. Ebensowenig genügt die Demokratie für sich allein, um die Entwicklung so zu orientieren, daß sie zugunsten der größten Zahl wirkt.

Mehr noch als die ganz junge Erfahrung in Brasilien bezeugt das ein anderer Staat: Indien. Gewiß ist Indien seit vierzig Jahren eine Demokratie. Doch werden wir entdecken, daß es eine in allen Punkten Brasilien vergleichbare Entwicklungslinie verfolgt hat –

1 Mit dem Cruzado-Plan von 1986/87 sollte die Inflation gebremst und der Verbrauch der Bevölkerung gesteigert werden, jedoch mit illusorischen Methoden wie etwa der Preiskontrolle; diese Politik zerstob in alle Winde, sobald die Wahlen vorüber waren. 1987 beträgt die Preissteigerung fast wieder 1000 Prozent pro Jahr.

2 Waldir Pires gewann die Wahl gegen Josaphat Marinho.

mit derselben Konsequenz sozialer Ungerechtigkeit. Dieses Doppelgesicht von Macht und Elend in Brasilien wie in Indien scheint zu bestätigen, daß es alles in allem viel entscheidender darauf ankommt, welche Entwicklungsstrategie sich eine Regierung zu eigen macht, als darauf, ob das Etikett Sozialismus oder Kapitalismus heißt, ja sogar entscheidender als auf das Wesen des politischen Regimes.

# 5

# Stirbt Mahatma Gandhi ein zweites Mal?

»Den schönsten Blick auf Indien hat man von dem Schiff aus, das nach England zurückfährt.« Dieser alte englische Scherz fiel mir wieder ein, als ich in Bombay erleichtert das blauweißrote Leitwerk der 747 von Air France sah, die mich nach Hause bringen sollte. Vom ersten Augenblick meines Indienaufenthaltes an hatte ich nur den einen Wunsch: wieder abreisen. Uns schwächliche Europäer erstickt dieses Land, verklebt uns die Poren, ist physisch unerträglich, erschlägt uns mit zu viel Licht, zu vielen Farben, zu viel Hitze, Lärm und Gestank und ... mit zu vielen Indern!

Das Ganze hatte zwei Monate zuvor angefangen. Hoffnungslos auf den Rücksitz meines Taxi-Scooters verbannt, machte ich an jenem Tag am Cashmere Gate eine Bestandsaufnahme all dessen, was uns seit Stunden den Zugang zu Alt-Delhi verwehrte: ein Büffelkarren, ein Pferdegespann, fünf Handwagen, zehn Fahrradrikschas, ein Zugkamel, ein bis übers Dach beladener Bus aus grauer Vorzeit, Motorroller, Taxis, denen die Puste ausgegangen war, Motorräder jeden Alters, ein paar magere heilige Kühe, die auf dem Gehsteig Zeitungspapier abgrasten, gar ein Elefant samt Führer. Verkrüppelte Bettler, Rumpfmenschen, Aussätzige, dunkle Weiber mit Pergamenthaut, Kinder mit tiefliegenden Augen nutzen meine Zwangslage, fordern gebieterisch eine Rupie, führen dabei als Zeichen des Hungers die Hand zum Mund. Sie verkrallen sich in meine Kleider, zwicken mich am Arm, jagen mir Scham ein, aber ich gebe nicht nach. Sie auch nicht. Sie und ich wissen, wenn ich diesem unwiderstehlichen Kind auch nur eine Rupie gebe, werden fünfhundert weitere blitzschnell über mein Gefährt herfallen. Plötzlich kommt es gleich neben mir aus irgendeinem unbekannten Grund zu einer Schlägerei. Mir ist, als stünden die Massen in Delhi unablässig kurz vor dem Aufruhr. Verfälscht das Menschengewimmel und das Feuer dieser funkelnden Augen mein Urteil, oder ist es wirklich so angesichts der höchst realen Haßgefühle der unendlich vielfältigen Völkerschaften Indiens aufeinander? Die Armee ist allgegenwärtig in den Straßen von Delhi, und brutale Polizisten verhindern mit ihren langen Stöcken ein Überschwappen des Volksgemenges. Man braucht nur die Lokalpresse aufzuschlagen, um festzustellen, daß Tag für Tag irgendwo in Indien Dutzende irgendwelchen Zusammenstößen von »Volksgemeinschaften« zum Opfer fallen.

Letzten Endes entzieht sich Indien jedem Begreifen und jeder Synthese. Es hat weder Anfang noch Ende, ist zutiefst eins und zugleich endlos vielfältig. Eine Welt der Gefühle mehr als des Verstandes, undurchdringlich. Jede westliche Darstellung Indiens ist nichts anderes als eine subtile Form der Autobiografie. Für mich verschmilzt das ganze Indien mit seiner Musik; man hat nur die Wahl, die Flucht zu ergreifen oder sich vereinnahmen zu lassen. Nachdem ich Zakir Hussain gehört hatte, beschloß ich zu bleiben.

Der puppengesichtige, langhaarige und traumäugige Zakir Hussain ist ein berühmter *tabla*-Spieler. Vor seinen Konzerten teilt er auf Englisch und Hindi mit, wie lange sein Spiel dauern werde, hänge ganz von seinem »Verhältnis« zum Saal ab; dann stimmt er seine Instrumente - nichts als zwei Tamburins -, deren Trommelfell er lange und hingebungsvoll mit den Fingerspitzen und dem Handballen wärmt und walkt. Noch glaubte ich, nur Vortakte zu hören, aber Zakir Hussain hatte bereits zu improvisieren begonnen; ohne es zu merken, war ich schon seiner Musik verfallen – den immer gleichen und dennoch stets anderen Rhythmen aus langen und kurzen, niemals abschätzbaren, sich endlos neu aufbäumenden Phrasen, die mit dem immer wilderen Blick des Interpreten verschmolzen. Stunden später, schon graut der Morgen über Delhi, bricht Hussain schlagartig ab, gibt sein Publikum »frei« und verschwindet. In den folgenden Wochen will es mir nicht gelingen, mich von den Rhythmen der *tabla* zu befreien; zu jeder Stunde bei Tag und bei Nacht wirbeln ihre Klangtakte durch meinen Kopf.

Jedes Gespräch, das man mit Indern führt, gleicht dieser Musik aufs Haar. In einer scheinbar verständlichen Sprache, dem indischen Englisch, das sich wie Englisch anhört, aber dennoch von einem unnachahmlichen Akzent geprägt und blumenreicher ist als das europäische Original, bleibt die Unterhaltung dem Zufall ausgeliefert, unberechenbar. Intellektuelle und Unternehmer tun so, als verstünden sie sich mit uns, als teilten sie unsere Logik und Fragestellungen, aber das alles ist schiere Illusion: Die Verwestlichung eines Inders, schreibt der Soziologe Ashis Nandy, sei nichts als ein Mittel zur Beherrschung der Abendländer. In Wirklichkeit führen uns die Inder, gleichwie der *tabla*-Spieler, mit ihrer unglaublichen geistigen Wendigkeit in die Irre, bringen ihr Überlegenheitsgefühl ins Spiel, wechseln unablässig zwischen Wohlwollen und Arroganz, glänzen in allem, was den Gedankenaustausch sprühend, weitverzweigt und langatmig macht. Sind wir in Europa gewöhnt, von A nach B zu gehen, so führt uns der indische Intellektuelle von A nach A und von dort wieder über glänzende und gewundene Umwege zurück zur ersten Fragestellung.

Dabei handelt es sich hier lediglich um das uns zugängliche Indien, um die Eliten, die sich selbst als *middle class* bezeichnen, die Minderheit also, die Englisch spricht, in der Stadt wohnt und vermöge ihrer Doppelkultur die Brücke zwischen Indien und Abendland bildet. Schon diese Gruppe gibt nach allgemeiner Schätzung ein Volk für sich ab – zehn bis zwölf Millionen Inder. Das andere, mancher würde sagen: das eigentliche Indien, jenes der 600 000 Dörfer, der nach Tausenden zählenden Kasten, der Unberührbaren und der Stämme, das Indien der nach Hunderten zählenden Sprachen entzieht sich uns noch viel mehr. Sicher steht es uns frei, es zu betrachten, aber was wir von ihm erfahren, ist lediglich die Aussage der *middle class* oder auch der Anthropologen, die auf das Studium eines Dorfes fünf Jahre verwenden und deren Schlußfolgerungen dennoch für die Ansiedlung gleich nebenan überhaupt nichts besagen. In diesem Indien, das muß man wissen, ist jede unserer gewohnten Verhaltensweisen – anschauen, fragen, die Hand geben, essen, trinken – ein Mißgriff, schlimmer: ein gesellschaftlicher oder religiöser Verstoß. Wie soll man ein Volk verstehen, das, wenn es Ja sagt, den Kopf von rechts nach links schüttelt und dabei ein Lächeln andeutet, das gleichzeitig ein Nein zu vermitteln scheint?

Dennoch: Wie könnte ich Indien aussparen? Wobei anzufügen ist, daß wir hier noch viel mehr als in allen anderen Ländern, die wir in diesem Buch behandeln, auf bloße Eindrücke und Hypothesen angewiesen sind. Hier also zwar nicht das wirkliche Indien, aber doch ein in Indien gewonnenes Bild.

## *Trink Campa-Cola*

Zu den großen Sehenswürdigkeiten Indiens gehört die Reklame, sie hat nicht ihresgleichen. Überall in der Welt, selbst in den ärmsten Ländern und in der sozialistischen Welt bis hin nach Peking, gibt es die Marke Coca-Cola. Nicht so in Indien. Hier müssen sich die Verbraucher mit einem einheimischen Ersatzgetränk begnügen; es sieht aus wie Coca-Cola, es schmeckt ungefähr wie Coca-Cola, aber es ist kein Coca-Cola, es ist »Campa-Cola«, ein hundertprozentig indisches Getränk. Das hat mehr als anekdotische Bedeutung, es ist das Symbol einer höchst eigenwilligen Politik in der Dritten Welt. Wenn der indischen Führung etwas am Herzen liegt, dann ist es nicht etwa die wirtschaftliche Entwicklung, sondern die nationale Unabhängigkeit. »Campa-Cola« ist das Sinnbild des indischen Weges zur Unabhängigkeit, wie ihn Leute wie L. K. Jha vorgezeichnet haben.

L. K. Jha ist einer der wenigen Großen, die die Wechselfälle der Entkolonisierung, Teilung und Entwicklung Indiens noch selber miterlebt haben. Heute bewohnt er eine jener superben, von Engländern, die zu leben wußten, hinterlassenen weißen Peristyl-Villen in New Delhi. Bei L. K. Jha stehen genauso wie in den meisten dieser Kolonialresidenzen blühende Gärten und ein von einer Heerschar Gärtner mit der Schere gepflegter englischer Rasen in seltsamem Kontrast zu völlig verwahrlosten Innenräumen. Warum? Ich weiß es nicht. L. K. Jha, ein eleganter, gebrechlicher Greis, gehört zur großen Generation der hohen indischen Beamten, die zunächst mit Talent den Engländern dienten und dann dem neuen Indien ein hohes Staatsgefühl vermachten. In den dreißiger Jahren studierte er (dieses Detail ist nicht unwichtig) in Oxford bei Keynes – bei ebenjenem Keynes, dessen Wirtschaftstheorie Indien wie die ganze westliche Welt stark beeinflussen sollte. Er ist umgeben von Andenken, von Fotos, auf denen er mit der Wahldynastie Nehru, Indira und Rajiv Gandhi[1] zu sehen ist, mit Nixon und Kissinger aus der Zeit, als er Botschafter in Washington war. Aber in diesem Land, dem nichts mehr widerstrebt als der Bruch, ist Jha auch der Mann der Kontinuität geblieben; heute wirkt er als Wirtschaftsberater für Rajiv, wie schon zuvor für dessen Mutter und seinen Großvater. Er gehört sogar, wie wir noch sehen werden, zu den Urhebern der von Rajiv eingeführten »Liberalisierungs«-Politik.

Seit der Unabhängigkeit, sagt mir L. K. Jha, sei es in erster Linie nicht etwa um die wirtschaftliche Entwicklung als solche, sondern um die Einführung und den Ausbau des Staatsgedankens gegangen. Staat: ein völlig neuartiger Begriff in diesem kontinentgroßen, seit jeher in eine Vielzahl von Königreichen und Fürstentümern gespaltenen Land. »Bedenken Sie«, fügt er hinzu, »daß die Inder seit fünf Jahrhunderten nacheinander von den Moguln, den Moslems und schließlich den Engländern beherrscht worden sind und niemals Herr im eigenen Hause waren.« Eben weil es keinen zentralen Staat gegeben habe, sei Indien wehrlos allen Invasionen ausgesetzt gewesen. Das Verhalten der Führungsschicht erkläre sich ganz und gar aus diesem besessenen Drang nach Einheit und Unabhängigkeit - düsteres Mißtrauen gegen Pakistaner und Chinesen, noch empfindlichere Reizbarkeit gegenüber den Amerikanern und ihren Multis, die unablässig schlimmster Verschwörungen und rabenschwarzer Absichten verdächtigt werden (was freilich die Führungsschicht nicht daran hindert, ihre Kinder zur Vervollkommnung ihrer Studien nach Amerika zu schicken). Indiens Erfolg oder Versagen etwa in Kategorien von Einkommen oder Pro-Kopf-Verbrauch messen zu wollen, gehe am Wesentlichen hoffnungslos vorbei. Für L. K. Jha ist das indische »Wunder« nicht etwa wirtschaftlicher Art wie in Korea oder Japan, sondern es ist politischer Natur: Zum ersten Mal in seiner Geschichte besitze das Land einen Staat, der indisch sei und der funktioniere.

1 Hier ist daran zu erinnern, daß Rajiv der Sohn von Indira Gandhi und Enkel Nehrus, aber trotz des gleichlautenden Namens durch keinerlei verwandtschaftliche Bande mit Mahatma Gandhi verbunden ist.

Dieser Zentralstaat (daran ändern auch die an die 24 Staaten der Union abgetretenen Subsidiär-Vollmachten nichts) übt erstmalig in der Geschichte Autorität über (fast) sämtliche Völkerstämme Indiens aus. Unmittelbare Konsequenz dieser Unabhängigkeit war, daß sich das Land mit seinen Nachbarn binnen vierzig Jahren drei Kriege gegen wirkliche oder vermeintliche Bedrohungen lieferte. Wer will, kann die immer wieder aufflammenden Kämpfe gegen Aufstände und Zwistigkeiten im Innern noch hinzurechnen. Darum nehmen die Militärausgaben im Staatshaushalt einen überragenden Platz ein, und die gesamte Wirtschaft dreht sich um die Verteidigung. Mindestens ein Viertel der öffentlichen Gelder fließen in eine überrüstete Berufsarmee von fünfeinhalb Millionen Mann; die echten Zahlen dürften noch höher liegen und vermutlich das Doppelte ausmachen, wenn man insbesondere die Lieferung oder Lizenzherstellung sowjetischer Waffen mitrechnet. Die einzigen wirklich modernen Fabriken sind jene, die mit Hilfe aus dem Westen eingeführter Maschinen Verteidigungsmaterial herstellen. Die gesamte Strategie der wirtschaftlichen Entwicklung orientiert sich an diesem Willen zur Unabhängigkeit und nationalen Verteidigung.

»Indien ist ein Preußenstaat, der mit der Unabhängigkeit keine halben Sachen macht«, bemerkt Barun De, einer der hervorragendsten bengalischen Universitätsprofessoren. So ist denn das indische »Modell« vor allem ein Instrument zur Stärkung der nationalen Macht und nicht zur Verbesserung des Loses der Massen. Ein alles andere als pragmatisches Modell: In langer Betrachtung während der Jahre des Kampfes vor der Unabhängigkeit gereift, wurde es ersonnen von mittlerweile verstorbenen Intellektuellen und Wirtschaftlern wie Mahalanobis, der für die ersten Fünfjahrespläne verantwortlich zeichnete, und von L. K. Jha.

Dieses zutiefst indische Modell ist zugleich eine Synthese aus vielfältigsten Außeneinflüssen, eine Art Lokal-Synkretismus aus Keynes, Raúl Prebisch, sowjetischer Planwirtschaft und »Kastengeist«. Von Keynes und generell der britischen Labour-Partei, die die Entkolonisierung unterstützte, hat Indien die Überzeugung übernommen, der Staat müsse ein entscheidender Faktor des wirtschaftlichen Fortschritts sein. Prebisch und Gunnar Myrdal verdanken die Inder eine pessimistische Einschätzung des Weltmarktes und ein kompromißloses Autarkiedenken; Indien hat sich damit selbst aus dem Weltmarkt hinauskatapultiert, zugunsten im Grunde weniger gut plazierter Länder wie Pakistan und Korea. Der Gedanke der Importsubstitution fiel in Indien auf um so fruchtbareren Boden, als er dem natürlichen Hang zum Rückzug auf sich selbst entgegenkam. Wie in Brasilien hat auch hier diese Neigung zur Staatsindustrialisierung eine Vernachlässigung der menschlichen Ressourcen zur Folge gehabt. Zwar meinte man, Erziehung oder Gesundheit ergäben sich automatisch aus der Entwicklung durch Industrialisierung, doch war dies in Indien ebensowenig der Fall wie in Brasilien. Von der von Nehru bewunderten Sowjetunion schließlich übernahmen die Inder die zentralisierte Planung und die Vorliebe für die Kohle- und Stahlwirtschaft. Für Nehru, dem darin nicht wenige Jünger in der Dritten Welt folgten, war der Hochofen das Symbol der nationalen Emanzipierung. Indira Gandhi fügte später noch die autonome Ernährung hinzu, womit sie ihr Land vor der amerikanischen Regierung zu schützen gedachte, die ihre Getreidelieferungen dazu nutzen wollte, auf die indische Außenpolitik Einfluß zu nehmen.[1]

Vermutlich wirkten alle diese Theorien deshalb so anziehend auf die indische Elite, weil sie darin ein modernes und wissenschaftliches Mittel erblickte, ihre traditionelle Macht über die niedrigeren Kasten zu verewigen. Tatsächlich rekrutieren sich Politiker und hohe Beamte weitgehend aus den Brahmanen, und ist dies einmal nicht der Fall, so identifizieren sich die betreffenden Führungskräfte doch mit ihnen. Dieser brahmanischen Tradition gilt geisteswissenschaftliche Bildung als Ideal im Gegensatz zu allen handwerklichen und technischen Tätigkeiten, und sie stellt den gebildeten Verwalter an die Spitze der indischen Hierarchie. Der Brahmane treibt keinen Handel – das ist Sache der

1 Lyndon Johnson versuchte 1965 während der Hungersnot in Bihar, die Weizenlieferungen mit einer Unterstützung seiner Vietnampolitik durch Indien zu verknüpfen.

Moslems oder bestimmter Sonderkasten –, er gründet kein Unternehmen; die ersten indischen Kapitalisten waren und sind Parsen und nicht Hindus. Diese Mischung aus sozialistischer Wirtschaft und brahmanischer Tradition ist ein Wesenszug dieses vielschichtigen Systems, das auch als »brahmano-marxistische Orthodoxie«[1] bezeichnet worden ist.

## *Das brahmano-marxistische System*

Indien gibt sich sozialistisch, hat aber nie die großen kapitalistischen Gruppierungen wie Tata oder Birla verstaatlicht oder die Landwirtschaft kollektiviert. Nach Nehru, und dieser Ausspruch hat weiterhin Gültigkeit, »befehligt der Staat die Höhen« der Volkswirtschaft; der Rest steht zwar unter Aufsicht, ist aber privat. Das Eigenartigste am indischen Modell sind die Methoden dieser Beaufsichtigung: Sämtliche Unternehmen unterliegen einem ausgeklügelten Genehmigungssystem, den sogenannten Lizenzen. Genaugenommen stammt das Lizenzsystem aus der britischen Kolonialzeit. Damals sollte es die Konkurrenz der indischen Industrie für die eingeführten englischen Produkte einengen. Seitdem ist es perfektioniert worden mit dem – grundsätzlichen – Ziel, die Ressourcen auf die Schwerindustrie zu lenken, zwischen Groß- und Kleinbetrieben und unter den Regionen ein Gleichgewicht sicherzustellen. Die Lizenz legt fest, was man wo, in welchen Mengen und mit welchen technischen Merkmalen erzeugen darf. Ohne Lizenz kann ein indischer Unternehmer überhaupt nichts tun, außer auf den schwarzen Markt gehen, was viele auch machen.

Zur Vervollständigung des Lizenzsystems untersagt das Gesetz den Großunternehmen, »Monopole« genannt, die Produktion über eine bestimmte Höchstmenge hinaus, um so auch den kleineren Betrieben einen Marktanteil zu erhalten. Letztere haben folglich keinerlei Interesse, sich weiterzuentwickeln, denn sonst liefen sie Gefahr, der ihnen vorbehaltenen fiskalischen Vorteile

1 Der Ausdruck ist *L'Inde: le pouvoir et la puissance* von Jean-Alphonse Bernard entnommen, Paris 1985.

verlustig zu gehen. So ist die indische Volkswirtschaft aufgesplittert in Millionen Kleinbetriebe, denen Tüchtigkeit überhaupt nichts einbringt, die sich gegenseitig keine Konkurrenz machen dürfen und die zudem vor der Außenkonkurrenz geschützt sind (abgesehen vom - beträchtlichen - Schmuggelgut, das über zahlreiche, an den Persischen Golf abgewanderte Inder ins Land fließt). Infolgedessen wird alles in kleinen Serien und sehr teuer hergestellt, und dies beraubt Indien seines wichtigsten natürlichen Vorteils: der Größe des Binnenmarktes, der Einsparungen durch Großserien erlauben würde.

Der fehlende Wettbewerb und die Abschottung des Landes haben zu einer allgemeinen Konsumgüterknappheit geführt. Die Konsumgüter sind minderwertig, technisch rückständig, und sie werden zudem, trotz sehr bescheidener Löhne und Gehälter, zu höheren als den Weltmarktpreisen erzeugt. Zu den erstaunlichsten Beispielen dieser Knappheit gehört die indische Autoindustrie, die seit dreißig Jahren die der britischen Firma Leyland der fünfziger Jahre abkopierten Modelle in unzureichender Menge und sehr teuer herstellt. Somit fühlt man sich auf Indiens Straßen in die Vergangenheit versetzt.

Die Zahl der »Unbedenklichkeits«-Lizenzen oder -Bescheinigungen, die ein Unternehmen von der Verwaltung einholen muß, geht bei mittlerer Aktivität durchaus bis in die Zweihundert. Um sie zu bekommen, muß sich der Kandidat lang und geduldig bei den zuständigen Beamten abmühen, wobei der Prozeß, selbst wenn man persönliche Beziehungen und politische Fäden spielen läßt, mehrere Jahre dauern kann. Bei den Gewählten und den Beamten nährt die Gewalt über diese Lizenzen einen unerschöpflichen Vorrat an Dünkelhaftigkeit gegenüber dem Privatsektor - und vor allem an Korruption.

Um die ganze Würze dieses bürokratischen Wirrwarrs zu kosten, muß man wissen, was ein höherer indischer Beamter darstellt. Der höhere indische Beamte, der nach dem Universitätsstudium einen sehr strengen Auswahlwettbewerb bestanden haben muß, ist brillant und autoritär, redegewandt und herablassend, nicht unähnlich dem britischen *civil servant*, von dem er viel übernommen hat; er ist auch nicht gerade das Gegenteil seines französischen Kollegen. Der indische Beamte besitzt hohen Staatssinn, ist der herrschenden Partei ergeben (seit der Unabhängigkeit praktisch immer dieselbe), und für den Privatsektor hegt er solide Verachtung. Zuallermeist ist dieser hohe Herr in jeglichem Sinne unnahbar, und will man einmal zu ihm vordringen, so lautet die häufigste Antwort seiner Gehilfen, er befinde sich nicht in seinem Sessel (*»he is not on his seat«*). In den ansonsten übelriechenden und dreckigen Ministerien ist das Büro des höheren Beamten eine einigermaßen gepflegte Festung; stets wird er von einer Armee von Sekretärinnen, Sekretären und Gehilfen behütet. Post dringt nie bis auf seinen Schreibtisch vor, und beantwortet wird sie ohnehin nicht. Ebenso ist er außer Reichweite des Telefons. Diese für Indien bezeichnenden Kommunikationsschwierigkeiten, die zur ohnehin gegebenen Undurchschaubarkeit des Staates hinzutreten, stärken die Rolle der Mittelsmänner, die Zugang zur Staatsgewalt haben.

Natürlich wird dieser Archetypus an der Spitze der Hierarchie auf den niedrigeren Ebenen bis hin zum einfachsten Boten soweit nur irgend möglich nachgeahmt. Ein jeglicher in den Büros läßt sein Parzellchen Autorität spüren, wobei er die denkbar größte Verachtung für die Verwalteten noch mit größtmöglicher Unfähigkeit paart. In den Ministerien Delhis besteht die Tätigkeit dieser Federfuchser hauptsächlich darin, die mit schriftlichen Empfehlungen ihres Abgeordneten wedelnden Klienten endlos warten zu lassen, gemächlich irgendwelche Listen in mehrfacher Ausfertigung abzuschreiben und sich von zahllosen, noch niedriger Gradierten umständlich stark gezuckerten Tee mit Milch servieren zu lassen.

Unwillkürlich drängt sich ein Vergleich dieser minutiösen Wirtschaftsorganisation, bei der jedermann eine bestimmte Funktion zugewiesen und ihm zugleich untersagt wird, sie auch nur im geringsten zu überschreiten, mit dem Kastensystem auf. Zu den Tausenden traditionellen Kasten hat die Regierung des heutigen Indien noch eine weitere Reihe hinzugefügt: die der Verwaltung und ihrer Klienten. Und wie im Kastensystem folgert daraus für die indische Bevölkerung das Nebeneinander von Macht und Elend.

## *Zwischen Kuhfladen und Atom*

Am Rand der Straße von Madras nach Chingleput, die zum Kernkraftwerk von Kalpakamm führt, sieht man wie in ganz Indien Frauen in leuchtenden Saris Kuh- und Büffeldung in Flechtkörben sammeln, die sie anschließend auf dem Kopf balancierend ins Dorf tragen. Dort kneten sie den Dung mit der Hand zu runden, flachen Scheiben, die sie an die Außenwände ihrer Hütte kleben. Sobald sie von der Sonne getrocknet sind, werden diese Scheiben als Brennmaterial für die Küche verwendet; fast überall auf dem Land ist das faktisch die einzige Energiequelle.

Von dieser unwandelbaren Tradition umgeben, ist das Kernkraftwerk von Kalpakamm für die Führungsschicht des modernen Indien zum Symbol der Unabhängigkeit geworden, für ihren Stolz und ihr Selbstwertgefühl ist es gewissermaßen der Nachfolger von Nehrus angebetetem Hochofen. Ein »hundertprozentig indisches« Kraftwerk, versichert mir Professor Rajgopal, Direktor im Kernenergie-Kommissariat. Da ich in der Kerntechnik wenig bewandert bin, kann ich diese Glanzleistung nicht recht würdigen, doch scheint mir das Indischste an Kalpakamm vor allem das Gemisch: Material und Technik stammen aus der Sowjetunion und Kanada. Gewiß wird der Betrieb zu 100 Prozent von den Indern aufrechterhalten, aber es heißt, das Kraftwerk arbeite nur mit 30 Prozent seiner eigentlichen Kapazität. So veranschaulicht Kalpakamm die ganze Schwierigkeit, nach vierzig Jahren Praxis aus dem indischen Modell Bilanz zu ziehen. Soll ich nun wegen des Kernkraftwerks in Begeisterungsstürme ausbrechen oder mich eher von seiner schwachen Leistung bekümmern lassen? Soll ich staunen, weil Indien binnen einer Generation so fähige Ingenieure hervorgebracht hat, daß die meisten von ihnen von den USA abgeworben werden, oder mich eher fragen, warum sie in Scharen auswandern? Soll ich die indischen Universitäten bewundern, die es fertigbringen, Eliten von internationalem Niveau auszubilden, oder eher bedauern, daß drei Viertel der Bevölkerung so viele Jahre nach der Unabhängigkeit noch immer nicht lesen und schreiben können? Soll ich den Blick auf die hohen Kühltürme von Kalpakamm richten oder ihn zu den Landfrauen senken, die

Kuhfladen kneten? »Die Nuklearwissenschaft ist nicht nur für die Reichen da; am nötigsten brauchen sie die Armen. Indien zählt auf die Wissenschaft, um seinen Rückstand aufzuholen«, lautet der langen Rede, die mir Professor Rajgopal angedeihen läßt, kurzer Sinn.

In Wahrheit jedoch ist Indien wie Brasilien, und aus ähnlichen Gründen durch die industrielle Entwicklung in zwei Teile zerschlagen worden. Auch hier war der Drang nach nationaler Macht stärker als der Wille, die Armut der Massen zu beseitigen. Die Regierungen haben sich bewußt für das industrielle Wachstum mit Hilfe angesammelten Kapitals anstatt für die auf Bildung und Beschäftigung der Menschen beruhende Entwicklung entschieden. Diese Entscheidung erscheint um so bewußter, als sie sich offen im Gegeneinander zweier ungewöhnlicher Persönlichkeiten darstellte und symbolisierte: des Mannes des Spinnrads, Mahatma Gandhi, und des Mannes der Hochöfen, Jawaharlal Nehru. Der Hochofen siegte, mit den Folgen, die Gandhi vorausgesehen hatte: Die Reichen wurden reicher und die Armen ärmer.[1]

Besser als jede ohnehin dem Zufall huldigende Statistik zeigt ein konkretes Beispiel, worin das indische Industriemodell eben nicht den Bedürfnissen der riesigen Masse der ärmsten Bevölkerung gerecht wird. Nehmen wir den Fall der Jessop-Fabrik in Dum Dum, einem Vorort von Kalkutta. Warum entschied ich mich für Dum Dum? Der Name hatte es mir angetan. Dum Dum ist in der Geschichte berühmt geworden durch die im 19. Jahrhundert dort hergestellten Gewehrkugeln, die so mörderisch waren, daß ihr Einsatz schließlich in einem internationalen Abkommen verboten wurde. Die Munitionsfabrik gibt es immer noch, sie legt Zeugnis ab für die lange industrielle Tradition Bengalens. Seit der Unabhängigkeit ist Dum Dum unter staatlicher Führung ein wichtiges Zentrum der Schwerindustrie geworden, insbesondere mit

1 40 Prozent der Landbevölkerung und 50 Prozent der Stadtbevölkerung leben unterhalb der Armutsgrenze, die 1971 in einer Studie der Fordstiftung, *Poverty in India*, von V. M. Dandekar und N. Roth errechnet worden ist. Bei der Berechnung wird ein Pro-Kopf-Einkommen bestimmt, das anhand der von Nahrungs-, Lebensmittel- und Brennstoffnormen für das Lebensnotwendige in Land und Stadt erforderlich ist.

den Jessop-Fabriken, dem größten Hersteller von Eisenbahnmaterial im Lande. Nichts ist aufschlußreicher als ein Besuch der Fabriken; nur hier kann man das wahre Wirtschaftsleben erfassen, das mit den Ministerreden und den theoretischen Modellen oft herzlich wenig gemein hat.

Jessop-Chef B. C. Mukherjee ist sehr erstaunt, daß ich, von so weit her kommend, seine Werkhallen aufsuche. Wie jeder indische Industrielle erträumt er sich eine Partnerschaft mit dem Westen, und ich habe alle Mühe, ihm klarzumachen, daß die französische Staatsspitze keine präzise Meinung zu seinem Unternehmen hege. Das Mißverständnis hat indes den Vorteil, daß es mir alle die Türen öffnet, die ein Journalistenausweis sofort verriegelt hätte.

Jessop stellt mit archaischen Methoden und unglaublicher Langsamkeit schwere und robuste Waggons her, die für den mittelmäßigen Zustand des indischen Eisenbahnnetzes sicherlich geeignet sind. Die Blechteile werden mit schweren Keulenschlägen und unter einem Sprühregen von Funken vernietet. Das überraschendste bei Jessop ist jedoch nicht die technische Rückständigkeit, sondern das Alter der Arbeiter: Kein einziger Junger ist darunter, der Durchschnitt liegt nahe fünfzig Jahren, denn seit gut einem Jahrzehnt hat Jessop keinen Menschen mehr eingestellt. Obwohl wir uns mitten im volkreichsten und unterbeschäftigtsten Arbeiterbecken Indiens befinden, schafft dieses öffentliche Unternehmen keinerlei Arbeitsplätze. Jessop ist ein Musterbeispiel für ein generelles Versagen der indischen Industrie; in dem 700 Millionen Einwohner zählenden Indien gibt es ganze 25 Millionen Bezieher regelmäßiger Löhne und Gehälter, wovon allein 16 Millionen auf die Verwaltung und den öffentlichen Sektor entfallen!

Eigenartigerweise ist die erste Ursache für diese niedrige Beschäftigungsrate das gute Niveau der zwischen Staat und Gewerkschaften ohne Rücksicht auf die Finanzergebnisse der Fabrik ausgehandelten Löhne. Dieses für die Landesverhältnisse hohe Lohnniveau, verbunden mit dem technischen Rückstand, führt dazu, daß die Produkte von Jessop doppelt so teuer sind wie vergleichbare Erzeugnisse auf dem Weltmarkt. Hinzu kommt, daß eine vernünftige Betriebsführung von Jessop wegen des Verhaltens seines einzigen Kunden, des indischen Staates, völlig unmöglich geworden ist. Zwar gibt es einen Plan, aber die Aufträge sind völlig unberechenbar, werden oft im letzten Moment annulliert; dennoch bleibt die Fabrik aufgefordert, sich jeden Augenblick bereitzuhalten, um einem unerwarteten Auftrag aus »strategischen Gründen« gewachsen zu sein. Überbelegung, Lohnhöhe ohne jedes Verhältnis zur Produktivität, technischer Rückstand, Monopolsituation, Fehlen einer Handelspolitik, überhöhte Preise, Exportunfähigkeit, Einfluß der Gewerkschaften, Innovationsmangel - so stellt sich nach B. C. Mukherjee Jessop und jedes andere öffentliche Unternehmen Indiens dar. Was bleibt auf der Aktivseite von Jessop? Die Unabhängigkeit Indiens in der Waggonproduktion! Das ist nun eine recht schlechte Nutzung der begabten und gewissenhaften, seit Jahrhunderten handwerklich ausgezeichneten bengalischen Arbeiter. Über diese von der staatlichen Planung organisierte Vergeudung herrscht eine Gottheit des indischen Pantheon, der ich bis dahin nicht begegnet war. Sie steht inmitten der Werkshallen, eine grellbemalte, mit weißen und roten Blumengirlanden geschmückte kleine Statue, die in jeder Hand einen Schraubenschlüssel zückt: der »Gott der Arbeiter«.

Neuerdings freilich obwaltet über diese reglementierte und unfähige Wirtschaft die Regierung selbst. Die Kritik hatte unter Indira Gandhi eingesetzt und hat sich unter ihrem Sohn noch beschleunigt. Für Rajiv Gandhi, dem sich L. K. Jha anschloß, muß die Lösung für den indischen wirtschaftlichen Rückstand eine liberale sein. Doch Rajiv Gandhi ist auch das Symbol einer neuen Generation; auf die Zeit der in England ausgebildeten Brahmanen folgte die Zeit der in den USA ausgebildeten Informatiker. L. K. Jha erlebt nach vierzig Jahren eine Wiedergeburt als High-Tech-Gestalt in den Farben von Montek Singh Ahluwalia.

## *Montek und der Computer*

Montek Singh Ahluwalia, Wirtschaftsberater des Ministerpräsidenten, ist für die achtziger Jahre das, was L. K. Jha in den sechziger Jahren war: der Erfinder des neuen indischen Modells, das er

»Liberalisierung« nennt. L. K. Jha hatte in Oxford studiert; Montek ist Harvard-Absolvent. Die zwei Computer auf seinem Arbeitstisch verdeutlichen den Vorzug, den Rajivs Generation dem Modernismus vor der Tradition einräumt, uneingestanden auch den Vorzug der Vereinigten Staaten gegenüber der sowjetischen Technik und Mahatma Gandhis Genügsamkeit. Wie sein Name besagt, ist Montek ein Sikh. Über seinen langen Haaren trägt er einen herrlichen, pastellrosafarbenen Turban, der mit den drei himmelblauen Telefonen auf einer Konsole aufs beste harmoniert; das Turbanrosa verweist auf den Farbton des Sandsteins und Marmors des halb englischen, halb mogulischen Regierungspalastes in New Delhi[1]; eine Zufallswahl dieses Turbans kann ich mir kaum vorstellen.

Montek gehört zu einer neuen Technokraten-Generation, die zumeist aus der Washingtoner Weltbank hervorging und seit Anfang der achtziger Jahre in den meisten Ländern der Dritten Welt zur Macht vorstößt. Diese modernen und fast immer in den USA ausgebildeten Menschen beseelt ein fast unbegrenztes Vertrauen auf den technischen Fortschritt, und sie glauben, zugleich den Staat und die wirtschaftliche Entwicklung »managen« zu können. Diese Generation hat die Entkolonisierungskämpfe nicht mehr erlebt und auch nicht die großen ideologischen Debatten über die Vergleichstugenden des sowjetischen, maoistischen oder castristischen Modells; sie hat den amerikanischen Imperialismus entmystifiziert und hält die Multis nicht für Ungeheuer, die es nach dem Blut der Dritten Welt dürstet. In allen Fluren der Macht, in Delhi, Rio, Buenos Aires, Singapur, Islamabad, Seoul oder Kairo bin ich diesen selbstsicheren Überbegabten begegnet (womit nicht automatisch gesagt ist, daß sie auch Erfolg haben werden), die meist der Marktwirtschaft und dem internationalen Handel aufgeschlossen gegenüberstehen. Diese neue Generation ist in Indien die Trägerin der Hoffnungen der Mittelschicht, sie symbolisiert deren soziale Bestrebungen, ihre Sehnsucht, Güter internationaler Qua-

1 Der Palast ist das Werk des großen englischen Architekten Edwin Lutyens, der ab 1912 New Delhi geplant hat.

lität verbrauchen zu können, ihren Überdruß an ideologischen und materiellen Zwängen.

Montek Singh Ahluwalias Strategie ist einfach: Liberalisierung, Privatisierung, Einfuhr ausländischer Technik, fortschreitende Abschaffung der Lizenzen und – à la Reagan – Senkung der Einkommensteuer für Fach- und Führungskräfte. Denn auf sie zählt Rajiv Gandhi für den »Eintritt ins 21. Jahrhundert«. Montek nennt mir die Kräfte, die ihn unterstützen: »die freien Berufe, die Fach- und Führungskräfte, die neue Mittelschicht, die modernen Technokraten, die Bankiers, die Finanzleute, die Börse, die fortgeschrittenen Inder, die ausgewanderten Inder, die in ihrer Heimat investieren möchten, die ausländischen Firmen, die jungen Wissenschaftler, die Verbraucher«! Demgegenüber die Gegner der Liberalisierung: »die Bürokraten, die Gewerkschaften, die Arbeitgeber, die im privaten oder öffentlichen Sektor ein Monopol besitzen«. Die Kräfte des Wandels seien dynamisch, modern und stünden geschichtlich auf der richtigen Seite.

Die namenlosen Massen der indischen Landbevölkerung oder des städtischen Proletariats glänzen in Monteks Szenarium ebenso durch Abwesenheit wie schon zuvor bei L. K. Jha. Es ist noch keineswegs gesagt, daß sich Monteks liberales Modell so sehr von L. K. Jhas sozialistischer Politik unterscheiden wird. In Stil und Redeweise schon, aber sein Ehrgeiz scheint mir nur dahin zu gehen, den Staat und die Machtinstrumente zu modernisieren und nicht etwa das Land in der Tiefe zu entwickeln. Rajivs Generation will Coca-Cola – das wirklich besser schmeckt als »Campa-Cola« – trinken, mit kräftigen Autos schnell fahren, anstatt im »Ambassador«, *made in India*, langsam daher zu zockeln. In Kalkutta steht vor dem Sitz der Regierung Bengalens ein originelles Denkmal, das an das Versagen des indischen Modells erinnert: ein riesiges Telefon mit Namen *»The Dead Telephone«*, das nichtfunktionierende Telefon. Auf dem Denkmalsockel steht als Inschrift: »O Telefon, Indiens Völker hofften auf dich zur Verständigung, aber wenn wir dich wirklich brauchen, gibst du deinen Geist auf!« Die Rajiv-Generation möchte nach New York oder London telefonieren können, während man derzeit von Delhi aus nicht mal nach Bombay oder Madras durchkommt.

Doch für Montek ist der Gegensatz zwischen Staatsmodernisierung und Massenarmut ein unechtes Dilemma: Die Reichtümer werden nach unten »sickern«! Nichts anderes als der *trickle-down*-Effekt, von dem schon die Rede war, nur daß man ihn in Indien *percolating* nennt. Wohlstand bei denen ganz oben wird den Wohlstand der ärmsten Kasten bewirken. *»To percolate or not to percolate«*, lautet hier die Frage. Und nicht nur für Indien.

Dieses den reichsten Gesellschaften der Welt abgeguckte liberale Schema ruft in Delhi bei den Intellektuellen und den höheren Beamten schlimmsten Ingrimm hervor, denn sie fühlen sich weiterhin dem indischen Sozialismus verpflichtet und haben Monteks Modell den Kampf mit typisch indischer Aggressivität angesagt.

## *Aufstand der Intelligenzija*

»Rajiv hat den Mahatma verraten. Außerdem ist Rajiv Gandhi gar kein richtiger Inder, und die Liberalisierung taugt nur für die Amerikaner.« So lautet ohne Umschweife das Urteil von Romesh Thapar.

Romesh Thapar ist ein dunkelhäutiger und -äugiger Riese mit langem Silberhaar und buschigen Brauen, eine Art glühender Brahmane, der eine ganze Reihe von Pullovern übergezogen hat, um sich in seinen ungeheizten Büros am Connaught Place, dem belebtesten Zentrum New Delhis, vor der Winterkälte zu schützen. Von hier aus leitet er gemeinsam mit seiner Frau Raj eine nüchtern wirkende Monatszeitschrift namens *Seminar*, die seit fünfzehn Jahren bei der Intelligenzija, der Bürokratie und der Mittelschicht erheblichen Einfluß besitzt. In ihr findet man die schärfsten Kritiken an der »Liberalisierung«, am Egoismus der indischen Bourgeoisie, am Privatkapitalismus und an den Verlokkungen der Amerikanisierung.

Für Thapar sieht Rajivs Generation Indien gewissermaßen als etwas Fremdes. Vor den 300 Millionen Armen auf dem Lande, die im Jahr 2000 mindestens 500 Millionen sein werden, mache sie einfach die Augen zu. Diese Generation stehe ausschließlich im Dienste der Mittelschicht, die nur davon träume, zu konsumieren und zu leben wie die Amerikaner. Die Liberalisierung werde die Frustration der Massen noch verschärfen; an den Rand gedrückt sähen sich die Armen einem bürgerlichen Lebensstil gegenüber, der der traditionellen indischen Genügsamkeit völlig fremd sei. Die Entwicklung von Fernsehen und die Verbreitung Ärgernis erregender Blätter und anstößiger Reklame verstärkten noch den Schock. Dann seien, so Thapar, alle Voraussetzungen für eine Entwicklung wie im Iran gegeben; Indien werde ebensowenig wie der Iran das Tempo des Wandels, eines so tiefgreifend ungleichen Wandels, aushalten. Wie im Iran - und für dieses Phänomen gebe es in Indien keinen historischen Präzedenzfall - werde sich der Fundamentalismus organisieren; die Brahmanen würden Privatarmeen rekrutieren und die Händlerkasten, die Sikhs, die Moslems anfallen, die in ihren Augen einen zu bedeutenden Platz in der Gesellschaft erobert hätten. Thapar bemerkt, schon heute seien Aufstand und Totschlag zwischen den Volksgemeinschaften an der Tagesordnung. Die Regierung sei gezwungen, die Armee zu entsenden, um jede Kundgebung einer Volksgemeinschaft im Keime zu ersticken. Schon sei der militärische Aufmarsch die einzige Möglichkeit, in einem zerrissenen Indien vorläufig die Ruhe wiederherzustellen. Im Punjab sei die Armee bereits in den Teufelskreis Revolte–Repression verwickelt. Tausende junger Sikhs würden geschlagen, gefoltert, in Lager gesperrt; die Methoden der Diktatur träten an die Stelle der Methoden der Demokratie. Das also drohe Indien: Faschismus oder Theokratie!

Romesh Thapars antiliberaler Diskurs bedient sich im Westen nicht unbekannter Wege: Reden und Schriften. An der Basis jedoch spielt ein ganz anderes, viel indischeres Relais: die *social activists*. Diese Leute stehen außerhalb jeden Apparates, haben mit allen klassischen Formen der Politik gebrochen, streben keinerlei Mandat an; ihr Einzelgängertum ist ihre Stärke. Ihr Vorgehen erinnert an jenes Mahatma Gandhis oder der katholischen Priester in Brasilien; sie leben mit den Armen, um von ihnen zu lernen und sie anzuleiten, ihre Verteidigung selbst an der Basis zu organisieren.

Von allen diesen außergewöhnlichen Wesen fühlte ich mich in Indien am meisten zu Inder Mohan hingezogen; er hat mich am stärksten bewegt. Eine alterslose Gestalt, die fast zerbrechlich erscheint und dennoch stundenlang durch die Slums von Alt-Delhi wandern kann. Mohan hat an allen nationalen Kämpfen teilgenommen; er darf den seltenen Titel *freedom fighter*, »Unabhängigkeitskämpfer«, für sich beanspruchen. Als Sohn eines hohen indischen Beamten in britischen Diensten brach er in den vierziger Jahren mit seiner Familie und organisierte die Gewerkschaften von Lahore, was ihm seine ersten Gefängnisjahre einbrachte; ihnen sollten viele weitere folgen, zunächst unter den Engländern, dann aber auch unter Indira Gandhi zur Zeit des Ausnahmezustands. Entscheidendster Augenblick in Mohans militantem Leben war sein Bruch mit der kommunistischen Partei im Jahre 1961 und ganz generell mit allen Parteien und Gewerkschaften. Mohan hält das politische und gewerkschaftliche Establishment für völlig gleichgültig gegenüber den Armen Indiens, deren Existenz es immer nur im Augenblick der Wahlen entdecke und dazu nutze, sich über das Kastenregime und die religiösen Vorurteile wählen zu lassen. Entwicklung und Demokratie hätten in Indien jeglichen Sinn verloren; es gelte, wieder von der Basis aus aufzubauen, noch ehe der religiöse Fanatismus, die militärische Verlockung und die Blindheit der führenden Schichten obsiegten.

Inder Mohans Methode besteht darin, die Ärmsten zu mobilisieren, sobald die Verwaltung ihre elementaren Rechte verletzt: gegen die Zerstörung eines baufälligen, aber bewohnten Gebäudes, gegen die Verlegung eines öffentlichen Wasserhahns oder einer Schule. Desgleichen ist es Mohan gelungen, die Steineklopfer von Delhi, die als das elendeste und ausgebeutetste Proletariat der Hauptstadt gelten, zum gewerkschaftsähnlichen Zusammenschluß zu bewegen. Alle diese bescheidenen und symbolischen Handlungen sollen das Erwachen des Volkes erleichtern. Denn Indiens Volk werde erwachen, dessen ist sich Mohan gewiß, doch werde es nicht zu seinen Lebzeiten sein, meint dieser jugendliche, schnellfüßige Greis, der in bemerkenswerter Sparsamkeit von Gestik und Rede mit einem einfachen Wort, einem Zeichen der Hand die ihn Umdrängenden ermutigt, bestärkt, mobilisiert.

So lebt das Gandhi-Modell wie eine kleine Flamme fort in Werk und Vorstellung einiger weniger.

Unter diesen Neo-Gandhianern ist Ashis Nandy sicherlich der kreativste. Er selbst bezeichnet sich als Psycho-Soziologe und gehört zu der kleinen Kaste der in einer besonderen Kultur Verwurzelten, deren Denken dennoch universell geprägt ist. Ashis Nandy vereint in sich das Beste von Morgenland und Abendland. Unter anderem hat er einen Essay über die Kolonisierung Indiens geschrieben, in dem er zeigt, daß der Kolonisator von seiner scheinbaren Eroberung am stärksten aufgewühlt wird. Vermittels der Werke Rudyard Kiplings, des Vorsängers des europäischen Imperialismus, weist Nandy nach, wie die Engländer zur Idealisierung falscher Wertvorstellungen - Gewalt, Herrschaft, Überlegenheit des weißen Mannes - verführt worden seien, die ihnen bis dahin fremd gewesen waren und schließlich die englische Kultur selbst zusammenbrechen ließen.

Bekannt ist Ashis Nandy auch, gemeinsam mit seinem Wirtschaftlerkollegen Rajni Kothary, als treibende Kraft des *Center for Policy Studies*, eines Denkerkreises, der dem indischen Modell höchst kritisch gegenübersteht, aber dennoch vom Staat finanziert wird. Darunter dürfen wir uns keine luxuriöse Institution vorstellen. Das *Center* hat sich im einstigen britischen Wohnviertel in einer baufälligen Villa eingenistet. Wie stets in Delhi ist auch hier der Garten wohlgepflegt, während die Büros völlig verwahrlost sind, die Möbel überall in Stücken herumliegen, unbeschreibliche Unordnung herrscht, scharfe Gerüche die Nase plagen. Ashis Nandy arbeitet in einer Art schlecht beleuchteter Grotte, deren Büchermassen den Blick auf das ansonsten herrschende Chaos verstellen; nichts kann offenbar die Gelassenheit des Forschers erschüttern.

Schon die Existenz des *Center*, meint Ashis Nandy, bezeuge den demokratischen Charakter der indischen Gesellschaft: Indien sei eine Demokratie, nicht etwa, weil regelmäßig Wahlen stattfänden, sondern weil man die Dissidenten toleriere, sogar finanziere. Seiner Meinung nach ist der Grad der Demokratisierung eines

Volkes daran abzulesen, um welchen Preis man Dissident sein könne. In Indien liege er niedrig.

Dennoch sei diese indische Demokratie, die ihre eigenen Gegner zu finanzieren fähig sei, nur noch ein schwacher Abglanz dessen, was sie einstmals gewesen sei. Die wahre indische Demokratie, die Demokratie der Ursprünge, sei eine tagtägliche, an der Basis in jedem Dorf verwurzelte gewesen. Ihren traditionellen Ausdruck habe sie im *pancayat* gefunden, einem von der Gesamtheit der Dorfbevölkerung einschließlich der niedrigen Kasten gewählten, fünfköpfigen Gremium. Dank dieser *pancayats*, die wahre Schulen der Toleranz waren, habe Indien jahrtausendelang trotz seiner unglaublichen religiösen und ethnischen Vielfalt als Kultur fortleben können. So habe Tocqueville im *pancayat* ein Idealmodell erblickt[1], vielleicht das einzige Modell einer Demokratie ohne Staat. Tocqueville habe darüber eine der *Demokratie in Amerika* vergleichbare Untersuchung schreiben wollen, aber wegen seiner Belastung durch seine politische Funktionen und danach wegen seines Gesundheitszustands habe er die Reise nie antreten können.

Aufgrund der Wirkungen der Kolonisierung und der westlichen Gedankenwelt, die Indien seit der Unabhängigkeit beherrschten, seien die *pancayats* zerbrochen. Die Übriggebliebenen seien mittel- und machtlos oder von den politischen Parteien verdorben. Indien habe auf die ihm wesenseigene Form der Demokratie verzichtet und an ihrer Stelle ein Fremdmodell übernommen, den Zentralstaat. Seit der Unabhängigkeit flössen alle Mittel in diesen Zentralstaat ein, der zur indischen Vielfalt von Natur aus in Widerspruch stehe.

Mittlerweile sei Indiens inneres Gleichgewicht immerhin schon so bedroht, daß ein neues Entwicklungsmodell erfunden werden müsse. Dieses müsse sich gleichermaßen an Gandhis Genügsamkeit und Tocquevilles Dezentralisierung orientieren. Vorausset-

1 »Jedes Dorf Indiens bildet eine vollständige kleine Gesellschaft, in der man alles fürs Dasein und sogar für das Wohlergehen zivilisierter Menschen Notwendige vorfindet: den Verwalter, den Steuererheber, den Lehrer, den Priester, den Feldschütz.« Alexis de Tocqueville, *Ecrits politiques*, 1843.

zung sei die Erkenntnis, daß Indien seit jeher mit der Armut gelebt habe und weiterhin mit ihr leben könne. Armut sei nicht gleichbedeutend mit Unterentwicklung: Die indische Kultur beruhe auf der Genügsamkeit und der Ablehnung aller Prahlerei. Diese Armut, die mit einer komplexen und verfeinerten Kultur zusammenfalle, wie man sie in jedem indischen Dorf antreffen könne, sei annehmbar. Nicht annehmbar hingegen sei das Elend, ein in Indiens Geschichte relativ neues Phänomen, das sich durch das zentralisierte Wachstumsmodell seit dreißig Jahren immer mehr beschleunige. Die Rolle des Staates dürfe also nicht mehr darin liegen, die Entwicklung anzuführen, sondern darin, dieses Elend zu mindern, indem er alle seine Ressourcen für Erziehung, Gesundheit, Landwirtschaft aufwende.

Ebenso dringlich sei die Rückkehr zum *pancayat*[1], um zu verhindern, daß sich die ethnischen Gewaltausbrüche allgemein ausbreiteten. Anstatt wie bisher auf jede örtliche Kundgebung im Punjab mit einer noch stärkeren Zentralisierung und Militarisierung zu reagieren, müsse die indische Regierung genau das Gegenteil tun.

Die Tagträume von einem modernen Staat nach westlichem Muster aufgeben, auf wirtschaftliche und militärische Macht verzichten, zur dörflichen Demokratie zurückkehren, die Armut hinnehmen, aber das Elend abschaffen - so könnten nach Ashis Nandy die Umrisse eines guten Staates aussehen. Dieses Modell passe nahtlos in die indische Tradition, doch gelte es natürlich auch generell. Die meisten Staaten der Dritten Welt litten unter eben dieser Fehlentwicklung und seien konfliktträchtige Ballungen unterschiedlicher Völkerschaften; viele besäßen eine Tradition der Basisdemokratie, die mit dem Streben nach einem mächtigen Zentralstaat westlichen Typs zerstört worden sei. Auch sie könnten sich vom tocqueville-gandhischen Modell inspirieren lassen.

1 In Karnataka und Bengalen haben die *Chief Ministers* Basu und Hegde, die angesehensten Politiker Indiens, der erstere Kommunist, der letztere Konservativer, vor kurzem die *pancayats* ihrer Staaten durch eine wirkliche finanzielle Dezentralisierung gestärkt.

Gewiß, Ashis Nandy ist ein Utopist, aber wir sollten uns dennoch an Friedrich von Hayeks Bemerkung über die politischen Utopien erinnern: Man muß immer, sagt er im wesentlichen, eine Ersatzutopie bereit haben, denn wenn die Katastrophe eintritt, ist die Utopie die einzig realistische Alternative.

## *Der barfüßige Manager*

Budhram Manji seinerseits hat beschlossen, weder den Ausgang der Intellektuellendebatte noch die Wohltaten des *percolating* abzuwarten. Er gehört zu den 500 oder 600 Millionen Indern, die sich wenig um die große Debatte über Liberalisierung und Wirtschaftsmodelle scheren. Er will nichts als überleben.

In Pilkana[1] ist Budhram an diesem Morgen des 21. Februar 1987 sehr früh aufgestanden, denn 21 ist seine Glückszahl. Budhram zieht in Kalkutta eine Rikscha, und wie die meisten seiner Kollegen ist auch er ein aus Bangladesch eingewanderter Bihari, der seine Familie zurückgelassen hat. Jeden Monat überweist er seiner Frau und seinen Kindern das Lebensnotwendige. Budhram frühstückt nichts, bevor er weggeht, so spart er schon mal eine Rupie. Wenn er etwas äße, so glaubt er, würden seine Beine schwer. Nur ein Schlückchen Alkohol, und schon ist er ausgehfertig, Oberkörper und Füße nackt, ein langes, grün- und weißkariertes Stück Tuch um die Lenden gebunden und ein Band um die Stirn, das den Schweiß aufsaugt. Mit entschlossener und zuversichtlicher Geste – es ist immerhin der 21. – packt er die Holzgriffe der Rikscha, von Tausenden Händen vor ihm mit einer dichten Patina überzogen. Budhram trottet über den in dieser frühen Morgenstunde noch kühlen Asphalt und schwenkt auf die schon mit Bussen, Lastwagen und einer Menge Fußgänger auf dem

1 Pilkana ist die von Dominique Lapierre beschriebene »Stadt der Freude«; seit seiner Untersuchung sind jedoch die Hütten mit Ziegelsteinen ausgebaut worden; fließendes Wasser, Strom und vollständige Abwässeranlage haben den Alltag der aus dem Hinterland nach Kalkutta Eingewanderten beträchtlich verbessert. Kalkutta ist nicht mehr die Hölle, die Leute aus dem Westen sich noch vorstellen; auf den Trottoirs werden keine Leichen mehr aufgelesen.

Wege zur Stadtmitte Kalkuttas stark belebte Howrahbrücke ein. Unten, an den Ufern des Hugli, verkohlen vollends die Verbrennungshaufen, die die Brücke in einen stechenden Geruch verbrannten Fleisches hüllen. Budhram hat stählerne Beine aus lauter Muskeln und vor allem die unerläßlichen Reflexe, um den zahllosen Hindernissen, die den Lauf des Rikschafahrers bedrohen, aus dem Wege zu gehen: Kühe, Ziegen, klapperige Straßenbahnen, Busse und Taxis. In einer Stunde, denkt Budhram, wird er kurz vor seinen Konkurrenten in den guten Vierteln anlangen; danach wird die Stadt bis zum Abend in ihren Verstopfungen erstickt bleiben, so daß sich in den Gassen von Kalkutta nur noch Rikschas einen Weg bahnen können.

Sein Gefährt gehört ihm nicht, denn die zum Kauf erforderlichen 1000 Rupien hat er nie auftreiben können; keine Bank wird ihm je diese Summe leihen, und die Wucherer verlangen 600 Prozent Zinsen. Ohnehin würde es Budhram niemals schaffen, die Lizenz zu erwerben, die es ihm ermöglichte, legal zu arbeiten. Dazu müßte er erst zu dem verantwortlichen Beamten auf dem Kalkuttaer Bürgermeisteramt vordringen, aber er kennt keine Mittelsmänner, und dann: auf keinen Fall hätte er die Mittel, deren Dienste zu bezahlen, um die Hürden aus Pförtnern, Boten und Sekretären zu überwinden, die sich vor dem gierigen Bürokraten auftürmen, der seine Unterschrift unter die wertvolle Lizenz setzen darf. Folglich kann Budhram wie die 30 000 anderen »illegalen« Rikschafahrer von Kalkutta sein Gefährt nur bei einem Rikschabesitzer für die Halbtagssumme von 3 Rupien (1987 ist die Rupie etwa 15 Pfennig wert) mieten. Für eine weitere Rupie darf Budhram, wenn er völlig erschöpft von seiner Tagesarbeit kaum noch über die Howrahbrücke kommt, das Gefährt über Nacht nach Hause nehmen, wo er auf der baumwollbezogenen Bank kauernd schläft.

Als er in der Lenin-Avenue, einer Ladenstraße, ankommt, macht Budhram an einem öffentlichen Wasserhahn kurz Pause, wäscht sich unter großem Wasseraufwand auf dem Trottoir und reibt kräftig seine Zähne mit einem kleinen Bambusstück, das er immer bei sich trägt. Nachdem die Toilette gemacht ist, ist er nun für seinen Arbeitstag bereit. Plötzlich erblickt er in dieser noch frühen Stunde 300 Meter weiter einen Ausländer, der sich verlaufen zu haben scheint und nach einem Transportmittel gleich welcher Art Ausschau hält. Einen Augenblick zögert Budhram, ehe er sich in Trab setzt; er weiß, daß Ausländer höchst ungern eine Rikscha benutzen. Die Westler kriegen ein schlechtes Gewissen, wenn sie während der Fahrt den schwitzenden, keuchenden Läufer sehen müssen, dessen sämtliche Muskeln gespannt sind und der an der Grenze seiner Körperkräfte scheint. Aber kein Taxi ist in Sicht, auch kein Rikscha-Scooter, und so rennt Budhram zu seiner Beute und setzt ein unwiderstehliches Lächeln auf.

Mir bleibt keine Wahl, ich hab's eilig, und so gebe ich nach und klettere auf die hohe Bank zwischen den zwei Rädern; wir sausen zum Writers Building, dem Sitz der Regierung von Bengalen. Kalkutta wacht erst langsam auf, doch schon drängt sich die Menge am Eingang der Kinos, die wie gerahmt scheinen von einer Musik ähnlich der in Satyajit Rays Film und gepflastert mit den grellfarbenen Riesenplakaten voller Gewaltszenen der bengalischen Filmproduktion. Der 21. ist wirklich Budhrams Glückstag: Ich vergaß, den Fahrpreis auszuhandeln, ehe ich die Rikscha bestieg; unter 5 Rupien komme ich nicht weg.

»Die Rikschas müssen unbedingt verboten werden«, sagt mir der bengalische Premierminister Jyosi Basu in seinem Büro im Writers Building, »sie sind ungesetzlich, und vor allem: sie sind nicht modern.« Basu hat den Ehrgeiz, sämtliche legalen Rikschafahrer in einer einzigen Gewerkschaft zusammenzuschließen, die dann alle menschengezogenen Gefährte durch Rikscha-Scooter ersetzen soll. Lärm, Luftverschmutzung und verstopfte Straßen dürfen dem nicht im Wege stehen. Schließlich kann Kalkutta nicht mit Rikscha-Ziehern »ins 21. Jahrhundert eintreten«. Schon 1980 hatte Basu sie ohne Umschweife zu verbieten versucht. Vergeblich. Budhram und seine 30 000 Kollegen leisteten im Verein mit den *social activists*, Intellektuellen, Studenten und Gewerkschaftern so heftigen Widerstand, daß der Rikschastreik den Sieg über die Modernisierungsbestrebungen davontrug.

Basu sitzt auf jenem Olymp der Halbgötter, auf den die indische öffentliche Meinung ihre politischen Führer hebt; sicher gehört er zu den angesehensten seines Landes. Was er sagt, klänge mir eher banal, wüßte ich nicht, daß er der einzige kommunistische Premierminister eines indischen Staates ist. Stolz behauptet er sogar, der einzige demokratisch gewählte kommunistische Regierungschef der Welt zu sein. Ich weiß auch, daß er seine Aura aus seiner Integrität bezieht, dieser in der indischen Politik so seltenen Qualität, die ihm ein nahezu übernatürliches Ansehen verleiht.

Basus Kommunismus verdankt Karl Marx herzlich wenig, in erster Linie ist er Inder und sogar Bengali. Die Erfahrungen des sozialistischen Lagers sind ihm völlig gleichgültig und scheinen für ihn mit den besonderen Bedürfnissen seines Landes nichts zu tun zu haben. Tatsächlich ist Basu wie Montek Ahluwalia und L. K. Jha für die Modernisierung, für die Industrialisierung und sogar für die Privatisierung des öffentlichen Sektors, um dessen Leistungsfähigkeit zu verbessern, aber ein anderes Entwicklungsmodell schlägt er nicht vor.

So winzig der Konflikt zwischen Basu und dem Rikschafahrer Budhram erscheinen mag, so generell bedeutsam ist er doch; er bildet sogar eine gute Vorlesung in Wirtschaftswissenschaft für die Dritte Welt. Budhrams Widerstand scheint mir den Bedürfnissen Indiens erheblich näherzukommen als Basus Vortrag über die Modernisierung. Weil uns Budhrams Metier schockiert oder archaisch erscheint (in dieser Hinsicht reagieren die indischen Eliten nicht anders als wir Abendländer), ist ein jeder versucht, namens des Fortschritts derart lächerliche Tätigkeiten aus der Welt zu schaffen. Aber was würde aus Budhram ohne seine Rikscha? Diese Tausende kleiner - privater, nicht geplanter - Tätigkeiten bilden den »informellen Sektor«, von dem ohne Kapital und Investitionen alle Budhrams Indiens und der Dritten Welt leben. Ihrem Einfallsreichtum, tausend kleinen Handreichungen hat das Volk von Kalkutta, so arm es sein mag, zu verdanken, daß es nicht ganz so elend ist wie weithin das übrige Indien. Als Kontrastprogramm läßt dieser riesige informelle Sektor die erhitzten Debatten und wirtschaftspolitischen Theorien, die nur einen Zipfel der menschlichen Betätigung erhaschen, etwas mager aussehen.

Wie Alaíde de Lourdes ißt auch Budhram wenig, lebt in höchst bescheidenen Verhältnissen, aber er lebt und er hat eine Arbeit, die ihm ein Statut, einen Platz in Indiens Gesellschaftsstruktur zuweist. Ohne seine Rikscha wäre er zum Zustand jener Bettler von Kalkutta verurteilt, die mit einem Eisenhaken ihre Nahrung aus den Abfällen auf dem Bürgersteig fischen. Auf seine Weise ist Budhram ein Unternehmer, und wenn sich sein Unternehmen nicht entwickelt, wenn es ihm nicht genug einbringt, um aus der Armut herauszukommen, dann sind die Gründe dafür erheblich weniger wirtschaftlicher als politischer Art. Budhram müßte die Möglichkeit haben, Besitzer seiner Rikscha zu werden, und dazu müßte für die Armen Kredit zugänglich werden, ohne dazu der Mittelsmänner zu bedürfen; der Bürgermeister von Kalkutta müßte ihm eine Lizenz ausstellen, und dies würde voraussetzen, daß die Beamten ehrlich sind.

Ein ehrlicher Staat, eine Wirtschaft im Dienste der Ärmsten – dieses wäre für Indien ein *anderer* Entwicklungsweg, ebenjener, der Mahatma Gandhi vorschwebte.

Der Leser, der mit mir die Etappen dieser Reise durch Lateinamerika und Indien hinter sich gebracht hat, wird sich sicher wundern, welch hervorragenden Platz ich bisher als Ursache der Armut und der Ungerechtigkeit den politischen Optionen eingeräumt habe, viel mehr als den natürlichen und kulturellen Faktoren. Ich gestehe, daß dies ursprünglich ganz und gar nicht meine Absicht war. Erst bei der konkreten Untersuchung dieser so unterschiedlichen Länder drängten sich mir für ein Verständnis der Art und Weise, wie die Dritte Welt funktioniert, die öffentlichen Institutionen als entscheidender Faktor auf.

Natürlich läuft man dabei Gefahr, diese Analyse zum System zu erheben und alles anhand desselben Rasters entschlüsseln zu wollen. Deshalb wappnete ich mich vor Betreten Schwarzafrikas vorsichtshalber, oder einem Vorurteil folgend, mit der Ansicht, hier würden sich die »objektiven« Gegebenheiten als wesentlicher Grund für die Massenarmut herausstellen. Gewiß begegnete ich der Trockenheit, den Krankheiten, dem Kolonialismus und wenig zum Wandel neigenden Völkern. Aber über diese unwandelbare Ordnung des afrikanischen Kontinents hat der Mensch kaum

Gewalt. Was er ändern kann, ist die Politik; doch auch hier schien mir Schwarzafrika im wesentlichen die Politik der Armut zu verfolgen. Allzuoft, sei es aus Irrtum, sei es aus Berechnung, verurteilen die Regierungen ihre Völker zu einer ganz und gar nicht unausweichlichen Stagnation.

# 6

# Prestigeunternehmen Yamoussoukro

Zwischen Dodoma und Morogoro sieht die Landschaft aus, als komme sie geradewegs aus Sydney Pollacks *Jenseits von Afrika*: gelbe Savanne, baumbestandene hohe Berge, bleifarbener Himmel, dessen Wolken zur Küste Tansanias treiben. Kein Regen kühlt die klebrigfeuchte Hitze ab. Unser Landrover fährt schnell über den Asphalt der besten Straße Tansanias, wie es heißt, gebaut von einer brasilianischen Gesellschaft, die sicher vergeblich auf ihr Geld von der Regierung in Daressalam wartet.

Plötzlich, wie aus dem Nichts, taucht eine hochgewachsene Gestalt in langem, rotem Gewand auf - ein Massai. Auf seiner Höhe verlangsamt der Fahrer das Tempo; einen Massai schaut man sich unwillkürlich näher an, als handele es sich um ein seltenes Tier. Zu den überraschendsten Begegnungen in Afrika gehört ein Zusammentreffen mit diesen Hirtenkriegern auf den Hochplateaus Kenias und Tansanias. Der Mann ist ganz allein, weit und breit sonst niemand. Er steht auf seine Lanze gelehnt, zwei große Goldringe ziehen die Ohrlappen weit nach unten, um die Arme windet sich schwerer Schmuck, die in tausend Zöpfchen gedrehten Haare sind mit Perlen durchsät. Woher kommt er? Wohin geht er? Es heißt, das togaähnliche Gewand, die Sandalen, die in ganz Afrika einmalige Lanze seien römischen Ursprungs. Cäsar habe, 2000 Jahre vor Livingstone[1], eine Legion entsandt, die die Ursprünge des Nils suchen sollte; diese Armee kehrte niemals wieder. Seit jener Zeit trügen die Massai die Toga, die Sandalen und die Lanze der römischen Legionäre. Die Massai sind stolz

1 In Ujiji in Tansania ziert eine rosa kolorierte, grundhäßliche Betonpyramide den Platz, wo der Journalist Stanley vom *New York Herald* den Forschermissionar Livingstone fand. Dieses Abenteuer bewegte 1871 das zivilisierte Europa leidenschaftlich.

darauf, ohne Geld auszukommen und nur von ihrer Herde zu leben, wobei sie sich ausschließlich von einer Mischung aus Kuhblut und Kuhmilch sowie etwas Urin ernähren.

Der Blick des Massai geht durch uns durch, gleichgültig oder verächtlich. Sie sind das letzte Volk Afrikas, vermutlich sogar eines der letzten der ganzen Dritten Welt, das es herrisch ablehnt, sich mit der westlichen Kultur einzulassen; für den Massai existiert unser Reichtum nicht. Sollte der gesunde Menschenverstand gewollt haben, daß sich Afrika der Entwicklung verweigert? Jedenfalls ist es hier wie überall zu spät, noch über ein Afrika nachzudenken, das einem anderen Schicksalsweg gehorchte. Hüten wir uns auch, die Weisheit der Massai zu idealisieren. Schon seit langem fallen die Löwen ihre Herden nicht mehr an und durchbohrt ihre Lanze nur noch den Wind.

In Afrika ist die Zeit der Abenteuer vorüber; am Ende der Piste erwartet mich im Dorf Mvorero nur der ständige Delegierte der *Chama Cha Mapinduzi*, abgekürzt CCM, was man etwa mit »Revolutionspartei« aus dem Suaheli übersetzen kann. In Tansania hat die CCM das Sagen, im öffentlichen Sektor ebenso wie im Staat; nach der Verfassung untersteht der Partei sogar die Regierung. Die CCM besitzt ihre eigenen Ideologieschulen für die Ausbildung der Führungskräfte; ist sie auch Einheitspartei, so doch nicht eine Partei des Klassenkampfes: Tansania vollzieht eine sozialistische Revolution ohne marxistisches Prinzip! Man weiß auch, daß die tansanische Führungsschicht ungefähr zu gleichen Teilen aus glühenden Christen und Moslems besteht.

Es gibt kein Dorf, und sei es noch so abgelegen, ohne sein »Haus der Partei«, eine Lehm- oder Zementhütte, die man sofort an der grünen Parteifahne mit gekreuzter Hacke und Schaufel erkennt: die Revolution ist hier Agrarrevolution.

Der Wachsamkeit der Partei entgeht nichts. In jedem Dorf, jedem Viertel von Daressalam, jedem Betrieb und sogar in der Armee sind die CCM-Delegierten damit beauftragt, alles zu beobachten und alles aufzuschreiben. In diesem riesigen, von zwanzig verschiedenen Stämmen bewohnten Land wird die ethnische Vielfalt gezielt für die Stärkung der gesellschaftlichen Kontrolle benutzt; die Delegierten in den Stammeszonen kommen systematisch aus einem anderen Stamm. Mvorero liegt in der Region der Lugurus, der CCM-Vertreter ist Zanaki. Alles Kommen und Gehen, jeden durchreisenden Fremden erspäht der Delegierte sofort, trägt alles in ein Heft ein und berichtet darüber an die Parteizentrale. Nur die Papier- und Bleistiftknappheit setzt, wie ich im Busch feststellen konnte, dieser Inquisition noch gewisse Grenzen.

Dieses CCM-System, dessen Akkuratesse in Afrika einmalig ist, ist das Werk von Julius Nyerere, Gründer der Nation und 1987 noch Parteichef, nachdem er zwanzig Jahre lang Staatschef gewesen war. Kein Land wird von den Drittweltfreunden seit der Entkolonisierung mehr bewundert als Tansania, kein afrikanischer Staatsmann genießt dort mehr Achtung als Julius Nyerere, den man auch den *Mwalimu*, den »Lehrer« nennt. Tansania gilt als Musterbeispiel des afrikanischen Sozialismus, als obligates Vorbild in der Geschichte der Entwicklung. Das muß wohl daran liegen, daß es sich niemand aus der Nähe angesehen hat – Tansania ist weit weg und zudem herzlich unbequem.

## *Der afrikanische Sozialismus*

Man muß schon ein verteufelt guter Ethnologe sein, um ein Bantudorf von einem anderen Bantudorf unterscheiden zu können. Wohnen und Kleidung sind bemerkenswert einförmig, weisen keinerlei sichtbaren Schönheitssinn auf. In diesem Teil Afrikas scheint die nackte Armut total zu herrschen. Die Bauern von Mvorero besitzen nichts anderes als ihr Werkzeug, eine Hacke und eine Schaufel. Sogar der Boden ist ihnen nur zur Bearbeitung anvertraut, gehört ihnen aber nicht. Das staubige Großdorf Mvorero mit seinen Lehmhütten im Schatten der Palmen, seinen Brotwurzelpflanzungen, seinen Mango- und Mahagonibäumen scheint geradewegs aus dem Dunkel der Vorzeit getreten. Dabei handelt es sich um eine recht neue Erfindung, eine Kunstschöpfung des Nyerere-Regimes, um ein *ujamaa*-Dorf, wie man es in Tansania nennt; vor fünfzehn Jahren gab es Mvorero nicht.

In Suaheli bedeutet *ujamaa* sowohl Familiengemeinschaft als auch Sozialismus. Es handelt sich um eine Mischung aus einer bestimmten afrikanischen Kulturidee, dem von den Missionaren in Afrika verabreichten fortschrittlichen Katholizismus und der britischen Labouridee. In seiner Erklärung von Arusha von 1967, die als Bibel des afrikanischen Sozialismus gilt, erläutert Nyerere, das neue Tansania müsse die Dorfgemeinschaft als Grundelement im ganzen Land verbreiten. Das tansanische Volk sei aufgefordert, sich – aufbauend auf der traditionellen Sippensolidarität – zur nationalen Solidarität zu »erheben«. Doch die Bauern dachten nicht daran, nach der Erklärung von Arusha spontan große Kollektivbegeisterung zu zeigen. Sehr schnell stellte sich heraus, daß *ujamaa* in der afrikanischen Tradition keine Wurzeln schlug, sondern nur ein Kunstgebilde war. Was logisch zur nächsten Etappe führte: Nach den Reden kam der Zwang. Zehn Jahre, bevor sich die äthiopische Regierung dieses Mittels bedienen sollte, zwang schon der *Mwalimu* sein Volk gewaltsam zur Umsiedlung. Zwischen 1974 und 1976 wurden über zehn Millionen Bauern aus ihren Hütten verjagt (die meist angezündet wurden, um jede Rückkehr zu vereiteln) und in 8000 Dörfer eingewiesen. Die Gewalt, so heißt es, habe sich in Grenzen gehalten; nur die Viehzüchter-Nomaden hätten wirklich Widerstand geleistet, alle anderen hätten die Verdörflichung über sich ergehen lassen; vermutlich sind die Bantus friedliche Leute und haben auch keinen ausgeprägten Eigentumssinn. Alles in allem klatschte die Völkergemeinschaft dieser neuen Initiative des *Mwalimu* Beifall; sie galt als fortschrittlich, zumal als Nyerere erläuterte, dank der Umsiedlung würden Grundschule, fließendes Wasser und Gesundheitsfürsorge jedem Tansanier zugänglich.

Was ist nun, zehn Jahre nach der Verdörflichung, in Mvorero von diesen anfänglichen Versprechungen übriggeblieben, wobei wir es hier mit einem besser als der Durchschnitt ausgestatteten Musterdorf zu tun haben?

Die Kinder gehen tatsächlich in die Schule, wo sie vor allem Suaheli lernen (Tansania ist das einzige Land Schwarzafrikas, das eine authentische Staatssprache durchgesetzt hat). Die Krankenstation gibt es wirklich; sie wird geführt von einem barfüßigen Arzt, einer gutwilligen Krankenschwester, die allerdings mehr Hygiene-Ratschläge erteilt, als daß sie Kranke pflegt; Medikamente stehen ihr praktisch nicht zur Verfügung. Auch Wasser kommt ins Dorf, dank von den Niederlanden gestifteter Pumpen (die Ausrüstung Tansanias entstammt fast ausschließlich europäischer Entwicklungshilfe meist nordischer Herkunft).

Diese paar - in Afrika seltenen - Verbesserungen können indessen nicht über das Drama von Mvorero hinwegtäuschen: eine seit zehn Jahren anhaltende Verarmung, die den Zusammenbruch des tansanischen Modells signalisiert. Dieses klassische Modell, das in zahlreichen Ländern Afrikas anzutreffen ist, besteht darin, daß der Agrar-Mehrwert zugunsten des Aufbaus eines mächtigen Zentralstaats und der Stadtbevölkerung konfisziert wird. Im Glauben, damit die finanzielle Leistung der Landwirtschaft zu verbessern, hat die Regierung die traditionellen Handelsströme zerbrochen, indem sie die Bauern zwang, alles an den Dorfausschuß - mithin an die Einheitspartei - zu verkaufen. Namens der Leistungsfähigkeit und der Moral hatte die Schaffung des Monopols nebenbei noch erlaubt, die indischen oder arabischen Händler sowie diejenigen auszuschalten, die mit Nyereres Stamm rivalisierenden Händlerstämmen angehörten. Mit dem Unterschied zwischen dem Einkaufspreis in den Dörfern und dem Welthandelspreis sollten die öffentlichen Ausgaben und die Partei finanziert werden. Dieses Schema ging davon aus, die Weltnachfrage werde konstant bleiben, doch diese Rechnung konnte nicht aufgehen, weil der Markt sich nun per definitionem ständig ändert. Desgleichen ging das Schema davon aus, daß die Händler keinem vernünftigen Zweck dienen - ein fataler Irrtum, waren sie es doch, die das Saatgut der Bauern finanzierten und ihre Ernten abholten. Vor allem hatte Nyerere nicht bedacht, daß die zu niedrigen Preise die Bauern ganz einfach dazu veranlaßten, nichts mehr für den Absatz zu erzeugen, sondern sich mit der Eigenbedarfsproduktion zu begnügen.

Seit der Umsiedlung ist die Agrarerzeugung in Mvorero unablässig zurückgegangen. Die Kollektivfelder, zu Anfang der *ujamaa*-Ära von Maos China inspiriert, sind schon längst verwaist, und die Bauern kehrten spontan zum individuellen Anbau zurück. Allerdings haben sie nicht den Mut und kaum die Kraft, während der Sonnenstunden bis zu den Feldern zu wandern, von denen die Verdörflichung sie entfernt hat; sie begnügen sich also mit dem

Anbau nahe ihrer Hütte, flüchten in den Anbau für den Eigenbedarf und verkaufen immer weniger an die amtliche Verteilungsstelle.[1]

Scheinbar herrscht die CCM mit den zahlreichen Jugend-, Frauen-, Sportler- und Ehemaligen-Zwangsvereinigungen über Mvorero. In Wirklichkeit übt der tansanische Bauer passiven Widerstand; sein wirklicher Wille äußert sich nicht auf dem Stimmzettel, sondern in seiner Weigerung zu produzieren. Mit der Folge, daß im ganzen Land die Exportkulturen laufend zurückgehen und die Städte kaum noch anders als durch internationale Hilfsaktionen versorgt werden können. Diese Verarmungs-Mechanik ist die unmittelbare Folge des tansanischen Modells, eine unausweichliche, staatlich organisierte Unterentwicklung. Wir werden später auf die Frage zurückkommen, wieviel davon der Westen zu verantworten hat, weil wir zunächst davon ausgehen, daß die afrikanischen Regierungen an erster Stelle für ihre Entscheidungen verantwortlich sind. Dieser Verantwortung stellt sich Julius Nyerere nur teilweise; er bezichtigt lieber den Imperialismus der tansanischen Nöte.

## *Arusha – 20 Jahre später*

Der *Mwalimu* ist ein hochgeehrter und -gebildeter Intellektueller, hat er doch Shakespeares *Julius Cäsar* ins Suaheli übersetzt. Man sollte sich allerdings nicht verhehlen, daß – auch wenn er als der

1 Die Cashewnuß, ein traditionelles tansanisches Ausfuhrgut, veranschaulicht das Preissystem unter dem Nyerere-Regime besonders deutlich. Lag 1970 der Preis pro Tonne auf dem Weltmarkt noch bei 1300 Schilling, so war er 1981 auf 6000 Schilling gestiegen, mithin eine Progression von 350 Prozent zugunsten des Verkäufers. Im selben Zeitraum stieg der Preis, den das Staatsmonopol den Bauern im tansanischen Busch dafür bot, nur von 910 auf 1740 Schilling, eine Progression von nur 91 Prozent. 1981 erhält der Erzeuger mithin nur noch ein Drittel des Weltpreises, gegenüber vorher zwei Dritteln. Die Abschöpfung durch den Staat hat um 1000 Prozent zugenommen! In guter Logik spart sich der tansanische Bauer die Mühe, Cashewnüsse aufzusammeln, die westlichen Käufer wenden sich anderen Lieferanten zu, während die tansanische Regierung über die »Verschlechterung der Austauschrelationen auf dem Weltmarkt« wettert.

große Weise Afrikas gilt – bei Julius Nyerere die politische Gewalt in nichts hinter der seiner Kollegen auf dem Kontinent zurücksteht. Er ist sogar der einzige, der sich der Gewalt zu ihrem Sturz bedient hat: Seine Armee, die zu den stärksten Afrikas zählt, hat 1975 auf den Komoren, 1977 auf den Seychellen, 1979 in Uganda eingegriffen, wobei sie in letzterem Land plünderte und Zivilisten massakrierte. Derzeit stehen tansanische Truppen in Mosambik zur Unterstützung der Regierung in Maputo gegen die Guerilla; desgleichen unterhält Tansania Ausbildungslager für den ANC, die »Befreiungsarmee« für Südafrika. Auch sollte man wissen, daß bis 1979 in Nyereres Gefängnissen mehr politische Gefangene schmachteten, als die südafrikanische Regierung je verhaften ließ. In jenem Jahr begnadigte er persönlich 10 000, was eine Größenvorstellung der Gesamtzahl vermittelt.

Weniger als 99 Prozent der Stimmen hat der *Mwalimu* noch in keiner Wahl auf sich vereinigt, deutlicher Hinweis auf seinen Begriff von sozialistischer Demokratie. Schließlich hindern ihn seine Tiraden auf den westlichen Imperialismus mitnichten, aus dem Westen mehr Zuwendungen einzuheimsen als irgendein anderes Land Afrikas. Besonders großzügig geben sich die Skandinavier und Holländer, denn Nyerere äußert sich genau so, wie diese Geberländer es gerne hören: ein nichtgebundenes, sozialistisches, von Austerity und Idealismus geprägtes Afrika. So ist denn Nyerere seit zwanzig Jahren das einzige tansanische Erzeugnis, das sich mit Erfolg exportiert und entsprechend viele Devisen bringt. Man hält sich all das besser vor Augen, bevor man mit dem *Mwalimu* zusammentrifft, sonst erliegt man allzuleicht seinem gewinnenden Charme.

Nyerere erscheint zugänglich, hat viel Humor und würzt seine Ausführungen mit sehr britischen Späßen. Gewiß gibt er nicht für einen Augenblick sein holzgeschnitztes Kommandeurstöckchen aus der Hand, aber ist das in Afrika nicht einfach ein Zeichen der Legitimität? Wenngleich der Stock in dieser Umgebung wenig Nützlichem dient. Denn die Unterhaltung mit Nyerere findet nicht etwa dort statt, wo man dächte: Wir fliegen in 10 000 Metern Höhe irgendwo zwischen Djidda und Daressalam; es war der einzige Platz und Augenblick, wo ich endlich den *Mwalimu* zu fassen kriegen konnte, denn unbequemen Fragern ist er höchst unzugänglich.

Im übrigen kam ich gar nicht dazu, Fragen zu stellen: Nyerere erklärt mir sofort, sobald es um Afrika gehe, seien die Leute aus dem Westen blind oder böswillig. Wir hielten uns stupide an materielle Bewertungskriterien und verstünden nicht, daß das Werk des *Mwalimu* in erster Linie darin bestehe, daß er eine Nation geschmiedet habe, wo es vordem nur verstreute Stämme gab, jahrhundertelang Opfer arabischer Sklavenhändler, deutscher und nachfolgend britischer Kolonisierung. Die Schaffung eines tansanischen Staates habe nichts mit nationalistischer Übersteigerung zu tun, sondern sei eine Lebensnotwendigkeit für Völker, die andernfalls wieder der Fremdherrschaft unterworfen worden wären. Oder aber die Stämme hätten sich gegenseitig zerfleischt, wie es in den Nachbarländern seit der Unabhängigkeit der Fall sei: Uganda, Burundi oder Zentralafrika. In Tansania hingegen habe es kein einziges Massaker, keinen einzigen Bürgerkrieg gegeben. Nicht etwa, weil die Bantus friedfertiger seien als die anderen afrikanischen Völker; sie wären genauso zum gegenseitigen Abschlachten bereit gewesen, hätte nicht das politische System den Frieden organisiert. Habe nicht auf Sansibar vor dessen Fusion mit Tanganjika, woraus dann Tansania geworden sei, nach Abzug der Engländer die afrikanisch-stämmige Bevölkerung in einer einzigen Nacht fast alle Araber umgebracht? Eine solche Mordwut sei jetzt in Tansania nicht mehr möglich, denn jetzt gebe es hier einen Staat und eine Partei. Die CCM habe eine neue Gesellschaft hervorgebracht, aufbauend auf den drei Prinzipien von Arusha: ehrliche Regierung, Gleichheit zwischen Reichen und Armen, wirtschaftliche Eigenständigkeit.

An Dreistigkeit mangelt es dem *Mwalimu* nicht gerade, wenn man bedenkt, daß er einer der korruptesten Verwaltungen Afrikas vorsteht und der Staat nur dank westlicher Hilfe fortzubestehen vermag. Warum aber verarmt die tansanische Nation immer mehr, bei einer so perfekten Gesellschaft?

Nyereres Stimme senkt sich, das Dröhnen der Motoren hindert mich am Verstehen, also beuge ich mich zu ihm hinüber, zu sehr vermutlich, denn er brüllt mir ins Ohr: »Daran ist Reagan schuld,

Margaret Thatcher macht's ihm nach, sogar Mitterrand hat sich schon anstecken lassen!« Und wie heißt der Virus? Liberalismus natürlich! Tansania ist nicht etwa das Opfer seines Sozialismus, sondern unser Liberalismus, der unentwegt die Preise für die tansanischen Exporterzeugnisse senkt, zerstört Tansania. »Im Vertrauen«, fügt der *Mwalimu* hinzu, »jeden Morgen höre ich die BBC, um den Kurs für tansanischen Kaffee und Kakao zu erfahren; London bestimmt das Schicksal unserer Bauern!«

Ich hätte gerne etwas darauf gesagt, aber offenbar hat die Unterhaltung schon zu lange gedauert; sie wird grob unterbrochen von Joan Wicken, der sauertöpfischen englischen Sekretärin des *Mwalimu*. Seit der gemeinsamen Studienzeit in Schottland vor vierzig Jahren ist sie nicht von seiner Seite gewichen; es heißt, ihr verdanke der streng katholische *Mwalimu* die Entdeckung des Sozialismus. Womit dieser Sozialismus herzlich wenig afrikanisch wäre und alles Europa verdankte.

Hier scheint mir denn auch unsere eigentliche Verantwortung gegenüber Afrika zu liegen. Sie ist nicht wirtschaftlicher Art, wie man gewöhnlich meint, sondern in allererster Linie ideologischer Natur. Nicht so, wie Nyerere glaubt, sind wir schuld an den Nöten Afrikas. Es läßt sich unmöglich der Nachweis führen, daß der Weltmarkt zwangsläufig Afrika schade; auch über die Kolonisierungsbilanz läßt sich trefflich streiten. Hingegen führt kein Weg daran vorbei, daß Afrika von unseren Wertvorstellungen, Kodizes, herrschenden Vorstellungen, von allen unseren »Ismen« abhängig geworden ist. Im übrigen sind wir weniger dafür verantwortlich, daß wir überhaupt Ideen nach Afrika ausgeführt haben, sondern – und diese Verantwortung ist beträchtlich – daß wir es mit falschen Vorstellungen überhäuft haben.

Aber muß Afrika denn wirklich unbedingt zwischen Mordwut und Verarmung wählen? Ein Land jedenfalls scheint einen anderen Weg anzubieten, das einst als Elfenbeinküste bezeichnete Côte d'Ivoire[1]. Er ist der einzige Staat in Schwarzafrika, der sich

1 1987 verlangte die Regierung der Elfenbeinküste, ihre Staatsbezeichnung dürfe künftig auch in fremden Sprachen nur noch »Côte d'Ivoire« lauten und nicht mehr übersetzt werden.

offen zum Liberalismus bekennt und ihn auch zu praktizieren versucht. Besser sind die Ergebnisse dort jedenfalls, wenngleich nicht völlig überzeugend.

## *Félicité Kouassis Silo*

Félix und Félicité Kouassi sind arm, aber nicht etwa, weil sie nicht arbeiteten. Schon gar nicht Félicité! Ihr sechstes Kind, das auf ihrem Rücken schaukelt, hindert sie nicht, alle Aufgaben einer Baule-Frau zu erfüllen: Igname- und Taropflanzung pflegen, das Unkraut in den Baumwollfeldern jäten, die Körner zerstoßen, das Essen zubereiten, zahlreiche Kinder gebären und aufziehen, mehrmals täglich den von freilaufenden Hühnern und Ziegen verschmutzten Boden kehren. Ihr Mann Félix arbeitet eher episodisch und nur in der Baumwollpflanzung; die übrige Zeit verbringt er beim Palaver unter dem hierfür ausersehenen Baum im Dorf. So ist das Leben in Brobo in der Savanne von Côte d'Ivoire, und man möchte meinen, es sei schon immer so gewesen. Das trifft indes nicht zu: Félix und Félicité Kouassi gehören zu den vielen tausend Bauern, die die Landwirtschaft von Côte d'Ivoire in Gang gesetzt haben.

Vor zwanzig Jahren gab es in Brobo nur wild wachsende Baumwolle. Heute erzeugen die Kouassis für sich allein eine Tonne pro Jahr auf dem hektargroßen Feld, das ihnen vom »Bodenchef« des Dorfes zugesprochen worden ist. So hat sich seit der Unabhängigkeit der Elfenbeinküste die Erzeugung von Baumwolle verhundertfacht, von Kakao vervierfacht, von Kaffee verdreifacht, von Bananen verfünffacht. Côte d'Ivoire ist das einzige afrikanische Land ohne große Erdölvorkommen, das seit der Unabhängigkeit das Nationaleinkommen merklich gesteigert hat.

Dieses Modell ist das Ergebnis einer in der Dritten Welt einmaligen Strategie der gezielten Agrarentwicklung. Anstatt mit der kolonialen Vergangenheit zu brechen, hat Félix Houphouët-Boigny, seit 1963 Staatschef, die europäischen Produktionsmethoden aufgegriffen und sich zu eigen gemacht. Landwirtschaft und Exportkulturen – einst Hauptanliegen der Kolonialmacht – gelten heute als nationales Streben. Vermutlich weil er selbst zunächst Kakaopflanzer war, ist Houphouët der erste afrikanische Staatschef, der den Einzelbauern zum Ideal erhoben hat, vor allem den Baule; das Zurückdrängen des Waldes, die Rodung und die Kakaobepflanzung sind zum Symbol der Identität von Côte d'Ivoire geworden.

Desgleichen hat sich die Regierung eine alte Kolonialeinrichtung zu eigen gemacht: die Stabilisierungskasse. Gleich nach der Unabhängigkeit ging dieses Staatsmonopol dazu über, den Bauern sämtliche Ernten im ganzen Land zu einem Einheitspreis abzukaufen. Damit wurde die Kasse zu einem Instrument der nationalen Integration, sorgte für Einheit von Klein- und Großpflanzern sämtlicher Stämme. Sogar die Minister sind aufgefordert, sich als Pflanzer zu betätigen, und wo es vor Ort an Arbeitskräften mangelt, öffnet das Land die Grenzen weit für Einwanderer aus Westafrika. Führungskräfte und Fachverstand werden weiterhin von Franzosen bereitgestellt, der Handel liegt immer noch in den Händen von Libanesen und Syrern, womit im Sammelkreislauf, in Afrika als *traite* bekannt, Kontinuität herrscht. Dieses völlige Fehlen von Fremdenhaß und antikolonialistischer Dialektik verlangt in Afrika viel politischen Mut und Toleranz. Eine bemerkenswerte Strategie und eine mutige Bevölkerung; doch was bleibt am Ende ihrer großartigen wirtschaftlichen Anstrengung den Kouassis?

In Brobo steht vor jeder Hütte ein kleiner Trockenlehmturm mit abnehmbarem Strohdach, der traditionelle afrikanische Silo, der den Besitz der Baule-Bauern vor Nagetieren und Witterung schützt. In Kouassis Silo fand ich zwei Sack Reis als eiserne Ration für den Fall einer schlechten Ernte, drei auf dem Markt des benachbarten Fleckens Bouaké gekaufte emaillierte Blechplatten, eine gegrillte Pfote eines Agouti – eines großen, von den Baule-Gastronomen hochgeschätzten Waldnagers. Und sonst nichts! Sollte die Familie Kouassi, die nach den Verhältnissen in Côte d'Ivoire nicht gerade arm ist, keine weitere Gegenleistung für ihre Arbeit bekommen haben? Nun lassen sich allerdings die Gegenleistungen für die von der Stabilisierungskasse gekauften Agrarprodukte nicht ausschließlich in individueller Habe ausdrücken. Auch die Kollektivdienste des Staates für die Kouassis muß man hinzurechnen: eine Krankenstation in Bouaké (die Medikamente sind allerdings teuer und nur gegen Bezahlung zu haben), ein

Krankenhaus (die Patienten werden jedoch gebeten, Alkohol und Faden selbst mitzubringen, wenn sie genäht werden wollen). Auch in Côte d'Ivoire sind, wie in ganz Schwarzafrika, die Gesundheitsanstrengungen recht bescheiden geblieben. Hingegen ist das Regime stolz auf den hohen Anteil, den es auf die Erziehung verwendet: 42 Prozent der Betriebsmittel im Nationalhaushalt, ein internationaler Rekord! Doch diese Zauberziffer, die die Führenden zu wiederholen nicht müde werden, sagt nur etwas über die Ausgaben, nicht jedoch über die Ergebnisse aus. Nur ein Drittel der Bevölkerung kann lesen und schreiben, lediglich 15 Prozent der Kinder kommen in die höhere Schule, darunter fast kein einziger Bauernsohn, denn die Eingangsprüfung zur Sexta muß man weniger bestehen als sich durch persönliche Beziehungen oder Bestechung erkaufen. So müssen denn die Kinder der Kouassis damit rechnen, daß sie wie ihre Eltern in materieller und geistiger Genügsamkeit weiterleben.

Fügen wir noch hinzu, daß sich die Kouassis nicht weit aus ihrem Dorf hinauswagen, sonst könnten sie von der Polizei zur Kasse gebeten werden. Auf der Straße zwischen Bouaké und Abidjan, der Hauptverkehrsstraße des Landes, wird die Fahrt immer wieder von Zoll- und Polizeisperren unterbrochen, die Reisenden müssen aus Auto und Bus aussteigen, und die Kontrolleure verlangen Geld, bevor sie die Fahrzeuge weiterfahren lassen. Dabei befinden wir uns immerhin in Côte d'Ivoire, einem ruhigen Land, in dem Friede und politische Stabilität herrschen, in einem Staat, dem jedermann zugesteht, daß er, jedenfalls an Afrika gemessen, »funktioniert« ...

Côte d'Ivoire ist seit der Unabhängigkeit reicher geworden, nicht aber die Familie Kouassi. Wo ist das Geld bloß hingegangen?

## *Houphouëts »Wahn«*

»Die Buchführung der Stabilisierungskasse«, sagt mir Professor Abdoulaye Sawadogo im Vertrauen, »ist das bestgehütete Geheimnis von Côte d'Ivoire.« Dabei war Sawadogo, der heute an der Universität von Abidjan lehrt, zehn Jahre lang Houphouëts Landwirtschaftsminister. Dennoch, so versichert er mir, sei ihm der Verbleib der Mittel, für die er nominell zuständig war, unbekannt geblieben. Nur Houphouët weiß Bescheid. »Aber nichts hindert Sie daran, Yamoussoukro aufzusuchen«, fügt Sawadogo schalkhaft hinzu.

Houphouët, von seinen Landeskindern auch »der Alte« genannt, träumte davon, aus seinem Geburtsort Yamoussoukro eine vorbildliche Hauptstadt zu machen, die nichts dem Kolonialerbe verdanken und den Erfolg des neuen Afrika bezeugen sollte, gewissermaßen ein afrikanisches Brasília!

Nichts schien ihm dafür zu viel. Mitten durch den Wald haben französische Straßenbaugesellschaften zu Milliardenkosten asphaltierte Prachtstraßen gelegt, breiter als Autobahnen; führen sie auch nirgendwohin, so sind sie doch taghell beleuchtet. Entgegen dem ursprünglichen Plan und im Unterschied zu Brasília hat keine einzige Verwaltung Abidjan aufgegeben, um sich hier niederzulassen, denn gleichzeitig mit Yamoussoukro baute die Regierung in Abidjan vollklimatisierte Hochhäuser für die zahllosen Beamten. So blieben in der feuchten Atmosphäre des Präsidialdorfes nur ein paar menschenleere Betonungeheuer mit Namen Kongreßpalast, Parteihaus, Hotel Président, eine gigantische Schule für öffentliche Arbeiten, die ihrem französischen Erbauer Francis Bouygues ein Vermögen eingebracht hat, sowie Houphouëts Palais übrig, von dem ich lediglich erwähnen möchte, daß seine Ringmauer 22 Kilometer lang ist ... An den Ufern der künstlichen Seen, die dieses Palais umgeben, sieht man Bauern ungenehmigt Salat und Gemüse anpflanzen. Diese Squatter-Gemüsebauern schienen mir die einzig vernünftigen Bewohner dieser absurden Hauptstadt zu sein. Schließlich soll die im Bau befindliche katholische Basilika von Yamoussoukro von einer Kuppel gekrönt werden, die doppelt so groß ist wie die des Petersdoms in Rom. Da Côte d'Ivoire für die Finanzierung dieser Basilika nicht mehr genug Mittel besitzt, hat Staatspräsident Houphouët angekündigt, er werde den notwendigen Beitrag aus seinen persönlichen Beständen leisten, wobei nicht recht ersichtlich ist, inwieweit sie sich von denen des Staates unterscheiden.

Derlei irrationale Projekte, in der Entwicklungsliteratur meist als *white elephants* bezeichnet, gibt es quer durch Afrika. Es gibt sie in zahllosen Gattungen: Geisterhauptstädte (nennen wir Dodoma in Tansania und Abuja in Nigeria als Beispiele), überdimensionierte Fabrikbauruinen, Krankenhäuser ohne Ärzte, Staudämme ohne Wasser, Luftfahrtgesellschaften ohne Passagiere und Flugzeuge, überrüstete Armeen. Wenigstens letzterer Verlockung ist Côte d'Ivoire nicht erlegen, denn die Sorge für seine Verteidigung überläßt es Frankreich. Für die Völker Afrikas werden diese überaus kostspieligen Prestigeobjekte nie auch nur entfernte Nützlichkeit haben, aber gerade die ärmsten Völker haben sie finanziert. Auch hier ist Yamoussoukro ein Musterbeispiel. Das Palais des »Alten« und seine Asphaltkilometer sind mit dem Schweiß der Côte-d'Ivoire-Bauern finanziert. Natürlich kann man diese Projekte mit dem Willen zur Schaffung einer neuen Nation oder der Notwendigkeit von Symbolen rechtfertigen. Desgleichen kann man festhalten, daß, wenn sie in der Mehrheit zu Ende geführt worden sind, dies nur unter Mittäterschaft der Industrieländer geschah.

Ich gestehe, bevor ich dieses afrikanische Brasília entdeckte, hatte ich wie viele andere gedacht, Côte d'Ivoire könne dem übrigen Afrika als Beispiel dienen. Eine kaum noch überschaubare Literatur feiert die Verdienste Houphouëts, die mustergültige Geschäftsführung des einzigen afrikanischen Staatschefs, der sich freimütig zum Liberalismus bekennt. Zudem schien die Geschichte Houphouët, dem bodenständigen Mann, dem dörflichen Pflanzer, recht zu geben gegen Nyerere, den Doktrinär, und gegen Senghor, den Assistenzprofessor für sozialistische Grammatik, der in Paris glorreicher gefeiert wird als bei den Sahelbauern. Dem eiligen Reisenden immerhin spiegelt Abidjan allerlei vor. Es ist eine Art tropisches Manhattan, ein Panorama aus Wolkenkratzern und üppigen Villen auf dem Hintergrund sprießender Natur und gezähmter Lagunen. Doch jenseits der Stadtgrenzen und den Stränden von Cocody bleibt von den Spiegelträumen nichts mehr übrig.

Vermutlich beruht dieses harte Urteil auf westlichen Bewertungskriterien, und wenn man sich der Relativität befleißigt, darf man sagen, nach afrikanischen Verhältnissen sei Côte d'Ivoire wirklich ein Vorbild. Aber es ist ein Vorbild für die intelligente Ausbeutung der bäuerlichen Massen durch die politische und verstädterte Elite von Abidjan, eine Kolonisierung des Hinterlandes durch die eigene Führungsschicht, wirksamer als die einstige Metropole, obendrein mit gutem Gewissen. O ja, Präsident Houphouët wußte sehr genau, wie weit er bei dieser Ausbeutung der Bauern gehen durfte, ohne zu weit zu gehen; gewiß setzte er niedrige Agrarpreise fest, aber sie waren doch immerhin noch hoch genug, daß der Bauer auch arbeitete. Hierin liegt ein wesentlicher Unterschied zwischen Côte d'Ivoire und dem übrigen Afrika; zwar wurde der Bauer von Côte d'Ivoire fast kahlgeschoren, aber seine Haut wurde doch wenigstens nicht gleich mit abgezogen, ganz entgegen dem, was in den benachbarten »sozialistischen« Ländern wie Ghana, Mali, Burkina Faso oder Senegal geschah.

Ist Côte d'Ivoire also liberal? Nun ja, aber wirklich nur mangels eines Besseren: Das Privateigentum wurde nicht abgeschafft, die Händler wurden nicht davongejagt, die Menschenrechte nicht zunichte gemacht, die Wirtschaft nicht kollektiviert. Keine Staatsverwaltung in Afrika war vernünftiger als diese. Und doch ist das Wunder von Côte d'Ivoire beendet.

## New Deal *für die Dritte Welt*

Die Bewohner von Abidjan nennen es »Konjunktur«. Überall sonst in der Dritten Welt spricht man eher von »Krise«. Im Klartext heißt das, daß die Kassen des Staates Côte d'Ivoire leer sind, weil bei den Grundstoffkursen wieder Baisse herrscht. Zehn Jahre lang war das Land in den Genuß eines spektakulären Höhenflugs der Kakao- und Kaffeepreise auf dem Weltmarkt gekommen, eine Art Ölsyndrom ohne Öl hatte sich Bahn gebrochen, die Regierung verrannte sich in große Immobilien- und Industrieabenteuer, begleitet von einer Aufblähung des öffentlichen Dienstes und der internationalen Verschuldung. Bis dann der Tag kam, da das Weltangebot die Weltnachfrage überstieg; verschärft wurde die Marktwende durch den Dollarsturz: Aus dem grünen Gold des Busches wurde Blei.

Sind die westlichen Käufer und die Organisation des Weltmarktes für die Nöte von Côte d'Ivoire verantwortlich zu machen? Landwirtschaftsminister Denis Bra Kanon bleibt aufrichtig. Er gibt zu, er selbst habe auf Hausse spekuliert, indem er die Ernteschätzungen seines Landes heruntergesetzt habe. Aber letztlich seien die englischen und amerikanischen Käufer stärker gewesen als er. Er habe verloren. Dennoch bleibe er Anhänger des liberalen Systems, vorausgesetzt, man wisse, daß der Markt ungerecht, von den Monopolen manipuliert und dem Poker ähnlicher sei als den perfekten Anpassungsmechanismen, wie die liberale Theorie sie beschreibe. Er fügt hinzu, sollten die afrikanischen Führungsschichten den Markt auch kritisieren, so sollten sie doch darauf achten, sich nicht selbst von ihm auszuschließen wie Nyerere in Tansania. Ebenso illusorisch erscheine ihm, darauf zu hoffen, irgendein internationales Abkommen werde diesen Weltmarkt eines Tages regulieren: Markt und Regulierung seien nun mal unvereinbare Gegensätze. Für Côte d'Ivoire heiße die Lektion also nicht Verzicht auf die Weltöffnung, sondern, schließt Bra Kanon, »Diversifizierung unserer Exporte, eigene Verarbeitung unserer Produkte und unmittelbarer Absatz unserer Erzeugnisse bei den Verbrauchern«.

So steckt das liberale Côte d'Ivoire genauso in der Krise wie das sozialistische Tansania. Aber um welche Krise handelt es sich und wen berührt sie?

Für den Bauern von Mvorero wie für den in Brobo, die mehrere tausend Kilometer voneinander getrennt in zwei prinzipiell gegensätzlichen Regimes leben, für die Völker, die ohnehin darben, ist alles andere als offenkundig, daß die »Krise« auch nur irgend etwas ändert. Sie berührt in erster Linie die Staatsmacht, ihre Bediensteten, Minister wie Beamte, ihre Großprojekte und die Stadtbewohner, die von den Krumen leben, die vom Tische der Bürokratie fallen. Es ist also die Krise eines Systems, in dem aufgeblähte Staatsapparate die ländliche Gesellschaft aussaugen; die »Konjunktur« berührt vor allem anderen die Drittwelt-Ideologie der Entwicklung vermittels des Staates.

Die von dieser Krise befallenen Führungsschichten der Dritten Welt haben nicht nur jegliche Möglichkeit verloren, in die Entwicklung zu investieren, sondern auch die politische Macht entgleitet ihren Händen. Eine der deutlichsten Konsequenzen der Krise in Afrika ist eine Rückkehr zur Abhängigkeit, nunmehr nicht länger von den alten Kolonialmächten, sondern vom neuen starken Mann auf der Bühne der Dritten Welt: dem Vertreter der Weltbank. Er zieht neuerdings die Fäden.

Der Vertreter der Weltbank ist nicht etwa ein Individuum, sondern er ist Angehöriger einer Rasse, vergleichbar dem ENA-Absolventen oder dem britischen *civil servant*. Seine Nationalität ist unbestimmbar. Spricht er Englisch, dann mit französischem Akzent - und umgekehrt. Heute in Abidjan, war er gestern in Indien und wird morgen in Brasilien sein. Seine Rolle verpflichtet ihn, größte Bescheidenheit zur Schau zu tragen, er »beleuchtet die Entscheidungen der Regierungen der Dritten Welt« und versteckt sich sofort hinter ihrer Souveränität. Er ist nur Berater und Banker. Doch wie sollte man seinem Rat nicht folgen, wenn man weiß, daß nichts in diesen bankrotten Ländern ohne seine Einwilligung finanziert werden kann?

Heute heißt unser Mann in Abidjan Jean-Michel Goulais, aber das tut nichts zur Sache, es könnte genausogut ein anderer sein. Ich bin überzeugt, daß seine Schildpattbrille und sein Akzent - ein schweizerischer offenbar - Bestandteil einer Gerätesammlung bildet, die er bei der Ankunft vorgefunden hat und seinem Nachfolger weiterreichen wird. Nach 25 Jahren eines Wanderdaseins wirft er allmählich all die Länder, in denen er auf Posten war, etwas durcheinander und bezieht daraus die feste Überzeugung, daß es für besondere Probleme immer nur allgemeine Lösungen gibt. Jean-Michel Goulais und seinen Kollegen in der internationalen Technokratie verdanken es die Regierungen der Dritten Welt, daß sie sich seit Anfang der achtziger Jahre scharenweise der neuen Wirtschaftsvulgata angeschlossen haben, die man »strukturelle Anpassung« nennt.

Die strukturelle Anpassung läuft für die Staaten der Dritten Welt darauf hinaus, daß sie weniger ausgeben als einnehmen, die Zahl ihrer Beamten verringern, die öffentlichen Unternehmen privatisieren, die Marktwirtschaft wiederherstellen, nur noch in finanziell rentable Projekte investieren und ihre Schulden zurückzahlen sollen. Von Abidjan bis Karachi, von La Paz bis Kairo reden die Regierungen von nichts anderem mehr als von Privatisierung, Einzelinitiative, kompetitiver Ausfuhr, Liberalisierung. Anstelle von Plan und Industrialisierung tragen jetzt der Markt und der Unternehmer den Glorienschein. Niemand anderer als alle die Goulais und ihre aus demselben Holz geschnitzten Kollegen der Weltbank stecken hinter dieser neuen Rhetorik, die man als »amerikano-liberal« bezeichnen könnte. Liberal gewiß insoweit, als sie die Initiative des einzelnen gegenüber der staatlichen Zentralisierung privilegiert, aber auch amerikanisch, weil sie das gute Funktionieren des Marktes idealisiert und sich ziemlich wenig um nationale Ansprüche und die Forderungen der sozialen Gerechtigkeit schert. Womit den Ideologien, die den Völkern der Dritten Welt das Blaue vom Himmel versprechen, wiederum Tür und Tor geöffnet wird.

ZWEITER TEIL

# Die Haltlosigkeit der Ideologien

# 7

# Zigarre zwischen den Zähnen

ДОБРО ПОЖАЛОВАТЬ. *Bienvenido.* Die zwei Plakate, das eine in Russisch, das andere in Spanisch, beseitigen den letzten Zweifel: Wir befinden uns auf dem Flughafen von Havanna. Die Boeing der Mexicana schiebt sich zwischen zwei Iljuschin der Aeroflot. Wer glaubt, der Marxismus sei in Kuba nur oberflächliche Tünche und im übrigen vom Lokaltemperament tropikalisiert, sollte auf jeden Fall einen Sprung nach Havanna tun. Man erwartet die sanfte Milde der Karibik und findet sozialistische Strenge vor. Castro hat den Sozialismus nicht kubanisiert, wie etwa Mao den Marxismus sinisiert hat. Das dürfte er sich auch gar nicht erlauben: Die sowjetische Hilfe macht mit ihren 4 Milliarden Dollar – Waffenlieferungen nicht mitgerechnet – die Hälfte des Nationaleinkommens aus.[1]

Kuba ist eine Volksdemokratie unter tropischer Sonne, nur überhaupt nicht pluralistisch, und gehört mit Albanien und Vietnam zu den orthodoxesten marxistischen Regimes. Für bourgeoise Praktiken gibt es nicht den geringsten Spielraum, daß gar eine Dissidenz à la Sacharow toleriert oder freie Märkte eingerichtet würden wie in Moskau oder Peking, davon kann nicht entfernt die Rede sein. Die wenigen »Bauernmärkte«, die die Revolution von 1959 noch überstanden hatten, sind 1986 von Fidel Castro im Rahmen seiner letzten ideologischen Begradigungskampagne aufgehoben worden. Diese Freimärkte hatten eine solche Dynamik entwickelt, daß Castro sie verbot, aus Angst, es könne eine neue Bourgeoisie entstehen. Letztere hätte Ansatzpunkt für ein militärisches Eingreifen der USA werden können, erläuterte mir später der bekannte kubanische Wirtschaftswissenschaftler Regino

1 Die zivile Hilfe geschieht in der Form, daß die Sowjets für den importierten Zucker einen überhöhten Preis bezahlen sowie den Kubanern Erdöl liefern, das Kuba in Rubeln begleicht und gegen Dollars auf dem Weltmarkt weiterverkauft.

Boti ... Sich selbst überlassen, entwickle der Kubaner Unternehmergeist, wie im übrigen der ungewöhnliche Erfolg der Exilkubaner in Florida bezeuge. In einem sozialistischen Regime dürfe man aber nur über die produktive Arbeit, nicht über den Handel reich werden, erklärt mir Boti. Eine Frage der sozialistischen Moral!

## *Castromanie*

»Jetzt bauen wir den Sozialismus auf!« – so heißt das neue Schlagwort auf den Plakaten auf der ganzen Insel. Hinter diesem Schlagwort steht eine hübsche Geschichte, die den wahren Charakter des Regimes als Sozialismus mit Heilsanspruch zur Genüge erhellt. 1957, damals noch einsamer Guerillero in der Sierra Maestra, trifft Fidel Castro seinen Bruder Raúl; sie sind zu siebt und haben nur noch fünf Gewehre. Raúl ist entmutigt, aber Fidel rüttelt ihn wieder auf: »Jetzt erringen wir den Sieg!« – und schon nimmt Raúl den Kampf wieder auf bis zum »Triumph der Revolution«. Dieses Gleichnis von evangeliengleicher Einfachheit ist mir von den Mitgliedern der höchsten kubanischen Führungsschicht mehrfach erzählt worden, immer in denselben Worten und mit der Begeisterung, die nur jenen beseelen kann, der täglich mit *el Commandante* zu tun hat (in Kuba heißt jedermann *compañero*, Castro indes ist der *Commandante*). Hier wird Revolution gemacht, immer und vor allem anderen die Revolution; alles übrige – die Wirtschaft zumal – wird diesem höchsten Gebot untergeordnet.

Es wäre ein leichtes, über diesen Messianismus zu ironisieren, das kubanische Modell und seine westlichen Lobredner, deren Revolutionsromantik binnen weniger Jahre in eine bemerkenswerte Gleichgültigkeit gegenüber der heutigen Wirklichkeit in Kuba umgeschlagen ist, einfach beiseite zu wischen. In europäischen Augen stellt sich Castro heute meist nur noch als ein weiterer, vielleicht noch großtuerischerer lateinamerikanischer Caudillo oder aber als simpler Sowjetsöldner dar.

Aber ein notleidender Mexikaner oder ein brasilianischer Linksintellektueller sieht Kuba nicht so wie wir. Für sie ist die Insel immer noch das Mekka der Hoffnung und wird es bleiben, solange die lateinamerikanischen Eliten in ihrer Politik der Armut und der

Ungerechtigkeit verharren. Diese Sympathie für Fidel Castro wird natürlich noch vom Antiamerikanismus verstärkt – der havannische David gegen den Washingtoner Goliath.

Auf diesem Kontinent ist Fidel Castro immer noch ein positiver Mythos. Es ist die Rede von einer »Castromanie« der brasilianischen Intellektuellen, die seit der Wiederaufnahme der diplomatischen Beziehungen zwischen den beiden Ländern in Scharen hierher pilgern. Zwanzig Jahre nach Europa schlägt die revolutionäre Reinheit Havannas, das »Arm, aber sauber« des kubanischen Sozialismus, die brasilianische Linke in ihren Bann. Am Ende einer Sammlung von Gesprächen mit Fidel Castro schreibt der brasilianische Dominikanerpater Frei Betto: »Ein Gefühl brüderlicher Bewunderung für Fidel Castro durchströmt mich, und zugleich steigt in mir ein stilles Dankgebet zum Herrn empor.« Dieses Heiligenbuch, vermittels dessen Castro die Sympathie der linksstehenden Christen erwarb, wurde in Brasilien zum großen Schlager. Eine solche Faszination ist um so erstaunlicher, als dieselben brasilianischen Intellektuellen im eigenen Lande zwanzig Jahre lang für die Wiederherstellung der Menschenrechte gekämpft haben, die nun in Kuba ganz offenkundig nicht geachtet werden. Desgleichen kann jedermann feststellen, daß es in Kuba mit der Wirtschaft schlecht steht, der Lebensstandard 1987 niedriger liegen dürfte als 1957, die industrielle Diversifizierung fehlgeschlagen ist, nach Angaben der Welternährungsorganisation FAO die Zahl der pro Kopf verfügbaren Kalorien seit zwanzig Jahren zurückgeht, die Insel nur Zucker (je nach Jahrgang zwischen 75 Prozent und 80 Prozent der Gesamtausfuhr) und Nickel exportiert und immer noch keine Industrie besitzt.

Kurzum: Auf die traditionellen Schwierigkeiten der Dritten Welt, zuzüglich der besonderen Lateinamerikas – insbesondere Außenverschuldung –, hat Kuba noch die des Sozialismus draufgesattelt. Im Dezember 1986 gestand Fidel Castro öffentlich ein, Kuba habe erstmalig seine Außenanleihen nicht honorieren können. Aber derlei Feststellungen gehen am Wesentlichen vorbei: Wirtschaft ist von keinem Belang!

»Regierung und Volk Kubas«, sagt mir Kultur-Vizeminister Hermes Errera, »waren einen Augenblick versucht zu glauben, die

Wirtschaft könne alle Probleme lösen.« Dieser »schwere Irrtum« sei Ende 1986 berichtigt worden, und seither gelte die nationale Priorität wieder der »politischen und sozialen Arbeit«. Das wird deutlich durch die »Errungenschaften«, die die kubanische Regierung hervorkehrt: soziale Gleichheit, Erziehung, Gesundheit, Kultur. Übrigens: Die Besichtigung einer Fabrik ist fast unmöglich, man erlaubte mir nicht einmal den Zutritt zu einer Zigarrenfabrik; sie waren offenbar alle geschlossen, weil kein Tabak da war. (»Das schlechte Wetter hat die Ernte zerstört«!) Überhaupt machen einem die führenden Kubaner eine unmittelbare Beobachtung keineswegs leicht; sie halten lieber Reden in ihren Büros, als daß sie ihre Errungenschaften vorzeigen. Vielleicht ist es damit doch nicht ganz so weit her? Es sei denn, die Wirklichkeit erschöpfe sich in den Reden. In diesem Punkt jedenfalls zeigt sich Kuba durchaus der lateinamerikanischen Kultur zugehörig ...

Das schwerste Hindernis für jeden näheren Einblick ist jedoch der kommunistische Manichäismus (den hier noch die fixe Idee von der amerikanischen Bedrohung verschärft), die Tendenz, die Welt in zwei Lager zu spalten: Freunde Kubas und Feinde Kubas. Erstere haben nur das Recht, in Begeisterungsstürme auszubrechen, letztere sind nichts als bourgeoise Reaktionäre: In einer vom Klassenkampf beherrschten Welt hat Neutralität keinen Platz. Wer über Kuba etwas anderes schreibt als eine lammfromme Apologie, verurteilt sich selbst zur Nimmerwiederkehr.

## *Die Gleichheit, jedenfalls fast*

Havanna liegt im Dornröschenschlaf. Im Gegensatz zu allen anderen tropischen Großstädten fällt hier den Besucher weder Lärm noch Gestank noch geschäftiges Treiben an. Die Vergnügungen sind rar seit dem »Triumph der Revolution«: Ein paar Kinos bieten nordkoreanische und sowjetische Filme an, in den Theatern wird Brecht gespielt; übrig bleiben die berühmten, zur Straße hin offenen *bodegas*, seit Hemingways Romanen jedermann bekannt: In der Bodegita del Medio, heißt es, habe er seinen *mojito*, in der Bodega de la Floridita seinen *daiquiri* getrunken. In beiden Fällen muß man Rum mögen ...

Havanna hat praktisch keine Geschäfte, keine fliegenden Händler, keine Reklame und fast keine Autos. Eine Sehenswürdigkeit ist der kubanische Fahrzeugpark, eine erstaunliche Kollektion amerikanischer Monster der fünfziger Jahre, Chevrolets und Cadillacs, über und über verchromt. Überall sonst wären das reine Museumsstücke, hier aber rollen sie noch und werden unter großen Kosten von ihren Privateigentümern (wie der Aufschrift *particular* auf den Kfz-Schildern zu entnehmen ist) gepflegt. Die anderen Wagen, fast sämtlich Amtsfahrzeuge, sind aus dem sozialistischen Lager importiert und tragen die Aufschrift *estatal.* Das Auto ist das einzige sichtbare Unterscheidungsmerkmal in einer ansonsten – jedenfalls nach den äußeren Zeichen des Verbrauchs – ungewöhnlich homogenen Gesellschaft.

Der Schlüssel zu dieser sozialen Gleichheit in Kuba ist die *libretta*, ein Rationierungsheftchen für die wichtigsten Lebensbedürfnisse. Die Coupons berechtigen zum Kauf von – billigen und ausreichend vorhandenen – Produkten mit »geregeltem Preis« in den Staatsläden. Mit Hilfe der *libretta* wird die Knappheit gleichmäßig verteilt und Elend im Prinzip verhindert. Außerhalb des reglementierten Marktes dürfen die Kubaner auf einem »Parallelmarkt« einkaufen, der ebenfalls vom Staat verwaltet wird und wo die Preise höher, die Waren knapper und die Warteschlangen länger sind. Doch diese offiziellen Märkte sagen, wie in allen sozialistischen Ländern, nichts über die nicht in Geld ausgedrückten Vorteile aus, zu denen nur die führenden Schichten des Regimes Zugang haben: Amtswohnungen und -fahrzeuge, Hauspersonal, Reisen. Schließlich, da man nun mal sogar in Kuba leben muß, gibt es auch noch einen blühenden dritten Markt, den schwarzen; der Dollar wird hier zum Siebenfachen des amtlichen Wechselkurses gehandelt.

## *Doch die Armen haben Zähne*

Der bemerkenswerteste Erfolg Kubas sei, sagt mir Gesundheitsminister Julio Pejaz Pérez, daß seit dem Triumph der Revolution »selbst die Armen Zähne haben«. Diese eigenartige Erklärung stimmt sogar: Im Gegensatz zum übrigen Kontinent zeigt die kubanische Bevölkerung nicht die äußeren Anzeichen des Elends; das Regime sorgt wieder für ein angemessenes Gesundheitsniveau aller.

Diesem Gesundheitssystem geht es nicht um die Einzelbehandlung, sondern es versucht, Gesamtziele zu erreichen.

So brachte bei meinem Aufenthalt in Havanna im Januar 1987 die amtliche Tageszeitung *Granma* stolz den letzten Erfolg des kubanischen Sozialismus als Schlagzeile: eine Säuglingssterblichkeit von 12,7 v.T. als neuer historischer Rekord. Jede Senkung der Säuglingssterblichkeit wird hier zum Gegenstand einer Siegesmeldung. In Kuba ist die Statistik an die Stelle der Argumente getreten und veranschaulicht zugleich die Manie dieser Regimes, alles zählen und messen zu wollen, um es auch besser planen zu können. Zudem haben diese Zahlen den großen Vorteil, daß sie sich wissenschaftlich, mithin fortschrittlich gebärden, aber dennoch unnachprüfbar bleiben. Mittels der Quantität geht man auch der Notwendigkeit aus dem Weg, sich mit dem Inhalt zu beschäftigen. Als mir daher der Gesundheitsminister verkündet, für zehn Millionen Einwohner gebe es in Kuba 20 000 Ärzte, erwartet er von mir, daß ich in Anbetung erstarre vor dieser Errungenschaft, die noch dadurch an Wert gewinne, daß nach dem »Triumph der Revolution« die Hälfte der Ärzte ins Exil gegangen sei. Kuba habe sein Gesundheitssystem auf völlig neuer technischer und wissenschaftlicher Grundlage wiederaufbauen müssen.

Heute überzieht ein Netz von Polikliniken das Land, und jeder Einwohner ist einer bestimmten Klinik zwangszugeordnet; die Konsultationen sind kostenlos, nur die Medikamente müssen bezahlt werden. Doch was, bedeutet man mir, seien diese 20 000 ohne Rückgriff auf die nordamerikanische Technik ausgebildeten Ärzte wert? Das ist schwer zu beurteilen, und auch die Patienten können es nicht, denn sie haben ja keine freie Arztwahl. Auf meine Bemerkung, mangels freier Arztwahl lasse sich auch kein schlechter Arzt ausmachen, erwidert der Gesundheitsminister, schlechte Ärzte könne es gar nicht geben: Die Auswahl »beruht in gleichem Maße auf der politischen Motivation des Kandidaten wie auf seiner fachlichen Qualifikation«, und somit sei eine solche Möglichkeit ausgeschlossen.

Von dieser marxistischen Dialektik erdrückt, die jeden Widerspruch vom Tisch wischt, und vom lateinamerikanischen Redeschwall des Julio Pejaz Pérez hypnotisiert, erlahmt meine Aufmerksamkeit. Ich lege meinen Bleistift beiseite und lasse mich zu einer Betrachtung des riesigen Fotos hinter ihm hinreißen, ein Bild Che Guevaras, einziges Schmuckelement dieses kahlen Sitzungssaals. Der ewig jungenhafte, wildbärtige Che raucht eine riesige Zigarre. Dieser noch nicht Vierzigjährige ist der Messias dieser Revolution, überall prangt sein Bildnis. In einem Schaukasten eines auf seinen Namen getauften Museums durfte ich sogar eine seiner berühmten Khakimützen bewundern.

Der Minister wird ungehalten, unterbricht meine Träumerei, ruft mich in die Wirklichkeit zurück und versichert mir, falls es höchst unwahrscheinlicherweise doch mal einen mittelmäßigen Arzt gäbe, könnten die Patienten jederzeit »über die Massenorganisationen« ihrer Unzufriedenheit Luft machen.

Die jüngste Neuheit, auf die das Regime besonders stolz ist, ist der »Familienarzt«, eine neue Zentraleinrichtung des Gesundheitssystems. Der Begriff könnte an eine Wiederentdeckung der bürgerlichen Medizin glauben machen, aber dem ist nicht so. Nach sechsjähriger Studienzeit wird der »Familienarzt« einem Viertel oder einem Dorf zugeteilt und mit der Betreuung von 120 Familien, rund 600 Personen, beauftragt. Mit gewisser bürokratischer Logik werden diese Ärzte in neuen, im ganzen Land streng einheitlichen Häuschen untergebracht, Praxis im Erdgeschoß, Wohnung im ersten Stock. Während er seine Praxis ausübt, setzt dieser Familienarzt während dreier weiterer Jahre sein Fachstudium fort. Er begnügt sich nicht damit, auf seine Patienten zu warten, sondern er sucht sie von Amts wegen auf, und zwar systematisch. Für jedermann legt er nach den detaillierten Vorschriften der Regierung eine Karteikarte an. Ich lasse mir sagen, derzeit liege der Schwerpunkt auf der Überwachung des Blutdrucks; man kann sich kaum des Eindrucks erwehren, daß der Arzt an der sozialen Kontrolle der Bevölkerung nicht weniger beteiligt ist als an der Gesundheitsfürsorge. Doch »welches Land kann sich rühmen, für 600 Personen einen Arzt zu haben?« fragt mich der Minister, wobei er flugs eine Zielsetzung, die er selbst ins

Jahr 1995 legt, mit der Wirklichkeit von heute verwechselt. Ich möchte hinzufügen, daß es mir nicht gelungen ist, auch nur einen einzigen dieser Familienärzte zu sehen: an diesem Tag waren sie alle »auf Tagung«!

### *Der Preis der Gesundheit*

Aber auch bei Berücksichtigung dieser bürokratischen Verirrungen genießt das kubanische Volk in Stadt wie Land ein Gesundheitsniveau, wie man es im übrigen Lateinamerika nirgends findet. Man muß sich also fragen, wie eine so arme Volkswirtschaft wie die Kubas ein solches Ergebnis zustandebringen konnte. Julio Pejaz Pérez gibt mir eine ideologische Erklärung: Kuba erzeuge seine eigenen Medikamente viel billiger als die Multis, die die Dritte Welt ausbeuteten! Als Beweis führt er an, die Medikamente seien heute weniger teuer als vor dem »Triumph der Revolution«. Schließlich erzeuge die kubanische Pharmaindustrie nur »gute« Arzneien, die zugleich nützlich und qualitativ hochstehend seien, denn der Fabrikleiter habe kein persönliches Interesse an einer Ausbeutung der Verbraucher.

Wieder haben wir es mit jenem Typus eines Arguments zu tun, das durchaus rational klingt, in Wirklichkeit aber gar nichts besagt. Zum einen spielen die Arzneikosten im Gesundheitsetat nur eine winzige Rolle. Zum andern begnügt sich die kubanische Pharmaindustrie damit, ein paar ganz einfache Medikamente der internationalen Laboratorien zu kopieren, und auch diese anhand von Basiserzeugnissen, die weiterhin eingeführt werden; die Einsparung im Vergleich zum Weltmarktpreis ist also lachhaft. Schließlich übersieht die – für Lateinamerika typische – Brandmarkung der Pharma-Multis, daß diese ihre Forschung mit ihren Gewinnen finanzieren, während die kubanische Industrie noch nie etwas erfunden hat. Meinen diesbezüglichen Einwurf läßt der Minister zwar gelten, erwidert jedoch, es sei Auftrag des sozialistischen Lagers, die Widersprüche des Kapitalismus auszunutzen! Das Argument von den gesunkenen Preisen ist nicht weniger anfechtbar: In der sozialistischen Wirtschaft setzt die Regierung den Preis nicht anhand der Kosten, sondern anhand der dem Produkt innewohnenden »sozialen Nützlichkeit« fest. Wird also das kubanische Medikament zu einem Preis unterhalb des wirklichen Gestehungspreises verkauft, dann wird das durch eine Preiserhöhung bei anderen Produkten wettgemacht. Deshalb sind einige Arzneien billig, aber keineswegs alle; die mit geringer sozialer Nützlichkeit eingestuften Komfortmedikamente sind folglich kostspielig. Die kollektive Gesundheit ist mithin Folge einer politischen Option, die selbst die Regierung eines armen Landes treffen kann, zumal wenn sie, wie Kuba, eine beträchtliche Außenhilfe empfängt.

Um jedoch das kubanische Gesundheitsmodell wirklich beurteilen und sich fragen zu können, ob es sich verallgemeinern ließe, muß man zum Ausgangspunkt zurückkehren, das heißt zur medizinischen Lage im Augenblick des »Triumphes der Revolution«. Damals war Kuba alles andere als ein armes Land. Schon 1930 hatte Kuba im Gesundheitswesen den Zustand eines entwickelten westlichen Landes erreicht. Allerdings: Diese Durchschnittsangaben sagten nichts aus über die starke Ungleichheit zwischen Armen und Reichen, zwischen Stadt und Land und zwischen Weißen und Schwarzen. Dennoch besaß Kuba 1959 das dritthöchste Pro-Kopf-Einkommen Lateinamerikas und, nach den Angaben der UNO, die beste medizinische und soziale Betreuung.

Natürlich sind alle diese Argumente Julio Pejaz Pérez bekannt, der darauf ein unschlagbares Gegenargument bereit hat: »Sämtliche Statistiken vor dem ›Triumph der Revolution‹ sind falsch!« Doch selbst wenn wir zugeben, daß jeglicher Vergleich unmöglich ist – mußten denn wirklich über eine Million Kubaner zum Exil verurteilt, die Freiheit des einzelnen abgeschafft, die Opponenten zu Tausenden eingesperrt werden, damit das kubanische Volk seine Zähne bewahrte? Das Castro-Regime möchte, daß wir ebendieser falschen Alternative auf den Leim gehen.

## *Den neuen Menschen schaffen*

Nach dem »Triumph der Revolution« setzte Fidel Castro 1961 eine spektakuläre Alphabetisierungskampagne in Gang, bei der jeder Kubaner, der lesen und schreiben konnte, sein Wissen an seine Analphabeten-*compañeros* weitergeben sollte. 727 843 Kubaner, sagt mir, ohne bei der Zahl auch nur eine Sekunde zu zögern, die Leiterin des Instituts für Erziehungswissenschaften, Concepción Marina Borrego, seien auf diese Weise binnen eines Jahres alphabetisiert worden. Concepción ist eine Schwarze, wie man sie trotz des »Triumphs der Revolution« in Kuba recht selten an verantwortlicher Stelle antrifft; bilden die Schwarzen auch die Hälfte der Bevölkerung, so glänzen sie in Regierung, ZK der KP, Diplomatie und Armeestab doch weithin durch Abwesenheit. Concepción, die Conchita genannt werden möchte, hütet sich wohlweislich, daran zu erinnern, daß Kuba schon 1959 zu den gebildetsten Völkern Lateinamerikas zählte und 75 Prozent der Kinder unter 14 Jahren die Schule besuchten. Auch dieses Bildungswesen war jedoch sehr ungleich; Frauen und Schwarze insbesondere hatten kaum Zugang dazu.

Als Symbol der neuen Politik des allgemeinen Schulbesuchs sind die Schulen in üppigen Kolonialvillen untergebracht, die die Bürgerschicht freiwillig oder gezwungenermaßen aufgegeben hat, oder in ehemaligen Kasernen, insbesondere der Kaserne Moncada, die Fidel und Raúl Castro 1951 vergeblich im Sturm zu nehmen versuchten. In Kuba nimmt die Schule am Klassenkampf, am antiimperialistischen Krieg und am Aufbau des Sozialismus teil; zwischen Hand- und Kopfarbeit und Theorie und Praxis macht sie keinen Unterschied. Der Volksschüler, der höhere Schüler, der Student sind *trabajadores* wie jeder andere. José Martí äußerte vor einem Jahrhundert den Wunsch, alle Schulen sollten »Werkstatt« heißen, und was dieser im Krieg gegen die Spanier 1895 gefallene Vorläufer der Unabhängigkeit dereinst schrieb, ist mindestens ebenso wichtig wie das, was heute Fidel Castro sagt.

Bei der obligaten Besichtigungsfahrt ausländischer Besucher wird das Kolleg »Che Guevara«, die erste »höhere Schule auf dem Land«, als Musterbeispiel der höheren Bildung vorgeführt. Am Tag meines Besuchs machten die jungen Burschen und Mädchen in blauer Uniform gerade ihre Jahresabschlußprüfung in einer angestrengt disziplinierten Atmosphäre und unter einem riesigen Spruchband, auf dem in roten Lettern zu lesen stand: »Wir müssen unablässig für ehrliches Lernen und gegen den Betrug bei der Prüfung kämpfen.« Gez.: Fidel Castro, 1978. Neun Jahre nach

Erlaß dieses Ehrlichkeitsappells scheint sich das neue Schülerideal immer noch nicht durchgesetzt zu haben. Es brauche seine Zeit, gesteht der Schuldirektor, bis »der sozialistische Sinn« für persönliche Verantwortung Wurzeln schlage. Während der Schulzeit arbeiten diese Kinder täglich drei Stunden in den Orangen- und Zitronenpflanzungen im Umkreis des Lyzeums. Für diejenigen jungen Kubaner, die nicht den Vorzug genießen, eine Schule auf dem Lande besuchen zu können, wird das Schuljahr durch zweimonatige Feldarbeit unterbrochen, zumeist zur Zeit der Zuckerrohrernte. Diese Abwechslung von Kopf- und Handarbeit reicht bis zum Ende der Studienzeit, während der man von der Universität aus Fabrikpraktika ableisten muß. Hinzu kommen zwei Stunden militärische Praxis und Theorie und schließlich zwei Stunden Marxismus pro Woche. Auf meine Frage über Inhalt und Zweck dieser Disziplin erwidern mir die Schüler von »Che Guevara« einmütig, es gehe darum, die heiligen Texte auswendig zu lernen und fehlerfrei vorzusagen. Bei näherer Betrachtung der Schulbücher stellt man indes fest, daß der Marxismus sämtliche Disziplinen durchwebt. Besonders erbauend sind die Wirtschaftslehrbücher, die mit Bildern französischer Arbeitslosenschlangen vor Volksküchen illustriert sind.

Hermes Errera läßt mich wissen, Ziel der Wirtschaftslehre in Kuba sei zu lernen, wie man in einer sozialistischen Wirtschaft und inmitten des Klassenkampfes zu leben habe; die Ideen der imperialistischen Feinde brauchten nicht verbreitet zu werden. Ganz generell stellt die Erziehung nicht auf einen kritischen Geist ab; Kritik, bemerkt Hermes Errera, werde im sozialistischen System durchaus gefördert, vorausgesetzt allerdings, sie werde außerhalb des Systems ausgeübt, dessen Prinzipien über alles erhaben seien. Neben der ideologischen Mobilisierung kennzeichnen Disziplin und Auslese die kubanische Schule. Dem entgeht auch der Lehrkörper nicht. In der Eingangshalle des Kollegs »Che Guevara« wird auf einer Wandtafel der »individuellen Strebsamkeit« über das gesamte Lehr- und Verwaltungspersonal Buch geführt; neben jedem Namen stecken als Pluspunkte kleine kubanische Fähnchen, die in der Personal-Vollversammlung verteilt und öffentlich angebracht werden. Der Schulleiter sagt mir, auf seinen eigenen Antrag sei ihm das Januarfähnchen entzogen worden, weil er einmal zu spät gekommen sei ...

Den Kindern wird nahegelegt, die Zeit außerhalb der Schule in Jugendorganisationen zu verbringen. Die Teilnahme sei freiwillig, aber 95 Prozent der Kinder des Landes trügen das rote Halsband der Pioniere; gewissermaßen die Pfadfinder des kubanischen Marxismus. Die 5 Prozent der Unbelehrbaren sind nach dem Leiter der Ferienkolonie »José Martí« alle Zeugen Jehovas, also Sektierer. Derselbe teilt mir auch mit, seine erzieherische Rolle bestehe darin, »bei den Kindern Überzeugungen zu schaffen, indem ich die Namen der Helden, Märtyrer und Schlachten und die Achtung vor den großen Männern lehre«. Die Heranbildung eines Pioniers müsse »integral« geschehen. Hat man das Höchstalter der Pioniere überschritten, so bleibt die »freiwillige Arbeit« am Wochenende, die in den letzten Jahren etwas vernachlässigt worden sei, doch kehre man im Rahmen der ideologischen Begradigungskampagne jetzt wieder dazu zurück: Feldarbeit, Pflege der Gärten von öffentlichen Gebäuden, Straßenreinigung.

## *Der Bücherkult*

Unter den Tugenden des neuen Menschen rangiert die Lektüre ganz oben. Diese Popularisierung des Buches, sein äußerst niedriger Preis und die von kubanischen Verlegern genannten Auflageziffern faszinieren seit jeher die durchreisenden Intellektuellen. Natürlich gehören sämtliche Verlage zu einem Einheitsorgan, dem staatlichen Buchinstitut. Auch hier sind die Zahlen nicht nachprüfbar. Vor allem geben sie keinen Aufschluß über den Inhalt der Lektüre. Aber die Großbüchereien an der Avenida Obispo im Stadtzentrum von Havanna darf man tatsächlich selbst betreten. Sie gehören zu den wenigen Stätten, wo man ungezwungen bummeln und die örtliche Produktion durchblättern darf. Im wesentlichen handelt es sich um Fachbücher – medizinische oder handwerkliche Handbücher, eben das, was dem Aufbau der sozialistischen Gesellschaft nützt. Die übrigen Regale sind voll mit Werken Fidel Castros, José-Martí-Biografien sowie umfangreicher Sowjetliteratur: Lenin, Marx, Gorbatschow sowie Leute der zweiten Reihe wie Bulgariens Staatspräsident Schiwkoff. Die literarische Ecke ist am meisten belagert, aber auch am wenigsten breit sortiert. Am besten verkaufen sich in Kuba die Romane des kolumbianischen Nobelpreisträgers Gabriel García Márquez, Edelsänger des Regimes; seine Bücher sind ständig ausverkauft. Sollte das daran liegen, daß nur wenige andere große Romanschriftsteller aufgelegt werden? Bleibt noch die Dichtung. Wie viele westliche oder lateinamerikanische Intellektuelle schwärmen doch für die kubanische Poesie! Es gibt freilich auch nicht viel anderes zu lesen, und die Dichter genießen offenkundig mehr Freiheit (oder werden als weniger gefährlich eingestuft) als die Romanciers oder Essayisten.

Erziehung, Medizin, Buch – das sind Worte, die in Kuba nicht dasselbe meinen wie in der westlichen Welt. So haben Zahlenvergleiche zwischen Kuba vor und nach dem »Triumph der Revolution« oder zwischen Kuba und seinen Karibiknachbarn wenig Sinn; es ist weder von derselben Gesundheit noch von derselben Schule und auch nicht von derselben Kultur die Rede.

Diese Feststellung veranlaßt mich zu einer allgemeinen Bemerkung über den menschlichen Faktor in der Entwicklung. Neuerdings gilt in der Dritten Welt, daß der Investition in Erziehung und Gesundheit als Motor des Wachstums Vorrang zukommt. Die kubanische Erfahrung führt jedoch zu dem Schluß, was wirklich zählt, sei der Inhalt dieser Erziehung und das Produktionssystem, in das sie mündet. Zwischen dem Arbeitsfleiß der Schüler, der individuell durch die Examina beflügelt wird, und der bürokratisierten Zukunft, die auf sie wartet, besteht in Kuba ein sinnfälliger Kontrast. In den Büros, Unternehmen und Landwirtschaftsbetrieben tritt zur tropischen Lässigkeit noch die sozialistische Untüchtigkeit hinzu, die individuelle Motivation ist verflogen, und bislang ist nichts an ihre Stelle getreten.

## *Die Revolution exportieren*

Schule, Gesundheit, Buch sind nicht nur für die Kubaner bestimmt, sondern sollen der übrigen Welt vor Augen geführt werden. Diese keineswegs zufällig erwählten »Errungenschaften« sind natürlich in den Augen der westlichen Sympathisanten wie der Eliten der Dritten Welt die tragenden Themen. Kubas hauptsächliche Rolle im sozialistischen Lager, die auch die sowjetische Hilfe zur Genüge rechtfertigt, liegt im Revolutionsexport.

Das Eingreifen der kubanischen Armee in Afrika, insbesondere Angola, ist allseits bekannt. Weniger bekannt sind die Bedingungen, unter denen die kubanischen Guerilleros in Lateinamerika, vor allem im Norden Chiles, agieren. Desgleichen betätigt sich Kuba auf unauffälligere, dafür um so tiefer reichende Weise bei der Erziehung der afrikanischen Jugend. Südlich von Havanna, auf der Insel der Jugend – einst Kieferninsel genannt, auf der Fidel Castro von 1951 bis 1956 in Gefangenschaft saß – werden 30 000 afrikanische Kinder, die etwa achtjährig in ihrem Ursprungsland rekrutiert werden, in kubanischen Schulen ausgebildet; erst sechs Jahre später kehren sie in ihre Heimat zurück. Die Besten wiederum setzen ihren Aufenthalt an der Universität von Havanna fort und werden als Führungskräfte des fortschrittlichen Afrika ausgebildet, hauptsächlich für Benin, Burkina Faso, Mali, Kongo, Guinea-Bissau. Teilweise werden sie durch ausgewanderte Lehrer in ihrer Landessprache ausgebildet, aber wissenschaftliche Fächer und Marxismus werden von kubanischen Lehrkräften in Spanisch eingehämmert. Wie auf den Schulen der Hauptinsel sind auch hier Theorie und Praxis verknüpft: Die afrikanischen Kinder beteiligen sich an der Grapefruit-Ernte. Dieses riesenhafte Erziehungslager bedeutet für den kubanischen Staat – mit sowjetischer Hilfe – eine beträchtliche finanzielle Anstrengung.

Seine revolutionäre Wirksamkeit ist natürlich nur sehr schwer zu ermessen. »Optimisten« werden sich auf die Aussagen einiger dieser Kinder verlassen, die aus ihren Familien gerissen wurden und acht Jahre lang im Exil verbringen, bis sie dann mit heimlichem Haß auf Kuba und den Marxismus heimkehren. »Pessimisten« werden befürchten, daß diese künftigen Eliten völlig für die marxistische Vulgata gewonnen werden und, denselben intellektuellen Automatismen wie die kubanische Führungsschicht verfallen, nach Afrika zurückkehren.

Dies ist das Erstaunlichste an Kuba: Wie können sich gebildete, mit guter Intelligenz begabte Männer und Frauen in diese revolutionäre Dialektik einsperren lassen? Wann immer ich diese Frage unumwunden stellte, habe ich stets nur eine Verlegenheitsantwort bekommen, und immer war es dieselbe: Ein revolutionäres Volk kann nur von einer revolutionären Führung gelenkt werden. Nur erscheint das Volk, soweit es nicht ohnehin das Exil wählt, erheblich weniger revolutionär als seine Eliten. Wären die Kubaner wirklich so spontan revolutionsbegeistert, müßte man sie nicht in Reih und Glied antreten lassen, um ihnen Erziehung und Fürsorge zu verpassen, müßte sie nicht durch Ausschüsse zur Verteidigung der Revolution überwachen, sie nicht zu zwei Jahren sozialem Pflichtdienst, gefolgt von dreijähriger Wehrdienstzeit, zwingen. Zur Kennzeichnung seiner Ablehnung der Politik hat das kubanische Volk sogar ein unübersetzbares Wort erfunden: *el teque. Teque* ist die Zuflucht des Bürgers, ist seine Art, vor den Plakaten die Augen zu verschließen, die ihm von allen Seiten zurufen »Vaterland oder Tod«, »Der Stern unserer Fahne erhellt die Welt«, »Jetzt erbauen wir den Sozialismus« ... *Teque* ist die Kunst, sich einem Gespräch zu entziehen, sobald es sich Parteifragen zuwendet, es ist alles, was die paradoxe Entpolitisierung eines vorgeblich revolutionären Volkes bezeichnet.

So bleibt für mich nicht das Verhalten des Volkes, sondern das Verhalten der Eliten ein Geheimnis. Handelt es sich um Überzeugung oder um Korruption, um historische Fröhlichkeit oder um sozialen Konformismus, um Machthunger oder um Terror? Die wirkliche Erklärung ist vielleicht religiöser Natur. Die kubanische kommunistische Partei stellt sich mir dar wie die Geistlichkeit einer neuen, eroberungssüchtigen Theokratie, und der Marxismus droht für Lateinamerika das zu werden, was der Fundamentalismus für die Moslems des Nahen und Mittleren Ostens ist. In der vom Westen bedrängten, von der Modernisierung destabilisierten Dritten Welt besetzen die totalitären Ideologen den durch Zusammenbruch der traditionellen Kulturen leer gewordenen Platz. Von daher erklärt sich die Anziehungskraft des kubanischen Modells.

Das andere Modell ist natürlich China, das immer noch behauptet, für Armut und Ungerechtigkeit universell gültige Lösungen parat zu haben.

# 8

# Der geöffnete Käfig

Um sechs Uhr morgens ist Peking die friedlichste Stadt der Welt, noch ganz nahe seinem ländlichen Ursprung. Seine schachbrettartige Gestalt spiegelt die einstige Würfelung der Felder wider, und die Wege, die einstmals die Wasserstellen miteinander verbanden, sind zu Gassen geworden, die *hutongs*. Einige *hutongs* folgen einem Verlauf, der ebenso malerisch ist wie ihr Name. Der *hutong* »Ohrgang« ist mikroskopisch klein, der mit Namen »Sojakern« verwinkelt, »Rübe« ist in der Mitte aufgebläht und verengt sich an beiden Enden. Die *hutongs* haben alle Dynastien und Stürme überlebt. Sogar die Kulturrevolution hat trotz ihrer Umbenennungsmanie keine großen Spuren hinterlassen. Nur ein paar verstreute Gäßchen, die »Bauernemanzipation«, die »Weisheit der Massen« erinnern noch ein wenig an jene Fieberjahre. Aber Bagger und Bulldozer, die in Peking keine Ruhe kennen, werden all dessen eines Tages Herr werden. »Mögen wenigstens ihre Namen fortdauern und den Eingang eines fünfzehngeschossigen Wohnblocks oder einer U-Bahnstation zieren«, schreibt Claude Martin in »Les hutongs de Pékin« (*Revue française de Chine*).

Es ist sechs Uhr morgens, die Bauern der Umgebung bringen auf Handkarren ihre Ladung unendlich vielfältiger Gemüsesorten zu den Märkten der Hauptstadt. Der größte zieht sich am Himmelstempel entlang. Dies ist auch der Ort, wohin sich bei Tagesanbruch traditionell die sehr alten Bewohner Pekings zum Ritual des chinesischen Boxens begeben, eine langsame und geräuschlose Gymnastik, die mit aufs äußerste gegliederten Bewegungen der Beherrschung von Atem und Gestik dient, um die Harmonie von Körper, Seele und Universum wiederherzustellen.

Liu Guogang hatte darauf bestanden, mich auf diesen Markt zu führen und so auf den Schock der Reform vorzubereiten. Ich traute meinen Augen nicht: Die Gemüsepreise in den Straßen von Peking sind frei! Der große Wirtschaftler von der Akademie der Sozialwissenschaften hatte es sich angelegen sein lassen, mir höchstpersönlich diese gute Nachricht zu überbringen und mich mit konkreten Beweisen zu füttern! So wandern wir zwischen den Auslagen, ergötzen uns am Schauspiel eines Marktes unter freiem Himmel, wie man ihn überall auf der Welt antreffen könnte. Für jemanden, der China vor der Reform gekannt hat, ist dieser Wandel tatsächlich unerhört. Das unter Mao völlig erstarrte Leben regt sich langsam wieder. Wo einst Lautsprecher Schlagwörter, allerlei Schnickschnack und patriotische Märsche skandierten, herrscht nunmehr als neues Hintergrundrauschen Pekings händlerischer Eifer. Die ganze Stadt scheint wie aus langem Tiefschlaf erwacht. Der Handel erstreckt sich vor allem auf Nahrungsmittel, aber schon sieht man auch Kleidung, Schuhe, kleine Handwerksgegenstände, von Bauern gefertigte Möbel, Weiden- und Bambuskörbe aller Art, Schößlinge der seltenen Blumen, auf die die Chinesen fliegen, und allerlei Kuriosa auftauchen: kochfertige Schildkröten, eingedickter Brustbeersaft, Pferdehufschalen, die, in Wasser eingeweicht, einen ausgezeichneten Dünger für Topfpflanzen abgeben sollen. Die städtischen Kunden wiegen jede Frucht in der Hand, riechen an jedem Fisch, vergleichen und diskutieren. Markt und Handel, der Markt als Ort und der Markt als Wirtschaftssystem gehen hier ineinander über, wie es wohl zu Beginn der Industrieära in Europa gewesen sein mochte. Für die dreißig Jahre lang an die Knappheit der festen Preise der Staatsläden gewöhnten Chinesen ist schon die Tatsache, daß sie in den Straßen Pekings frisches Obst kaufen und über dessen Preis handeln können, eine neue Revolution; den Älteren, heißt es, bereite die Umgewöhnung gewisse Schwierigkeiten.

Das Geheimnisvolle an China ist, daß für den westlichen Beobachter dort alles in herrlichen Farben erscheint, bis hin zum Banalsten. Bewahren wir also kühlen Kopf und überschätzen wir den Wandel nicht. Ist das China von 1987 auch in Bewegung, so bleibt es doch gleichzeitig bemerkenswert unbeweglich.

# *Gefangene Maos*

Vom Tor zur verbotenen Stadt blickt immer noch Maos regelmäßig restauriertes Bild auf sein eigenes Grab. Auf dem Tienanmen-Platz lassen Kinder Papierdrachen in Schmetterlings- oder Libellenform hoch in die Lüfte steigen. Unter den Weiden entlang der roten Mauern des Kaiserpalastes sitzen verschämte Paare stundenlang nebeneinander, ohne daß auch nur ihre Hände sich berühren. Immer noch ist die Menge in Peking blaugewandet, zumal wenn sie sich bei Herannahen des Winters in schwere wattierte Mäntel hüllt und die Kappen oder Pelzmützen über die Ohren zieht. Unter lautem Geklingel bahnen sich die schwarzen Fahrräder zu Tausenden mühsam einen Weg durch die Scharen der undisziplinierten Fußgänger. Die Frauen verhüllen wie zur Mingzeit ihre Gesichter hinter Mousselineschleiern, um sich gegen den kalten, staubgeladenen Nordwind zu schützen. Mütter fahren ihre Kinder in Bambuskinderwagen oder kleinen Holzbeiwagen an ihrem Fahrrad spazieren. Schwere, unter der Marke »Roter Drache« hergestellte Limousinen, lang und schwarz wie Bestattungswagen, transportieren langsamen Tempos hinter zugezogenen Vorhängen versteckte Funktionäre. Ein paar Bauern ziehen mit angespannten Muskeln und mit Hilfe eines um die Stirn gelegten Bandes große Karren voll Kohl, den sie auf dem Bürgersteig aufstapeln. Manchmal vermischt sich das Gemüse mit den in den engen Gassen in Haufen lagernden Kohlen. An den Fenstern der niedrigen, wie zur Zeit des Mandschu-Reiches graugemalten Häuser kontrastieren Topfblumen oder Zwergbüsche mit der Kargheit der übervölkerten Wohnungen: Die delikate und zugleich genügsame chinesische Kultur flüchtet sich ins ganz Kleine.

Seit 1976 bin ich Jahr für Jahr nach China gefahren und habe daraus den Eindruck gewonnen, daß sich das Land unendlich viel weniger schnell verändert als die Art, wie der Westen es betrachtet und interpretiert. Seit Maos Tod haben uns die Peking-Astrologen eingeredet, China gebe sich dem Kapitalismus hin, doch kaum gab es im Winter 1986 ein paar Studentendemonstrationen, verkündeten sie uns, jetzt gehe China wieder in umgekehrter Richtung, hin zur kommunistischen Orthodoxie.

Meine eigene Hypothese lautet: Das Zentralkomitee der chinesischen KP hat das Land seit 1979 ununterbrochen auf den schmalen und langsamen Grat dessen geführt, was dort Reform heißt, *gai ge*, und was man genausogut mit Evolution oder Kurskorrektur bezeichnen könnte, kurzum mit allem, was Maßhalten und Vorsicht beinhaltet. Nie war die Rede davon, daß diese Reform China aus dem Sozialismus zurückziehen soll, im Gegenteil: Ihr Ziel ist es gerade, den Sozialismus zum Funktionieren zu bringen.

Desgleichen glaube ich, daß die Reform von allem Anfang an nichts mit den Kräfteverhältnissen innerhalb der Partei zu tun hatte. Meine zweite Hypothese heißt: Die Reformer stützen sich in erster Linie auf die öffentliche Meinung, die zwar nicht über dieselben Institutionen verläuft wie im Westen, aber dennoch existiert und insbesondere verhindert, daß konservative Kräfte China wieder rückwärts bewegen. Die im Januar 1987 begonnene Kampagne zur Bekämpfung des »bürgerlichen Liberalismus« bedeutet nicht etwa ein Aufgeben der Reform, sondern ist eher ein Mittel zu ihrer Stärkung, indem man Wirtschaft und Politik unterscheidet; die wirtschaftlichen Neuerungen sind so lange nicht bürgerlicher Art, als sie die politische Autorität der kommunistischen Partei intakt lassen. Folglich dürfte die Reform die heutige chinesische Führung überleben und sich auch ihren Nachfolgern aufdrängen; bis auf weiteres ist sie der neue chinesische Weg.

Die Chinesen sind nicht plötzlich unter Deng Xiaoping »frei« geworden, nachdem sie unter Mao Gefangene gewesen waren. Eher schon ähneln sie für mein Gefühl den Nachtigallen, die die Pekinger Greise gerne in einem runden Käfig an der Hand durch die Straßen tragen. Meist ist der Käfig mit einem Samttuch verdunkelt, das der Besitzer leicht anhebt, wenn er den Vogel zum Singen bringen will. Deng Xiaoping hat den Samtvorhang angehoben, und die Nachtigall hat gesungen.

## *Die Geschichte des Musterbauern Yan Hansheng*

Zum ersten Mal bin ich Yan Hansheng 1976 begegnet. Damals gehörte er zur »Brigade des Roten Ostens« in der Volkskommune Tuanjie in der Provinz Sichuan. Ich sah ihn im mitreißenden

Rhythmus revolutionärer Lieder, die aus den Lautsprechern klangen, inmitten der Kollektivfelder Reispflanzen stecken. Seine Tage teilte er auf in den Reisanbau und die Parteischule von Tuanjie; hier verbrachte er seine ganze Freizeit damit, an Kursen über die Gedanken und Lehren Mao Zedongs teilzunehmen, die von Studenten abgehalten wurden, die ausdrücklich zu diesem Zweck aus der benachbarten Universität Chengdu herübergekommen waren. Aber auch außerhalb der Parteischule verleibte er sich die Sentenzen des großen Steuermanns ein, die unablässig aus den im Dorf aufgestellten Lautsprechern drangen. Yans, des Musterbrigadiers, einzige Abwechslung bestand darin, daß er von Amts wegen dazu ausersehen war, ausländischen Besuchern zu zeigen, wie ein kommunistischer Bauer lebt. Und so habe ich ihn kennengelernt.

Seine Hütte war nach der Art »arm, aber sauber«; die Kalkwände zierten große Farbdrucke von Mao, Marx und Engels sowie ein paar rote Fähnchen, die Yan als Belohnung für seine gute kollektive Geisteshaltung bekommen hatte. Jeden Morgen warf sich Yan, bevor er zum Reisfeld ging, schnell vor diesen Plakaten nieder. Seine Arbeit wurde damals durch »Punkte« belohnt, die der Chef der Arbeitsbrigade verteilte, eine Art Ersatzgeld, das nur im recht wenig bestückten Sammelladen der Volkskommune Gültigkeit hatte. Die Reisernte der Brigade wurde vollständig im Staatsmagazin abgeliefert, aber um seine Nahrung brauchte sich Yan nicht zu kümmern – er aß wie alle Welt in der Kollektivkantine. Seine Frau besserte die Mahlzeiten noch mit ein paar Rüben auf, die sie auf einem schmalen Erdstreifen entlang der Fassade ihres strohgedeckten Häuschens pflanzte; diese Privatpflanzungen wurden zwar toleriert, waren aber ungern gesehen. Echten Ärger bekam Yan Hansheng dagegen, als er ein Entengelege aufzüchten wollte: Der Chef der Brigade nannte ihn einen Kapitalisten, die Entchen wurden massakriert.

Ich erinnere mich an Yans Ausführungen von 1976, seine heftigen Tiraden wider die Verbrauchsgesellschaft gefielen den westlichen Besuchern sehr. Das Paar besaß nur eine Armbanduhr und ein Radio, und das reichte für das Glück des Volkes, wie er uns stolz verkündete. Das damalige China war viel zu sehr mit der

Erschaffung eines neuen Menschen beschäftigt, als daß es sich in unserer materialistischen Lasterhaftigkeit hätte verirren können.

Elf Jahre später habe ich Yan Hansheng im Januar 1987 mit großer Freude im selben Dorf Tuanjie wiedergetroffen. Sein Gesicht war immer noch faltenlos. Wie damals stülpt er an Tagen großer Hitze gerne ein Hosenbein um und zieht sich sein Leibchen bis unter die Achseln hoch. Inzwischen ist er der Gemeinschaft der Bauern im reifen Alter beigetreten und hat sich die langstielige Sichuanpfeife zu eigen gemacht, in deren Kopf er senkrecht ein paar gerollte Tabakblätter steckt. Seine Familie ist etwas größer geworden, nicht viel. Seine inzwischen verwitwete Mutter ist hinzugestoßen, und seine Frau hat ihm eine Tochter geschenkt. Er hätte gerne einen Sohn gehabt, aber dieses zweite Kind hätte ihn eine Buße von 2000 Yuan gekostet, er hätte keinen Anspruch mehr auf Rationierungsbons gehabt und zudem die öffentliche Kritik der Dorforganisation auf sich gezogen. So hat Yan schließlich darauf verzichtet. Mao ist von den Wänden des einzigen Zimmers verschwunden und wurde von Reklamekalendern ersetzt. Jetzt stehen Möbel im Zimmer, was früher nicht der Fall war: Bambusstühle, Emaille-Spucknapf und ein Plüschsofa, offenbar das Nonplusultra aller chinesischen Familien. Auf einem niedrigen Tisch stehen ein paar alte, gerahmte Fotos, die unaufdringlich darauf hinzuweisen scheinen, daß der Ahnenkult wieder erwacht ist.

Das Neuartigste ist jedoch Yans Rede, denn Yan ist ein Musterbauer geblieben, diesmal Modell 87. Wie vor elf Jahren bleibt ein wirkliches Gespräch unmöglich. Yan geht den Fragen aus dem Wege, rezitiert sein offizielles Ritual, antwortet nur stereotyp, es sei denn, es gelinge mir einmal, ihn unversehens zu erwischen. Wie dem auch sei, wann immer ihm gewisse Gedächtnislükken oder Unklarheiten im Vokabular unterlaufen, sorgt der beim Gespräch anwesende Dorfälteste sofort dafür, daß die Richtung stimmt. Wir erfahren von Yan, daß er nicht mehr Lohnempfänger der Volkskommune ist, denn es gibt weder Brigade noch Volkskommune mehr. Sämtliches Land (sowie eine kleine Werkzeugausrüstung) sei 1982 in Tuanjie auf der Basis von 1,2 Mou (1 Mou ist 1/15 ha) pro Erwachsenem im Haushalt plus der Hälfte für das erste Kind neu verteilt worden. Yan hat 3 Mous Reisland bekommen. Das ist nicht gerade viel: eine Fläche von 2000 Quadratmetern umgeben von Erdaufwürfen. Außerdem ist Yans Reisland nicht aus einem Stück, denn aus Billigkeitsgründen wurde bei der Neuverteilung auch die Bodenqualität berücksichtigt, so daß die Parzellen weiter gestückelt wurden.[1]

In Tuanjie scheint die Bodenaufteilung keine Streitigkeiten verursacht zu haben, aber das gilt ganz und gar nicht allgemein. Nicht selten haben sich die für die Reform zuständigen Dorfältesten die besten Stücke vorbehalten. Zudem war es in Tuanjie noch relativ einfach, die Reisfelder, die ja in kleinen Flächen bepflanzt werden, aufzuteilen, aber die großen Staatsdomänen mit Weizenfeldern machten eine Unterteilung praktisch unmöglich, weshalb dort das alte Kollektivsystem weitergilt. Tuanjie ist also eine Pilotgemeinde, die Reform steckt noch im Erprobungsstadium und ist keineswegs vollendet.

## *Überwachte Freiheit*

Liberal kann man dieses neue chinesische Modell keinesfalls nennen, eher handelt es sich um eine technische Veränderung, um den Agrarsozialismus funktionsfähig zu machen. Zunächst einmal ist Yan Hansheng nicht Eigentümer seines Reisfeldes, sondern dieses gehört weiterhin dem Staat; er darf es nur bewirtschaften, theoretisch für fünfzig Jahre. Sofern der Vertrag eingehalten wird und vorausgesetzt, daß keine neuen politischen Umwälzungen eintreten, kann der chinesische Bauer sein Nutzungsrecht an seine Erben weitergeben. Aber es ist ein eingeschränktes Recht, denn Yan Hansheng darf es keineswegs nach Belieben nutzen. Die Dorforganisation teilt ihm Art und Mindestmenge dessen zu, was er erzeugen und im Staatsdepot abliefern

1 Um für die äußerste Landzersplitterung und gewisse Formen der Landflucht Abhilfe zu schaffen, experimentiert die Regierung von Sichuan derzeit mit dem Recht des Nutzers, sein Stück Land zu verkaufen und sogar bezahlte Landarbeiter zu beschäftigen; das alles geschieht natürlich mit äußerster Vorsicht, denn keinesfalls darf Grund und Boden negotiables Kapital werden.

muß. Auch diese Organisation wendet wiederum nur die Direktiven der Plankommission der Provinz Sichuan an. Für Yan Hansheng betrug diese Quote 1986 130 Kilo Paddy (ungeschälten Reis) zum Preis von 40 Fen das Kilo. In jeder Region Chinas richtet sich die Quote gewöhnlich nach der örtlichen Tradition – Kohl, Weizen, Äpfel oder Enten.

Um was es sich bei dieser Lieferquote genau handelt, ist nicht immer eindeutig; Yan Hansheng meint, es handele sich um eine Pflichtlieferung, aber sein Dorfältester nennt es »Vertrag« und fügt hinzu, »wie alle Bauern« könne auch Yan Hansheng dem Tempo der Reform nur etwas langsam folgen. Es sei denn, die Weitschweifigkeit des offiziellen Jargons entziehe sich ihm ... Schwer zu sagen, inwieweit diese Verträge eingehalten werden; zu 100 Prozent, versichert mir der Dorfälteste von Tuanjie. Vor zehn Jahren hätte man mir sicher von einer Übererfüllung der Planziele dank der Begeisterung der Massen erzählt!

In Wahrheit geht die Ausführung der Planziele mit einem ganzen Arsenal von Zwangs- und Anspornmaßnahmen für Yan Hansheng einher. Wenn er seine Quote abliefert, zahlt die Dorforganisation ihm noch zusätzlich zum Staatspreis eine Prämie von 10 Fen pro Kilo; desgleichen kann das Staatsdepot seinen Fleiß mit einer vorzeitigen Zahlung, dem Verkauf eines Geräts zu niedrigem Preis, der Zuteilung von Kunstdünger und hochergiebigem Saatgut belohnen. Umgekehrt geht Yan Hansheng all dieser Vorteile verlustig, wenn er das Soll nicht erfüllt. Dank dieses komplexen Stimulanz- und Drucksystems gelingt es den Behörden von Sichuan, die Städte zu versorgen und beträchtliche Reisreserven zu bilden, die nunmehr für eine volle Nahrungsmittelautonomie Chinas sorgen.

Von der alten Volkskommune zum neuen Vertragssystem ist der chinesische Bauer also nicht etwa vom Kollektivismus zur Freiheit gelangt, sondern vom Kollektivzwang zum individuellen Zwang mit Wirtschaftsanreizen. Schon die Art und Weise, wie die Reform angewandt wird, bezeugt das. Die Bauern werden im neuen System im selben autoritären Ton und in derselben hölzernen Sprache zur Tüchtigkeit aufgefordert, die sie im alten Regime zum Kollektivismus verurteilt hatten.

Aber in diesem sozialistischen Käfig hat die Regierung ein Fenster geöffnet, durch das heute die dynamischsten Bauern entfleuchen: Was über die Pflichtquoten hinaus verbleibt, darüber darf der Erzeuger verfügen, er darf seine Überschüsse auf dem freien Markt absetzen. Wie alle unternehmerischen Bauern Chinas nutzt Yan Hansheng diese Möglichkeit zur Diversifizierung seiner Erzeugung in Richtung auf das, was am meisten abwirft: In diesem Monat Mai sind das die in ganz China berühmten Sichuan-Orangen. Seine persönliche Ernte, etwa ein Dutzend Kilo, transportiert er im Bus ins 20 Kilometer entfernte Chengdu. Dort bekommt er den besten Preis, wofür er einen Tag lang auf einem Trottoir der Stadt hockt, ausgestattet mit seiner tragbaren Waage: ein bewegliches Gewicht auf einer mit Meßskala versehenen Stange, die an einem Stück Schnur hängt. Ein Yuan pro Pfund halten die Städter für skandalös überhöht, aber nur so können sie sich Qualitätsorangen besorgen. Im Staatsladen gibt es sie billiger, sofern es sie gibt, aber sie sind dann schon zerquetscht. Für Yan Hansheng ist es ein guter Tag: Nach langem Handeln mit den Städtern macht er einen Umsatz von 24 Yuan, so viel, wie ein Arbeiter in der Woche verdient. Bei Einbruch der Nacht begibt sich Yan, diesmal zu Fuß, auf den Heimweg, nachdem er vorher seiner Tochter noch in einem Staatsladen ein Paar Plastikschuhe für einen Yuan erstanden hat. Der Konsum, für den er zu Zeiten der Volkskommune nur Verachtung übrig hatte, ist für Yan Hansheng zur zweiten Natur geworden. Indessen geht er mit seinen Ausgaben vorsichtig um, vor allem seit der Kampagne gegen den bürgerlichen Liberalismus; er will schließlich bei seinen weniger dynamischen Nachbarn nicht die »Krankheit der roten Augen« erzeugen, wie man Eifersucht in China nennt.

## *Die Chinesen sind unternehmungsfreudig*

Yan Hanshengs Geschichte lehrt uns, daß es keine Nahrungsmittelknappheit gibt, die nicht durch eine Liberalisierung des Landes verringert werden könnte. Plötzlich sind Obst, Gemüse, Gewürze und Fleisch auf den freien Märkten aufgetaucht, die eine Generation lang in den Staatsläden fehlten. Zwischen 1980 und 1985 hat sich die Schweinezucht verdoppelt, der Rapsbau verdreifacht, der Orangenanbau vervierfacht! Im Gegensatz zur »grünen Revolution« in Indien oder Indonesien ist in China die Erzeugung nicht etwa durch die Einführung von neuen Hochleistungssorten, Kunstdünger oder neuen Bewässerungstechniken gestiegen, sondern durch eine neue gesellschaftliche Organisation. Das Einzelinteresse des Bauern, seine wirtschaftliche Motivierung stellen sich also als die maßgeblichen Faktoren für seine Erzeugung heraus, womit die kollektivistischen Utopien ebenso ins Nichts sinken wie die übermäßigen Ängste wegen der Bevölkerungsschwemme in der Dritten Welt. Der Hungersnot ist China in seiner langen Geschichte erstmalig mit einer Milliarde Einwohnern entronnen. Wenn man heute in China nicht mehr an Hunger stirbt, so nicht aufgrund eines Wunders, sondern einfach dank des universell gültigen Charakters des unternehmungsfrohen Individualismus.

Zwischen 1979 und 1985 hat sich das Einkommen der Bauern verdreifacht, während sich die Löhne in der Stadt im selben Zeitraum nur verdoppelt haben. Zur Zeit der Volkskommunen subventionierten die Bauern die Stadt, wie in den meisten armen Ländern. Heute, mit der Reform, erlebt man eine neue Ausgewichtung von Stadt und Land zugunsten dieser 800 Millionen Bauern. Darin zeigt sich vielleicht der wahre Charakter der Reform: Sie ist nicht nur wirtschaftlicher Art, sondern sorgt für mehr soziale Gerechtigkeit im sozialistischen Universum.

Diese ganze Reform ist das Ergebnis einer langen Überlegung; jegliche Geste Yan Hanshengs ist zuvor von den Führern Chinas durchdacht worden. Ist der Bauer wie eine Nachtigall im Käfig, so läßt sich China als Ganzes mit einem Schachspiel vergleichen: Die Spieler sind die Mandarine an der Macht, die vor jedem Zug lange hin und her überlegen und niemals eine Figur bewegen, ohne zuvor eine andere zurückgenommen zu haben.

# 9

# Die Strategie der Mandarine

Yu verschlingt seine Suppe so recht auf chinesische Art – glühend heiß und in großen, lauten Schlucken. Yu Guangyuan – klein, rundlich und lebhaft, kurzgeschorenes graues Haar, Mao-Anzug aus blauem Leinen und Samtschuhe – ist ein Überlebender. Er, so erfahren wir, habe 1956 Maos berühmte Rede »Laßt hundert Blumen blühen, hundert Schulen wetteifern« verfaßt. Sie galt damals als erster Versuch, in einem kommunistischen Land die Meinungsfreiheit wiederherzustellen. Wie die meisten Intellektuellen nahm auch Yu die von ihm selbst verfaßte Erklärung für bare Münze und äußerte sich kritisch zum damals geltenden chinesischen Weg der Schwerindustrialisierung nach sowjetischem Muster. Ein Jahr später fand er sich wie tausend andere wegen Rechtsabweichlertums gemaßregelte Wissenschaftler und Schriftsteller in einem Arbeitslager wieder.

Doch das schlimmste im Leben Yus sollte erst noch kommen mit dem, was die Chinesen hartnäckig als »Große proletarische Kulturrevolution« bezeichnen, deren Beiwort eher mit »schrecklich« als mit »ruhmreich« gleichzusetzen ist. Der ohnehin verdächtige Yu wurde in eine ferne Provinz deportiert, diesmal mit mehreren hunderttausend »Intellektuellen«, wie man großzügig alle nannte, die irgend etwas studiert hatten, insbesondere die Lehrenden. Zwölf Jahre lang durfte der bekannte Wirtschaftswissenschaftler dort Schweine züchten und in unmittelbarem Kontakt mit der Erde sein proletarisches Bewußtsein erneuern. Er habe Glück gehabt, bemerkt er humorvoll, denn für Schweine seien die Bedingungen in der Provinz Shanxi nicht völlig miserabel gewesen.

Nach Ausschaltung der »Viererbande« erfuhr 1976 die erstaunte Welt, daß die chinesische Agrarproduktion unter das Niveau von 1949 gesunken war; erstmalig in ihrer Geschichte bat die chinesische Regierung internationale Organisationen um Hilfe bei der Bekämpfung der Hungersnot. Da das neue Regime nicht sofort begriff, daß es auch Wirtschaftler brauchte, mußte sich Yu Guangyuan bis zur Entlassung aus seinem Gulag noch ein weiteres Jahr gedulden. Indessen hatte Yu weder mit dem Kommunismus noch mit Mao gebrochen. Genau dreißig Jahre nach den »Hundert Blumen« schreibt er unbekümmert in der *Volkszeitung*, Maos Aufrichtigkeit sei von Linksfraktionen, die sich in die Partei eingeschlichen hätten, verraten worden, und wieder fordert er, daß »hundert Blumen blühen und hundert Schulen wetteifern«, so, als ob nichts geschehen wäre.

Heute gilt in China die »Hundert-Blumen-Rede« als Forschungs-Charta und theoretische Basis der Akademien für Sozialwissenschaften. Diesen Akademien in Peking und der Provinz sind sämtliche Wirtschaftswissenschaftler zugewiesen worden, derer man noch habhaft werden konnte, darunter so berühmte Leute wie Ma Hong, Liu Guoguang, Jiang Yiwei und Dong Furen. Alle haben das sechzigste Lebensjahr überschritten; ihr Alter verleiht ihnen geistige Autorität und eine Denkfreiheit, wie sie in China seit der Zeit vor der Kulturrevolution unbekannt waren. Diese geistige Freiheit ist nach den Studentendemonstrationen von 1986 bekräftigt worden; das Zentralkomitee ließ wissen, die Kampagne gegen den »bürgerlichen Liberalismus« betreffe nicht die Wirtschaftler. Ihnen ist aufgetragen, für China einen funktionierenden Sozialismus zu erfinden. Was nichts anderes heiße, bedeutet mir Dong Furen, Leiter des Instituts für Wirtschaftswissenschaften, als ein System, das es nirgends auf der Welt sonst gebe.

Sobald es vom ZK der KPCh verabschiedet ist, wird dieses von oben konzipierte Modell in Weisungen umgesetzt, die dann von sämtlichen Partei- und Regierungsebenen weitergegeben und auf eine Milliarde Chinesen angewendet werden. Es gibt in der ganzen Geschichte kein Beispiel für eine so riesige gesellschaftliche Umgestaltung, die von einer so winzigen Gruppe erfunden worden wäre. Gleichzeitig ist dieses Vorgehen typisch für China, denn traditionsgemäß sind dort die Intellektuellen kaum einmal Dissidenten, sondern eher Mandarine im Dienste des Staates.

## *Wirtschaftler oder Akrobaten?*

In diesen Wirtschaftslabors des neuen China rattern keine Computer und klappern keine Schreibmaschinen. Die fortschrittlichste Technik, über die die Pekinger Akademie der Sozialwissenschaften oder das ihr nachgeordnete Institut für Wirtschaftswissenschaft verfügt, sind ein paar wenige Telefonapparate, die zwischen zwei Strompannen auch hin und wieder funktionieren. Noch rarer als die Maschinen ist der Sachverstand. Denn hinter Ma Hong oder Yu Guangyuan hat die Kulturrevolution ein großes Vakuum geschaffen; eine ganze Generation wurde jeder höheren Bildung beraubt, und der Beitrag der Studenten, die die Behörden heute systematisch zu Tausenden auf westliche Universitäten schicken, macht sich noch nicht bemerkbar. Hinzu kommt, daß die Ausbildung der chinesischen Wirtschaftler traditionell viel eher politisch und philosophisch als wirtschaftswissenschaftlich ausgerichtet ist; die Werke von Marx und den bulgarischen Wirtschaftswissenschaftlern sind ihnen vertrauter als die des benachbarten Korea, vom kapitalistischen Europa ganz zu schweigen. Der wirkliche Auftrag für die Wirtschaftswissenschaftler heißt nicht, Wachstum um des Wachstums willen zu organisieren, sondern sie sollen Entwicklungstechniken einführen, die das Wesen des politischen Regimes achten.

Diese theoretische Gymnastik liegt ganz auf der Linie der chinesischen Tradition, seitdem China mit dem Abendland in Berührung kam. Seit dem 16. Jahrhundert drehen sich die Debatten einer endlosen Reihe chinesischer Philosophen unablässig um die Frage, ob man sich von den Barbaren inspirieren lassen solle, um ihnen besser widerstehen zu können, oder ob einer Osmose von chinesischer und abendländischer Kultur der Vorzug zu geben sei. Ganz generell halten die Mandarine seit jeher die westliche Wissenschaft und Technik für gut, unsere Kultur und Moral aber für der ihrigen unterlegen. Doch wie soll man die beiden Dinge voneinander trennen?

Yu Guangyuan veranschaulicht diese Schwierigkeit der Anwendung der westlichen Logik auf China durch vier Beispiele, die die unterschiedliche Einstellung zur Medizin, zum Freiheitsbegriff, zur wissenschaftlichen Methodik und zur Ausübung der Macht beleuchten. Für die chinesische Medizin ist der Körper Teil des Universums, seine Störungen sind mithin die Folge einer Disharmonie zwischen dem Menschen und seiner Umwelt; die westliche Medizin hingegen ist mechanistisch und teile-reparierend. Die Freiheit ist in der chinesischen Tradition gleichbedeutend mit der Suche nach Harmonie zwischen sich selbst und der Außenwelt, eine Anpassung des einzelnen an seine Umwelt, während für den Abendländer die Freiheit über eine Veränderung dieser Welt verläuft. Die chinesische wissenschaftliche Methodik ist holistisch, hält das Universum für ein Ganzes, im Gegensatz zum Westen erkennt sie darin keine getrennten formalen Elemente, weshalb eine Verknüpfung von Logik und praktischem Experiment sehr schwierig wird. In der Autoritätsausübung schließlich steht für den Abendländer die Herrschaft des Rechts im Vordergrund, während in der chinesischen Tradition die »gute« Regierung auf der Autorität der Person beruht.

Nun sollen die chinesischen Wirtschaftswissenschaftler nicht nur dieses Kulturgebäude unangetastet lassen, sondern auch noch den Sozialismus bewahren. Wozu erst einmal feststehen muß, was chinesischer Sozialismus eigentlich ist. Für Professor Ma Jiaju an der Pekinger Akademie ist »der Sozialismus Wachstum plus Gerechtigkeit«! An dieser Elle gemessen wären allerdings eine ganze Reihe kapitalistischer Länder sozialistischer als China ... Tatsächlich ist der chinesische Sozialismus in erster Linie chinesisch, eine chinesische Version des Marxismus, die weitgehend Maos Werk ist. Indessen bleibt China sehr wohl sozialistisch insoweit, als zu den besonderen Zwängen der traditionellen Gesellschaft noch ein paar ideologische Verbote hinzutreten, insbesondere die Weigerung, wirkliche Privatunternehmen entstehen zu lassen – Reform hin oder her!

Alle Denk- und Gesprächsübungen mit chinesischen Sachverständigen werden ausnahmslos von großen Tee-Rationen begleitet und spielen sich überall im selben Rahmen ab. Jede Einrichtung, sei es eine Akademie, eine Verwaltung oder ein Unternehmen, besitzt einen nach einheitlichem Modell gestalteten Tagungsort: ein herzlich ungemütlicher Raum, der aber etwas besser in Schuß ist als die übrigen; riesige Plüschsofas und Sessel, deren Armlehnen und Kopfstützen mit Spitzendeckchen geschützt sind, die Wände gesäumt von niedrigen Tischen, auf denen farbige Plastik-Thermokannen voll heißen Wassers, Dekkeltassen und grüne Teeblätter aufgereiht sind. Dieses Dekor ist ebenso allgegenwärtig wie der benebelnde Latrinengeruch.

Als weitere Konstante ist festzuhalten, daß kein einziges Gespräch unter vier Augen stattfindet, die Zuhörerschaft vielmehr meist größere Zahlen umfaßt. Die Titel sagen oft nichts über ihre wirkliche Funktion aus, und erst aus der Autorität, die die einzelnen im Gespräch an den Tag legen, erfährt man nach und nach die tatsächlich geltende hierarchische Ordnung. Präzise Fragen ziehen stets so allgemeine Antworten nach sich, daß man mit ihnen nichts anfangen kann. Hinzu kommt, daß diese Antworten nur höchst selten spontan kommen, sondern erst lebhaft innerhalb der Gruppe diskutiert werden, ehe der Dolmetscher den Auftrag erhält, die nunmehr gefundene richtige Fassung dem ausländischen Besucher weiterzugeben. Desgleichen ist zu betonen, daß - wie in allen Ländern des sozialistischen Lagers - auch die chinesischen Wirtschaftswissenschaftler systematisch mit Zahlen aufwarten, wenn man Erklärungen oder Argumente erwartet. Angesichts der Schwäche des statistischen Apparats in diesem Riesenland sind die meisten Zahlen natürlich falsch, was die Gesprächspartner jedoch keineswegs hindert, sie immer bis auf die Stelle hinter dem Komma zu zitieren.

Um den Eindruck einer allzu steifen Atmosphäre zu vermeiden, ist zu ergänzen, daß sich diese Debatten in großer Lebhaftigkeit und mit viel Humor abspielen. Wenn es sehr heiß ist, darf man auch die Schuhe ausziehen oder sogar die Hosenbeine hochkrempeln. Im übrigen schlürft man seinen heißen Tee und versucht dabei, die mitschwimmenden Blätter nicht mitzuschlucken.

## *Eine Milliarde Versuchskaninchen*

Die chinesischen Wirtschaftler maßen sich nicht etwa an, sofort eine perfekte neue Gesellschaft vorzuschlagen, denn die Theorie soll sich an der Wirklichkeit orientieren. Bei dieser Wirklichkeit handelt es sich in erster Linie um diejenige Chinas, doch haben sich die Autoren der Reform auch in anderen Ländern etwas umgesehen, zumindest in der sozialistischen Welt. Kurze Zeit fanden sie sich zu Jugoslawien und seinen selbstverwalteten Arbeiterkooperativen hingezogen, bis sie dann feststellen mußten, daß deren Ergebnisse katastrophal waren. Nach weiteren eingehenden Beobachtungen konzentrierte sich ihr Interesse schließlich auf Ungarn, das als Ausgangspunkt ihrer Überlegungen gelten kann. Von da an war die Reform evolutionärer Natur und ist nie in einem endgültigen Text festgehalten worden, auf den man sich problemlos beziehen könnte. Vielmehr handelt es sich um eine Sammlung von Direktiven als Ergebnis der internen ZK-Debatten sowie eines gewissen Gedankenaustauschs zwischen den Wirtschaftlern und den wichtigsten ZK-Mitgliedern. Das Tempo des Wandels wird also vom Kräfteverhältnis innerhalb einer ganz kleinen Gruppe bestimmt, wobei jedoch die »Liberalen« versuchen, sich gegen die Verfechter der bürokratischen Linie auch auf die »Erzeuger und Intellektuellen« zu stützen.

Eine der ganz wenigen Erklärungen zur allgemeinen Philosophie der Reform stammt vom Oktober 1984. Damals verabschiedete das dritte ZK-Plenum eine Entschließung zu den Wirtschaftsstrukturen, in der es heißt: »Die Geschichte hat uns gezeigt, daß der egalitaristische Gedanke der Verwirklichung des Verteilungsprinzips ›Jedem gemäß seiner Arbeit‹ ernstlich im Wege steht. Natürlich muß eine sozialistische Gesellschaft ihren Mitgliedern eine fortschreitende Verbesserung des materiellen und kulturellen Lebens sowie des kollektiven Wohlstands garantieren. Kollektiver Wohlstand kann jedoch nie und nimmer absoluter Egalitarismus bedeuten. Der Zustand sämtlicher Mitglieder einer Gesellschaft kann keinesfalls im absoluten Gleichschritt angehoben werden. Interpretiert man kollektiven Wohlstand als absolute Gleichheit und gleichzeitigen Wohlstand aller, dann wird er nicht nur nicht erreicht, sondern eine solche Orientierung führt zu kollektiver Armut.«

Bei meiner persönlichen Auslegung einer Bewegung, die sich dem Außenbeobachter oft genug entzieht, gehe ich deshalb von meinen Gesprächen und Beobachtungen zwischen März 1986 und Mai 1987 aus, und zwar vor wie nach den Studentendemonstrationen im Winter 1986.

Das erste Prinzip der Reform ist ihr experimenteller Charakter; das könnte banal erscheinen, ist aber höchst ungewöhnlich. Weder bekennen sich Ideologen ohne weiteres zum Empirismus, noch erwählen sich Wirtschaftler üblicherweise eine Gesellschaft von einer Milliarde Menschen zum Laboratorium. Aus diesem Grunde soll die Reform nicht sofort für ganz China gelten, sondern vielmehr erst Vergleiche anhand bestimmter Resultate ermöglichen. Dieser Gedanke des Vorgehens in Etappen gilt sowohl räumlich als auch zeitlich. So scheint die vor sieben Jahren begonnene Landumverteilung 1987 erst in zwei Dritteln der Territorialdistrikte Chinas vollzogen zu sein. Desgleichen erproben die Reformer in gewissen Regionen neue Eigentumsformen wie zum Beispiel die Arbeiterkooperativen und die Stärkung der Autorität der Betriebsleiter, um dann die Folgen dieser Maßnahmen prüfen und sie gegebenenfalls auf das ganze Land ausdehnen zu können. Sichuan ist ein privilegiertes Laboratorium, weshalb man sich vor einer Verallgemeinerung der Beobachtungen in einer einzelnen Provinz hüten muß. Dieser Etappen-Charakter der Reform dient zugleich dazu, den sehr starken Widerständen der Bürokratie Rechnung zu tragen. Die Wirtschaftler bezeichnen diese Widerstände meist als »praktische« Schwierigkeiten; mir schienen sie eher grundlegend politischer und ideologischer Natur.

Das zweite Prinzip heißt Dezentralisierung. Von der nationalen Zwangsplanung geht China zur regionalen indikativen Investitionslenkung über. Hier handelt es sich faktisch mehr um eine Berücksichtigung der Realität als um eine Umwandlung in eine Marktwirtschaft. In einem Land, dessen Wirtschaftswissenschaft noch in den Kinderschuhen steckt, dessen öffentliche Buchführung primitiv und dessen Statistiken eher zufallsbedingt sind, wo Computer Seltenheitswert genießen und es von Wirtschaftlern nicht gerade wimmelt, war der Zwangsplan ohnehin kaum mehr als eine bloße Idee. Es fragt sich jedoch, ob der Plan über seine wirtschaftliche Funktion hinaus nicht auch eine moderne Form der traditionellen gesellschaftlichen Kontrolle im klassischen China ist: Seit jeher mußte sich die zivile Gesellschaft nach höchst detaillierten, von oben nach unten dekretierten Lebensregeln richten. Die neue Planung wird auf Provinzebene festgelegt und durchgeführt, ist jedoch mehr wirtschaftspolitische Grundsatzerklärung als Nennung bestimmter quantitativer Ziele; nur die Staatsbetriebe erhalten klare Produktionsvorgaben, nicht jedoch die Arbeiterkooperativen. Zu dieser geografischen Dezentralisierung gesellt sich jene der wirtschaftlichen Macht: Die Autonomie der Produktionseinheiten und die Rolle des Betriebsleiters werden gestärkt, jedenfalls in den amtlichen Äußerungen. Ganz generell versucht die Reform, an die Stelle der hierarchischen Autorität den Begriff des Vertrags zu setzen: Der Plan wird zum Vertrag zwischen Regierung und Produktionseinheit, die Gemeinde schließt einen Vertrag mit dem Landwirt, die Betriebsleitung schließt ihrerseits einen Vertrag mit der Gemeinschaft der Arbeiter.

Das dritte Prinzip ist die fortschreitende Preisliberalisierung, ein derart vielschichtiger Übergang, daß sich darin die Chinesen selbst nicht zurechtfinden. So stellt man auf den Pekinger Märkten fest, daß die Verwaltung für die meisten lebenswichtigen Nahrungsmittel wie Reis und Öl einen Höchstpreis festgesetzt hat, nicht jedoch für Gemüse. In Sichuan hingegen sind sämtliche Detailpreise für Lebensmittel frei, doch sorgen die Staatsläden für eine gewisse Stabilisierung der Preise. Kleidung wird auf dem freien Markt völlig ungehindert verkauft, in Peking wie in Sichuan. Kleine Küchenutensilien, einige Möbel, Schmuck und Nippes aller Art sind völlig frei, desgleichen gewisse Dienstleistungen wie Fahrrad- und Uhrenreparaturen. Wichtigere Gegenstände wie Rundfunk- und Fernsehgeräte und Fahrräder sind nur in Staatsläden zum Festpreis zu haben. Paradoxerweise findet man auf dem freien Markt auch Waren mit vorgeschriebenem Mindestpreis! Das gilt zum Beispiel für Armbanduhren, die in Sichuan in Überschußmengen erzeugt werden; ein Preiszusammenbruch würde zum Untergang der kleinen Hersteller führen. Schließlich gibt es auch ein Nebeneinander von Preisfreiheit und Preiskontrolle am selben Ort. So muß ein Bauer aus Sichuan eine Quote Reis dem Staat zum Festpreis verkaufen, kann aber seine übrige Produktion auf dem freien Markt absetzen. Desgleichen ist es den Staatsfabriken gestattet, ihr Festpreis-Produktionssoll zu überschreiten und den Überschuß frei zu verkaufen. Das Nebeneinander von Preisfreiheit und Preiskontrolle je nach Erzeugnis oder Region hat einen umfänglichen Schwarzmarkt zur Folge. Der zweite Nachteil besteht darin, daß Betriebe und Bauern versucht sind, vorrangig für den freien Markt zu erzeugen; so ist es 1985 in Sichuan zu Reismangel gekommen, da die Bauern es für rentabler hielten, auf Obst und Gemüse umzustellen. Auf längere Sicht, so meint man im Wirtschaftsinstitut in Peking, pendelten sich die freien und die kontrollierten Preise auf gleicher Höhe ein, worauf die gesamte Preiskontrolle hinfällig werde. Diese Wirtschaftler-Überlegung trifft zwar für einen richtig funktionierenden Markt zu, aber die Wirklichkeit hinkt weit hinterher ...

Das vierte Reformprinzip ist die Diversifizierung der Eigentumsformen. Dennoch bleiben die Staatsbetriebe das Grundprinzip; je nach Region liefern sie 60 bis 99 Prozent der gewerblichen Erzeugung. Der Prozentsatz (wie sämtliche statistischen Auskünfte) variiert übrigens auch je nach Auskunftspartner entsprechend dem Grad seiner Reformbegeisterung. Diese Staatsbetriebe stehen neuerdings im Wettbewerb zu Kollektivbetrieben, einer Art Arbeitergenossenschaft in Selbstverwaltung, zu Mischbetrieben, bei denen Staatskapital und Privatersparnisse kombiniert sind, und schließlich zu Individualbetrieben. Letzteren gilt das bevorzugte Augenmerk der ausländischen Beobachter, die nach einer Wiederbelebung des Kapitalismus gieren. Tatsächlich machen diese Individualbetriebe aber weniger als 2 Prozent der gewerblichen Erzeugung aus und entwickeln sich nur im Bereich des Handels (von dem seit 1985 ein Viertel privat sein soll) oder der bescheideneren Dienstleistungen. Ein Einzelunternehmer darf in der Regel nicht mehr als etwa ein Dutzend Arbeitnehmer beschäftigen, wobei mit dieser Zahl manchmal etwas gemogelt wird. Das Haupthindernis für einen chinesischen »Kapitalismus« ist jedoch qualitativer Art: Er darf sich höchstens in Randbereichen betätigen. Der typische Unternehmer im China der Reform ist ein kleiner Händler, ein Restaurantbesitzer, ein Fahrradwerkstatt-Betreiber, oder auch ein traditioneller Arzt. Letzterer darf sein Beratungshonorar frei festsetzen - meist sind es 10 Fen; die Kapitalkumulierung steht nicht gerade vor der Tür!

Das fünfte und letzte Reformprinzip ist das wichtigste und am schwersten zu verwirklichende: Schaffung eines chinaweiten Arbeitsmarktes.

## *Kampf dem Blechnapf*

»China«, sagt Jiang Yiwei, »ist unendlich zentralisierter und bürokratischer als die Sowjetunion.« Dieses Urteil muß der alte Professor der Akademie der Sozialwissenschaften selbst verantworten. Es ist kalt in Peking, und so hat Jiang im Büro den schweren blauen Mantel anbehalten und die Mütze tief auf die Ohren gedrückt. Trotz seiner fantasievollen Erscheinung gebietet dieser Mann Achtung: Er gehört zu jenen, die die Geschichte Chinas schrieben und ihr danach zum Opfer fielen. Als heimliches Mitglied der kommunistischen Partei von Chongqing vor der Revolution hat Jiang gegen den Kuomintang und gegen die Japaner gekämpft, bis er dann wegen Rechtsabweichlertums 1959 aus der Partei ausgeschlossen wurde. Erst nach Zerschlagung der Viererbande wurde er 1978 wieder aufgenommen. Wie alle Kämpfer seiner Generation hat ihn die Kulturrevolution zwanzig Jahre seines Lebens gekostet. Nunmehr erlauben ihm Alter und Prüfungen eine Ausdrucksfreiheit, wie man sie bei den jungen Generationen leider nicht antrifft. Jiang Yiwei steht in Peking im Ruf, die Wahrheit zu sagen, womit zu vermuten ist, daß andere sie eher verbergen.

Der jüngste Kampf Jiang Yiweis besteht darin, das ZK davon zu überzeugen, daß ein Arbeitsmarkt in China sowohl mit dem Marxismus als auch mit der Tüchtigkeit im Einklang stünde. Unter dem geltenden System, das Jiang Yiwei im Vorgriff als das »alte System« bezeichnet, wird jedem Staatsbetrieb vom örtlichen Arbeitsbüro eine bestimmte Arbeiterzahl zugewiesen, und zwar ungeachtet der wirklichen Bedürfnisse. Handelt es sich um Fach- oder Führungskräfte, so kann die Entscheidung bis zum Ministerium reichen, aber das Prinzip ist dasselbe: Der Arbeitsplatz gilt fürs ganze Leben, der Betrieb kann die Zwangszuweisung nicht ablehnen[1], und auch die Arbeitnehmer haben keine Wahl. Entlassungen sind praktisch unbekannt, und der Arbeitnehmer kann nur mit Zustimmung der Verwaltung die »Produktionseinheit« wechseln. Um jegliche Diskriminierung auszuschließen, erhalten die Betriebe, gleichgültig, welche Aufgabe sie wahrnehmen, die gleiche Zahl von Arbeitern beiderlei Geschlechts zugewiesen. Der Arbeitsplatz in der Industrie ist meist erblich: Wer in Rente geht, darf den Arbeitsplatz an Sohn oder Tochter weitergeben. Die Löhne werden generell außerhalb des Betriebs von der Verwaltung festgesetzt; sie sind in etwa im ganzen Land und in allen Tätigkeitsbereichen einheitlich; der Abstand zwischen unten und oben ist überall äußerst gering.[2] Die zusätzlich zum Lohn gezahlten Prämien, die sich eigentlich nach den Arbeitsergebnissen richten sollen, sind in der Praxis häufig für alle Mitarbeiter eines Betriebes gleich; ihre Höchstgrenze wurde vom Staat auf vier Monatslöhne festgesetzt. Jenseits dieser Grenze muß der Arbeitnehmer dafür eine progressive Steuer entrichten. Man nennt dieses starre System auch den »Blechnapf«, weil er im Prinzip jedem die Grundernährung sichert. So gibt es also in China keine Arbeitslosigkeit, ist die personelle Überbesetzung an der Tagesordnung und eine geordnete Betriebsführung unmöglich.

Das von Jiang Yiwei erarbeitete, 1986 prinzipiell verabschiedete »neue System« sieht drei neue Regeln vor: Anstelle der Beschäftigung auf Lebenszeit soll ein erneuerbarer Fünfjahresvertrag treten; die Arbeitsplätze sollen nicht mehr weitervererbt werden können; schlechte Arbeitskräfte sollen entlassen werden können. Als Gegenleistung zu diesen neuen Freiheiten sollen die chinesi-

1 So sind dem Restaurant Maxim's in Peking zur großen Überraschung seines Besitzers Pierre Cardin 100 Personen zugewiesen worden, die keinerlei Qualifikation besaßen.

2 Der Durchschnittslohn betrug 1986 zwischen 80 und 140 Yuan; der Lebensstandard liegt indessen höher, als diese geringen Beträge vermuten ließen, denn sehr viele Dienstleistungen sind praktisch gratis, vor allem Wohnungen. Die Wohnung ist mit dem Arbeitsplatz verknüpft und verstärkt noch das zwingende Band, das den Beschäftigten an seine Produktionseinheit bindet. Desgleichen sagen diese Lohnangaben nichts über die nicht-wirtschaftlichen Vorteile aus, die in China wie in allen sozialistischen Ländern die eigentliche Ungleichheit ausmachen.

schen Betriebe ein Sozialversicherungssystem für ihre Mitarbeiter finanzieren; überdies soll das neue System nur für Neueingestellte gelten, während die übrigen weiterhin das alte System genießen können.

Wie in China üblich, meint Jiang Yiwei, gelte die Debatte über den Arbeitsmarkt mindestens ebensosehr den Worten wie dem Inhalt. Ob man überhaupt das Recht habe, von einem »Markt« zu sprechen, so als sei Arbeit eine Ware? Und könnten die Arbeiter es hinnehmen, unter Vertrag zu stehen, obwohl sie doch theoretisch die Eigentümer der Produktionsmittel seien? Nach Zustimmung der Arbeiterschaft sind zwei Fabriken in Chongqing ausgewählt worden, die das »neue System« 1987 auf experimenteller Basis einführen. Für das Experiment gilt eine wichtige Einschränkung: Betroffen sind lediglich die Arbeiter; die diplomierten Fachkräfte und die ehemaligen Soldaten werden weiterhin auf Lebenszeit beschäftigt. Ich habe häufig festgestellt, daß die Betriebsleitungen wegen der Arroganz und recht mittelmäßigen Ausbildung vieler junger Diplomierter bei der Zuteilung der Fachkräfte sehr viel mehr Ärger hatten als bei einfachen Arbeitern.

Diese zahlreichen Vorsichtsmaßregeln dürften manchen im Westen überraschen, der sich hat weismachen lassen, China sei auf dem Weg zurück zum Kapitalismus. In Wirklichkeit befindet es sich - und das ist noch die optimistischste Hypothese - bestenfalls in einem »theoretischen Übergang«, wie Ma Jiaju es nennt. Die Praxis hinkt noch weiter hinterher.

## *Schanghai 1930*

An sich müßten zwei Flugstunden genügen, um von Peking nach Schanghai zu gelangen, aber wer so denkt, vergißt, daß er sich in China befindet. Überall sonst, sogar in der Dritten Welt, funktionieren die Fluglinien wie moderne Enklaven in einer archaischen Welt. In China gehorcht die Fluglinie, ein Staatsmonopol, den geheimnisvollen Regeln des *guanxi*, einer traditionellen Mischung aus Einfluß und Bestechlichkeit. Eine Reservierung erlangt man nur mit Einfluß; wer die höchstrangige Empfehlung vorlegt, bekommt zu Lasten der niedrigeren einen Platz. Damit ist allerdings immer nur der Hinflug gesichert, denn das Rückflugbillett kann erst vor Ort gelöst werden, wo man wiederum eine wohlplazierte Beziehung spielen lassen muß. Computerreservierungen sind unbekannt, aber der Computer könnte ja auch dem *guanxi* in die Quere kommen. Ist man endlich in der Luft, so kann die Reise recht turbulent werden, denn der Armee, die den Luftverkehr regelt, sind die von Zivilflügen zu durchquerenden Luftwirbel herzlich schnuppe.

Doch wer hätte nicht schon davon geträumt, Schanghai zu sehen? Die Stadt ist immer noch dieselbe, wie wir sie aus den Abenteuerfilmen der dreißiger Jahre kennen. Auf dem Whampoafluß lassen die Schleppkahnzüge ihr Nebelhorn erschallen. Der Himmel ist das ganze Jahr über regenschwer und verleiht dieser asiatischen Stadt ein typisches Londoner Flair. Die Kais erinnern an jene der Themse, sind gesäumt von viktorianischen Bauten: die alte Börse, die Handelskammer und das Hotel des Friedens, eine jener Perlen der Wohnarchitektur, die die Engländer entlang ihrer kolonialen Wege zurückgelassen haben. Die einstigen Europäerviertel gemahnen immer noch an den Villenstil von Normandie und England, die früheren Diener haben den Platz der Herren eingenommen und diese Herrschaftshäuser in zahllose Kleinwohnungen aufgeteilt, pro Familie eine. Im Zentrum dieser Riesenballung ist die Altstadt so geblieben, wie sie wohl die Reisenden des 19. Jahrhunderts entdeckt haben mochten, ein Gassenlabyrinth, in das man sich nach der Legende ohne Führer nicht wagen durfte. Mühsam bahnt man sich seinen Weg durch das Gewühl von Fußgängern, steigt mit großen Schritten über Berge von Abfall, entgeht mit knapper Not den Fahrrädern, wird gestoßen und geschoben, erträgt Gerüche und Geschrei: Die Schanghaier sind lärmend, undiszipliniert, großschnäuzig und lachlustig. Jede Wohnung ist mit langen Bambusstangen bewehrt, an denen Wäsche hängt. Dort leben die Familien irgendwo in einem dunklen Loch, ohne Wasser und fast ohne Licht. Je nach Lust und Laune findet man auch Häuser mit malerischen oder zerfallenen Erkern. Der Bürgersteige haben sich die Hausfrauen bemächtigt, die ihre Wäsche und ihr Geschirr im Kollektivwaschbecken waschen, die Großeltern, die auf winzigen Bambussesseln sitzen, sowie zahllose Kartenspieler, Tee-, Suppen- und Nudelverkäufer. Man hat den Eindruck, als werde in Schanghai immerzu gegessen, eiligst und auf der Straße stehend.

In diesem Gewühl bildet ein altes Teehaus inmitten eines winzigen Sees das schweigende Herz, um das sich die Achtzehn-Millionen-Metropole dreht. Ein paar nachdenkliche Greise, das Kinn auf ihren Stock gestützt, verbringen hier ihren Tag vor einer winzigen Tasse grünen Tees und hören dem Gesang der Nachtigall in ihrem Käfig zu.

Die Fabriken ähneln ganz der Stadt, scheinen in einer Vorzeit versteinert, und es ist kaum noch vorstellbar, daß Schanghai vor fünfzig Jahren eine der Hauptstädte der Industriewelt war. Aber auch hier ist die Reform im Vormarsch, jedenfalls in den Schlagworten. »Macht den Geist frei, ergreift Initiativen!« Dieser tönende Appell gilt den Arbeitern der Fabrik für nahtlose Röhren. Wie üblich hängt die Inschrift in eleganten Goldschriftzeichen auf rotem Grund über dem Eingang zu den Werkhallen. Dieser Betrieb beschäftigt 16 000 Personen, eine stattliche Zahl, vermutlich das Dreifache dessen, was die Produktion tatsächlich brauchte. Der Müßiggang des Personals, die im Gang befindlichen Kartenpartien bezeugen es hier wie in jedem anderen chinesischen Betrieb. Die technische Rückständigkeit, die heruntergekommenen Räumlichkeiten, die generelle Verwahrlosung sind nicht weniger traditionell: Manche Hochöfen datieren noch aus den dreißiger Jahren, die Züge stammen aus den fünfziger Jahren, die Arbeiter schmieden die Stücke von Hand. Dabei handelt es sich hier noch um eine als Vorbild für die Reform geltende Einheit. Der staatliche Plan weist ihr eine recht einfache Produktionsquote zu, denn die Fabrik stellt nur zwei Röhrentypen her: kleine und große. Über diese Quote hinaus – und das ist das Neue – darf die Fabrik an jeden beliebigen Kunden zu dem mit ihm ausgehandelten Preis verkaufen. Mit dieser Öffnung auf den freien Markt soll die Fabrik zu einer Qualitätsverbesserung ihrer Erzeugnisse bewegt werden und das Marketing entdecken lernen; diese liberal inspirierte Argumentation hätte allerdings nur dann einen Sinn, wenn auch die Kunden ihren Lieferanten wählen könnten, aber das ist nicht der Fall. Die Fabrik besitzt in der Provinz das absolute Monopol für die Röhrenerzeugung auf einem Knappheitsmarkt, sie hat keinerlei Konkurrenten und kann folglich ihre Erzeugnisse, ob sie nun gut sind oder schlecht, mit Sicherheit auf einem freien Markt zu einem deutlich über dem Planpreis liegenden Preis absetzen. Die Kunden, zumeist neue Kollektivbetriebe, sind - wenn sie etwas abbekommen wollen - gezwungen, einen über *guanxi* verfügenden Mittelsmann zu bezahlen.

Aber die Untüchtigkeit der Fabrik für nahtlose Röhren wie auch generell der chinesischen Volkswirtschaft wird noch durch das Verhalten der Bürokratie verschärft. Wie überall auf der Welt ruft auch in China die bloße Erwähnung der Einmischung der Bürokraten bei den Führungskräften freudige Gesprächigkeit und Kommentarlust hervor. Ist der Betrieb doch unzähligen Gängeleien ausgesetzt: Von den 16 000 Beschäftigten muß er 2400 in der Verwaltung hauptsächlich dafür einsetzen, die Anfragen und Forderungen der Behörden zu befriedigen. Letztere gibt es auf drei Ebenen: Zentralregierung in Peking, Provinzregierung und Stadtverwaltung in Schanghai. Das Industrieministerium in Peking setzt den langfristigen Produktionsplan für die Fabrik nach Menge und Produktart fest. Die Eisenhüttendirektion der Provinz jedoch weist die für diese Erzeugung erforderliche Energie zu, und Energie ist rar. Die Stadtverwaltung schließlich übt eine ständige Kontrolle über die Betriebsleitung aus, und zwar vermittels der Abteilungen für Stahlindustrie, für Haushalt, für Industrie, für Handel, für Planung und für Allgemeinwirtschaft; jede dieser Dienststellen der Stadtverwaltung verlangt die Einrichtung eines entsprechenden Büros in der Fabrik.

Trotz der Reform haben die Funktionäre gegenüber den Betrieben praktisch Ermessensfreiheit. So bekundet in Schanghai der Provinzminister für Wirtschaft seine Autorität damit, daß er unablässig den Steuersatz auf die Gewinne verändert. In den letzten drei Jahren bewegte sich dieser zwischen 77 und 86 Prozent und war nicht immer vorher bekannt; im Mai 1987 wußte die Betriebsleitung immer noch nicht, wieviel ihr fürs laufende Haushaltsjahr einbehalten werden sollte. Unter diesen Umständen hat die Besteuerung der chinesischen Betriebe weniger mit der in entwickelteren Staaten bekannten Fiskaltechnik zu tun als mit einer Art

Raubüberfall der Verwaltung, bei dem noch ein gewisser Verhandlungsspielraum bleibt.

Dies ist das zentrale Paradox der Reform: Liberalisierung der Betriebsführung bei völlig ungeschmälertem Fortbestand der vorhandenen autoritären Bürokratie. Von den Funktionären wird erwartet, daß sie ihr Verhalten im Vergleich zu den letzten dreißig Jahren ins glatte Gegenteil verkehren. Dieser plötzliche Verzicht auf die bisherige Autorität wird noch unwahrscheinlicher, wenn man bedenkt, daß zahlreiche Offiziere, die man als zu verkalkt ansah, um noch den Wechsel in der Militärstrategie mitmachen zu können, in die Wirtschaftsverwaltung versetzt worden sind. Einer dieser nunmehr im Planungsministerium in Peking tätigen Offiziere erklärte mir denn auch, die Reform sei so umfassend und vielschichtig, daß für ihre richtige Anwendung noch mehr Funktionäre nötig seien!

Zu dieser Abhängigkeit von den Lokalbehörden tritt noch die Macht der kommunistischen Partei hinzu, die auf allen Ebenen der Verwaltung und Produktion zugegen ist; diese Parallelhierarchie der Partei läuft auf eine Verdoppelung des Amtsapparats hinaus. Schließlich befinden wir uns in einem sozialistischen Land, und da ist auch das Arbeiterpersonal mächtig: Die Generalversammlung der gewählten Delegierten tritt viermal jährlich zusammen und übt auf die Führungskräfte realen Druck aus.

Dieses Klima der Ungewißheit und Abhängigkeit reduziert die Verantwortlichkeit der Betriebsleitung natürlich außerordentlich und führt dazu, daß immer das kurzfristige Denken im Vordergrund steht. Die auf dem freien Markt erzielten Gewinne werden entweder weggesteuert oder in Form von sozialen Vorteilen und Prämien auf das Personal verteilt. Für Investitionen bleibt nicht viel übrig, jedenfalls nichts, was auf lange Sicht die Schanghaier Fabrik aus ihrer mittelalterlichen Technik herausführen könnte.

Nach Peking zurückgekehrt, wollte ich als Gegenstück zu Schanghai das Modernste ansehen, was die chinesische Industrie zu bieten habe. Man führte mich deshalb in die Fabrik »Ostwind«, wo 2000 Beschäftigte Fernsehapparate in japanischer Lizenz montieren. Ein Saal war mit – ebenfalls aus Japan importierten – eindrucksvollen Apparaten zur Güteprüfung ausgestattet. Die

Räumlichkeiten sind klimatisiert, man darf sie nur auf Strümpfen betreten, aber die Maschinen stehen still. Als der Fabrikleiter eine Vorführung anlaufen lassen will, stellt er fest, daß der verantwortliche Techniker ebenso fehlt wie der Strom!

In der Hauptstadt wird mir ein weiterer Modellbetrieb, das Pekinger Stahlkombinat, als Spitzeneinheit präsentiert. Seine Stahlproduktion hat sich binnen zehn Jahren verdoppelt und erreichte 1986 3 Millionen Tonnen. Der Stolz seines Leiters Feng Zhongmao gilt aber mindestens ebensosehr den Lebensbedingungen in seinem Betrieb. Er versichert mir, 28 Prozent der Betriebsfläche - Verzeihung: 28,3 Prozent! - seien grün bepflanzt und 92,47 Prozent des Wasserverbrauchs der Fabrik würden wiederverwendet. Kurzum: Ein Gartenbetrieb! Da ich in der höchst amtlichen Pekinger *China Daily* gelesen hatte, ein Drittel des im Lande hergestellten Stahls erweise sich als unbrauchbar und müsse wieder eingeschmolzen werden, bediente ich mich dieser offiziellen Äußerung als Rechtfertigung für die Frage an Feng, er möge mir doch seine Verlustziffer nennen. Unser Stahl ist hundertprozentig in Ordnung, protestiert er. Man fragt sich also, weshalb China Jahr für Jahr 20 Millionen Tonnen des gewöhnlichsten Stahls einführen muß.

Die Ergebnisse der ländlichen Industrie erschienen mir indes kaum überzeugender.

## *Reform oder Sprung nach vorn?*

Zusammen mit der Einrichtung freier Märkte in den Städten bildet der an die Bauern ergangene Aufruf, sie sollten in ihren Dörfern mit ihrem Ersparten eigene Unternehmen schaffen, die aufsehenerregendste Neuerung in Chinas Wirtschaftslandschaft. Mitten in dem Flecken Tuanjie, den wir schon mit unserem Freund Yan Hansheng kennengelernt haben, versinnbildlicht ein riesiger, schwarzen Rauch speiender Ziegelschornstein den neuen chinesischen Weg und ist der Dorfchefin Madame Zheng ganzer Stolz. Madame Zheng ist eine von der Dorfbevölkerung auf der Einheitsliste der Partei gewählte autoritäre Matrone. Vor Freude strahlend, lädt sie mich ein, mit ihr inmitten von Kohlenstaub, in den sich allerlei giftige Ausströmungen mischen, die beiden örtlichen Betriebe zu besichtigen, die Ziegelsteine und Bierflaschen herstellen. Berge von Bierflaschen schwappen aus der kleinen Fabrik und lagern in der staubigen Gasse, bevor sie an die Brauereien geliefert werden, die sie bestellt haben. Die Betriebsamkeit ist groß, wenn Strom da ist (die schnelle Entwicklung der ländlichen Kooperativen hat eine schwerwiegende Energieknappheit bewirkt). Vermutlich unterschätzten die Autoren der Reform den Gegensatz zwischen der Planung an der Spitze und dem Freisetzen der Initiative an der Basis. Die Arbeitsstunden müssen sich also nach der Stromverteilung richten. Aber dank ihrer Demarchen bei den örtlichen Behörden erlangt Madame Zheng häufig Gehör zu Lasten der Staatsbetriebe, die weniger *guanxi* vorweisen können als sie, oder anderer Genossenschaften, die zu Nachtarbeit gezwungen sind.

Ab dem sechzehnten Lebensjahr löst sich praktisch die gesamte Dorfbevölkerung in der Genossenschaft an Arbeitsplätzen ab, an denen man es wegen der Hitze der Schmelzöfen nur schwer aushalten kann. Im Prinzip ist – im Gegensatz zur Zeit der Volkskommunen – niemand zu dieser Arbeit gezwungen, aber der soziale Druck ist Zwang genug. Trotzdem richteten ein paar Bauern von Tuanjie lieber einen freien Zigarettenverkauf am Fabriktor ein, als daß sie sich in der Fabrik selbst abschindeten. Das Schmelzen des gesammelten Altglases, das Blasen und Formen der Flaschen geschieht mit Gerätschaften eines anderen Zeitalters; sie stammen aus Fabriken, die sie ausgemustert haben. Die Ergebnisse sehen eher mittelmäßig aus, nach der großen Zahl fehlgeformter Flaschen zu schließen, die zum Ausschuß wandern und danach unter großer Energieverschwendung ins Recycling kommen.

Nun haben die Bewohner von Tuanjie ja auch keinerlei Ausbildung erhalten, und die technische Leitung der Flaschenfabrik ist, wie die der benachbarten Ziegelei, pensionierten Arbeitern aus Schanghai anvertraut worden. Derjenige, der die Flaschenfabrik in Tuanjie aufgebaut hat und sie überwacht, genießt eine Verehrung, wie man sie in China den Alten bezeugt. Die Wahl der Fabrikleitung, so respektabel sie sein mag, hat jedoch zur Folge, daß den sechzehnjährigen Lehrlingen die Handgriffe und Methoden beigebracht werden, die in Schanghai vor einem halben Jahrhundert galten. Madame Zheng wischt alle diese Einwände mit der Bemerkung beiseite, die Genossenschaft diene nicht bloß der Herstellung von Flaschen, sondern trage zum Aufbau des Sozialismus bei. Hat nicht die Glasfabrik noch den zusätzlichen Vorteil, daß sie einer Bevölkerung eine Beschäftigung bietet, die andernfalls weitgehend dem Müßiggang verfiele und versucht wäre, in die Stadt abzuwandern?

Die ländlichen Kooperativen stellen sich also als intelligente Antwort auf die allen Teilen der Dritten Welt gemeinsamen Sorgen dar, die ja insgesamt unter versteckter Arbeitslosigkeit in der Landwirtschaft und unter der Landflucht leidet. Tuanjie wird die westlichen Ökologen verführen, die von »angepaßter Technik« und anderem Krimskrams träumen, den sie bei sich selber allerdings lieber nicht sehen möchten. Desgleichen passen diese Kooperativen großartig ins Bild der Drittweltmythologie vom *Small is beautiful.* Doch klein und technisch rückständig ist nicht zwangsläufig auch lebensfähig. So kann man sich im Falle China fragen, wie lange ein Abenteuer dauern wird, das sich so wenig an die wirtschaftliche Logik hält und bei dem vor allem die Verantwortlichkeit so total verwässert ist. Tatsächlich läßt sich fast unmöglich herausfinden, wer für die Kooperative verantwortlich ist. Je nach Gesprächspartner ist die Flaschenfabrik mal öffentliches Eigentum der Gemeinde Tuanjie, mal Kollektiveigentum aller Bewohner, dann wieder nur der dort Arbeitenden. Auf keinen Fall ist sie individuelles oder kapitalistisches Eigentum, sondern weiterhin eine nicht näher bestimmte Form sozialistischen Eigentums – bis hierhin jedenfalls ist die Sache klar.

Die Leitung ist ebenso ungewiß wie die Eigentumsfrage; theoretisch wird der Leiter von den Beschäftigten gewählt, in Wirklichkeit aber untersteht er Madame Zheng als Vertreterin der Partei. Auch das Verhältnis zwischen der Glasfabrik und der Tutelverwaltung ist nicht besser definiert. Anfänglich war die Kooperative von Tuanjie, damit sie in Gang kommen konnte, von der Gewinnbesteuerung befreit, doch seitdem sie Geld einbringt, wird sie mit einem unberechenbaren Satz besteuert. Wozu noch zu sagen bleibt, daß die chinesische Regierung in der Meinung, die ländlichen Unternehmen entwickelten sich zu schnell und verbrauchten zu viel Energie, eher die Tendenz haben dürfte, die Besteuerung zum konfiskatorischen Punkt zu treiben. Was übrigbleibt, wird nach Diskussion auf Rückflüsse an die Beschäftigten, Subventionen für eine Verbesserung der Wohnverhältnisse, eine Prämie von 10 Yuan pro an den Staatsladen verkauftes Schwein, die Deckung der Krankheitskosten für Kinder sowie der Begräbniskosten aufgeteilt. Man bemerkt, daß für Investitionen nichts vorgesehen ist; die Arbeiter-Bauern von Tuanjie streichen die Gewinne lieber sofort ein. Dies ist das erste Ergebnis eines Systems, bei dem niemand für die Zukunft Verantwortung übernimmt.

In dieser Flaschenfabrik von Tuanjie kann man nicht umhin, an den großen Sprung nach vorn von 1958 zu erinnern. Damals ging es darum, durch Vervielfachung der Hochöfen auf dem Lande um jeden Preis Stahl zu erzeugen. Dieses Experiment endete allerdings schon im Jahr darauf mit einem großen Schritt rückwärts, als jedermann feststellen mußte, daß nicht nur der auf diese Weise erzeugte Stahl unbrauchbar war, sondern auch überall der Hunger grassierte, weil man die Bauern für die Hochöfen requiriert hatte. Trotz dieser katastrophalen Erfahrung scheinen aber die chinesischen Behörden immer noch zu glauben, mit der Mobilisierung von Menschen könne man Technik ersetzen. In diesem Fall wäre die Reform im Gegensatz zu dem, was man im Westen glaubt, weniger eine Liberalisierung der Wirtschaft als ein neuer »Sprung nach vorn«.

Dieser geschichtliche Vergleich erregt bei den Wirtschaftlern grimmigsten Zorn, aber allem Anschein nach ist er ihnen durchaus in den Sinn gekommen: Man braucht nur die Frage zu stellen, so bekommt man, gleichgültig, mit wem man es zu tun hat, unweigerlich dieselbe Antwort. So stellt in Tuanjie Chen Deyan vom Wirtschaftsinstitut Sichuans fest, »im Gegensatz zum ›Großen Sprung nach vorn‹ verläuft die Reform der achtziger Jahre von unten nach oben und nicht von oben nach unten, und sie beruht auf wirtschaftlicher Logik und nicht auf apriorischen Überlegungen der Ideologie.« Eine Woche später erwidert 2000 Kilometer entfernt in Peking der Vizepräsident der Akademie der Wissenschaften, Liu Guoguang, auf dieselbe Frage, im Gegensatz zum »Großen Sprung nach vorn« verlaufe die Reform der achtziger Jahre »von unten nach oben . . .« usw.

Die Benutzung der hölzernen Sprache weist in China immer auf eine unbewältigte Unruhe hin.

## *Warum China nur langsam erwacht*

Spitzeneinheit oder nicht, Stadt- oder Landfabrik – das industrielle Bild Chinas ist bemerkenswert homogen: Überall herrscht technischer Rückstand, mangelt es an der Ausbildung der Menschen, fehlt die Aufgabenspezialisierung, wird die Betriebsführung vernachlässigt, regiert das Treibenlassen, gibt die Quantität den Ton an, und man steht der Qualität der Produkte oder Dienstleistungen völlig gleichgültig gegenüber. Die einsichtigeren und freimütigeren Wirtschaftswissenschaftler der Akademie der Sozialwissenschaften stimmen alles in allem, wenngleich in vorsichtigerer Formulierung, dieser Feststellung zu. Liegt die Verantwortung dafür bei der Last der Geschichte, bei der nationalen Kultur oder beim sozialistischen Regime?

Für Dong Furen ist der wirtschaftliche Rückstand Chinas ganz und gar auf das Versagen des Entscheidungssystems in den Betrieben zurückzuführen. Solange die Verantwortung nicht klar aufgeteilt und unter den drei Mächten, die innerhalb jeder Organisation miteinander stritten – Betriebsleitung, Partei, Arbeiterversammlung –, hierarchisch gegliedert werde, sei keinerlei entscheidender Fortschritt möglich. Nur ein »Betriebsgesetz« könne endlich den Fachleuten Autorität über die Politiker verleihen. Doch der Einfluß der Wirtschaftler ist nicht so groß, daß sie diese Revolution der Revolution durchsetzen könnten: Bislang zieht die Partei immer noch einem Sozialismus, der ohne sie funktionierte, einen nicht funktionierenden Sozialismus vor!

So ist zu befürchten, daß die Fabriken in Peking oder Schanghai noch lange ohne Investitionen und ohne Führung auskommen müssen. Desgleichen fürchte ich, daß die ländliche Kooperative von Tuanjie nie und nimmer eine leistungsfähige Produktionseinheit werden wird, denn zu der Widersprüchlichkeit jedes öffentlichen Betriebs tritt noch die jedem Kollektivbetrieb eigene Widersprüchlichkeit: Nie treffen die Beschäftigten eine Entscheidung, die ihrem kurzfristigen Interesse zuwiderliefe. Selbst in der Landwirtschaft geht der Reform allmählich der Atem aus. Die Bauern verkaufen lieber auf dem freien Markt, als daß sie ihren Vertrag dem Staat gegenüber erfüllen, und damit gerät die Versorgung der Städte in Gefahr. Außerdem steht die Bodenzersplitterung jeglichem technischen Fortschritt und der Kommerzialisierung im Wege; andererseits ist eine Rückkehr zur Kommunenwirtschaft ebenso undenkbar wie die Zulassung eines kapitalistischen Grundstückhandels.

Diese pessimistischen Schlußfolgerungen werden nicht nur von den chinesischen Behörden, sondern auch von allen Reisenden bestritten werden, die gerne feststellen möchten, daß sich China bewegt und wandelt. Es ist richtig, daß seit kurzem das Telefon in Peking funktioniert, daß die Stadt ihre ersten Verkehrsstaus erlebt, daß sich die Hotels mühselig auf internationales Niveau heben und die ersten Kreditkarten aufgetaucht sind. Aber das alles sind nur ein paar vereinzelte Erscheinungen in Nachahmung der westlichen Technik in Großstädten oder eigens zur Anlockung ausländischen Kapitals eingerichtete Freizonen. Die zivilen und militärischen Instrumente der Zentralmacht in China werden modernisiert, aber man darf die Vervollkommnung der Autorität nicht mit der Entwicklung der Gesellschaft als Ganzes verwechseln.

Derzeit bietet China also der Dritten Welt keineswegs ein Entwicklungsmodell, sondern eher ein Modell für die Verwaltung der Knappheit und eine Machtideologie – einen Käfig mit handfesten Stäben eher als einen goldenen Käfig.

Ich zweifle, ob die nächste Generation diesen Käfig zu öffnen wagen wird. China erwacht noch lange nicht, bloß weil ein paar tausend Studenten auf dem Tienanmenplatz fürs Westfernsehen »Demokratie« gerufen haben. Mir scheint diese nachrevolutionäre Generation vor allem deshalb gegen die Machthaber zu protestieren, weil sie der herrschenden Gerontokratie gerne die Macht entreißen möchte. In der Universität für Betriebswesen und internationalen Handel, der neuesten Einrichtung in Peking, die die Eliten der Nation auf sich zieht, habe ich festgestellt, daß die besten Studenten zum Run auf die Wirtschaftsministerien der Hauptstadt angesetzt haben, um »die Reform zu verwalten«. Diese Musterschüler sind die neuen Mandarine eines China, in dem die Partei den Platz des Sohns des Himmels und Marx den des Konfuzius eingenommen haben. Es ist nicht recht zu erkennen, warum diese Musterschüler die alte Ordnung umstülpen sollten, um sich auf das Abenteuer eines Wachstums mit unberechenbaren sozialen und politischen Folgen einzulassen. Sie üben sich lieber im Doppeldiskurs des Marxismus und der traditionellen Kultur, um eine stabile Ordnung zu erhalten, anstatt sich eine schöpferische Unordnung einzuhandeln.

Zahlreich sind die Länder der Dritten Welt, die nach einem Alternativmodell Ausschau halten. Manche erblicken es im Liberalismus oder in dem, was sie als Liberalismus ausgeben.

# 10

# Sagten Sie »liberal«?

El Alto, der Flughafen von La Paz, trägt seinen Namen zu Recht, mit 4000 Metern über dem Meeresspiegel ist er der höchste der Welt. Seit den Ebenen Argentiniens steigt das Flugzeug unablässig und sucht sich seinen Weg zwischen den kargen Kordilleren über einer Mondlandschaft aus Kratern und Seen. Bevor wir unsere Sitze verlassen, legt uns der Kapitän eindringlich nahe, tief Luft zu holen und nur ganz langsam zum Flughafengebäude zu gehen, dabei möglichst nichts zu tragen. Wer hier ankommt, hat zuvor schon tausend bedrückende Geschichten gehört von Passagieren, die wegen plötzlicher Durchblutungsstörungen am Fuße der Gangway zusammenbrechen und mit der nächsten Maschine wieder zu Tal geflogen werden müssen. Sobald man in Buenos Aires oder São Paulo wissen läßt, daß man nach La Paz wolle, schaut einen alle Welt mitleidig an. Tatsächlich sind die ersten Schritte auf der Piste mühsam; die Sohlen scheinen aus Blei, der Atem geht in kurzen Stößen, das Herz klopft immer schneller. Eine Delegation erwartet mich, schaut mich prüfend an. Ich fühle mich einigermaßen wohl, doch dann bemerkt der Minister, ich sei ziemlich bleich. Noch ehe ich ihm erwidern kann, das sei meine natürliche Gesichtsfarbe, gehe ich schon in die Knie, ein hilfreicher Mensch stürzt mit einer Sauerstoffflasche auf mich zu und drückt mir ungefragt die Maske aufs Gesicht. Wozu, zum Teufel, mußte ich auch nach Bolivien reisen?

Der bescheidene Sechs-Millionen-Staat hat nichts mit Brasilien oder Argentinien gemeinsam. Dennoch hat dieses kleine Land in der Geschichte der Menschheit eine einzigartige Rolle gespielt. Von hier, insbesondere von den Potosí-Minen, ging im 16. und 17. Jahrhundert der große Silber- und auch Goldstrom aus, der entscheidend zum industriellen *takeoff* unseres alten Erdteils beitrug. Aber fünf Jahrhunderte nach der spanischen Eroberung ist Bolivien immer noch, wie Simón Bolívar es zu seiner Zeit beschrieb, »ein Bettler auf goldenem Thron«, eines der ärmsten Länder der Erde. Das war schon mal ein Grund, nach Bolivien zu reisen.

Ein zweiter Grund gab den Ausschlag: Der Präsident Boliviens war liberal geworden! Nun hätte das auf dem lateinamerikanischen Kontinent, wo Worte wenig sagen und eine Ideologiemode die andere ablöst, kaum etwas Besonderes bedeutet, hätte es sich nicht ausgerechnet um diesen Präsidenten gehandelt. Denn wenn Paz Estenssoro lange Zeit ein Symbol für Lateinamerika war, dann jedenfalls ein sozialistisches! Schon in den fünfziger Jahren verstaatlichte er als Staatschef die Bergwerke, warf den Zinnkönig Anténaor Patiño aus dem Land, konfiszierte den Grundbesitz der Aristokratie und verteilte ihn an die Indianer, entschädigte keinen Menschen und sperrte seine bürgerlichen Feinde in Lager, die hier jedermann bis heute »Konzentrationslager« nennt. Zehn Jahre vor Castro und Che Guevara hatte dieser Mann die Fantasie beflügelt. Paz Estenssoro liberal! Das mußte man unbedingt gesehen haben ...

## *Paz Estenssoros zweites Leben*

La Paz ist ein geografisches Unding. In der dünnen Luft wird jede Bewegung zur Heldentat, das Nehmen einer Treppe zur Gipfelbesteigung. Nur das Nationalgetränk *matecoca* verschafft etwas Linderung für *soroche*, die Höhenkrankheit. Seit jeher wissen die Aymará, die Indianer auf dem *altiplano*, daß man, um auf dieser Höhe zu überleben, den lieben langen Tag Kokablätter kauen, sich gemächlich fortbewegen muß und nicht zu schnell denken darf. So spielt sich in La Paz alles in leichtem Zeitlupentempo ab. Die Indianerinnen mit ihren Melonenhüten hocken am Trottoirrand und warten tagelang auf den Zufallskunden, der ihnen eine Pakkung Zigaretten oder einen Lamafötus abkauft, der als Glücksbringer gilt und den die Bolivianer in die Fundamente eines Neubaus einmauern. Dieses langsame, trübselige Dasein wird von zahllosen halb christlichen, halb heidnischen Festen durchbrochen, aber sehr fröhlich sind sie nicht gerade, die sich endlos wiederholenden Tänze nach stechender Musik, die Tag und Nacht dauern, bis die biertrunkenen Tänzer zusammenbrechen. Nichts gemahnt uns hier ans pariserische Flair von Buenos Aires oder die New Yorker Atmosphäre von São Paulo.

Paz Estenssoro also regiert über dies seltsame Land, wo seit der spanischen Eroberung einige Europäer, mehr als 100 000 keinesfalls, die Inkas ablösten und die Herrschaft über die Indianer antraten. Der Präsident residiert in einem Operettenpalast, der geradewegs einem Bilderbuch entsprungen scheint, und wird bewacht von Soldaten in weißer Hose, roter Flanelljacke und breitem Ledergürtel. Das Zeremoniell ist eher bieder. Der Kabinettschef, ein Oberst, läßt seine Besucher an seinem morgendlichen Ritual teilhaben; zunächst werden die Schuhe von einem Straßenschuhputzer auf Hochglanz gebracht, ein unerläßliches Zeichen für Respektabilität in Bolivien, dann kommt die Kaffeestunde, an die sich die Lektüre des Stadtanzeigers anschließt. Darüber wird es schon mal gut und gerne elf Uhr, womit die begehrte Stunde des Fleischkrapfens, der *salteña*, anbricht, die der wachhabende Offizier anträgt. So tröpfeln in lautlosen Vorzimmern die Stunden leise vor sich hin.

Der Präsident empfängt seine Besucher wohlgeborgen zwischen zwei ständig glühenden Heizsonnen, doch ist auch der Körper dieses Dreiundachtzigjährigen, der nur 78 Jahre zugibt, ziemlich verbraucht, so ist sein Blick doch lebhaft, vielleicht ein Winziges zu strahlend hinter dicken Intellektuellengläsern. Paz gilt als so ausgekocht, daß sein Volk ihm den Beinamen »der Luchs« gegeben hat. Gleich nach ihm kommt ein geheimnisumwitterter Ratgeber, dessen einzige Funktion darin besteht, der »Freund« des Präsidenten zu sein: Jacobo Liberman, hager, braun und lebhaft, unbestimmbaren Alters, gelegentlich als Dichter und Schriftsteller tätig, Verfasser einer fünfzehnhundertseitigen Bolívar-Biografie. Dieser Sohn polnischer Einwanderer knüpft in diesem fernen Land an die Tradition der Hofjuden an. Liberman, eine Art unerwarteter Père Joseph, ist der Berater des einstmals linken Präsidenten in Sachen Liberalismus.

Paz Estenssoro ist es also 1985 gelungen, nach einer von ausländischen Beobachtern problemlos als demokratisch eingestuften

Wahl[1] die Zügel wieder in die Hand zu nehmen, und heute läßt er nichts unversucht, alles, was er vor 35 Jahren tat, wieder auseinanderzunehmen ... Er ist zu dem Staatschef geworden, der sich in ganz Lateinamerika am unumwundensten für die Marktwirtschaft einsetzt!

Das sollte man sich näher ansehen. Als er an die Macht zurückkehrt, liegt die Inflation bei der Wahnsinnsrate von jährlich 18 000 Prozent, einem bislang in Friedenszeiten von keinem Staat erreichten Rekord. Eine Packung Zigaretten kostet 3 Millionen Pesos, und für den kleinsten Einkauf muß man Banknoten gleich kofferweise mitschleppen. Da Bolivien über keine Druckerei verfügt, die mit dem Inflationsgalopp Schritt halten kann, werden die Banknoten in Brasilien gekauft und stehen auf der Einfuhrliste des Landes auf dem dritten Platz! Die Regierung Siles, die der von Paz vorausging, läßt Ein- und Zehn-Millionen-Scheine drucken, um den Handel zu erleichtern. Da kommt Paz Estenssoro, und binnen dreier Monate bringt er den Preisauftrieb total zum Stehen, indem er völlig ungerührt die vom Internationalen Währungsfonds empfohlenen Techniken anwendet: Anstatt die Druckpressen in Gang zu setzen, gibt der Staat keinen Centavo mehr aus, als er einnimmt. Sofort kommt die Inflation zum Stehen, womit im Falle Bolivien die Verknüpfung zwischen Preisauftrieb, Geldschöpfung und öffentlichem Defizit vollkommen bewiesen wird. In strikter Befolgung der Lehren der monetaristischen Orthodoxie gibt Paz Estenssoro 1986 die Preise frei, wie es weder Alfonsín in Argentinien noch Sarney in Brasilien zu tun gewagt haben. Die Knappheit auf den Märkten der Hauptstadt verschwindet, und alle Konsumgüter werden wieder verfügbar – freilich nur für die sehr dünne bolivianische Bürgerschicht, die noch Geld besitzt.

Vor 25 Jahren, sagt mir Paz, habe man noch Sozialist sein müssen, es habe gegolten, die Oligarchie der Großgrund- und Bergwerksbesitzer auszuschalten, um das Land vor dem Guerilla-

1 Paz wurde vom Parlament gegen zwei Gegenkandidaten gewählt, die eigentlich besser lagen. Man erzählt sich, die Abgeordnetenstimme sei bis zu 100 000 Dollar gehandelt worden. Vermutlich eine weitere Andenlegende ...

Krieg und der kommunistischen Revolution zu bewahren; im übrigen seien die Abenteuer Che Guevaras und Régis Debrays nirgends anders als in Bolivien zum Stillstand gekommen. Heute jedoch sei der Sozialismus überholt, Verstaatlichung sinnlos, der antiimperialistische Diskurs verfehlt. Der Liberalismus sei die historische Notwendigkeit unserer Zeit, und das gelte »für die nächsten dreißig oder vierzig Jahre«.

Diese neue Logik verlangt die Beseitigung jedes Defizits bei Staat und öffentlicher Hand, im wesentlichen also bei der staatlichen Bergwerksgesellschaft Comibol, die die vom Präsidenten 1953 verstaatlichten Zinnminen betreibt. Das Handelsdefizit der Comibol beträgt drei Viertel ihres Umsatzes; wenn sie für 100 Dollar Erz ausführt, importiert sie jedesmal für 400 Dollar Betriebsmaterial. Vor 35 Jahren hätte Paz diese Verluste dem westlichen Imperialismus angekreidet. Nicht so heute! Er erläutert mir, der Kurseinbruch sei die normale wirtschaftliche Folge des Endes der Zinnkonjunktur. Für ihr schlechtes Management macht er die Comibol verantwortlich, die nicht in der Lage sei, sich zu modernisieren und sich auf die neue Weltnachfrage nach anderen Erzen wie Gold und Silber umzustellen, die es in Bolivien im Überfluß gebe. Die Umstellung des Bergbaus verlange den Rückgriff auf internationales Kapital und mache die Entlassung von drei Vierteln der bolivianischen Bergarbeiter unausweichlich. Paz appelliert an die Multinationalen und fordert die Gewerkschaften auf, sich in Genossenschaften zu konstituieren, um ihren Niedergang selbst zu verwalten. Die Arbeitslosen sollten einfach im unbewohnten Tiefland im Osten zur traditionellen Landwirtschaft zurückkehren.

Die Kolonisierung der jungfräulichen Böden, das ist die Zukunft, die der »liberale« Präsident seinem Volk bietet. Ein durchaus akzeptables Vorhaben, wenn nur dieses Tiefland auch wirklich kolonisiert werden könnte. In Wirklichkeit jedoch führt Paz Estenssoros Aufruf die Indianer des *altiplano* nicht etwa einer strahlenden Zukunft entgegen, sondern mitten in den sicheren physischen Zusammenbruch. Denn wenn der bolivianische Urwald menschenleer ist, so weil er praktisch unbewohnbar ist: Eine Mücke verbreitet dort eine schreckliche, aussatzähnliche Krankheit, die Leishmaniosen. Seit jeher zerstört dieser Parasit die Gliedmaßen und das Gesicht derer, die sich dorthin wagen. Im Museum von Lima kann man Mumien ohne Nasen und Ohren sehen, Stigmata des vor Jahrhunderten entstandenen Übels. Die vom Institut für Höhenbiologie in La Paz durchgeführten Untersuchungen unter Leitung des französischen Arztes Philippe Desjeux zeigen, daß von den Bevölkerungen, die heute den Wald kolonisieren - in Bolivien wie in Brasilien -, die Hälfte (ein riesenhafter Anteil) tatsächlich von Leishmaniosen befallen wird. Einen vorbeugenden Impfstoff gibt es nicht, sondern nur ein Medikament, aber die meisten Kranken bleiben unbehandelt. Das also verbirgt sich hinter diesen Aufrufen eines verantwortungslosen Staates zur Einzelinitiative.

## *Die Zeit der Erholung*

In Wirklichkeit ist die Politik von Paz Estenssoro alles andere als liberal, sie ist erzreaktionär. Paradoxerweise wird auf dem lateinamerikanischen Kontinent nur allzuoft das neue liberale Lied von großen Staatsfeudalen angestimmt, die fest entschlossen sind, an ihrer absoluten Gewalt auch nicht entfernt rütteln zu lassen.

So gibt mir in Brasília General Ivan de Souza, Leiter des Informationsdienstes (ein hübsch geheimnisvoller Titel, hinter dem sich der anhaltende Einfluß der Militärs in der Regierung wohlklingend verbergen läßt), zu verstehen, die Offiziere seien samt und sonders »liberal«. Will sagen: »gegen die Extremisten, vor allem die linken!« Im unmittelbar daneben gelegenen Büro erläutert mir dann José Sarney, Präsident der Republik - ein biederer Schlaufuchs, unter der Militärdiktatur noch Senatspräsident, seit Rückkehr zur Demokratie Staatschef - des langen und breiten, auch er sei seit jeher liberal. »Sogar schon, als das noch nicht in Mode war«, präzisiert er nachdrücklich. Ich würde Sarney glauben, wenn ich nicht wüßte, daß er höchstpersönlich darüber wacht, daß kein Beamter auch noch so bescheidenen Grades ernannt wird, bevor seine politische Couleur eindeutig nachgeprüft ist.

Desgleichen versichert mir im Cortéz-Palast in Mexiko Planungsminister Carlos Salinas de Gortari, die Privatisierung sei in vollem Schwung. Beweis: 1986 hat die Regierung zwei - winzige - Staatsbetriebe an den Privatsektor zurückverkauft und - erstmalig in der Geschichte - in Monterrey eine tiefverschuldete Staatsgießerei geschlossen. Der Minister bemerkt, bis noch vor ganz kurzer Zeit wäre es undenkbar gewesen, den öffentlichen Sektor auch nur zu kritisieren; das Thema sei tabu gewesen.

Und nicht viel anders versucht mich in Buenos Aires der Staatssekretär für Wirtschaftsfragen in der radikalen Regierung, Adolfo Brodersohn, zu überzeugen, zwar werde der argentinische Staat alles behalten, worüber er heute verfüge, aber er werde sich künftig nicht noch weiter ausbreiten: »das Wachstum wird privatisiert werden«. Nur: Es gibt halt kein Wachstum ...

Warum nur halten es alle diese Machthaber für notwendig, sich des liberalen Vokabulars zu bedienen, warum reiten sie so sehr auf der Privatisierung, dem Unternehmergeist, den Kräften des Marktes herum? Zum Teil hat der Fastbankrott von Regierungen, die jetzt beim Privatkapitalismus suchen müssen, was sie in den Staatskassen nicht mehr vorfinden, diesen Redefluß erzwungen. Mehr noch aber ist diese Rhetorik rein exportorientiert, soll die internationalen Organisationen und die Banken beruhigen, die ausländischen Investoren ins Land ziehen; oft sogar wird ihr Text von internationalen Sachverständigen verfaßt.

Für Afrika lieferte mir der einstige Präsident des Senegal, der heute in Paris in Pension lebende Léopold Sédar Senghor, eine ergänzende Erklärung. Er meint, die Afrikaner wollten uns nur Freude machen und sagten eben, was wir gerne hörten. Als der Westen sozialistisch war, nannten sich die Afrikaner sozialistisch; jetzt, da Europa und die USA zum Liberalismus übergeschwenkt sind, haben auch die Afrikaner ihre Äußerungen entsprechend umgestellt. Später werden wir noch sehen, daß bei der derzeitigen Liberalisierungsbewegung Afrikas auch noch ein paar tiefere Gründe mitspielen, aber Senghors Ironie sollten wir sehr wohl im Sinn behalten, damit wir nicht völlig ahnungslos auf das hereinfallen, was wir gerne hören, und zum Opfer unserer eigenen Modenarrheiten werden. In Kairo jedenfalls waren mir Senghors Worte noch frisch im Gedächtnis, als ich Mohamed Zahwi zuhörte ...

Präsident Mubaraks junger Staatssekretär ist im Französischen nicht minder zu Hause als im Englischen und stellt eine vollkommene Synthese des klassischen Raffinements Ägyptens und der modernen Technokratie dar. Hört man Mohamed Zahwi reden, so hat Ägypten wahrlich die sozialistischen Fantasmen der Nasser-Zeit abgestreift, steht es dank seiner Mäßigung jenseits aller Gefahren einer Revolution à la Iran und befindet sich unwiderruflich auf dem Weg zu einer liberal geprägten wirtschaftlichen Entwicklung. Tatsächlich, so Zahwi, sei Ägypten seit jeher liberal gewesen, seit jener Zeit, als die Franzosen ihre Sprache, ihre Kultur und ihren Code civil hierhergebracht hätten. Der Sozialismus sei lediglich ein historischer Unfall gewesen, wegen einer Ungeschicklichkeit des Westens. Die Vereinigten Staaten hätten Ägypten der Sowjetunion in die Arme getrieben, als sie sich weigerten, den Assuan-Staudamm zu finanzieren und dem legitimen Nationalismus der Ägypter Rechnung zu tragen. Das Land sei also zu seiner ursprünglichen Berufung zurückgekehrt, dank Sadats Politik der *infitah*, der offenen Tür, deren Schlüsselbegriffe Liberalisierung und Privatisierung hießen. Von nun an konzentriere sich der ägyptische Staat auf das, was er zu tun verstehe: Infrastruktur, öffentliches Verkehrswesen, Telefon. Gewiß, der – riesige – öffentliche Sektor werde nicht abgebaut, aber er müsse jetzt mit der Konkurrenz des nationalen und ausländischen Privatkapitalismus rechnen. Gerade letzterer sei aufgefordert, in Ägypten zu investieren, und ihm böten sich zahlreiche Vorteile – steuerliche Erleichterungen und sogar, noch viel unerwarteter, Ausnahmeregelungen bei den Sozialgesetzen. Der internationale Handel wird wieder gefördert, Autarkie und Austerity sind abgeschafft, die Ägypter dürfen wieder Privatunternehmen und Banken schaffen.

Vermutlich hätten sie bislang, wie Zahwi unumwunden zugibt, noch kein ausgeprägtes Management- oder Unternehmertalent an den Tag gelegt, aber dafür könnten sie nichts: Das System habe abschreckend gewirkt, die Bürokratie habe alles erstickt, Preise und Wechselkurse seien absurd gewesen. Genau in dem Augenblick, da mir Zahwi klarmacht, daß er sämtliche Wirtschaftsindikatoren mühelos beherrscht, ertönt die Aufforderung zum Mittagsgebet und übertönt seine Stimme, so als befinde sich der Muezzin mitten in seinem Büro. Tatsächlich handelt es sich um einen auf dem Balkon des Ministers angebrachten Lautsprecher, der einen solchen Lärm macht, daß Zahwi laut brüllen muß, um mir die Tugenden seines Plans zu verdeutlichen, der für Ägypten eine Jahreswachstumsrate von 6,3 Prozent vorsieht. Die statistischen Angaben prallen mit den rauhstimmigen Gebetsformeln des Muezzin hart zusammen, und plötzlich scheint Allah viel gegenwärtiger als die ganze Wirtschaftswissenschaft.

Während ich Zahwi zuhöre, der mit Zahlen bis auf die Stelle hinter dem Komma um sich wirft, fällt mir ein anderes Gespräch ein, diesmal mit Ismaïl Sabri, dem Präsidenten der ägyptischen Arbeitgeber. Dieser schätzte die heimliche Wirtschaftstätigkeit – also all das, was sich Zahwis Plan entzieht – auf 60 Prozent und das im Ausland investierte ägyptische Kapital auf 40 Milliarden Dollar: das Zehnfache dessen, was Ägypten pro Jahr ausführt ...

Ich möchte Zahwi glauben, wie er davon überzeugt sein, daß sich Ägypten liberalisiert und entwickelt. Desgleichen möchte ich überzeugt sein, daß die Wahlen vom April 1987 klar waren und das ägyptische Volk tatsächlich diese Politik der offenen Tür mit 80 Prozent der Stimmen gebilligt und die Sozialisten, Fundamentalisten und die Wafd-Konservativen an den Rand gedrängt hat.

## *Der Islam, geschlossene Tür*

Ismaïl Abdalla seinerseits glaubt von all dem kein Wort, und leider hat er recht.

Der einstige Minister unter Nasser, frühere militante Kommunist und heute nicht-marxistische »Fortschrittliche« stand unter den Akteuren der sozialistischen Revolution an hervorragender Stelle. Das war vor dreißig Jahren, und da Abdalla erst 54 Jahre alt ist, fällt uns ein, daß die meisten Revolutionen das Werk sehr junger Menschen sind. Sein persönliches Schicksal ist seiner Meinung nach repräsentativ für das Leben eines Intellektuellen in der Dritten Welt: Dreimal wurde er von Nasser ins Gefängnis geworfen und dreimal von ihm wieder herausgeholt, um zum Minister ernannt zu werden, eben im Rhythmus der Beziehungen des *Raïs* zu den Kommunisten und der Sowjetunion. Heute steht er in Opposition zu Mubarak und zur Politik der offenen Tür, und wiederum besetzt Abdalla eine in der Dritten Welt häufige Position: die eines tolerierten Dissidenten, der von einer internationalen Organisation finanziert wird. Die Vereinten Nationen betrauen ihn mit Forschungsarbeiten über die Zukunft der arabischen Welt.

Ismaïl Abdallas Analyse steht der Zahwis vollkommen diametral entgegen, und so verkörpern die beiden die zwei Denkschulen zur Entwicklung, wie wir ihnen schon in Santiago de Chile begegnet sind. Im übrigen beruft sich Ismaïl Abdalla auf Raúl Prebisch ebenso wie auf Nyerere. Er ist gewissermaßen der Repräsentant dieser Dritt-Welt-Internationale in Ägypten.

Für Ismaïl Abdalla trägt die *infitah* ihren Namen zu Recht: Es sei genau das *laisser-faire, laisser-passer*, als das man den Liberalismus karikiert, die offene Tür für alles Unwesen, wobei zur öffentlichen Korruption noch die private trete. Der seiner Zielsetzungen beraubte staatliche Sektor sei Technokraten und Militärs ausgeliefert worden, die man nicht wegen ihres Sachverstands, sondern ob ihrer Linientreue ausgewählt habe; sie betrieben diese Unternehmen nur mit Blick auf ihre persönlichen Interessen. Das Großbürgertum Kairos andererseits habe sein riesiges Vermögen dank seiner internationalen Transaktionen und vermittels der Dollarspekulation[1] wiederherstellen können.

Seit vor zehn Jahren die *infitah* verabschiedet worden sei, hätten sich Ägyptens Einnahmen scheinbar merklich verbessert, aber die Zahlen täuschten, denn es handle sich ausschließlich um ausländische Ressourcen: die Kanalgebühren von Suez, die Ölverkäufe aus dem Sinai, die Lohnüberweisungen der im persischen Golf tätigen Ägypter. Keinerlei zusätzlicher Reichtum sei durch die Arbeit der Ägypter in Ägypten noch durch die Investitionen der neuen Bourgeoisie entstanden, die nicht einmal kapitalistisch sei und praktisch keinerlei Steuern zahle! Für den Mann auf der

1 Der Dollarschmuggel ist nicht auf das Großbürgertum beschränkt; tatsächlich handelt es sich um die Hauptbeschäftigung der Kairoer Bevölkerung.

Straße sei als deutlichstes Ergebnis der *infitah* nur die unanständige Zurschaustellung eines von einer Klasse der Neureichen auf schlimme Weise erworbenen Luxus erkennbar. Ein weiteres Ergebnis sei die Steigerung der Verbraucherpreise: Der Staat habe die Subventionen für laufende Konsumgüter gestrichen, um seine Schulden bezahlen zu können - Schulden, die im wesentlichen von der Unterschlagung von Geldern durch die politische Führung und die Bourgeoisie herrührten!

Ismaïl Abdallas Kritik ist nicht unberechtigt, vergißt jedoch zu erwähnen, weshalb Ägypten dort gelandet ist, wo es sich heute befindet. Wenn das Land völlig bürokratisiert ist, dann zum großen Teil, weil das Nasser-Regime alles verstaatlicht, die Unternehmer verschreckt, die Privatinvestition entmutigt und das Kapital zur Flucht veranlaßt hat. Die ägyptischen Unternehmen sind unbetreibbar, weil Nassers Sozialgesetze die ganze Macht den Gewerkschaften in die Hände gelegt haben. Die Verwaltung bläht sich immer weiter auf, weil die Nasser-Verfassung den Staat zwingt, jeden Absolventen der höheren Bildung einzustellen. Beispielhaft für die Art und Weise, wie der *Raïs* sein Land ins Labyrinth der Armut eingeschlossen hat, ist das Problem des Brotpreises, eine hochexplosive Angelegenheit, die mehrere Regierungen zu Fall gebracht hat.

Seit 15 Jahren kostet in Kairo der Einpfünder einen Piaster, etwa ein Zehntel seines wirklichen Wertes. Dieses Brot ist so billig, daß die Bauern damit ihre Hühner füttern, das kostet weniger als Körner. Die staatliche Brotsubventionierung soll, neben vielen anderen, den Ärmsten helfen. Hehre Absicht! Aber wer zahlt sie, wenn nicht die Ägypter? In Wirklichkeit läßt das Brot zu einem Piaster das Volk verarmen, welches das Staatsdefizit decken muß, freilich mit Hilfe eines Mechanismus, dessen Kenntnis sich ihm entzieht. Um dieses Defizit zu verringern, versucht deshalb die Regierung Mubarak, den Brotpreis ganz allmählich anzuheben, um Aufstände wie den von 1977 zu vermeiden, als sich Sadat erstmalig auf diesen Weg zu begeben wagte. Ismaïl Abdalla kann natürlich kaum der Versuchung widerstehen, den Nasser-Staat, der für die Armen sorgte, und den ungezügelten Mubarak-Liberalismus miteinander zu vergleichen.

## *Wie die Pyramiden wiederaufbauen?*

Man kann Ismaïl Abdalla keinen Vorwurf machen, wenn er schlecht interpretierte liberale Lösungen verwirft und nach Alternativen für die arabische Welt sucht. Schon das Schauspiel, das Kairo bietet, genügt, um seine Beunruhigung zu rechtfertigen. Eine Hauptstadt, die nicht unähnlich vielen Großstädten der Dritten Welt die Nachteile des technischen Fortschritts mit denen der Massenarmut verbindet. Hier ist alles Lärm, Dreck, Abfälle, Verstopfung und eine für das Klima völlig unpassende Architektur, eine Kombination des Schlimmsten des Orients mit dem Schlimmsten des Okzidents. Vermutlich war Kairo einstmals eine staunenswerte Stadt. Unter der türkischen Zitadelle, die die alten Viertel überragt, kann man sich noch eine Harmonie aus Gassen, sandfarbenen Kuppeln und Minaretten vorstellen. Vermutlich konnte man von der Oberstadt aus noch den Nil erblicken und nach Westen hin das Gizeh-Plateau, die Spitze der Pyramiden. Das muß gewesen sein, ehe die Vorstädte unwiderruflich das alte Ägypten unter sich begruben, ehe die Flußufer unter dem Strom der Fahrzeuge verschwanden, ehe die monströsen Hotels der amerikanischen Ketten jegliche Perspektive verbauten. Heute ist Kairo eine Hauptstadt der Häßlichkeiten, und damit huldige ich nicht etwa einer Touristen-Nostalgie. Der Tourist wird immer die Fähigkeit haben, die Augen vor dem zu verschließen, was er nicht sehen will; so kann er die Sphinx betrachten, ohne der sie umgebenden Scheußlichkeiten gewahr zu werden. Mein Mitleid gilt weniger dem Besucher, der ohnehin nur ein paar Stunden in Kairo bleibt, als den Kairoern selbst, die hier ihr ganzes Leben verbringen. Wie sollte das seiner Identität so sehr bewußte arabische Volk nicht unter so viel Unordnung und Verschmutzung leiden, die in seinen Augen überdeutlich mit der verlorengegangenen Kultur kontrastiert?

Es muß doch einen anderen Weg geben. Doch so richtig Ismaïl Abdallas Kritik auch ist, so überholt ist das, was er vorschlägt; eben dem kehrt die Dritte Welt den Rücken. Ismaïl Abdalla meint, mit Hilfe einer Idealisierung der Geschichte die Massen sozialistisch mobilisieren zu müssen, er meint einen Nasserismus ohne

Nasser, eine Vereinigung des ganzen Volkes, um aus der Armut herauszufinden, er meint ein riesiges Vorhaben einer islamischen Fortschritts-Gesellschaft, als dessen historisches Modell er die große Assuan-Baustelle sieht. Zehn Jahre lang hätten 35 000 Arbeiter und Ingenieure an dem großen Staudamm gearbeitet und keinen Tag ausgelassen; damals seien die ägyptischen Arbeiter die besten der Welt gewesen. Assuan oder die Pyramiden des modernen Ägypten! Ohne moralische Mobilisierung, ohne Vereinigung der Massen könne, so meint Abdalla, die Dritte Welt nicht voranschreiten.

Mythische Vision? Utopie? Gewiß doch. Abdalla hält es für wesentlich, daß die Dritte Welt ihre eigenen Utopien zeuge. Ohne Utopie trachteten Ägypten, die arabische Welt, die gesamte Dritte Welt vergebens, den Westen nachzuahmen, werde ihnen immer der Atem ausgehen, hätten sie nie die geringste Chance, ihn einzuholen.

Diese beiden Entwicklungsvisionen - Zahwi, der realistische Liberale, gegen Abdalla, den progressistischen Träumer - sind nicht Ägypten allein eigen; sie veranschaulichen sehr wohl die Debatte, die durch die Erneuerung liberaler Ideen in der Dritten Welt in Gang gekommen ist. So habe ich sie fast spiegelbildlich in einem anderen Moslemland wiedergefunden, in Pakistan. Genau wie in Ägypten hat nach der Sozialisierung des Landes durch das Bhutto-Regime ein prowestlicher General, Zia, namens des freien Unternehmertums den traditionellen Feudalitäten - den »22 Familien« - die Wiederherstellung ihres Vermögens ermöglicht. Diese falsche Bourgeoisie investiert ebensowenig wie die in Ägypten, sondern sie konzentriert sich auf den Handel, baut keine Unternehmen auf und plaziert alle ihre Gewinne im Ausland. Wobei noch hinzuzufügen ist, daß im Falle Pakistans wie in dem Boliviens die Droge einen hervorragenden Platz einnimmt. Man schätzt die pakistanische Ausfuhr von Heroin, das aus dem im Norden des Landes und in Afghanistan angebauten Mohn gewonnen wird, auf 5 Milliarden Dollar; diesen Markt beziehen die Wirtschaftler nicht in ihre Pläne ein, doch nützt er beinahe der gesamten Bevölkerung, Landwirten, Transportunternehmern und Händlern. In der Opposition zu General Zia idealisiert die Volkspartei unter Führung von Benazir Bhutto das einstige Regime des Vaters und weiß nichts anderes vorzuschlagen als die Rückkehr dazu »in einem großen Aufschwung der ganzen Gesellschaft, durch die Mobilisierung der Massen« – und so weiter und so fort.

So ist die Dritte Welt hin- und hergerissen zwischen einem Liberalismus, der bloße Absicht bleibt und ideologischer Diskurs ohne Gehalt und ohne Beziehung zur wirklichen Gesellschaft ist, und revolutionären Mythen.

Bislang haben wir, so meine ich, ungefähr alle Sackgassen aufgetan, auf die Gefahr hin, den Leser, der uns bis hierher folgte, zur Verzweiflung zu treiben. Seine Treue soll belohnt werden, denn jetzt wenden wir uns dem Kapitel der Lösungen zu. Diese beruhen alles in allem auf zwei Prinzipien: auf dem Rechtsstaat und der Achtung vor dem Individuum – kurzum: auf authentisch liberalem Gedankengut.

DRITTER TEIL

# In 25 Jahren reich werden

# II

# Das Lied der Hoffnung

Schon von weitem erkannte mich Sandhu und winkte mir mit großen Gesten zu. Bei der Winteraussaat in Shikopur hatte ich gesagt, vielleicht komme ich, seinen Weizen ansehen. Woher wußte er von meiner Ankunft? Er stand am Rand des Feldwegs, der von Shikopur zur großen Straße nach Delhi führt, und wartete auf mich. Sandhu schien sehr fröhlich, fast überdreht. Hatte er etwas zuviel Haschisch in seinen Tabak gemischt? Er vergaß sogar, mich nach meinen Kindern zu fragen, die immerhin so zahlreich sind wie die seinen. Das Begrüßungsmahl aus curryduftendem *lhassi* und *chapati* mit Ziegenkäse mußte warten: Als erstes mußten wir unbedingt aufs Feld und den neuen Weizen bewundern!

Allzuviel verstehe ich von der Landwirtschaft nicht, aber mir war klar, daß dieser kurzstielige, schwerährige Weizen dicht und kräftig stand, die Bewässerungsgräben hervorragend in Ordnung gehalten waren. Keine Spur von Unkraut oder Schädlingen. Sandhu hatte den ersten Versuch mit einer neuen Hochleistungsweizensorte gemacht. Anstatt das Saatgut, wie in Shikopur seit Urzeiten üblich, von der letzten Ernte abzuzweigen, hatte er es diesmal in einer landwirtschaftlichen Versuchsanstalt erworben. Damit war Sandhu ein beträchtliches finanzielles Risiko eingegangen, aber er erhoffte sich davon auch eine dreifache Ernte im Vergleich zu früher, runde 80 Doppelzentner pro bewässertem Hektar. Nur eine kleine Ecke seines Landes hatte er noch mit dem traditionellen Weizen bepflanzt. Der sei für seinen persönlichen *chapati*-Verbrauch bestimmt, erklärte mir Sandhu; ganz so gut wie der alte Weizen schmecke der neue nun doch nicht.

Nun muß man wissen, daß sich bis dahin in Shikopur rein gar nichts getan hatte. Wohl seit Jahrhunderten übt in diesem Dorf im nordwestlichen indischen Bundesstaat Haryana jede Kaste eine ganz bestimmte Funktion aus. Die Grundstücksbauern erzeugen

Getreide, Obst und Gemüse auch zur Ernährung der Kasten, die keinen Grund und Boden besitzen, wie Unberührbare und Handwerker. Ein paar riesige Schwarzbüffelkühe, die im Hof der Häuser stehen, liefern die Milch, die nach der Fermentierung zusammen mit den *chapatis* die Hauptnahrung bildet. Die wenigen Möbel und der sonstige Hausrat werden samt und sonders aus Ton, Holz und Seilgeflecht mit großem Geschick und Einfallsreichtum im Dorf selber hergestellt. Eine Kaste beschäftigt sich ausschließlich mit dem Flechten der Pflanzenfasern. Eine andere webt Baumwolle, wieder eine andere spinnt die Seide der Maulbeerbaum-Raupen. Die Frauen schichten die getrockneten Kuhfladen zu säuberlichen Pyramiden. Naht ein Fremder, so verbergen sie das Gesicht hinter ihrem Sari, womit sie gleichzeitig den Bauch entblößen. Shikopur hat auch seinen Brahmanenpriester und einen Arzt, der nur Ayurveda-Heilmittel anwendet. Bis zum Beginn der »grünen Revolution« (wie die Weltbank die aufsehenerregenden landwirtschaftlichen Erfolge Indiens und Pakistans nennt) haben die Einwohner von Shikopur weder etwas von außerhalb gekauft noch nach außen verkauft.

## *Das Gen mit Schrumpfwirkung*

Sandhu wußte natürlich nicht, daß die Hochleistungskörner, die er da aussäte und die sein Leben verändern sollten, nicht etwa indischen Ursprungs waren, sondern daß sie der amerikanische Agrarwissenschaftler und geniale Tüftler Norman Borlaug vor zwanzig Jahren in Mexiko erfunden hatte. Das Band, das sich von Borlaug – der 1970 den (kaum je verdienteren) Friedensnobelpreis erhielt – zu Sandhu spannt, gehört zu den erstaunlichsten Wissenschaftsabenteuern unserer Zeit.

Es begann im Japan des 19. Jahrhunderts. Damals entdeckten amerikanische Agrarkundler auf den reichsten Böden Tokaidos einen seltsamen Weizen: Der Halm war nur knapp 60 Zentimeter hoch, und wurden die Ähren auch schwer, so knickten sie doch nie zu Boden. Diese in der ganzen Welt einmalige Zwergweizensorte verdankte fast nichts den Zufällen der Natur, sondern war in jahrhundertelanger Kreuzungs- und Auswahlzucht der japanischen Bauern entstanden. Diese hatten ganz pragmatisch das Dilemma aller Getreidepflanzer gelöst: eine schöne Ähre, deren Gewicht jedoch den Halm nicht zu Boden zieht. Dieser Zwergweizen verließ Japan erstmalig im Jahre 1867, als ein Franzose namens Dr. Mourier ein paar Körner mitnahm und dem Jardin d'Acclimatation in Paris übergab. Dessen Bulletin erwähnte 1880 erstmalig einen frühreifenden Weizen aus Japan, der drei Wochen früher blühte. Er wurde als Kuriosum verkauft, bis dann 1904 die Sorte ausstarb, noch ehe man ihr Geheimnis begriffen hatte: Der Weizen aus Japan enthielt ein Gen mit Schrumpfwirkung.

Ein anderer Entwicklungsweg sollte sich als erfolgreicher erweisen. 1917 wird in einer nahe Tokio gelegenen Versuchsstation ein Halbzwergweizen, der Daruma, mit amerikanischem Fultz-Weizen gekreuzt. Aus dieser Begegnung entsteht in der vierzehnten Generation die Sorte Norin 10, deren Halm nur 52 Zentimeter hoch wird. Ab 1935 breitet sich der Norin-10-Anbau aus; er revolutioniert die japanische Produktivität. Zehn Jahre später erspäht der amerikanische Agrarwissenschaftler Dr. Salomon, der mit der Besatzungsarmee hergekommen ist, die seltsam kurzen Weizenhalme in einer Forschungsanstalt im Norden Hondos; es handelt sich um nichts anderes als um Norin 10. Salomon begreift sofort den Wert seiner Entdeckung und schickt unverzüglich Saatgut per Flugzeug nach Amerika. Jetzt übernimmt Borlaug den Stafettenstab.

Eben zu dieser Zeit müht sich dieser junge Agrarwissenschaftler dank eines Rockefeller-Stipendiums im Norden Mexikos damit ab, die Weizen- und Maissorten zu verbessern, die die Sonora-Bauern traditionell verwenden. Aber Borlaug kommt keinen Schritt voran: Immer, wenn er die Leistung durch Wasser- oder Düngerzusatz zu verbessern sucht, wird die Ähre schwerer, knickt um und verrottet. Da begreift Borlaug, daß er den Halm durch Kreuzung des mexikanischen Weizens mit Norin 10 verkürzen muß. Doch die Mendelschen Erbgesetze sind ehern: Bis auf dem Kreuzungswege eine neue Sorte entsteht, vergehen nun mal 14 Jahre. Es sei denn – und das war Borlaugs zweiter Geniestreich –, man bringt es im Jahr auf zwei Ernten statt nur einer. Nun eignet sich gerade Mexiko dank der Vielfalt seiner Klimata,

Höhen und Sonnenbestrahlungen besonders für diese Tempoverdoppelung. Also läßt Borlaug seine Pflanzen ständig zwischen Nord und Süd pendeln und erzeugt damit in einem Jahr die Wachstumsbedingungen zweier Jahre. Die neue Sorte taucht schon im siebten Jahr auf: der mexikanische Zwergweizen namens Sonora 63, der die Landwirtschaft der armen Länder revolutionieren sollte.

Zur selben Zeit, Anfang der sechziger Jahre, macht Indien die schwerste Hungersnot seit Kriegsende durch. Dr. Swaminathan vom Indian Agriculture Research Institute hat von Borlaugs Forschungsarbeiten gehört und ruft ihn eiligst nach Delhi. Borlaug hat mir selbst erzählt, wie er damals nach Indien flog und dabei nur seinen Aktenkoffer voll Sonora-63-Saatgut mitnahm. Er wird von Indira Gandhi empfangen und überredet die Ministerpräsidentin, seine Körner auszuprobieren. Die unter wechselnden Klimata und Sonnenbestrahlungen gezüchteten mexikanischen Sorten erweisen sich als für Indien geeignet; ihre Widerstandsfähigkeit gegen Krankheiten ist beachtlich. Desgleichen haben die Sonoras auch den Vorteil, gemischtrassig zu sein, deshalb können die indischen Agronomen der Ludhiana-Universität im Punjab das genetische Reservoir dazu nutzen, neue Sorten zu züchten, die sich noch besser für die örtlichen Bedingungen eignen. So enthält heute auf dem Umweg über Japan und Mexiko der gesamte indische Weizen die Schrumpfgene Rht 1 und Rht 2.

Sandhu ist also nur das letzte Glied dieser langen Kette der grünen Revolution, die Asien binnen zwanzig Jahren aus den chronischen Hungersnöten befreit hat. Heute verfügt Indien über Weizenbestände der Größenordnung Kanadas oder der Europäischen Gemeinschaft. Diese grüne Revolution ist Gegenstand einer soziologischen, wirtschaftlichen und ideologischen Riesenliteratur, ist es doch allzu verführerisch, bei einer derart historischen Verwandlung immer den Faktor in den Vordergrund zu stellen, der die eigene These am kräftigsten zu untermauern scheint. Das Ganze ist um so komplexer, als die grüne Revolution in einem bestimmten Teil Indiens, im Punjab, und bei einem Volksteil ganz bestimmter Religionszugehörigkeit, bei den Sikhs, ihren Ausgang nahm und die größten Erfolge gezeitigt hat. Muß man also Sikh sein, um die grüne Revolution zu machen, und nicht etwa Hindu oder Moslem?

So sehen es natürlich die Sikhs ...

## *Die Juden Indiens*

Die Sikh-Bauern im Punjab haben die Produktivität der Farmer im mittleren Westen der USA erreicht. Binnen zwanzig Jahren haben sie die Erzeugung beim Weizen veracht-, beim Reis verdrei- und bei den Kartoffeln versiebenfacht. Dem Punjab ist es zu verdanken, daß Indien innerhalb weniger als einer Generation die Not überwand und zum Überfluß gelangte: Der Bundesstaat Punjab macht zwar nur 6 Prozent der Anbaufläche aus, liefert aber 60 Prozent der Weizenproduktion des ganzen Landes.

Es sei überhaupt nicht verwunderlich, sagt Khushwant Singh halb ernst, halb ironisch, daß die Sikh-Bauern so erfolgreich seien, denn sie seien eben Sikhs, und die Sikhs seien Indiens Juden: ein Flüchtlingsvolk, weniger eine Rasse als eine Religion, bei der jedoch der Ritus wichtiger ist als der Glaube. Die Sikhs haben nachweislich ein Talent für den wirtschaftlichen Erfolg, sind zugleich stolz und ängstlich. Die vom Guru Nânak im 15. Jahrhundert geoffenbarte Sikh-Religion beruht auf dem Glauben an einen einzigen Gott, setzt sich über das starre Kastensystem hinweg, glaubt nicht an die Vorbestimmung, sondern privilegiert die Initiative des einzelnen und die Gleichheit. Der Sikh schert weder Bart- noch Haupthaar, das er im Knoten unter einem Turban trägt, er trennt sich nie von seinem Dolch als Symbol der Zugehörigkeit zur Gemeinschaft der Sikhs.[1] Der Historiker und Leitartikler Khushwant Singh ist in Indien für seine nonkonformistische Haltung berühmt. Den Vergleich von Juden und Sikhs treibt er so weit, daß er an seinem Türbalken sogar eine Schriftrolle des Alten Testaments angebracht hat. Er hat sie aus Jerusalem mitgebracht, wo er, wie er mir versichert, triumphal empfangen worden sei;

1 Die indische Verfassung gestattet den Sikhs ausdrücklich das Tragen des Dolchs, sogar auf den Inlandflügen von Air India.

noch vor Russen und Amerikanern hatte das Oberhaupt der Sikhs die Existenz des Staates Israel anerkannt.

Seit der Teilung von Indien und Pakistan haben die Sikhs auf den Ländereien, die ihnen die indische Regierung zuwies, eine Zivilisation der individualistischen und unternehmungsfreudigen Kleinbauern eingerichtet und nutzen alle Möglichkeiten der landwirtschaftlichen Innovation und Bewässerungskunst. Oft wird behauptet, der entscheidende Faktor für die grüne Revolution im Punjab (»Fünfstromland«) sei das Wasser gewesen, aber Wasser allein hat bestimmt nicht genügt. Dieses Wasser mußte erst einmal zu den Feldern gebracht werden; wo es kein Kollektiv-Bewässerungssystem[1] gab, mußte also jeder Bauer einen Brunnen graben und eine Motorpumpe erwerben. Eine weitere Voraussetzung war, daß die Handelstradition der Sikhs eine geregelte Verteilung von Saatgut und Dünger in sämtlichen Punjab-Dörfern zuließ. Da Kunstdünger teuer ist, mußte der einzelne Bauer ein in der traditionellen Landwirtschaft unbekanntes, völlig neues wirtschaftliches Wagnis eingehen. Bleibt noch hinzuzufügen, daß die Regierung ab 1965 einen garantierten Mindestpreis für Agrarerzeugnisse einführte. Das war das Werk von L. K. Jha; der Hauptwiderstand dagegen kam, wie er mir sagt, von den sowjetischen Beratern, die auf die damalige Regierung großen Einfluß hatten und hinter Borlaug ein amerikanisches Komplott witterten. Natürlich hätten die Sikhs, wenn die Preise zu niedrig geblieben wären, keinerlei Interesse an einer Investition in die grüne Revolution gehabt.

Was also war ausschlaggebend? Die Sikh-Kultur? Das mexikanische Saatgut? Das Wasser? Das Kleinbauerntum? Die garantierten Mindestpreise? Läßt sich diese Revolution auf andere Orte, andere Bedingungen ausweiten? Eben darum geht es bei Sandhus Ernte in Shikopur: um den Nachweis, daß die grüne Revolution nicht nur im Punjab erfolgreich sein kann.

1 Das Bewässerungsnetz im Punjab ist von den Engländern in der Kolonialzeit angelegt worden; zwischen 1900 und 1930 hat sich der Umfang des bewässerten Landes von 13 auf 20 Millionen Hektar vergrößert, womit zugleich das Vorurteil widerlegt ist, die Kolonisatoren hätten die Entwicklung Indiens verhindert.

Dr. Singh kann die Behauptung nicht ausstehen, die grüne Revolution sei im Punjab deswegen erfolgreich gewesen, weil das Land von Sikhs bewohnt sei. Er ist kein Sikh, auch wenn sein Name es vermuten läßt. Der Agrarkundler am Institut für landwirtschaftliche Forschung in Delhi ist Sohn von Hindu-Bauern. Er ist der Meinung, Religion und Gebräuche hätten im Punjab überhaupt keine Rolle gespielt; was zähle, seien nur die materiellen Voraussetzungen: das Saatgut, die Bewässerung. Um seine These zu stützen, mußten also auch Hindu-Dörfer von der traditionellen Landwirtschaft zum Hochleistungssaatgut übergehen, und er selbst hat Shikopur als Versuchsstätte ausgesucht. Die Bodenbesitzstrukturen sind günstig, das Dorf besteht aus Kleingrundstückseignern, die ein persönliches Interesse daran haben, mehr zu erzeugen und die Überschüsse weiterzuverkaufen; außerdem gibt es zahlreiche Brunnen. So brauchten also nur noch die Bauern überzeugt zu werden, nicht durch langes Reden, sondern durch den Nachweis; Singhs Devise lautet, den Beweis müsse man antreten, indem man etwas vorzeige.

Nachdem er den Gemeinderat, den *pancayat* von Shikopur, dazu überredet hatte, ihm ein paar Morgen Gemeindeland zur Verfügung zu stellen, pflanzte er traditionelles und gezüchtetes Saatgut von Weizen, Senf und Rettich unmittelbar nebeneinander. In den Versuch wurden auch die Schulkinder einbezogen, die man aufforderte, bei sich zu Hause im Gemüsegarten alten und neuen Samen nebeneinander zu pflanzen.

Schon im ersten Jahr waren die Ertragsunterschiede - bei gleicher Bearbeitung, Düngung und Bewässerung - aufsehenerregend. Doch mit einer einmaligen Ernte war die Skepsis noch nicht besiegt. Erst nachdem sich das Wunder dreimal hintereinander vollzogen hat, glauben die Bauern dem Augenschein, sind sie sicher, daß das neue Saatgut nicht von irgendwelchen Schädlingen befallen wird, und kommen auf ihre Kosten: Es wäre nutzlos, mehr zu produzieren, wenn der erwartete Gewinn durch die Kosten von Saatgut, Dünger oder durch zusätzliche Arbeit wieder zunichte gemacht würde. Nachdem er alles wohl erwogen hatte, entschied sich nach Ablauf dieser drei Jahre Sandhu, den Dr. Singh als »fortschrittlichen Bauern« einstuft, für das Neue.

Nach dem Besuch auf Sandhus Feldern kommt endlich der ersehnte Augenblick für das Glas *lhassi*. Im Schatten des Feigenbaums räkeln sich die Männer von Shikopur auf ihren geschnürten Liegen, palavern und reichen einander die Wasserpfeife, der sie nacheinander große, dichte und parfümierte Rauchwolken entlocken. Um uns herum sind nur Frauen fleißig bei der Arbeit, kneten Kuhfladen, füttern die angeleinten Büffel, jäten Unkraut, bereiten die *chapatis* zu, rühren die Milch, tragen allerlei auf dem Kopf von hier nach da; die Felder sind von ihren buntfarbenen Saris gesprenkelt. Sandhu, der meinen mißbilligenden Blick spürt, bemerkt dazu, schließlich habe er die grüne Revolution gemacht, er habe gesät, und er werde ernten. Das wirtschaftliche Wachstum hat in Shikopur nicht zwangsläufig auch das Beste im Manne gefördert und den Frauen noch überhaupt keine Befreiung gebracht.

Vermutlich werde ich Sandhu niemals wiedersehen. Meine Indienreise geht im Frühjahr 1987 zu Ende. Aber Shikopur kann ich nicht vergessen. Dieses Dorf zeigt, daß in allen Kulturen, und seien sie noch so konservativ, die Modernisierung möglich ist. Ebenso lernen wir dort, daß sich die Dritte Welt ernähren und ihre Bevölkerungszunahme resorbieren kann, wenn man nur die richtigen Agrartechniken anwendet: Die Dorfbevölkerung hat sich in den letzten dreißig Jahren verdoppelt, aber die Hungersnöte der Vergangenheit wird es nicht mehr geben. Wahrscheinlich wird die grüne Revolution auch die soziale Ordnung verändern, neue Ungleichheiten schaffen. Manche Landeigner werden reicher werden als andere, aber aus diesem neuen Reichtum wird das Dorf insgesamt Gewinn ziehen. Doch Shikopur steht auch für die ganze Zweideutigkeit der Entwicklung, für die Langsamkeit und Schwierigkeit des Weges. Denn man darf sich nicht verhehlen, daß es sich hier um nicht mehr als ein Versuchsprogramm in bloß einem von 600000 Dörfern Indiens handelt. Nicht alle haben Wasser, und ist das Experiment des Dr. Singh auch bemerkenswert, so ist es eben doch nur ein Experiment. Damit sich die grüne Revolution auf ganz Indien ausweiten kann, muß sich die Regierung zu ihr bekennen und ihr mehr öffentliche Mittel zukommen lassen. Noch wichtiger wäre, daß gut ausgebildete Agrarkundler, Ingenieure, Techniker aus ihren Amtsstuben und Labors an den Universitäten Indiens kämen und in die Dörfer gingen. Die meisten von ihnen aber weigern sich - eine generell festzustellende Haltung der neuen Eliten der Dritten Welt, die sich lieber der Grundlagenforschung, dem Theoretisieren und dem städtischen Leben widmen. Singh ist eine Ausnahme - vielleicht, weil er selber ein Bauernsohn ist.

Weit über Shikopur und Punjab hinaus erklingt mittlerweile das Lied der Hoffnung[1] der grünen Revolution in zahlreichen Dörfern der Dritten Welt. In Indien selbst hat sich das Wunder in anderen Provinzen, auch ohne Sikhs, wiederholt, so etwa in Tamil Nadu im Süden des Landes. Neues Saatgut für Reis entstand in Thailand, Indonesien, den Philippinen, Korea. Festlandchina selbst hat aus diesem allen zugänglichen Reservoir der Techniken geschöpft, und in Bangladesch, lange Zeit Erztypus des Hungers, sind bei Reis und Weizen bemerkenswerte Fortschritte gemacht worden. Fast ganz Asien quillt neuerdings von Getreide über und entdeckt die völlig neuen Probleme der Lagerung und der Überschüsse. Tatsächlich gibt es keinen einzigen Fall, wo auch nur in einem Dorf Asiens die Anwendung der neuen Agrartechnik nicht die grüne Revolution zur Folge gehabt hätte. Asien ist nicht mehr der Kontinent des Hungers[2], der es seit ewigen Zeiten war und zu bleiben verflucht schien.

Noch 1967 veröffentlichten zwei bekannte Landwirtschaftsexperten, William und Paul Paddock, ein aufsehenerregendes Buch mit dem Titel *Hunger 1975*. Es befaßte sich ausschließlich mit dem unabwendbaren Drama Asiens. Afrika, das sich damals noch selbst versorgen konnte, wurde nicht einmal erwähnt. Zwanzig Jahre später ist es genau umgekehrt; in Afrika hält die landwirtschaft-

1 Das Lied der Hoffnung (»Asa Di War«) ist die religiöse Hymne der Sikhs. Denselben Titel trägt Murray Leafs sehr schönes Buch über die grüne Revolution, *Song of Hope*, New York 1984.

2 Es gibt allerdings in Indien noch Unterernährung, weil ein großer Teil der - insbesondere städtischen - Bevölkerung zu arm ist, um sich die auf dem Markt durchaus vorhandene Nahrung leisten zu können.

liche Produktion nicht mehr mit der Bevölkerung Schritt. Warum kam Afrika nicht in den Genuß vergleichbarer Fortschritte? Dem Anschein nach hängt das mit den besonders undankbaren Gegebenheiten der Natur und den Traditionen der Landbebauung zusammen: anfällige Böden, große Kulturvielfalt, schwieriges Klima, fast völliges Fehlen von Bewässerung, archaische Anbaumethoden. Aber diese natürlichen Hindernisse hätten durchaus überwunden werden können, hätte nicht in fast allen Fällen die Politik der Forschung hoffnungslos im Wege gestanden.

## *Das weiße Gold der Steppen*

Genetische Selektion setzt, da sie nun mal so langsam und in winzigen Schritten vor sich geht, Jahre der Geduld und des Friedens voraus, wie sie Afrika südlich der Sahara meist nicht gekannt hat. Nennen wir nur ein Beispiel von vielen: Sofort nach der Unabhängigkeit löste die Regierung von Ghana die landwirtschaftlichen Forschungseinrichtungen auf und verstreute sämtliche Zuchtkollektionen, die in dreißig- oder vierzigjähriger Arbeit entstanden waren, in alle Winde - eine Art afrikanischer Kulturrevolution, die das Andenken an die koloniale Vergangenheit auslöschen sollte. Im Gegensatz dazu zeigt die Kontinuität der Forschung in Côte d'Ivoire nach der Unabhängigkeit, daß nichts in der Natur Afrikas sich einem landwirtschaftlichen Wunder auch dort widersetzt.

So ist man in Côte d'Ivoire bei der Baumwolle von einem Ertrag, der in den fünfziger Jahren 100 kg/ha betrug, dank der Einführung einer ständig verbesserten Sorte - dem vom Steppen-Institut in Bouaké gezüchteten ISA 205 - bei mittlerweile 800 kg/ha angelangt. Diesem seit 45 Jahren von Claude Angelini geleiteten Institut ist etwa das gelungen, was Borlaug in Mexiko für den Weizen fertiggebracht hat. Côte d'Ivoire ist zum größten afrikanischen Erzeuger von Baumwolle aufgerückt, während man zur Zeit der Unabhängigkeit noch generell davon ausging, Baumwolle passe auf gar keinen Fall zu den besonderen ökologischen Bedingungen des Landes. In Wirklichkeit ist Baumwolle das »weiße Gold« der Steppe, sie liefert Öl, Fasern und Textilien und, wenn man will, sogar Eiweiß. Das Steppen-Institut hat eine *glandless*-Sorte gezüchtet, aus der Mehl und Kuchen hergestellt werden können, eine unerschöpfliche Nahrungsmittelreserve.

Soviel zu gewissen antikolonialistischen Kritikern der grünen Revolution, die bedauernd meinen, in Afrika hätten die ganzen Bemühungen den spekulativen Kulturen gegolten anstatt den Nahrungsmittelkulturen. Tatsächlich gibt es an Ort und Stelle gar keinen Widerspruch zwischen beiden, weil nämlich ganz einfach dieselbe Pflanze den Bauern ernährt und ihre Überschüsse auch noch verkauft werden können. Überdies baut der afrikanische Bauer in aller Regel seine Brotfrüchte und seine Baumwolle oder seinen Kakao am selben Platz an, so daß die gute Instandhaltung der einen Kultur gleich auch allen anderen zugute kommt. Außerdem muß man sich endlich von dem Elendsschema frei machen, das den afrikanischen Bauern zum Dahinvegetieren verurteilt. Wie alle anderen Völker streben die Afrikaner heute mehr als das bloße Überleben an; sie wollen die Entwicklung. Diese aber ist nur möglich, wenn sie auch etwas zu verkaufen haben und sich nicht auf bloße Nahrungsmittelkulturen beschränken.

## *»Mit unserem Wissensstand läßt sich die Welt ernähren«*

Auch mit 74 Jahren hat Borlaug den *middlewest*-Akzent und die schwieligen Bauernhände nicht verloren. Vor den Mitteln, über die er heute verfügt, verblassen die handwerklichen Methoden hoffnungslos, mit denen er zum Sonora 63 durchstieß. Die Forschungseinrichtung CIMMYT[1], die er zwar nicht mehr offiziell leitet, deren guter Geist er aber immer noch ist, gehört zu einem von der Weltbank finanzierten Riesenforschungsprojekt, dessen wichtigste Außenstellen in Manila, Nigeria, Indien und Syrien liegen. Es gehört zu den größten Erfolgen der internationalen Zusammenarbeit in der Dritten Welt. Die eine Stunde von Mexico City entfernt und ganz nahe den großen Pyramiden von Tehotihuacan gelegenen, perfekt gepflegten, bewässerten und gerad-

1 *Centro Internacional de Mejoramiento de Maíz y Trigo.* Seit 1986 wird das CIMMYT von dem französischen Agronomen Guy Vallaeys geleitet.

linigen Versuchsfelder des CIMMYT stehen in eindrucksvollem Kontrast zur kaktusbestandenen und steinübersäten Unordnung der umliegenden mexikanischen Gehöfte. In einem klimatisierten Gebäude werden in einer genetischen Bank mehrere tausend Germoplasmen aus der ganzen Welt gelagert, gewissermaßen ein Sammelgedächtnis allen agrarwissenschaftlichen Wissens. Jeder Same enthält ganz bestimmte einmalige Eigenschaften als Folge des Zufalls oder der Züchtung.

Noch eindrucksvoller ist jedoch die Gemeinschaft der hier arbeitenden Forscher. Agronomen und Genetiker, die die Rassenkreuzung und -verbesserung erlernen, kommen aus etwa hundert Ländern, aus China und Afrika, aus der arabischen Welt und ganz Lateinamerika. Ihnen obliegt es, nach der Heimkehr die ihnen vom CIMMYT anvertrauten Saaten an die Bedingungen ihrer heimischen Landwirtschaft anzupassen. Mittlerweile reicht die Forschung weit über die bloße Halmverkürzung hinaus; es geht insbesondere um die Züchtung von Getreidesorten, die den Insekten und Viren standhalten, die viel verheerender sind als die schlimmste Dürre. Aus ganzen Bergen von Würmern werden die schädlichsten ausgewählt und auf die Pflanzen angesetzt, um die widerstandsfähigsten herauszufinden. Im CIMMYT geht es 150 Jahre nach Darwin um das Überleben des Getreides gegen die Heuschrecken.

Aber was nützt die Schaffung neuen Saatguts, wenn es nicht bei Bauern und Verbrauchern bekannt gemacht wird? Die Eßgewohnheiten bremsen die Ausbreitung der neuen Getreidesorten mindestens ebenso wie die Insekten. Es nützt nichts, einen Mais zu erfinden, der proteinreicher ist als Milch – es gibt ihn, er heißt »Opaque 2« –, wenn sein Mehl nicht die dem Bauern Mittelamerikas gewohnte Farbe und Beschaffenheit hat. Ebensowenig nützt die Erfindung einer völlig neuen Getreideart – es ist das erste menschengeschaffene Getreide, »Trítical«, eine Kreuzung aus Weizen und Roggen –, wenn der indische Bauer daraus nicht die *chapatis* nach seinem Geschmack bereiten kann. So gehört es zu den Kuriosa des CIMMYT, daß sich weißgekleidete Forscher an der Herstellung von Brot, Kuchen und Teig beteiligen, deren Farbe und Geschmack eifrigst kommentiert werden.

1986 sollte Borlaug im Sudan wieder einmal die weite Skala der im CIMMYT entwickelten Techniken vorstellen.[1] Auf vierhundert im ganzen Land verteilten Versuchsfeldern erzeugte er eine Roggenernte, die sechsmal größer war als die traditionelle. »Das war gar nicht schwer«, sagte mir Borlaug, »man brauchte nur im ersten Jahr das richtige Saatgut, den richtigen Dünger, den richtigen Unkrautvertilger und die richtige Berieselung einzusetzen; anhand der Ergebnisse paßte ich die Dosierungen an, so daß ich im zweiten Jahr den Ertrag verdoppelte. Jetzt«, schloß er, »brauche ich nur noch die sudanesische Regierung dazu zu bringen, daß sie an die Bauern den Dünger sechs Wochen vor der Aussaat verteilt, ihnen die für den Kauf des Düngers notwendigen Kredite gibt, die sie bei der Ernte zurückzahlen müssen, und einen Roggenmindestpreis festsetzt, der es den Bauern ermöglicht, die Kredite tatsächlich zurückzuzahlen.« So einfach! Das also wäre die Antwort auf die Hungersnot in diesem Teil Afrikas, wenn die Regierungen Äthiopiens und Sudans nicht so sehr mit Kriegführen beschäftigt wären ...

Tatsächlich, bemerkt Borlaug, besitze man im CIMMYT und beim IRRI[2] schon heute genug Wissen, um die Dritte Welt ernähren zu können und 25 Jahren eines unerhörten Bevölkerungswachstums zu trotzen. Borlaug weist darauf hin, seit der grünen Revolution, die nur einen ganz winzigen Teil des Landes überhaupt erfaßt habe, seien die 700 Millionen Inder heute besser ernährt als vor einer Generation, obwohl damals die Bevölkerungszahl noch um zwei Drittel niedriger lag.

## *Malthus ist widerlegt*

Diese Aussage Borlaugs dürfte alle überraschen, die dem Vorurteil von der Übervölkerung des Planeten anhängen. In den letzten 25 Jahren trafen nämlich Bevölkerungsexplosion und Agrarwun-

1 Dieser Versuch wurde von einem japanischen Mäzen, Ryochi Sassakawa, finanziert.

2 *International Rice Research Institute* in Manila; entspricht – für den Reis – dem CIMMYT.

der zusammen, und dieses »Zusammentreffen« straft sämtliche Lehren von der Verknappung der natürlichen Hilfsquellen Lügen, von Malthus bis hin zum Club of Rome. Dieser Bevölkerungsüberschuß ohne Beispiel in der Geschichte hat - entgegen der Annahme sämtlicher Fachleute vor noch nicht einmal zehn Jahren - nicht etwa Hunger verursacht, sondern war ganz im Gegenteil von einer generellen Verbesserung der Ernährungslage ebenso wie des Gesundheitszustandes der armen Völker begleitet.

Dort, wo es in der Dritten Welt noch Unterernährung gibt, beruht sie nicht etwa auf unzureichenden Nahrungsmittelressourcen, sondern auf unzureichenden Einkünften, sprich: auf der Unterbeschäftigung. Diese wesentliche Unterscheidung bestätigt die Notwendigkeit einer Entwicklungspolitik, die über die reine Landwirtschaft hinausreicht.

Die einzigen wirklichen Hungersnöte in der Welt von heute sind nicht die Folge einer Übervölkerung, sondern die Folge von Kriegen, oder aber sie betreffen unterbevölkerte Regionen - Sahel und Andenplateau. Umgekehrt hat die Übervölkerung nicht zur Verarmung geführt; die neuen Industrieländer Asiens, von Korea bis Singapur, von Taiwan bis Thailand, gehören zu den dichtestbevölkerten Zonen unseres Planeten. Dagegen sind die ärmsten Länder der Welt, Tansania oder Bolivien, objektiv unterbevölkert.

Wir müssen also nicht gerade wenige Gemeinplätze vom Verhältnis zwischen Bevölkerungsdichte, Hunger und Armut kräftig revidieren. So führt zum Beispiel die Übervölkerung keineswegs zur Hungersnot, sondern kann sie im Gegenteil lösen, indem sie den Übergang vom extensiven zum intensiven Landbau ermöglicht. Desgleichen beseitigt die Unterbevölkerung nicht etwa die Hungersnot, sondern kann sie eher noch verschärfen, weil sie das Erreichen der für intensive Landwirtschaft erforderlichen Schwelle verhindert. In Wirklichkeit ist das den betroffenen Bevölkerungen durchaus bekannt.

In allen Dörfern Schwarzafrikas, die ich aufgesucht habe, sei es in Senegal, Tansania oder Côte d'Ivoire, haben mir die Bauern immer ihren Kummer geklagt: Die ungenügende Kinderzahl läßt eine Ausweitung ihres Betriebs nicht zu. Der Kinderreichtum in Schwarzafrika ist also keineswegs ein unbewußtes Phänomen, das damit zusammenhängt, daß diese Völker unterentwickelt sind. Wenn sich die Eltern zu durchschnittlich sechs Kindern entschließen, dann tun sie es nicht nur aus kulturellen oder religiösen Gründen, wie leichthin behauptet wird, sondern weil sie darin einen wirtschaftlichen Vorteil erblicken: mehr Arbeitskräfte und Sicherheit fürs Alter.

Aber, wenden die Experten ein, diese Bauern sehen nur ihr unmittelbares Interesse und ermessen nicht die Katastrophendrohung, die ihr verantwortungsloses Verhalten für die Gemeinschaft als Ganzes verursacht! Nun, so deutlich liegt das ganz und gar nicht auf der Hand: Da die Länder der Dritten Welt nur wenig Mittel für Erziehung, Gesundheit und Wohnung ausgeben, bedeutet ein zusätzliches Kind eine sehr geringe Belastung; vielmehr wird es oft schon in sehr jungen Jahren zu einem Produktionsfaktor, der den Nationalreichtum vergrößert. Außerdem ersparen die jungen Generationen, wenn sie ihre alten Eltern selbst versorgen, der Gemeinschaft die Kosten eines Hilfesystems für die Ärmsten: Die Großfamilie ist die soziale Sicherheit der Dritten Welt. Das große Problem Afrikas ist nicht, daß Afrikas Bevölkerungszunahme galoppiert, sondern daß es derzeit ein Kinderkontinent ist: 45 Prozent der Bevölkerung sind weniger als 18 Jahre alt. Es handelt sich also um ein heranwachsendes Volk, und die wahre Herausforderung liegt in der Erziehung und Heranbildung dieser Jugend.

Kurzum: Die wirtschaftspolitische Argumentation, auf die sich seit einem Vierteljahrhundert die familienplanerische Politik zu berufen vorgibt, erscheint mir höchst unzuverlässig. Es läßt sich nicht der Nachweis führen, die Geburtenbeschränkung diene der Entwicklung; das Gegenteil trifft zu: Entwicklung führt zur natürlichen Geburtenbeschränkung; die Erfahrung der neuindustrialisierten Länder beweist das unwiderleglich. Die Verlangsamung der Bevölkerungszunahme, die wir in Südostasien erleben, ist nicht die Ursache, sondern die Folge des wirtschaftlichen *takeoff* und der Verstädterung. Der wachsende Lebensstandard ist es, der neue Einstellungen schafft und zur Verkleinerung der Familien führt, nicht umgekehrt. Das ist der tiefere Grund, warum sämtliche bevölkerungspolitischen Vorstellungen, die seit 25 Jahren der

Entwicklung dienlich zu sein vorgaben, ausnahmslos fehlgeschlagen sind.

Angesichts solcher Offenkundigkeiten muß man sich fragen, warum sich die Regierungen der Dritten Welt, insbesondere in Indien und China, darin von internationalen Organisationen unterstützt, an ihrer brutal geburtenfeindlichen Politik festklammern. Die Antwort scheint mir nicht nur wirtschaftspolitisch bedingt, sondern vielmehr damit zusammenzuhängen, daß man uneingestanden die gesamte Gesellschaft in der Gewalt haben will. Das beunruhigendste Beispiel dafür liefert China: Ein Kind zu bekommen ist dort kein Recht mehr, sondern dazu ist eine vorherige Genehmigung der Produktionsbrigade erforderlich, der man angehört. Jede Zuwiderhandlung wird mit Strafe belegt – mit dem Entzug der Rationierungsscheine, dem Verbot des Zugangs zu Schule und Sozialdiensten, ganz zu schweigen von der öffentlichen Kritik durch die »Massenorganisationen«.[1] Es ist nicht zu erkennen, wie diese Einzelkindpolitik der Entwicklung zugute kommen soll. Vielmehr dämmert sogar den chinesischen Behörden allmählich, daß diese Politik zu schweren psychischen Störungen führt: Es ist ein offenes Geheimnis, daß die neue Generation in den Schulen Pekings unerziehbar ist, weil diese Einzelkinder von ihren Eltern zu sehr verhätschelt worden sind.

Auch Indien zeigt anschaulich, wie sehr die Bevölkerungskontrolle dem Bürgertum als wissenschaftliches Alibi für seine Angst vor dem Ansturm der Armen dient. Um das zu erkennen, braucht man nur zu hören, was die »bessere« Gesellschaft in Delhi zu diesem Thema von sich gibt: Nicht die Inder insgesamt sind zu zahlreich, sondern die Armen haben zu viele Kinder. Ihren Höhepunkt erreichte die Hysterie der indischen Führung bekanntlich mit den Zwangssterilisierungskampagnen von 1976. Heute hegt dieses Bürgertum neue Träume von Wunderlösungen; die jüngste verdanken wir dem Leiter des Immunologiezentrums von Delhi, Professor Talwar. 1987 hat er an einigen weiblichen Versuchsper-

1 Im Juli 1987 mußten die chinesischen Behörden eingestehen, daß 40 Prozent der Frauen auf dem Lande trotz all dieser Einschränkungen mindestens drei Kinder hatten.

sonen den ersten schwangerschaftsverhütenden Impfstoff ausprobiert. Wie es heißt, soll dieser hervorragende Forscher derzeit insgeheim an einer Pomade für den Mann arbeiten, die erektionsfördernd und spermentötend zugleich wirkt: Lust vernichtet automatisch die Fruchtbarkeit!

Läge der indischen Führung wirklich an einer Verlangsamung des Bevölkerungswachstums, dann sollte sie sich eher im eigenen Land an der Erfahrung in Kerala orientieren. Hier haben wir einen Staat, dessen Geburtenrate deutlich niedriger liegt[1] als im übrigen Indien; zugleich ist es ein Staat, in dem die Bevölkerung lesen und schreiben kann und die Mädchen zur Schule gehen. Die Gründe dafür sind vielfältig: Kerala ist traditionell eine Region mit Matriarchalkultur, und die - mehrheitlich kommunistische - Staatsregierung hat viel in die Erziehung investiert. Will die indische Regierung wirklich die Geburtenfreudigkeit bremsen, warum macht sie es dann nicht wie Kerala, warum gibt sie für Erziehung und Bildung viermal weniger aus als für die Verteidigung?

Doch selbst zugegeben, Indien oder China könnten dank ihrer grünen Revolution eine wachsende Bevölkerung ernähren - gibt es nicht unlösbare Fälle, wo Malthus' Hypothese wirklich zutrifft?

Ein typischer, anscheinend unlösbarer Problemfall ist Ägypten. Die ägyptische Bevölkerung nimmt derzeit alle zehn Monate um eine Million zu, zum schieren Entsetzen der eigenen Führung: »Diese Kinder und Jugend«, sagt der frühere Ministerpräsident Ali Loutfi zu mir, »sind wie der weit aufgerissene Rachen eines Löwen, der alles verschlingt, was man ihm hinwirft, und dem man dennoch nicht entrinnt.« Heute leben 50 Millionen eng gedrängt auf den schmalen Ufern des Nil; vor fünfzig Jahren waren es auf derselben Fläche nur zwölf Millionen. Kairo, dessen Bevölkerung binnen eines Vierteljahrhunderts von zwei auf zwölf Millionen angeschwollen ist, ist nur noch eine riesige Menschenverstopfung. Der Abstand zwischen dem, was das Land erzeugt, und dem, was es für seine Ernährung verbraucht, wird immer größer. Jahr für Jahr importiert Ägypten die Hälfte seines Getreidebedarfs.

1 25 v.T. gegenüber 40 v.T. in Uttar Pradesh; in Uttar Pradesh sind 15 Prozent der Frauen alphabetisiert, in Kerala 65 Prozent.

Der Nilbauer, den man gelegentlich zu den tüchtigsten in der Welt rechnet, kommt dem städtischen Bedarf nicht mehr nach. Wie läßt sich diese Flut eindämmen?

»Meine Regierung«, fährt Ali Loutfi fort, »hatte beschlossen, das Bevölkerungswachstum von 2,7 auf 2,4 Prozent jährlich zu verringern.« Und wie? »Ich beauftragte eine Kommission, diese Frage mit der ganzen Umsicht zu prüfen, die der islamische und christliche Glaube fordert.«

Indessen wollte mir scheinen, als ließe sich eine andere Antwort an Ort und Stelle finden. So wie Kerala in Indien eine bessere Antwort liefert als Professor Talwar oder irgendein Familienplanungszentrum, so muß man in Ägypten nach Zehntach Ramadan gehen. Zehntach Ramadan ist eine neue Stadt, die mitten in der Wüste zwischen Kairo und Ismailia errichtet worden ist; schon jetzt zählt sie 100 000 Einwohner und besitzt die modernsten Fabriken Ägyptens. Dieses Musterbeispiel zeigt, was die Ägypter ohne weiteres können: die Wüste bewässern und kolonisieren. Ägypten ist ein riesiges Land, das an dem Tag, da es seine natürlichen Reichtümer nutzt, eine sehr große Bevölkerung beherbergen kann. Seine israelischen Nachbarn haben es getan, auch ohne das Wasser des Nils. In Zehntach Ramadan habe ich die Überzeugung gewonnen, daß Malthus ausnahmslos unrecht hat.

Die Politik der Geburtenbeschränkung ist in allen ihren Schattierungen letztlich nichts anderes als ein Eingeständnis des Versagens; nie und nirgends hat sie Hunger oder Armut beseitigt. Werden aber Wirtschaft und Erziehung entwickelt, so werden die Familien der Dritten Welt ihre Kinderzahl *freiwillig* verringern. Die Methoden, die die Massenarmut und vor allem den Hunger zu resorbieren erlauben, sind vorhanden und stehen zur Verfügung. Die wirkliche Frage lautet, warum sie nicht in größerem Umfang angewendet werden.

# 12

# Den Hunger überwinden

Der Nordwind bläht die Dreieckssegel der weizenbeladenen Feluken auf ihrem Weg nach Oberägypten. Schläfrige Fellachen zukkeln auf ihrem Esel zum rhythmischen Schlag der Reitgerte. Eine Kuh dreht ihren Kreis an der Kette, mit der sie das schwere Rad bewegt, welches das Nilwasser auf Feldhöhe pumpt. Ahmed Bilal ist Nilbauer; vermutlich lebten seine Vorfahren schon seit Tausenden von Jahren in Chebin-el-Kanatir. Fast möchte man glauben, daß Landschaft und Sitten seit der Zeit der Pharaonen unverändert geblieben sind. Aber seitdem die Regierung die Lehmerde im Tal für die Landwirtschaft reserviert hat, treten nach und nach Zementbausteine an die Stelle der traditionellen Lehmziegel. Auch Ahmed selbst zeigt Spuren der Verwestlichung, denn über seiner *galabieh* trägt er einen alten amerikanischen Regenmantel und an den Füßen senkellose Tennisschuhe.

1956 ist sein Vater, bis dahin Bauer ohne Land, zu Bodenbesitz gekommen. Nasser hatte damals sämtliche Großgrundbesitzer fast entschädigungslos enteignet und das Land an die Fellachen verteilt. Seither hat sich die ägyptische Bevölkerung in einem Ausmaß vermehrt, daß Ahmed seine ganze Familie mit dem Ertrag eines *fedan* (etwa ein halber Hektar) ernähren muß. Nun gehört dieses vom Nil angereicherte Land zu den fruchtbarsten Böden der Erde; Ahmed bebaut es kaum anders als seine fernen Ahnen: Sein Feld ist wie ein Gemüsegarten in winzige Beete aufgeteilt. Doch sie werden zu festgesetzten Zeiten bewässert, seitdem der Assuan-Damm das Flußhochwasser reguliert.

Dank der Agrarreform ist Ahmed der Fast-Versklavung entronnen, die sein Vater noch erlebte, aber ein freier Bauer ist er darum noch lange nicht. Weil nämlich in Ägypten der Besitz nicht dem römischen Recht folgt, wie mir Nassers ehemaliger Minister Ismaïl Abdalla sagt; Landbesitz sei lediglich eine zugunsten der

Gesamtheit ausgeübte soziale Funktion. Mit anderen Worten, an die Stelle des Großgrundbesitzers ist der Beamte des Landwirtschaftsministeriums getreten. Er läßt Ahmed nicht etwa das anbauen, was ihm am meisten einbrächte, sondern zwingt ihn zum Anbau der Dinge, die die Regierung für das Land für nützlich erachtet: Weizen, Mais, Baumwolle und Zuckerrohr. Danach muß Ahmed seine Ernte äußerst billig an eine Kooperative verkaufen, die nichts anderes ist als eine Dienststelle des Landwirtschaftsministeriums. Ahmed wird also auf seinem eigenen Grund und Boden vom Staat ausgebeutet, damit die Bevölkerung der Städte mit billigen Nahrungsmitteln versorgt werden kann.

Dieses von der Regierung Nasser eingeführte System erscheint in sich logisch, nur befinden wir uns eben in Ägypten. Als erstes hatten die niedrigen Agrarpreise eine große Landflucht zur Folge: Die Einwohnerschaft Kairos ist binnen 25 Jahren von zwei auf zwölf Millionen gestiegen. Hinzu kam die Auswanderung in die Golfländer. So leidet also Ägypten, von dem man behauptet, es sei übervölkert, unter Arbeitskräftemangel auf den Feldern, und zur Zeit der Ernte führt das zu schweren Ausfällen. Schließlich genügt ein Blick auf Ahmeds Feld, um zu merken, daß er Gemüse anbaut und nicht etwa das von der Regierung geplante Getreide. Ahmed übertritt das Gesetz, weil das auf den Kairoer Märkten verkaufte Gemüse ihm unendlich viel mehr einbringt als der Weizen oder Mais. Gewiß wird er dafür mit einer Buße belegt, aber die handelt er mit dem Ministeriumsbeamten aus; auch dieser wird so miserabel bezahlt, daß er sich, um sein Leben zu fristen, mit den Bauern arrangieren muß.

Ahmeds ganzer Ehrgeiz ist der Erwerb einer Motorpumpe; mit ihr könnte er direkt aus dem Nilwasser schöpfen und wäre nicht mehr auf die von der Verwaltung festgelegten Bewässerungsdaten angewiesen. Auch das wäre ungesetzlich, aber mit etwas Backschisch ließe sich das erledigen. Ahmed erkauft sich also die Komplizenschaft zahlreicher Funktionäre, doch er versichert mir, alles in allem schneide auch er dabei vorteilhaft ab, wenn man zum einen die geringe Höhe der Buße, zum andern die niedrigen Preise der Kooperative in Rechnung stelle.

Die am wenigsten erwartete Wirkung dieser Niedrigpreispolitik ist, daß Ahmed tatsächlich auch etwas Weizen anbaut, aber nicht etwa so sehr der Körner, sondern des Strohs wegen! Die Körner muß er nämlich an die Kooperative abliefern, aber das Stroh ist frei verkäuflich und als Viehfutter äußerst begehrt. Im Gegensatz zu allen anderen Bauern der Erde wählt Ahmed also Weizensorten mit möglichst langem und dichtem Halm aus und erntet so spät wie irgend möglich im Jahr, auch auf die Gefahr hin, daß damit ein Großteil der Körner verkommt. Nach einer verläßlichen Schätzung geht auf diese Weise in ganz Ägypten etwa ein Drittel der möglichen Weizenernte verloren! Und das, obwohl die Nahrungsknappheit des Landes sehr groß ist und massenweise Weizen importiert wird ...

So lebt denn der Nilbauer Ahmed in der Furcht vor dem Beamten, der sein Schicksal in der Hand hält. Sein für die Gesamtheit des Landes aberwitziges Wirtschaftsverhalten ist aus seiner Sicht durchaus logisch. Wann immer die Regierungen der Dritten Welt diese Logik beiseitewischen, geben sie sich selbst und ihre Völker dem Hunger preis. Nicht die Enteignung des oft genug schlecht betriebenen Großgrundbesitzes war das Drama Ägyptens, sondern daß man die Entstehung einer von der politischen Macht unabhängigen Bauernschaft verhinderte. Es ist der Alptraum aller autoritären Regimes, sich einer Klasse freier und unternehmungsfreudiger Kleingrundbesitzer gegenüberzusehen, kurzum: der alte Mythos des Kulaken. Die Lebensmittelknappheit in der Dritten Welt erklärt sich viel öfter aus diesem Willen zur Beherrschung der Bauernschaft als etwa aus den natürlichen Bedingungen. Diese Tatsache systematisch nachgewiesen zu haben, war das Verdienst eines Nobelpreisträgers und Wirtschaftswissenschaftlers der Universität Chicago.

## *Der rational denkende Bauer*

»Selbst der Bauer, der nicht lesen kann«, sagt Schultz, »kann doch immer rechnen, in allen Sprachen und unter jeder Sonne.« Anders ausgedrückt: »Jeder Bauer denkt rational.« Ist es für ihn materiell und persönlich von Vorteil, mehr zu arbeiten und zu erzeugen, dann tut er es auch. Ist dieser Vorteil nicht erkennbar, begnügt er sich mit dem Eigenbedarf. Für Schultz ist der Bauer der Dritten Welt also ein Kapitalist im mikroskopischen Maßstab, der durchaus in der Lage ist, die wenigen ihm zu Gebote stehenden Mittel so einzusetzen, daß er den größtmöglichen Gewinn damit erzielt; desgleichen kennt er den Wert seiner Arbeitszeit. Theodore Schultz fügt hinzu: »Viele Wirtschaftler wollen nicht begreifen, daß es auch den Ärmsten nicht weniger als den Reichen darum geht, ihr Los und das ihrer Kinder zu verbessern.«

Schultz' ganz einfache Wahrheiten erscheinen wie Binsenweisheiten, und dennoch werden sie seit fünfzig Jahren von allen Regierungen vom Tisch gewischt, die glaubten, die Bauern in ein Zwangssystem einspannen, kollektivieren, gar erdrücken zu müssen, damit sie nur mehr erzeugen. Die Mißachtung des Bauern als *homo oeconomicus* habe, so Schultz, die Dritte Welt dem Hunger ausgeliefert, und es sei nichts anderes als die Wiederentdeckung seiner unternehmerischen Instinkte, die heute die chinesische oder afrikanische Landwirtschaft beleben könnten. Aus dieser Analyse ist zu schließen, daß man in den Menschen, und vor allem in seine Erziehung, investieren muß, denn er ist der wirksamste landwirtschaftliche Produktionsfaktor: Alles, was der rational denkende Bauer hinzulernt, schlägt sich mit Sicherheit in erhöhter Produktion nieder.

Die These Schultz' wirft ein neues Licht auf die Dörfer der Dritten Welt und erlaubt uns, die Haltung der bäuerlichen Bevölkerungen besser zu verstehen, welcher Kultur sie auch angehören. Diese »Schultzsche Methode« habe ich häufig in scheinbar völlig exotischen Kreisen erprobt, und mir scheint, als sei es mir gelungen, mich mit meinen Gesprächspartnern auf der Ebene der materiellen Wirtschaft auch dort zu verständigen, wo die Sprach- und Kulturunterschiede jedes andere Gespräch unmöglich machten. Scheinbar unverständliche, ja abnorme Verhaltensweisen werden plötzlich einsichtig, wenn man sie an der Elle der Rationalität mißt.

Westliche Beobachter schreiben die bei den Bauern der Dritten Welt häufig anzutreffende Ablehnung der Innovation, obwohl die notwendigen Techniken doch bereitstünden, allzuoft einer kulturellen Rückständigkeit zu. Sehr zu Unrecht! Schultz macht uns klar, das scheinbar archaische Verhalten gehorche in Wirklichkeit einem wohlüberlegten Kalkül. Tatsächlich garantiere die traditionelle Landwirtschaft dem Bauern eine in etwa berechenbare Ernte; er wisse, wenn er weder seine Anbaupraxis noch seine Saaten verändere, werde er jedenfalls so viel erzeugen, daß es für seinen eigenen Bedarf und den seiner Familie reiche. Wenn er innoviere, dann könne zwar der Zusatzgewinn beträchtlich sein, aber die Gefahr sei es nicht minder. Denn dieser Bauer der Dritten Welt besitzt im allgemeinen keinerlei Rücklagen, keinerlei Rückzugslinie. Das Innovationsrisiko kann für ihn irreparabel sein: Verlust des Landes, Flucht in die Stadt, Hunger. Eben weil er rational denkt, ist der Bauer der Dritten Welt gegenüber der Innovation sehr zurückhaltend, aber aus demselben rationalen Grunde auch kann man ihn zur grünen Revolution bekehren.

Mehr als das Wasser, mehr als das Saatgut, mehr als das Klima ist es mithin das Verhältnis des Bauern zu seinem Boden, das Höhe und Qualität der Agrarerzeugung bestimmt. Oben schon sahen wir, wie in China eine Veränderung des Eigentumsstatus, der Übergang vom Kollektivbetrieb zum Familienbetrieb, innerhalb von sieben Jahren eine radikale Veränderung der Nahrungsmittellage dieses Riesenlandes erlaubte. Ebenso sahen wir aber auch, wie sehr das Verbot wirklichen Eigentums den Fortschritt zu bremsen begonnen hat. Der Familienbesitz wäre sicherlich allerorts die – für den einzelnen wie für die Gesellschaft – rentabelste Betriebsform; das hat die Erfahrung in der entwickelten wie in der Dritten Welt gelehrt. Und doch sind die meisten Länder, die ich besucht habe, noch meilenweit von diesem Modell entfernt. Aus historischen Gründen befindet sich dort der Boden oft noch in den Händen einiger Großgrundbesitzer, aber mehr noch steht die Ideologie dem Einzelbesitz im Wege: Nichts in der Dritten Welt ist mehr Spielball der Politik als der Grundbesitz.

## *Für eine liberale Revolution*

Diese individualistische und kapitalistische Sicht des armen Bauern steht in radikalem Widerspruch zu einer lange Zeit herrschenden Theorie vom sogenannten »moralischen Bauern«, der als altruistisches und solidarisches Wesen dargestellt wird, das von Natur aus zum Eintritt in ein Kollektivsystem neige. Es ist indessen das Verdienst der Schultzschen Theorie, daß sie sich vor allem auf die konkrete Beobachtung stützt. Schultz gehört zu den ganz wenigen Wirtschaftlern, die es fertiggebracht haben, theoretische Forschung und praktisches Hinsehen miteinander zu verbinden. Wie Adam Smith und Tocqueville in ihren Tagen und wie Hayek ist Theodore Schultz zuallererst ein großer Reisender und scharfsinniger Beobachter. Getreu dieser großen liberalen Tradition ist er erst Theoretiker geworden, nachdem er aufmerksam die Experimente der Menschen betrachtet hatte. Ausgehend von Beobachtungen vor Ort, insbesondere durch den Vergleich des Bauernverhaltens in Indien und Guatemala, ist er vom Konkreten zum Universellen übergegangen. Noch heute, fast achtzigjährig, hält sich der große, weißhaarige und helläugige, bescheidene und stets lächelnde Schultz nur zwischen zwei Reisen in seiner Heimatstadt Chicago auf. Nachdem er lange Zeit als Original und Reaktionär gegolten hatte, ist er auf seine alten Tage zu einer Art anerkanntem Propheten avanciert. Seine Besuche in Indien oder Afrika sind heute geradezu triumphale Tourneen; die Theorie vom rationalen Bauern mit der Durchschlagskraft seiner einfachen, wohlbedachten Ideen ist dabei, unter unseren Augen die Landwirtschaft der Dritten Welt umzustülpen, womit wieder einmal der Nachweis erbracht ist, daß in der Gestaltung der Wirtschaft die Ideen um einiges schwerer wiegen als die natürlichen Bedingungen.

Machen wir uns indes nichts vor: Schultz' Schlußfolgerungen dienen keineswegs der Erhaltung der bestehenden Ordnung – ganz im Gegenteil. Es handelt sich um nichts Geringeres als um eine liberale Revolution: die Schaffung eines bäuerlichen Bürgertums, einer neuen Klasse der grundbesitzenden Bauern, die dank der Rechtssicherheit für ihren Betrieb und einer gerechten Belohnung ihrer Arbeit durch den Markt endlich innovieren könnten. Die liberale Lösung für die Ernährungsnöte der Dritten Welt liegt im Besitz und im gerechten Preis. Sie verläuft darum zumeist über eine Agrarreform, die die Schöpfung einer bäuerlichen Bourgeoisie anstelle eines entwurzelten Proletariats bewirkt. Diese liberale

Agrarreform ist möglich; mindestens ein Modell dafür gilt als anerkannt – Taiwan. René Dumont hat diesem Land am Ende eines ganzen Forscherlebens sein letztes Buch gewidmet, in dem er es – zu seiner eigenen Überraschung! – als den einzigen, wirklich gelungenen landwirtschaftlichen Versuch in der Dritten Welt bezeichnet.

### *Der Bürgerbauer von Taiwan*

Kang Lieu San hat schon längst den Strohhut der chinesischen Reisfelder mit der Schildmütze des Baseballspielers vertauscht; in Taiwan gilt sie als Symbol des wirtschaftlichen Erfolgs. Dabei ist Kang keineswegs ein reicher Bauer; sein japanisches Auto und sein Fernseher reihen ihn eher in den nationalen Durchschnitt ein. Er bedauert auch, sich nicht rechtzeitig auf die Spargel- oder Schneckenzucht umgestellt zu haben wie einige seiner Nachbarn in Taouyan, die praktisch nur noch für den Export arbeiten. Aber mit seinen 74 Jahren ist Kang jetzt zu alt, als daß er auf seinen 2 Hektar Land noch anderes als Reis anbauen könnte.

Kang war nicht immer wohlhabend, weit gefehlt. Bis 1949 führte er das unsichere Elendsdasein aller armen Bauern Asiens. Als Halbpächter wie schon sein Vater und Großvater mußte er damals die Hälfte seiner mageren Ernte einem kleinen Dorfherrn abliefern. Dieser Bodenbesitzer konnte jederzeit sein Land zurücknehmen, und so sah Kang keinerlei Anlaß, irgendwelche Initiative zu zeigen und mehr zu erzeugen, als er selber brauchte. Erst 1949 neigte sich Kangs Schicksalswaage zu seinen Gunsten. Bis dahin hatte er sich, ganz wie seine Vorfahren, damit zufrieden gegeben zuzusehen, wie die Wechselfälle der Geschichte über Taiwan hinweggingen: die japanische Kolonisierung, dann die »Befreiung« durch die Heere des Kuomintang. Als jedoch die Kommunisten auf dem chinesischen Festland die Macht ergriffen und Chiang Kai-shek begriff, daß er Peking nicht so bald wiedersehen würde, fiel Kang plötzlich in der Rivalität der beiden China eine wichtige Rolle zu. Der Kuomintang konnte das Festland nur dann wiederzuerobern hoffen, wenn er zuvor die Überlegenheit des Gesellschaftsmodells nachgewiesen hatte, das er zu vertreten vorgab. Zwischen Nationalchina und der Volksrepublik kam es neben dem bewaffneten Kampf zu einem ideologischen Wettlauf, dessen Einsatz eben die Bauernschaft war, war doch das Los des seit jeher in Feudalchina unterdrückten Bauern der Schlüssel in jedem Vergleich.

Bekanntlich entschied sich Mao dazu, die Massen zu befreien, indem er die Grundbesitzer ausrottete und das Land kollektivierte. Auf der anderen Seite der Straße von Formosa entsann sich Chiang Kai-shek zur rechten Zeit einer Maxime seines Vorbildes Sun Yat Sen: »Das Land muß dem gehören, der es bebaut.« Eine schöne Formel, freilich schwer ins Werk zu setzen, wenn man sich auf das Bürgertum und die Grundbesitzer stützt; doch binnen zehn Jahren führte sie nach und nach zu einer totalen Agrarreform: Im Gegensatz zu Mao verkaufte Chiang Kai-shek den Boden an die Bauern und entschädigte die Grundbesitzer.

Kang, bis dahin Halbpächter auf Ehrenwort, erreicht 1949, daß sein Nutzungsrecht für eine - erneuerbare - Mindestdauer von sechs Jahren registriert und der Ernteanteil des Grundstückseigners von zwei Dritteln auf ein Drittel reduziert wird. Im selben Jahr wird er demokratisch in ein Dorfkomitee gewählt, in dem Landwirte, Halbpächter und Grundbesitzer gemeinsam die Ernte schätzen. 1953 werden alle Grundbesitzer, die das Land nicht selbst bebauen und mehr als 3 bewässerte oder 6 unbewässerte Hektar Land besitzen, zum Verkauf ihrer Ländereien an den Staat gezwungen; dieser gibt das Land wieder an die Bauern ab zu einem Preis, der auf das Zweieinhalbfache einer Jahresernte festgesetzt wird und innerhalb von zehn Jahren zu entrichten ist. 300 000 Familien kaufen. Der gesamte Vorgang wurde durch den präzisen Katasterplan erleichtert, den die japanischen Kolonisatoren aufgestellt hatten. Desgleichen hinterließen die Japaner ein ausgezeichnetes Bewässerungsnetz sowie Straßen in bestem Zustand. Erfolgreich verlief dieses Vorgehen nicht zuletzt deshalb, weil es bei den mit der Durchführung beauftragten Beamten relativ wenig Bestechlichkeit gab; als Gefolgsleute Chiang Kaisheks waren sie vom Festland herübergekommen und unterhielten keinerlei Klüngelei mit den Grundbesitzern vor Ort. Folglich kam es in Taiwan nicht zu den Manipulationen wie in Indien und Pakistan, wo der frühere Grundbesitzer durch stillschweigende

Abmachung oder vermittels irgendwelcher Strohmänner[1] die wirkliche Verfügungsgewalt über den Grund und Boden beibehielt.

Die Agrarreform endete schließlich mit einem Durchschnitts-Eigentum von einem Hektar pro Familie, wobei die ehemaligen Eigentümer nicht leer ausgingen. Tatsächlich wurden sie sofort von der Regierung entschädigt, zu zwei Dritteln mit Einkaufsbons für Erzeugnisse des laufenden Verbrauchs, und im übrigen mit Aktien der den Japanern abgenommenen öffentlichen Unternehmen. Da diese Unternehmen blühten, war die Entschädigung keine Augenwischerei. Diese Privatisierung des Staatskapitals veranlaßte sogar die ehemalige Grundstücksbourgeoisie, sich in der Industrie zu engagieren. Zwar wurden nicht alle Grundbesitzer mit dieser Zwangserziehung auch gleich zu Unternehmensführern, aber eine aktive Minderheit nahm die Herausforderung doch an; zahlreiche Industriellenfamilien von heute verdanken ihr Vermögen der Agrarreform.

»Die Ausplünderung, die meist schon mit dem bloßen Gedanken an eine Agrarreform einhergeht, ist politisch und wirtschaftlich absurd.« So urteilt nach dreißig Jahren der ehemalige Präsident der Republik und Nachfolger Chiang Kai-sheks, Yen Chia Kan, zugleich Architekt der Agrarreform. Die Grundbesitzer, läßt er mich wissen, bebauten das Land nicht selber, sondern erfüllten im traditionellen China wie in allen klassischen Gesellschaften drei wesentliche Funktionen: Sie hielten ihren Besitz in gutem Zustand, vor allem die Bewässerung, sie sorgten für den Absatz von Saatgut und Korn, und sie garantierten die Finanzierung des Ganzen, denn ohne Kredite kann die Landwirtschaft nicht funktionieren. Die Agrarreform in Taiwan ist insoweit ein Erfolg, als sie sich nicht auf die bloße Besitzübertragung beschränkte, sondern zugleich die anderen Funktionen der früheren Grundbesitzer an Bauernvereinigungen weitergegeben hat. Jede Vereinigung – es gibt auf der Insel insgesamt etwa 300 – wählt ihren Vorstand und ihren Vorsitzenden. Diese engagieren einen bezahl-

1 Im indischen Bundesstaat Bihar sind die Großgrundbesitzer auf den Gedanken verfallen, die Agrarreform dadurch zu umgehen, daß sie ihre Ländereien auf den Namen ihrer Haustiere zurückkauften ...

ten Direktor, der die Bewässerung, den Absatz und einen Kreditdienst organisiert und verwaltet.

Im selben Augenblick, da Kang Eigentümer geworden war, fing er auch schon an zu innovieren, das heißt Risiken einzugehen. Das traditionelle Saatgut gab er auf und verwendete den neuen, kurzstieligen Reis aus den Philippinen, der auch besser auf die Bewässerung und den Kunstdünger anspricht. Auf derselben Fläche, auf der Kang in den fünfziger Jahren bei drei Ernten 10 000 Kilo Reis erzeugte, erntet er heute bei nur zwei Ernten den asiatischen Rekord von 20 000 Kilo. Die Regierung garantiert ihm einen hohen Einkaufspreis, um die nationale Erzeugung auf gleicher Ebene zu halten: Ohne gewinnbringenden Preis ist jede Agrarreform nutzlos!

Die vier Söhne Kangs haben das Reisfeld mit der Fabrik vertauscht; Taiwan erzeugt mittlerweile zuviel Reis für den Binnenverbrauch. Die Agrarreform indes war die wirtschaftliche, politische und psychologische Voraussetzung für die Entwicklung. Sie gewährleistete die Versorgung des Landes und schuf noch einen Überschuß für den Export. Ihr Erfolg ist aus der anschließenden rapiden Industrialisierung nicht wegzudenken. Diese auf dem Privateigentum und einem gerechten Preis beruhende liberale Revolution scheint mir weltweit gültig. Es gehört zu den hoffnungsvollsten Zeichen der Dritten Welt, daß dieses Modell langsam auf den afrikanischen Kontinent übergreift und fünfzig Jahre der Agrarsozialisierung zu wenden beginnt.

## *Die drei Leben des Mahmadou Faye*

An der Schwingtür des recht bescheidenen Büros des Unterpräfekten von Gandiaye hängt folgender Erlaß: »Vom 15. Juni bis 15. September ist das Tamtam-Schlagen verboten«. Auf meine Bitte erklärt er mir, in Senegal drohe das Tamtam in dieser Zeit, den Regen zu vertreiben.

In Gandiaye holen die Frauen mit seilzerschlissenen Händen das Wasser aus tiefen Brunnen und tauschen dabei die Dorfneuigkeiten aus. Der Marabut läßt staubgraue Kinder Koranverse herunterleiern, von denen sie kein Wort verstehen. Im Schatten eines

Baobab palavern die Alten. Zwischen den Strohhütten wandern Hühner, Ziegen und Rinder auf der Suche nach Zufallsnahrung ziellos umher. Auf der Piste liefern sich uralte Autos, bis übers Dach beladen mit lachenden Passagieren, Baumwollballen und einigen für den Markt der Hauptstadt bestimmten Hammeln, ein wildes Wettrennen in Richtung Dakar. Die Unterpräfektur, die Schule und die Bäckerei erinnern an die Franzosenzeit. Der Senegalbauer Mahmadou Faye, der nie aus Gandiaye herausgekommen ist, hat den Eindruck, er habe drei verschiedene Leben gelebt: In der Jugend wurde er kolonisiert, im Erwachsenenalter kollektiviert, und jetzt, nachdem er die Fünfzig schon hinter sich hat, ist er Unternehmer geworden.

An die erste Epoche erinnert sich Mahmadou mit gewisser Wehmut, es war die gute alte Zeit, eine Zeit relativen Wohlstands. Er weiß noch, daß er damals für 100 Kilo Erdnüsse von seinem Feld 200 Kilo Reis kaufen konnte, der neben dem Fisch sein Grundnahrungsmittel ist. Vierzig Jahre später ist es genau umgekehrt: Für 100 Kilo Reis muß er 200 Kilo Erdnüsse geben. Dabei hat ihm nach der Unabhängigkeit, als Mahmadous zweites Leben begann, der Präsident Senghor ausführlich geschildert, wie sehr er während der Kolonialzeit ausgebeutet worden war. Nun sollte der Sozialismus an die Stelle der großen Firmen aus dem einstigen Mutterland und der libanesischen Händler treten, die ihm vorher seine Ernte zu Willkürpreisen abgenommen hatten.

Ab diesem Zeitpunkt fiel Mahmadou Faye jener Gemeinschaftsmythologie zum Opfer, die damals bei den Führungsschichten seines Landes ebenso in Mode war wie bei der europäischen Linksintelligenz, die die Entkolonisierung unterstützte. Danach war Afrika dank seiner Stammeskultur und Solidaritätstradition geradezu für den Agrarsozialismus und die Kooperativen vorbestimmt; das persönliche Eigentum, der wirtschaftliche Individualismus galten als der Geschichte Afrikas fremd und ideologisch ohnehin hassenswert. Ab 1972 war Mahmadou folglich gezwungen, alles, was er erzeugte, an ein Staatsmonopol, das ONCAD[1],

1 Das *Office National de Coopération et d'Assistance au Développement* (Nationales Amt für Zusammenarbeit und Entwicklungshilfe) hat bankrott gemacht und wurde 1982 aufgelöst.

zu verkaufen. Nur über das ONCAD konnte er Saatgut und Dünger bekommen. Für Mahmadou war das eine schlimme Erfahrung; das Saatgut wurde vom Präsidenten der Ortskooperative, einem Bürokraten der Sozialistischen Partei, je nach politischen Freundschaften oder Bestechung verteilt. Der Dünger wurde zu spät ausgegeben, als daß er noch hätte genutzt werden können, und beim Einkauf wurde Mahmadou vom amtlichen Abwieger mengenmäßig betrogen. Das ONCAD beschäftigte damals 6000 Beamte und bezahlte die Bauern mit einer Art Assignaten, die sie bei Wucherern umtauschen mußten. Nicht selten hielt sich Mahmadou nur dadurch über Wasser, daß er heimlich das Saatgut zu Öl mahlte, das er auf dem schwarzen Markt absetzte, oder indem er einen Teil seiner Ernte an Mittelsmänner abtrat, die sie dann unterhalb des amtlichen Kurses in Mali oder Mauretanien verkauften. Senegal, so hieß es, sei ein Opfer der Dürre und des Preisverfalls auf dem Weltmarkt. Sicher – vor allem aber wurde Mahmadou von einer Bürokratie in den Farben des afrikanischen Sozialismus erdrückt, die die Auswirkungen der Weltmarktkurse noch verschärfte, anstatt sie auszugleichen.

1985 begann dann Mahmadous drittes Leben: Dank der neuen Agrarpolitik der Regierung unter Abdou Diouf, Senghors sehr besonnenem Nachfolger, ist er aus dem Agrarsozialismus herausgetreten. Seither bekommt er sein Saatgut nicht mehr gratis geliefert, sondern er verwaltet es selbst, und wenn er zu wenig hat, muß er es unmittelbar bei den Ölmühlen und den neuen Genossenschaften erwerben, die von den Dorfdelegierten demokratisch verwaltet werden. Privathändler dürfen ihm wieder seine Ernte abkaufen, und müssen sie auch den amtlichen Preis einhalten, so hindert sie doch nichts daran, Mahmadou ein paar Kerzen oder Sack Dünger anzubieten; die Konkurrenz ist zurückgekommen, die Dürre ist vorbei, die Preise sind weiterhin niedrig, werden aber doch wenigstens vom Staat gestützt. Damit verkehrt sich das wirtschaftliche Verhältnis zwischen Stadt und Land ins Gegenteil, wo zuvor die Kaufkraft der Städter zu Lasten der Kaufkraft der Menschen auf dem Land aufrechterhalten worden war.

Jetzt fühlt sich Mahmadou für seinen Betrieb verantwortlich. Er allein hat die Initiative ergriffen, seine Erdnußproduktion einzuschränken und sich außerhalb der Hauptsaison auf den Gemüseanbau zu werfen. In der feuchten Niederung und mit allerlei Hilfsmitteln bringen ihm Tomaten und Paprikaschoten mindestens ebensoviel ein wie die Erdnußerzeugung. Er arbeitet viel mehr als zur Zeit des Agrarsozialismus und könnte noch mehr erzeugen, wenn er mehr Kinder hätte. Nur vier Söhne habe er, sagt er zu mir, die ihm helfen könnten, und seine beiden Töchter lehnten es ab, sich auf dem Feld die Hände zu zerschinden, seitdem sie die Fernsehfeuilletons sähen und sich als Stadtfräulein vorkämen: Die Entwicklung seines Betriebs wird dadurch gebremst, daß er nicht genug helfende Hände hat.

Auf einen Haufen frischgeernteter Erdnüsse gestützt, läßt Mahmadou Faye den Blick über das ungenutzte Land rund ums Dorf schweifen; an Boden fehlt es in Gandiaye am wenigsten. Dieses Afrika besitzt den Boden, es besitzt die Menschen, und langsam bekommt es auch eine gute Politik. Mahmadous Geschichte ist auf diesem Kontinent kein Einzelfall. In dem Maße, da die Unabhängigkeitsgeneration weniger charismatischen, dafür aber vernünftigeren Führungsschichten Platz macht, sind die bürokratischen Mythen auf dem Rückzug.

So hinterläßt Julius Nyerere in Tansania, als er 1985 freiwillig auf den Präsidentensessel verzichtet, eine dramatische Lage: Zum ersten Mal seit der Unabhängigkeit des Landes sind die Läden in Daressalam völlig leergefegt. Sein Nachfolger, Präsident Mwinyi, stellt die Versorgung wieder her, indem er zur ältesten Wirtschaftsform der Welt zurückkehrt: zur Freigabe der Kornmärkte. Die Bauern sind nicht mehr gezwungen, ihre Ernte zu konfiskatorischen Preisen ans Staatsmonopol zu verkaufen. Sie können wieder mit den indischen Zwischenhändlern handeln, die erneut im Lande auftauchen. Die Produktion kommt wieder in Gang, die Überschüsse kommen wieder aus den Getreidekammern heraus, die Städte werden wieder versorgt. Die Liberalisierung des Präsidenten Mwinyi gleicht Zug um Zug der Turgots in Frankreich vor 200 Jahren. Turgot bei den Bantus – das funktioniert sehr wohl, weil die Grundsätze universelle Geltung haben!

## *Wohlüberlegte Entwicklungshilfe*

Allmählich hört Afrika auf, der Kontinent des Hungers zu sein. Nach dem Bericht der - eher zum Pessimismus neigenden - Welternährungsorganisation FAO von 1987 benötigen nur noch drei Länder auch in diesem Jahr eine Nahrungsmittelhilfe von außen: Äthiopien, Mosambik und Angola - allesamt bürgerkriegführende revolutionäre Regimes! Überall sonst - von punktuellen Ausnahmen abgesehen - kann der afrikanische Bauer wieder sein Volk ernähren. Nicht nur, wie man oft hören kann, weil es wieder regnet. Vielmehr ist es der neuen Landwirtschaftspolitik zu verdanken, die den einzelnen Bauern mehr respektiert. So sollte Afrika - wie es Indien oder China gelungen ist - innerhalb eines Jahrzehnts die Hungersnot hinter sich bringen, indem es in einem motivierenden Wirtschaftssystem die richtigen Agrartechniken anwendet.

Bis dahin werden nicht wenige dramatische Umstände diese günstige Entwicklung verzögern: Dürre, Heuschrecken, Kriege oder Revolutionen. Nahrungsmittelhilfe von außen bleibt mithin nötig, aber wirklich sinnvoll kann sie nur sein, wenn sie mit der Liberalisierung der Landwirtschaft Hand in Hand geht. In jedem Fall kann diese Hilfe immer nur ein letztes Hilfsmittel sein, denn sie ist schwierig zu handhaben.

Auf den ersten Blick erscheint nichts verführerischer als die Vorstellung, daß man die Agrarüberschüsse der reichen Länder an die ärmsten Völker weitergibt; doch diese schöne Symmetrie ist leider eine optische Täuschung. Unsere Überschüsse entsprechen nämlich nicht zwangsläufig auch den Bedürfnissen dieser Länder; wir und sie ernähren uns nun mal nicht auf dieselbe Weise. Und eine Veränderung der Ernährungsgewohnheiten verursacht allzu leicht eine totale Abhängigkeit von Einfuhr-Lebensmitteln, die man auf dem eigenen Grund und Boden nicht anbauen kann. Schlimmer noch: Nicht selten hat die Nahrungsmittelhilfe dazu geführt, daß die örtlichen Anbaukulturen, die teurer waren als die Fremderzeugnisse, eingingen und damit der Bauer zum Proletarier wurde, der in die Stadt floh und dort um Almosen betteln mußte. Zu diesen Risiken tritt noch die Schwierigkeit hinzu, die

Hilfe auch dorthin zu verbringen, wo sie am meisten benötigt wird. Hierzu muß man wissen, daß Nahrungsmittelhilfe in der Praxis von der Regierung der Erzeugerländer an die Regierung der unterstützten Länder geht; diese Regierungen der Dritten Welt verkaufen die Nahrungsmittel an ihr eigenes Volk weiter und zerstören damit oft ganz nebenbei die traditionellen Kanäle der privaten Erzeugung und des privaten Handels. Gerade die von der Hauptstadt am weitesten entfernten Einwohner, also die hilfebedürftigsten, leiden dann darunter. Theoretisch sollen die von den Empfängerstaaten erzielten Gewinne Projekten der Agrarentwicklung zugute kommen. In Wirklichkeit sahnen jedoch Bürokratien und Mittelsmänner diese »Gegenfonds« unterwegs ab. Desgleichen verteilen die Regierungen der Dritten Welt die bereitgestellte Hilfe oft nach Partei- oder Stammesüberlegungen; sie wird damit zum Instrument der Innenpolitik (wie in Tansania) oder sogar des Bürgerkriegs (wie in Äthiopien).

Nur selten kommt die Nahrungsmittelhilfe wirklich denen zugute, für die sie bestimmt ist; sie muß deshalb die Ausnahme bleiben und darf keineswegs die eigene Agrarentwicklung ersetzen. Dieser Grundsatz scheint mir überhaupt für alle Formen der Hilfe zu gelten.

## *Dennoch Hilfe*

Bislang war von der Entwicklungshilfe und ihrer Armada von öffentlichen und privaten Organisationen, internationalen Beamten, Experten und Freiwilligen nicht oder kaum die Rede. Weil nämlich die Entwicklungshilfe oft überhaupt nichts mit Entwicklung zu tun hat, sondern eher ideologischen Präferenzen oder militärischen Strategien dient. Mit derselben Vokabel belegen die Regierungen unbekümmert Waffenlieferungen und die Unterstützung zweifelhafter, aber befreundeter Regimes ebenso wie authentische Gebefreudigkeit und nützliche Zusammenarbeit.

Manche Hilfeformen sind überhaupt nicht einzuordnen. Unter welche Rubrik sollen beispielsweise die von Frankreich nach Madagaskar in Containern gelieferten transportablen Hospitäler fallen? Diese Kisten mit in Deutschland hergestelltem und von der französischen Regierung finanziertem, hochmodernem Gerät und Material sind in Dörfern ohne Wasser, ohne Strom und natürlich ohne Arzt abgeladen worden. Desgleichen kann man in Tansania an den Ufern des Tanganjikasees eine von Europa finanzierte Glasfabrik bewundern, die seit fünf Jahren unausgepackt dasteht, weil niemand sie zu betreiben weiß. In Ägypten sind von der Weltbank finanzierte Traktoren- und Landwirtschaftsgerätezentren mit Namen »Mubarak-Station« Gegenstand sich immer wiederholender Eröffnungsfeierlichkeiten, vor allem in Wahlzeiten. Dieser ganze Maschinenpark ist aber völlig unbrauchbar, weil die Felder zu klein und die Agrarpreise ohnehin viel zu niedrig sind, als daß die Maschinenkosten je amortisiert werden könnten. Da niemand für sie verantwortlich ist, werden diese Stationen nur allzu schnell zu Maschinenfriedhöfen. Das sind nur drei Beispiele von vielen, in denen die westliche Hilfe sich zum Komplizen der Armutspolitik macht.

Nach einem Vierteljahrhundert dieser Praktiken müssen wir feststellen, daß sich noch nie ein Land der Dritten Welt dank der Entwicklungshilfe wirklich entwickelt hat. Das Beispiel Tansanias zeigt es überdeutlich: Der afrikanische Staat, der die meisten Zuwendungen erhält, ist ebender, dessen Verarmung am schnellsten galoppiert! Ganz einfach, weil seine Institutionen nichts taugen und in diesem Fall die Hilfe lediglich ein Regime stärkt, das eine verderbliche Politik betreibt.

Fast ist man versucht, sich zu den virulentesten Gegnern jeder Hilfe zu schlagen, zu der vom britischen Wirtschaftler Peter Bauer angeführten Denkschule, die der Meinung ist, *per definitionem* verstärke jegliche Hilfe immer nur den Status quo und verschärfe lediglich die Unterentwicklung. Nun gilt diese Kritik allerdings viel mehr der öffentlichen Entwicklungshilfe der Regierungen und der internationalen Organisationen als der privater Vereinigungen. Letztere haben einen Vorzug: Staaten stärken immer nur Staaten, auch wenn sie keineswegs achtbar sind; die privaten Vereinigungen hingegen, frei von der heuchlerischen Solidarität der Mächtigen, können im allgemeinen von Volk zu Volk handeln. Aber auch die privaten Vereinigungen sind nicht schon allein deswegen über jeden Zweifel erhaben, weil sie privat sind; nicht wenige reproduzieren in etwas bescheidenerem Rahmen die Bürokratie der internationalen Organisationen und erheben wie sie einen elendsbetonenden oder revolutionären Heilsanspruch.

Dennoch gehen alles in allem die Bauersche Analyse und alle ihre Verwandten am Wesentlichen vorbei. Denn die hauptsächliche Rechtfertigung der Hilfe - ich spreche von der authentischen Hilfe wirtschaftlichen und humanitären Charakters - ist nicht so sehr, daß sie entwickeln will, sondern daß sie dem Verantwortungsgefühl des Westens entspringt und unsere Solidarität ausdrücken soll. Dieses humanitäre Handeln schützt die Völker vor der Gleichgültigkeit und Tyrannei ihrer eigenen Führung. Jenseits der Hilfe indessen liegt die höchste Solidarität mit der Dritten Welt in dem Eingeständnis, daß der Schlüssel zur Lösung der Massenarmut dort und nicht hier, in ihrer Politik mehr als in der unsrigen zu suchen ist. Das beweisen im übrigen die Völker, die als einzige seit 25 Jahren wirklich der Massenarmut entronnen sind: Korea, Taiwan, Singapur, Hongkong. Sie alle haben sich für ein Wachstumsmodell entschieden, das auf ihrer eigenen Kraft beruht.

# 13

# Die neuen Eroberer

Annie Lan, obschon erst 19 Jahre alt, beunruhigt ganz Nordamerika und Europa, treibt unsere Industrien in die Pleite und bricht in unsere Märkte ein. In einem halbzerfallenen Lagerhaus in Taipeh, der Hauptstadt der Republik China (Taiwan), beugt sich die zierliche Chinesin tief über eine uralte Singer-Nähmaschine und näht mit ihren langen dünnen Fingern das tausendste Knopfloch dieses langen Arbeitstages. Die Blusen, die sie herstellt, setzt die Firma Cannontex, ihr Arbeitgeber, in den Luxusläden von Los Angeles und Dallas zu sechs Dollar pro Stück ab. Keine Sekunde blickt Annie Lan von ihrer Arbeit auf. Dieselbe Ernsthaftigkeit und Geschicklichkeit treffen wir bei ihren rund 500 Kolleginnen in der Werkstatt an, alle etwa gleich alt und auf ganz bestimmte Aufgaben spezialisiert: Arbeitsteilung heißt eines der Geheimnisse von Produktivität und Qualität bei Cannontex.

Für neuneinhalb Stunden täglich, sechs Tage in der Woche, verdient Annie Lan rund 300 Dollar pro Monat. Hinzu kommen ein paar Dollar mehr, wenn es ihr gelingt, das sehr hohe Produktionsziel, das ihr Chef In Lung Chu ihr setzt, zu überschreiten. Sie hat Anrecht auf eine Woche Jahresurlaub; pro Jahr Betriebszugehörigkeit kommt dann ein Urlaubstag hinzu. Wie die meisten ledigen Arbeiterinnen wohnt Annie Lan in einem großen Schlaftrakt der Fabrik und ißt kostenlos in der Kantine. Im Krankheitsfall deckt eine Versicherung, deren Beiträge zu 80 Prozent vom Betrieb und zu 20 Prozent von ihr aufgebracht werden, alle anfallenden Kosten. Dieser Sozialschutz ist billig, beträgt pro Arbeitnehmer monatlich um die sechs Dollar. Verglichen mit anderen asiatischen Industrieländern sind diese Bedingungen keineswegs schlecht, und Annie Lans Lohn liegt erheblich höher als etwa in Korea, Thailand oder den Philippinen. Falls Cannontex seine Tätigkeit reduzieren müßte, würde Annie Lan von heute auf morgen entlassen. Arbeitslosengeld kennt man hier nicht. Es käme, sagt man in Taiwan, einem Anschlag auf die Arbeitsethik gleich. Aber seit zwanzig Jahren ist der Fall nicht eingetreten, denn das Wachstum ist beständig.

Der taiwanische Arbeiter hat die höchste Produktivität in der Welt. Nirgends sonst, nicht einmal in Japan oder Korea, ist mir soviel Verbissenheit bei der Arbeit begegnet wie in diesem Schuppen in Taipeh. Die wilde Entschlossenheit von Annie Lan und ihren Kolleginnen kann man mehreren Ursachen zuschreiben: der Verlockung von Gewinn und Bonus, dem Willen, unter allen Umständen der noch so nahen Armut zu entrinnen, oder auch dem Gefühl der Zugehörigkeit zu einer vom großen kommunistischen Nachbarn bedrohten Gemeinschaft. Das alles geht wortlos vor sich, ohne Aufbegehren, ohne gewerkschaftliche Aktivität und in grenzenloser Achtung vor dem Chef; lächelnd und allgegenwärtig ist In Lung Chu in seiner Fabrik die wohlwollende und autoritäre Vatergestalt, Erztypus der chinesischen Kultur, wie sie sich in Taiwan verewigt hat.

Die Überlegenheit von Cannontex auf dem Weltmarkt hat nach In Lung Chus Worten nichts mit den niedrigen Löhnen zu tun; wirklich niedrig seien die Löhne in den Schwellenländern Asiens – Malaysia, Thailand, Indonesien und neuerdings Peking-China! Ironisch fügt er hinzu, in Taiwan sei der ungezügelte Kapitalismus auch nicht mehr, was er einmal gewesen sei, seitdem die Kuomintang-Regierung einen Mindestlohn festgesetzt habe. In Lung Chu setzt sich gegen seine Konkurrenten wegen der Qualität seiner Produkte durch sowie deshalb, weil er sich sämtlichen Launen des Modemarktes sofort anpassen kann. Er ist zwar ausgebildeter Ingenieur, hat aber dennoch nicht in hochmoderne Technik investiert, vielmehr kann er gerade dank seiner alten Singer-Maschinen kleine Serien zum Preis von Großserien produzieren und auf sämtliche Grillen der amerikanischen Designer eingehen. Die Modelle, die seine Kunden ihm zusenden, werden peinlichst genau nachgearbeitet, und jedes Stück, das Annie Lan näht, unterliegt einer ständigen Qualitätskontrolle. Ebendies aber können die viel moderneren Großfabriken Koreas und die viel billigeren Indonesiens nicht. Für diese handgemachten Blusen fällt der

Preis so wenig ins Gewicht, daß sie meist per Flugzeug transportiert werden. Im Hof der Fabrik stehen die Container der China Airlines zum Abflug nach Kalifornien bereit; der amerikanische Kunde wartet nicht gern.

In seinem unordentlichen und von Mitbringseln aus aller Welt (darunter ein vergoldeter Plastik-Eiffelturm) übersäten Büro hat In Lung Chu eine eindrucksvolle Sammlung von Managementbüchern aus den USA aufgebaut; in allen ist nur von Motivation und Organisation die Rede. Für In Lung Chu ruht das Erfolgsgeheimnis Taiwans nicht in der Technik, sondern im Management.

Die Annie Lans und In Lung Chus haben Taiwan der Dritten Welt entrissen. Dank ihrer Arbeit und Vorstellungskraft hat sich der Reichtum ihres Landes in 25 Jahren verzwölffacht, ist das Pro-Kopf-Einkommen im selben Zeitraum von zwei Cents auf über 2000 Dollar im Jahr gestiegen. Mit einem Jahreswachstum von rund 7 Prozent steht Taiwan an der Spitze der Länder, die die reichen Länder in einem Tempo einholen, wie es letztere in ihrer ganzen Geschichte nicht gekannt haben. Doch dieses Wachstum, dessen bloße Zahlen reichlich nüchtern erscheinen, ist nicht nur materieller Art. Es hat auch den Status der Frau in Taiwan verändert. Annie Lans Mutter war noch einer dreifachen Herrschaft unterstellt, der des Vaters, des Ehemannes und der Söhne. Ihren Mann lernte sie erst am Vorabend der von ihren Eltern vereinbarten Hochzeit kennen. Annie wird sich den ihrigen selber aussuchen. Ihre Mutter wohnte noch in einem Dorf ohne Wasser, ohne Strom, ohne Arzt, ohne jegliche Erholungsmöglichkeit. Annie wohnt in Taipeh, sie hat keinerlei Heimweh nach ihrer in einem Dorf des ewigen China verbrachten Kindheit, sondern sie liebt die Stadt.

## *Die andere Hauptstadt Chinas*

Taipeh ist kein Traumziel für den eiligen Touristen. Die Holzhäuser des alten China sind unter Stadtautobahnen verschwunden, und die Tao-Tempel dösen in irgendwelchen vergessenen Gassenwinkeln vor sich hin. Die reizenden traditionellen Teehäuser nehmen nur noch ausgewählte Gäste auf, und gibt es auch weiterhin ein paar Verkäufer von liebeslustförderndem Schlangenblut, so ist das Schauspiel der lebendig geschröpften Tiere eher für die Japaner als für chinesische Schaulustige bestimmt. Es sind die Tausende von Restaurants, die Tag und Nacht geöffnet sind, die Kinos und die Kaufhäuser, die die Stadt vibrieren lassen. Taipeh ist nicht mehr exotisch; es ist eine lärmende, hastige und vielfarbige Synthese der Moderne, ein bißchen chinesisch, ein bißchen japanisch, ein bißchen amerikanisch. Vergessen wir indessen nicht, daß sich Taipeh auch als provisorische Hauptstadt des ganzen China empfindet und darauf wartet, daß die Truppen des Kuomintang wieder die Macht auf dem Festland erringen. Im Westen halten wir diese Vorstellung gewöhnlich für einen etwas krankhaften Wahn; nicht so in Taipeh. Hier gibt sich alles ein Stelldichein, was an das »wahre« China erinnert: Die Avenuen sind nach den Provinzen und Hauptstädten des Festlands benannt, die öffentlichen Denkmäler sind Nachbauten der Pekinger Paläste, Chiang Kai-sheks Grabstätte ist eine Miniaturreplik der Verbotenen Stadt. Am symbolkräftigsten ist, daß Taipeh in seinem Nationalmuseum die wesentlichen Kunstschätze Chinas aufbewahrt. Als Chiang Kaishek 1949 den Kampf gegen Mao aufgab, verfrachteten seine Truppen alle Kunstsammlungen des klassischen China nach Taiwan. Daß eine Million Soldaten auf dem Rückzug nichts Dringenderes zu tun hatten, als das Ming-Porzellan und die Tang-Statuen einzupacken, dürfte manchen erstaunen. Doch wenn man in Taipeh diese Schätze aus Jade, Bronze und Ton, diese Gemälde und Lackgegenstände bewahrt und zeigt, so bekräftigt man damit zugleich, Inhaber der nationalen Legitimität zu sein. Diese politische Entschlossenheit ist aus dem wirtschaftlichen Erfolg Taiwans nicht wegzudenken.

## *Die Söhne Sun Yat Sens*

Bis ich Ma Ying Jeou, Generalsekretär des Kuomintang, begegnete, teilte ich sämtliche Vorurteile gegenüber dieser Partei, die in Europa gang und gäbe sind. Der Pekinger Regierung ist es mehr oder weniger gelungen, uns glauben zu machen, die kommunistische Partei stehe in der Kontinuität der chinesischen Geschichte und Chiang Kai-shek sei nie etwas anderes gewesen als eine Marionette der Amerikaner oder gar ein faschistoider Diktator. Mehr noch scheint mir André Malraux verantwortlich für den schlechten Ruf des Kuomintang. In *La Condition humaine* schuf er den Erztypus des integren Kämpfers im Gegensatz zu den Freibeutern des Kuomintang. Zwar mußten wir inzwischen feststellen, daß auch die chinesische kommunistische Partei nicht das reine Ideal ist, aber unser Urteil über den Kuomintang haben wir deswegen keineswegs revidiert. Sehr zu Unrecht, denn dieser hat sich genauso schnell entwickelt wie die taiwanische Wirtschaft.

Ma gibt dafür lebendiges Zeugnis ab. Dieser aufsteigende Stern am Himmel der taiwanischen Politik ist zu jung, als daß er die Episoden der Entkolonisierung und des Kampfes gegen die Kommunisten noch hätte miterleben können. Ma ist in Taiwan geboren, hat Chiang Kai-shek nie getroffen und war noch nie in Festlandchina, aus dem seine Eltern 1949 geflohen sind. An der Wand seines Büros bezeugt das Doktordiplom seinen Erfolg an der hochangesehenen Harvard Law School. Von dort auch scheint er das saubere, klare *high-tech*-Gehabe der amerikanischen Rechtsanwälte mitgebracht zu haben. Sein langes und kostspieliges Studium konnte er nur dank des Wohlwollens und eines Stipendiums der Partei zu Ende führen, die er heute leitet. Schon mit 15 Jahren fielen seine geistigen Fähigkeiten einem seiner Lehrer auf, der ihm riet, dem Kuomintang beizutreten. Wie soll Ma seiner Partei nicht dankbar sein? Er selbst setzt jetzt diese Politik der Auswahl der »Besten« fort. Seine Talentsucher wählen in den Universitäten die Studenten aus, denen er eine Ausbildung im Ausland anbietet, desgleichen die Arbeiterführer oder Bauern in den Dörfern. Damit fehlen der Opposition ganz automatisch die notwendigen Führungskräfte! Ma Ying Jeous neueste Initiative bestand in einer Verjüngung der Basis; neuerdings kann man mit der Kuomintang-Mitgliedskarte gratis Motorradstunden nehmen. Das habe sich ausgezeichnet bewährt, versichert mir der Generalsekretär, die jungen Leute strömten dankbar in die Partei. Aber sie träten ihr nicht bloß aus materiellen Gründen bei, sondern auch aus Idealismus, um »das von Sun Yat Sen begonnene historische Werk zur Befreiung des chinesischen Volkes fortzusetzen«.

Ma fängt mit den Worten an, »wie schon Dr. Sun sagte«, und versichert mir, Sun Yat Sen sei einer der größten Denker des Jahrhunderts. Tatsächlich hat Sun, der 1911 die Mandschu-Dynastie stürzte, wenig geschrieben, und auch das Wenige waren nur Einzelgedanken. Vielleicht liegt eben darin sein Verdienst, denn um so leichter fällt es, sich zu seinen drei großen Prinzipien zu bekennen: Vaterlandsliebe, Demokratie und Wohlergehen des Volkes. Diese drei Prinzipien sind in Taiwan die Gegenideologie zum Festlandkommunismus. Das Werk des Kuomintang definiert Ma ständig im Vergleich zur kommunistischen Partei. Das Monopol der Ideologie überläßt er keineswegs den Pekinger Chinesen; auch der Kuomintang ist Träger eines Gesellschaftsentwurfs, der dem chinesischen Volk materiellen Wohlstand, Chancengleichheit und zudem, betont Ma, Demokratie zu bescheren vermag. Denn der Kuomintang sei in Taiwan keineswegs die alleinige, sondern lediglich die herrschende Partei.

Nun wählt man in der Republik China zwar regelmäßig, aber dabei werden lediglich die örtlichen Behörden und die Vertreter der Provinz Taiwan im Nationalparlament neu bestimmt. Die übrigen Abgeordneten, das sind 80 Prozent, sind 1949 gewählt worden und vertreten angeblich die Provinzen Festlandchinas. Nach und nach rafft sie das Alter hinweg; ersetzt werden sie erst nach der hypothetischen Befreiung des Mutterlandes. In der Zwischenzeit bestimmt dieses surrealistische Parlament aus lauter Überlebenden den Präsidenten der Republik. Der Wahlkampf ist frei, aber streng auf zwei Wochen begrenzt, und die Opposition darf sich weder als Partei konstituieren noch die Richtigkeit der Wiedereroberung in Frage stellen. Dem Anschein nach gibt es eine umfangreiche und vielfältige Presse. Ma versichert mir, in Taiwan gebe es 31 Tageszeitungen und 3000 Zeitschriften, aber faktisch werden sie meist vom Kuomintang kontrolliert; die drei Fernsehkanäle unterstehen der Regierung und der Armee. Zwar wird auf Wähler, Anhänger der Opposition oder Journalisten selten unmittelbarer Druck ausgeübt, und wann immer das eintritt und bekannt wird, kommt es zum öffentlichen Skandal. Aber die Selbstzensur wirkt ständig; vor allem die Journalisten wissen, daß man von »empfindlichen Themen« besser die Finger läßt.

Die taiwanische Jugend, die die Zeit der Knappheit nicht selbst erlebt hat, gibt sich mit diesem paternalistischen System offenbar nicht mehr zufrieden. Die Studenten, die jährlich zu Tausenden zur Ausbildung in die Vereinigten Staaten gehen, kommen mit Aufbegehren und Demokratie im Herzen zurück. Die Opposition hat sich trotz des Verbots als politische Partei konstituiert. Die Insel scheint in den Kreislauf der aus dem Wachstum und der Öffnung nach Westen geborenen Forderungen zu geraten. Dennoch sei, sagt mir Ma Ying Jeou, die Republik China von Taiwan das demokratischste Regime, das das chinesische Volk je in seiner Geschichte gekannt habe. Vor allem aber sei Taiwan nicht mit den Philippinen zu vergleichen; der Kuomintang habe Wohlstand und Sicherheit gebracht. Würde er destabilisiert, so spielte man geradewegs Peking in die Hände. Von allen Äußerungen Ma Ying Jeous scheint mir dieses Argument noch auf lange Zeit das entscheidende. Vielleicht das einzige.

## *Allen Widrigkeiten zum Trotz*

Malen wir uns ein armes Land aus, dazu verurteilt, arm zu bleiben: Wir denken es uns jedenfalls sehr klein und siedeln ein Bevölkerungsgewimmel an, das alle Grenzen sprengt – sagen wir 400 Einwohner pro Quadratkilometer –, mit einem Bevölkerungswachstum, das zu den höchsten der Welt gehört, so um die 3 Prozent. Alle Naturschätze versagen wir ihm, besonders Erdöl und Eisenerz ... Wir weisen ihm eine verknöcherte Kultur zu und eine denkbar konservative Religion, die zudem die Passivität fördert. Etwas Feudaltradition und ein dem Handel höchst abholdes Wertesystem runden das Bild ab. 80 Prozent der Bevölkerung sind Analphabeten. Um den Verkehr mit der Außenwelt nach Kräften zu erschweren, lassen wir die Menschen eine möglichst bizarre Sprache sprechen, die keiner anderen gleicht. Natürlich besitzt dieses Volk keinerlei gewerbliche Tradition, widmet sich seit jeher der archaischen Landbestellung und darf niemals irgendwelche wirtschaftlich aktiven, fremden Minderheiten bei sich aufgenommen haben. Die Geschichte des unseligen Landes belasten wir mit lauter Ereignissen, die seinem Streben glatt zuwiderlaufen:

Ausbeutung durch eine unbarmherzige Fremdkolonisierung, ein Weltkrieg, der es in zwei Teile spaltet, und schließlich ein Bürgerkrieg, der die eine Hälfte gegen die andere stellt. Wir hinterlassen zwei Millionen Tote, achten sorgfältig darauf, mindestens die Hälfte aller Wohnungen und, natürlich, sämtliche Straßen, Brükken und Deiche zu zerstören. Wir vergessen auch nicht, unser Modell mit einem Klima auszustatten, das im Sommer zu heiß und im Winter zu kalt ist, und verlegen es irgendwo in einen abgelegenen Winkel des Planeten. Als letztes machen wir unser Beispielsvolk, um ihm nur ja jede Chance zu nehmen, sich doch noch aus der Affäre zu ziehen, zur Zielscheibe zweier Imperialismen und lassen es unter der militärischen Bedrohung des einen stehen und von den Stützpunkten des anderen besetzt sein. Diese ständige Spannung zwingt unser Versuchskaninchen dazu, ein Drittel seiner öffentlichen Ausgaben für die Verteidigung aufzuwenden. Damit dürften etwa alle »objektiven« Ursachen der Armut beisammensein.

Dieses Elendsland ist keine Erfindung: Wir haben soeben recht getreulich die Konturen Südkoreas nachgezeichnet. Bis 1961 waren sich sämtliche Experten hinsichtlich seines Schicksals einig; der Fall galt als hoffnungslos. In jenem Jahr nimmt Korea unter 74 unterentwickelten Ländern, gemessen am Pro-Kopf-Einkommen, den sechzigsten Platz ein. Ein Fünftel der Bevölkerung ist arbeitslos, das Volk kann nur dank amerikanischer Nahrungsmittelhilfe knapp überleben. Fünfundzwanzig Jahre später hat sich Korea auf den neunten Platz vorgearbeitet, liegt seine Jahreswachstumsrate bei mehr als 7 Prozent. Wie heißt nur der Zaubertrank der Koreaner?

## *Ansturm auf die Welt*

An der Reede von Ulsan am Japanischen Meer klettern die koreanischen Arbeiter der Hyundai-Werften über die Stahlleiber und -träger der Schiffsriesen. Sechs Tage in der Woche arbeiten sie täglich elf Stunden lang, zu denen zwei weitere Stunden Pause kommen, die vor Ort zu einer kurzen Mahlzeit oder einem Nickerchen genutzt werden. Ein paar Taulängen weiter draußen machen

Riesentanker die ersten Schwimmübungen, bevor sie ihren norwegischen, griechischen oder arabischen Eignern überantwortet werden.

Nimmt man nur die Hyundai-Werften, so hat man schon ein Symbol des modernen Korea, seiner Zivilisation und seines Wohlstands; die Werft ist ein Riesenbaukasten, aus dem sich anfänglich winzig und verstreut anzusehende Eisenteile zu einem ungeheuren, majestätischen Ganzen fügen. Die Werftarbeiter ähneln den Einzelteilen dieser Schiffe: Jeder einzelne erhält seinen Sinn erst aus der Gesamtheit und ist Teil einer strengen, stark hierarchisierten, fast militärischen Ordnung. Dieser Drang zur pyramidalen Riesenorganisation ist Teil einer bis auf den letzten Millimeter ausgezirkelten Ordnung, von den Stahlplatten bis hin zu den an solchem Ort unvermuteten Blumenrabatten. Die Werft von Ulsan ist vor zwölf Jahren gleichzeitig mit dem ersten Schiffsleib entstanden, denn die Banken waren nur dann zur Finanzierung der Werkstätten bereit, wenn auch schon der erste Auftrag vorlag. Dieser industrielle Wagemut ist typisch für Hyundai, heute - dank der 1986 gelieferten 54 Schiffe - zweitgrößte Werft der Welt. Noch liegt Korea technisch und organisatorisch weit hinter den Japanern zurück, doch diese haben, wie mir der Hyundai-Präsident Chung Joo Young sagt, »schon vor 100 Jahren zu arbeiten begonnen.«

Am Tage meines Besuchs war Hyundai flaggengeschmückt: Soeben war bekannt geworden, daß die britischen Werften ein Drittel ihrer Arbeiterschaft entlassen mußten. Immerhin hatte Hyundai ursprünglich seine gesamte technische Organisation den Engländern abgesehen. 1970 hatte Chung Joo Young, der vom Schiffsbau keine Ahnung hatte, fünfzig seiner Ingenieure und Techniker zu einem Praktikum nach England geschickt. »Wir verstehen uns aufs Kopieren«, sagt Chung Joo Young, »aber auch aufs Verbessern, und bald werden wir selber zum Erfinden in der Lage sein.« Die Löhne bei Hyundai betragen etwa ein Viertel der britischen, aber wie in Taiwan beruht die Überlegenheit der Firma weniger auf dem Preis als auf der Einhaltung der Lieferfristen. In Ulsan werden, im Gegensatz zu Europa, die Lieferzusagen gegenüber allen Reedern der Welt eingehalten; die Werftarbeiter, die darin ihrem Präsidenten nacheifern, zählen ihre Arbeitsstunden nicht.

Chung Joo Youngs Heldenleben ist ein Abbild der Geschichte Koreas. Sein gegerbtes Gesicht ähnelt dem eines ungeschlachten Bauern, aber seine Autorität ist die eines milliardenschweren Unternehmers, des größten seines Landes. Nach der Legende kam Chung, Sohn eines armen Landarbeiters im Norden, in den dreißiger Jahren zu Fuß, weil er sich keine Fahrkarte leisten konnte, nach Seoul, um hier sein Glück zu versuchen. Während der japanischen Besetzung arbeitete er als Automechaniker in einer Werkstatt, danach als Lieferwagenfahrer bei einem Reishändler; dort begriff er, daß Schulden der Anfang des Erfolgs sein können. Diese Lehre wandte er in seinem Unternehmen an, sie ist das Geheimnis der ganzen koreanischen Volkswirtschaft. 1947 gründet Chung seine eigene Baufirma, Hyundai - »Welt von Heute« -, und beteiligt sich am Wiederaufbau des Landes. Von jetzt an geht es unablässig aufwärts: Während des Koreakrieges baut er Kasernen, die erste Nachkriegsautobahn, Flugplätze in Vietnam für die Amerikaner, wieder Straßen in Thailand, bald auch Wohn- und Geschäftsgebäude in Alaska und Australien, die U-Bahn in Seoul, schließlich in Saudi-Arabien ganze Städte.

Als Unternehmer im vollen Wortsinn idealisiert Chung seinen Beruf und geht davon aus, letztlich gleiche jedes Unternehmen der Montage; nachdem er Ziegelsteine zusammengefügt habe, liege es ganz in der Logik der Dinge, wenn er jetzt Stahlteile zu Schiffen oder Autos montiere. Im Alter von siebzig Jahren[1] hat sich Chung, mittlerweile Chef von 100 000 Beschäftigten mit einem Umsatz von 10 Milliarden Dollar, 1985 darauf verlegt, Mikroprozessoren zusammenzubauen. Er hat zwar selbst nur Grundschulbildung genossen und weiß kaum, wie ein Computer funktioniert, aber dennoch wirbt er nach Amerika ausgewanderte koreanische Ingenieure ab, kauft Patente auf, produziert 64KB-RAM-Schaltkreise und macht neuerdings Amerikanern und Japanern in der fortschrittlichsten Technik Konkurrenz. Chungs Per-

1 1987 trat Chung die Leitung von Hyundai an seinen jüngeren Bruder ab.

sönlichkeit schließlich ist typisch koreanisch: Trotz aller Arbeitswut hält er es nicht für unter seiner Würde, spät nachts noch gewisse Bars der Hauptstadt aufzusuchen, er ist Individualist und sehr autoritär, wird bei aller Herzlichkeit von seinen Mitarbeitern mit maßlosem Respekt behandelt, hegt eine asketische Lebensauffassung und regiert doch sein Industrieimperium von der obersten Etage des prächtigsten Gebäudes in Seoul aus.

Die Riesenwerft von Hyundai ist das exakte Gegenteil der Textilfirma Cannontex im Schuppen von Taipeh. Zwar schert die westliche Analyse diese beiden Länder über einen Kamm, doch gehorchen sie radikal unterschiedlichen Wirtschaftsprinzipien: koreanischerseits eine Machtpolitik vermittels einiger weniger, staatlich gestützter Industriegruppen von Weltdimension - den *chaebols*; taiwanischerseits eine Unzahl unabhängiger Kleinstunternehmen, getragen vom schöpferischen Genie ihrer Gründer. Man kann sich nichts vorstellen, was der strengen Organisation einer Werft in Ulsan ferner stünde als die unaufgeräumten und nicht sehr sauberen Werkstätten von Cannontex. Heißt das Schlagwort bei Hyundai *think big*, so heißt es für Cannontex *think small*. Der militärischen Ordnung steht die schöpferische Unordnung gegenüber.

Die koreanischen Werftarbeiter wohnen, genauso wie die Arbeiter, die in der benachbarten Autofabrik den »Pony« bauen, in Hyundai-Wohnungen, ihre Kinder gehen zur Hyundai-Schule und praktizieren im Gleichklang eine eigens für Hyundai erdachte, für die körperliche wie moralische Form ausgezeichnet geeignete Kollektivgymnastik. Die Mitwirkung funktioniert nach japanischem Vorbild: Qualitätskreise auf Werkstattebene, Verhandlungskomitee auf Unternehmensebene. In diesem Komitee sitzen Arbeitervertreter, die theoretisch zwar gewählt werden, aber seit 1974 nie gewechselt haben: Ihre Zusammensetzung hat die Billigung Chungs sowie der Regierung, die sich ihres gediegenen Antikommunismus versichert. Dem Anschein nach gibt es in Korea kaum Streiks oder Arbeitskonflikte, aber das liegt weniger an der Passivität oder Folgsamkeit der Arbeiter als an der Erbarmungslosigkeit des politischen Systems. Kommt es zu sozialer Agitation, greift augenblicklich die Polizei ein und sondert die

Rädelsführer aus, denen man sofort unterstellt, sie stünden im Solde Nordkoreas.

In der Stadtmitte von Ulsan steht eine weithin sichtbare Säule mit dem Warnspruch: »Hütet euch vor den Spionen!« Ich lasse mir sagen, die Inschrift sei mittlerweile überholt, aber weggenommen hat sie dennoch niemand. Nun soll man nicht glauben, Hyundai sei eine Art Zwangsarbeitslager. Die Atmosphäre ist recht entspannt, die Löhne sind für die Landesverhältnisse annehmbar, die Sozialleistungen höher als im koreanischen Durchschnitt. Die Beschäftigten wechseln in immerhin beachtlichem Umfang, denn wird bei Hyundai auch praktisch niemand entlassen, so zögern doch die Arbeitnehmer keineswegs, den Arbeitgeber zu wechseln. Diese individualistische Haltung der Arbeiterschaft bildet einen deutlichen Gegensatz zur japanischen Betriebstreue gegenüber dem arbeitgebenden *zaibatsu*.

Vor allem schweißt ein ausgeprägtes Nationalgefühl die Mitarbeiter des koreanischen Unternehmens über sämtliche Ebenen der Hierarchie zusammen. Wenn Tag für Tag in der Werft, in den Büros und Fabriken wie im ganzen Land Punkt 17 Uhr die Nationalhymne erschallt, unterbricht jeder seine Arbeit und bleibt zwei Minuten lang unbeweglich in einer Habachtstellung stehen, die mir von wirklicher Überzeugung und nicht bloß von Konformismus getragen scheint. Die Koreaner fühlen sich zutiefst einer Nation der Widerstandskämpfer zugehörig, sie haben die großen historischen Wirren des Jahrhunderts – die japanische Besetzung und die kommunistische Revolution – überwunden. Das andere Korea ist ganz nah, fast belagernd; nur 50 Kilometer sind es von Seoul bis zur Grenze.

## *Der 38. Breitengrad*

Kaum hat man die Vororte der Hauptstadt verlassen, muß man Sperren, spanische Reiter und Sicherheitskontrollen überwinden, bis man zum Waffenstillstandsort Panmunjom gelangt, wo die Frontlinie erstarrte. Man hat den Eindruck, als sei der Krieg nur ausgesetzt, nicht abgeschlossen. Auf der ganzen Länge des 38. Breitengrads starren die amerikanische Armee, Beobachter der

Vereinten Nationen und koreanische Soldaten in ständigem Bereitschaftszustand wachsam nach Norden. Auf den Wachttürmen hinter den Befestigungen und Stacheldrahtverhauen suchen amerikanische Soldaten die entmilitarisierte Zone mit dem Feldstecher ab, so als befürchteten sie jeden Augenblick, Barbarenhorden auftauchen zu sehen. Über diesen Norden weiß man praktisch nichts; der Gegner ist geheimnisumwoben, ein schon religiös zu nennender Kult rankt sich um das Regime von Kim Il Sung und seines Sohnes. Der Norden scheint die Tradition der Abgeschlossenheit geerbt zu haben, die Korea einst den Namen »Einsiedelreich« eintrug.

Wenn auf beiden Seiten zu jeder Viertelstunde die Mörserschüsse ertönen, denkt man unwillkürlich an Buzzatis *Festung.* Sonntags ziehen die vom Krieg getrennten Familien in makabrem Kollektivexorzismus zur undurchdringlichen Grenze und rufen sich die Namen der Vermißten zu, die vielleicht auf der anderen Seite noch am Leben sind. Doch im Laufe der Jahre haben sich hinter den Barrikaden Restaurants, Kneipen und Souvenirhändler eingenistet und die Demarkationslinie in ein großes militärisches Disneyland verwandelt, wo hüftschlenkernde amerikanische Soldaten japanischen Touristengruppen als Führer dienen. Das *briefing* der Besucher durch die Offiziere malt ebenso wie das unmittelbar an der Grenze gelegene Kriegsmuseum das kommunistische Regime in hyperrealistischen Farben. Ein Diorama in Technicolor zeigt einen Überfall nordkoreanischer Soldaten im Jahre 1976; darauf ist ein Kind aus dem Süden zu sehen, das erschlagen wurde, weil es »ich hasse die Kommunisten« schrie. Das alles wäre tragikomisch, wenn man nicht wüßte, daß der Krieg von 1950, der zwei Millionen Tote forderte, keine koreanische Familie verschont hat.

Dieses Volk der Widerstandskämpfer ist auch eine Nation der Überlebenden. Widerstand gegen den Kommunismus des Nordens, Überleben der japanischen Besetzung.

## *Die Kunst, sich kolonisieren zu lassen*

Korea wurde zwischen 1910 und 1945 von den Japanern in ein Riesenunternehmen zu ihren Diensten verwandelt, im Norden Industrie, im Süden Landwirtschaft. Über die klassische wirtschaftliche und politische Beherrschung hinaus sollte diese Kolonisierung der kulturellen Auslöschung dienen. Die Japaner waren fest entschlossen, den unerträglichen koreanischen Individualismus, Erbstück einer als minderwertig erachteten Kultur, zu vernichten. In der Öffentlichkeit, der Verwaltung und den Schulen wurde der Gebrauch des Koreanischen untersagt. Bei Ausbruch des Weltkrieges wurden die Koreaner in die japanische Armee gepreßt, wo sie stets in vorderster Front eingesetzt wurden, oder aber in die Fabriken in Japan verschleppt, um dort die eingezogenen Japaner zu ersetzen. Doch während die Japaner ihre Kultur zerstörten, »erzogen« sie gleichzeitig die Koreaner. Das gesamte Volk wurde der Feudalära entrissen und mußte auf japanische Art im modernen Reisanbau und in der entstehenden Industrie arbeiten lernen. Während der Kolonialzeit stieg die Erzeugung im Jahr um durchschnittlich 10 Prozent, eine aufsehenerregende Wachstumsrate, die in etwa der des heutigen Korea entspricht. Diese japanische Ausbeutung stützte sich auf die aktive Mitarbeit der koreanischen Eliten. Nach einer Schätzung gab es 1945 in Korea 7000 Führungskräfte, 28 000 Techniker und über 2000 vollständig koreanische Unternehmen. Die Tüchtigsten, meist Kinder der ehemaligen Aristokratie, wurden auf die Tokioter Universität geschickt, und natürlich rekrutierte sich nach der Befreiung 1945 die Führungsschicht des neuen Korea aus diesen in Japan ausgebildeten Kolonisierten.

Als die Japaner abzogen, war Korea also industriell und landwirtschaftlich eindrucksvoll gerüstet mit Fabriken, Staudämmen, Straßen, Bewässerungsnetzen. Desgleichen hatten die Koreaner entdeckt, daß ihre Erzeugnisse auch ausgeführt werden konnten, wobei dieser Öffnung nach außen auch die Rückkehr der Verschleppten zugute kam; zweieinhalb Millionen Koreaner hatten wohl oder übel ganz Asien entdeckt. Da schließlich die Eroberer einer der koreanischen immerhin nahestehenden Rasse und Kultur angehörten, kamen die Koreaner zu dem Schluß, wenn die Japaner Asien beherrscht hatten, könnten sie es genausogut.

Als 1953 der Koreakrieg zu Ende geht, scheint kaum noch etwas von der japanischen Hinterlassenschaft übrig; zerstört ist jedoch in Wirklichkeit nur das physische Kapital, die menschlichen Ressourcen und die Erinnerung sind weiterhin vorhanden und bilden die Grundlagen der künftigen Entwicklung.

## *Ein Volk der Reiter*

In Panmunjom schien mir das Feldzeichen des in der entmilitarisierten Zone stationierten 1. Mandschu-Kavallerieregiments das tragische Schicksal Koreas und seine Racheabsicht am besten zu versinnbildlichen: ein riesiges, blaugemaltes Holzwappen über den amerikanischen Lagern blickt nach Nordkorea. Seine Devise: *In front of them all* (»Allen zum Trotz«). Die Amerikaner verstehen diesen Wahlspruch in militärischem, abwehrendem Sinne auf den kommunistischen Feind gemünzt, auf die »Roten«, wo immer sie herkommen mögen. Doch mir scheint bei den Koreanern dieses »Allen« eine größere Welt zu umspannen. Es ist das an den Westen wie an den Osten gerichtete Manifest eines großen Volkes, das sich dem Tod verweigert hat.

Ist doch Korea nicht bloß eine asiatische Halbinsel, wo eine gefügige Arbeiterschaft Magnetoskope und Hemden herstellt, sondern es ist zuallererst eine große Kultur. »Korea«, schrieb Anfang des Jahrhunderts der indische Dichter Rabindranath Tagore, »ist ein Licht, das schon seit langem die Welt erleuchtet und sie weiterhin erleuchten wird.«

»Man kann den wirtschaftlichen Erfolg des heutigen Korea nicht begreifen«, sagt der koreanische Videokünstler und Komponist Nam June Paik zu mir, »wenn man nicht bedenkt, daß mein Volk eine der ältesten Kulturen Zentralasiens in sich trägt. Die Koreaner sind die Nachfahren der Hunnen und des Dschingis Khan, jener Nomadenhorden, die jahrhundertelang ruhelos durch Asien und Europa ritten, von Seoul bis Budapest, ehe sie sich auf dieser Halbinsel niederließen. Weder mit dem Fischervolk der Japaner noch mit den stillen chinesischen Bauern haben wir etwas zu tun. Die Koreaner sind ein Volk der Reiter, und unsere Sprache[1] und Musik sind mit denen der Ungarn näher verwandt als mit denen unserer unmittelbaren Nachbarn.« Die koreanische Kontinuität dürfe man weder in der Archäologie noch in den Denkmälern suchen. Diese Überreste sind im übrigen kaum wahrnehmbar – Tore und Paläste aus geschnitztem Holz verlieren sich im städtischen Gewimmel der wohlfeilen Wohnhäuser und reizlosen Bürobauten von Seoul. Ein Nomadenvolk, so Paik, trage seine Kultur in sich und halte es nicht für nötig, ein ortsgebundenes Erbe zu erhalten. Eben weil die koreanische Kultur so verinnerlicht sei, habe sie auch den Japanern widerstanden, die doch nur die äußeren Symbole zerstörten.

Paik selbst ist Nomade geblieben. Der weltberühmte Künstler und im Ausland bekannteste Koreaner lebt und arbeitet in einem New Yorker *loft*, dessen unbeschreibliche Unordnung mindestens ebenso an ein Hunnenlager wie an ein Künstlerstudio erinnert: »Wo ich mich gerade aufhalte, ist meine Heimat«, sagt Paik. Seine Kunst ist nicht weniger universell, eine neue Ausdrucksform, die sich des Videobandes bedient. Von seinem Mischpult aus überblickt der Fortner-Schüler und ehemalige Stockhausen-Mitarbeiter fünfzig Bildschirme und schöpft jene hinreißenden Schaustücke, die seinen Ruf begründet haben, eine Mischung aus absurden, psychedelischen Streifenbildern, ein lebendes und tönendes Schauspiel in ständiger Bewegung, von dem man sich nicht losreißen kann. Dennoch ist diese hochmoderne Kunst für Paik nichts anderes als die Fortsetzung einer koreanischen Tradition, der Tradition des Symbols und der Abstraktion. Auf dieselbe Art, wie die Koreaner das einzige Mongolenalphabet und die ersten Metall-Druckzeichen erfanden, schöpft er neue Kommunikationsweisen.[2] Als Krone der Ironie beruht seine ganze Kunst auf der

1 Das Koreanische gehört zur finno-ugrischen Sprachfamilie.

2 Berühmt wurde Paik in den sechziger Jahren durch seine Happenings, die jedoch seiner Meinung nach rein gar nichts den Hippies und dem Psychedelismus verdankten, sondern in Wirklichkeit eine moderne Umformung der Schamanen-Zeremonien waren, denen Paik in seiner Kindheit beigewohnt hat, ein Versuch, über Gesang, Tanz und Schreie mit den Erdkräften in Verbindung zu treten – eine auch im heutigen Korea noch lebendige Praxis.

exzentrischen Nutzung der Erzeugnisse des modernen Korea – Fernseher, Magnetoskope, Informatikprogramme. Daewoo, größter koreanischer Hersteller von Fernsehgeräten, beliefert ihn gratis mit Gerät, das er zweckentfremdet; aus alten, übereinandergetürmten Apparaten baut er Riesenskulpturen, Kathodenröhren verwandelt er in Aquarien. Koreas provozierendster Sohn macht eben die Gegenstände lächerlich, mit deren Herstellung die Welt Korea identifiziert. Auch diese Tradition der Dissidenz, meint Paik, dieses Temperament des Reiters, dem jegliche Autorität zuwider sei, erkläre die Gewalttätigkeit, die aus dem heutigen Korea nicht mehr wegzudenken sei.

## *Riten der Gewalt*

Wenn es in Seoul nach Tränengas stinkt, ist das weitgehend das Werk von Miss Hang. Miss Hang ist eine ebenso zierliche wie entschlossene Koreanerin, die mit gleicher Ernsthaftigkeit zugleich ihre Studien an der Universität von Seoul und die politische Agitation auf dem Campus betreibt. Im Hörsaal sieht man sie ungerührt Wort für Wort die Ausführungen niederschreiben, die ein der Mandarintradition treuer Professor hoch auf dem Katheder doziert: Die koreanische Universität ist eine aus Disziplin und Gehorsam bestehende Schule und nicht etwa ein Ort kritischen Denkens. Doch kaum ist die Vorlesung zu Ende, betätigt sich Miss Hang aktiv an der Zerstörung des Systems. Diese aufbegehrende Studentin und ihr in ferner Höhe schwebender Professor verkörpern jeder auf seine Art eine koreanische Tradition, das aus der Steppe herwehende Aufbegehren und die in Jahrhunderten chinesischer und japanischer Herrschaft genährte konfuzianische Ordnung.

Miss Hangs besonderer Auftrag in der Geheimbewegung, der sie angehört, dem *Minmintu*, ist es nicht etwa, sich mit der Polizei zu prügeln – das überläßt sie den jungen Männern; desgleichen lehnt sie die Studenten ab, die sich selbst mit Benzin übergießen und brennend schreien: »Nieder mit den USA!« Miss Hang geht es vielmehr um den Fortschritt des »demokratischen« Denkens. Übrigens stellt ihr die Universität freundlicherweise einen Hörsaal zur Verfügung, wo sie Studentenkolloquien abhalten kann. Auch die Professoren nehmen, diesmal schweigend, daran teil. In diesen langen und recht wirren Versammlungen kann man versuchen, sich von der Ideologie von Miss Hang und ihren aufbegehrenden Kommilitonen ein Bild zu machen. Die Themen sind jene der Drittwelt-Vulgata, wie sie die westliche Linke in den sechziger Jahren formulierte: Korea ist eine vom kapitalistischen Lager ausgebeutete Proletariernation, seine Entwicklung ist lediglich eine Randerscheinung, die Amerikaner sind Imperialisten, die Japaner Neokolonialisten, Washington ist Komplize der Militärdiktaturen. Aufgepfropft auf diesen klassischen Diskurs finden sich wie im geteilten Deutschland neutralistische, atomfeindliche Anklänge und ein vages Sehnen nach der Wiedervereinigung der beiden Koreas.

Was Miss Hang als kapitalistisch und amerikanisch bezeichnet, ist in Wirklichkeit nichts anderes als die schnelle Modernisierung ihres Landes. Demgegenüber projiziert sie ihre Nostalgie nach einer verlorenen Kultur auf Nordkorea, das sie sich als eine Art Ökologie-Reich ausmalt, das der uralten Tradition der Auf-sich-selbst-Bezogenheit treu geblieben sei. All diese vielschichtigen Empfindungen schlagen sich für die koreanische Jugend in einem einzigen Wort nieder: Demokratie. Die Demokratie wird alle Probleme lösen, wird Korea die Unabhängigkeit, die Freiheit, die Kultur wiedergeben und Seoul von seiner Luftverschmutzung reinigen.

Für Miss Hang repräsentiert allein ein Mann alle diese wirren Bestrebungen: der weit über Korea hinaus bekannte Kim Dae Jung. Kim, der seit 25 Jahren die Opposition gegen das Militärregime von Seoul anführt, gilt jenem Teil der Welt nicht nur als Symbol der Demokratie, sondern geradezu als ihr Märtyrer.

## *Die Legende von Kim Dae Jung*

Das Martyrium ist eine sehr alte koreanische Tradition: heiliggesprochene Christen, ausgelöschte Buddhisten, angebetete Studenten. Kim Dae Jung gehört in diese Tradition. Von den Nordkoreanern 1950 zum Tode verurteilt, konnte er mit knapper Not entkommen, wurde vom Geheimdienst seines Landes aus Tokio entführt, entrann seinen Fängen in eben dem Augenblick, als er erdolcht werden sollte, wurde in Seoul wegen einer obskuren Verschwörung erneut zum Tode verurteilt und schließlich dank des Eintretens der USA begnadigt. Als ich ihm im Februar 1987 begegnete, spiegelte sein eigenartiger Status recht gut die Zwiespältigkeit des politischen Systems in Seoul wider: martialische Rede und Propaganda, Dissidenten im Gefängnis, aber zugleich eine relativ kritische Presse und völlige Ein- und Ausreisefreiheit. Vor den Ereignissen von Ende Juni 1987 war Kim, der in seiner bescheidenen Wohnung in Seoul unter Hausarrest stand, im Prinzip jegliche öffentliche Betätigung untersagt, doch empfing er dort unablässig seine Anhänger und westliche Journalisten. Man wußte nicht recht, ob man ihn denn nun besuchen durfte; die Behörden rieten davon ab, legten einem aber nichts in den Weg, sondern begnügten sich damit, die Besucher ohne deren Wissen zu fotografieren. Kim Dae Jung strickt fleißig an seiner eigenen Legende und versichert mir, sein Haus werde von 400 Spionen beäugt, die auch seinem Wagen folgten und sein Telefon abhörten. Dabei ist er ganz und gar keine furchterregende Gestalt; sein Programm besteht im wesentlichen aus der Umverteilung des Reichtums vermittels Steuern, dem Schutz der Umwelt und der Förderung von Gesundheit und Erziehung. Er meint, die Demokratie werde die studentische Agitation beseitigen und automatisch die Qualität des Erziehungswesens erhöhen. Aber, fügt er hinzu, der Staat dürfe keinesfalls geschwächt werden; eine starke öffentliche Hand sei unerläßlich, um Nordkorea Paroli bieten zu können. Im Grunde verurteilt Kim Dae Jung die derzeitige Regierung nicht etwa, weil sie autoritär, sondern weil sie militärisch ist. Für ihn bedeutet Demokratie vor allem, daß die Macht in der Hand von Zivilisten liegt; es geht ihm nicht um die Natur dieser Macht oder die zu starke Rolle des Staates in der koreanischen Gesellschaft.

Zwar benutzt Kim Dae Jung das Vokabular des Westens, aber er gehört einer anderen Kultur an. Als unser Gespräch zu Ende geht, wird der Politiker zum Kalligraphen: Mit peinlicher Sorgfalt bereitet er seine Seidenpinsel zu, löst seine Tinten in einer Schale aus schwarzem Stein auf und malt für mich in chinesischen Zeichen eine tiefe Weisheit: »Die Kraft der Seele ist unbesiegbar.« Darunter bringt er sein persönliches Siegel an und schenkt mir sein makelloses Werk, sich demütig für dessen Unvollkommenheit entschuldigend. Leicht ließe ich mich täuschen, wüßte ich nicht, daß in Asien die Kalligraphie seit jeher Symbol der Autorität ist.

Es wäre falsch zu glauben, die Auseinandersetzungen auf den Straßen von Seoul seien die Vorläufer einer Revolution. Sind die Zusammenstöße zwischen der Polizei und den Studenten auch hart, so sind sie doch zugleich kodifiziert. Die Bevölkerung der Hauptstadt steht den Auseinandersetzungen alles in allem gleichgültig gegenüber. Werden die Tränengasschwaden so dicht, daß man sich mit dem Taschentuch vor der Nase fortbewegen muß, beklagt sie sich darüber in etwa so, wie man sich andernorts über schlechte Luft oder schlechtes Wetter ärgert. Im Augenblick scheint mir die konfuzianische Ordnung Koreas nicht durch den Reitergeist bedroht. Bestenfalls wird der amerikanische Druck den Übergang zu einem gemäßigteren Autoritarismus beschleunigen. Das politische Modell, dem sich Korea - wie im übrigen Taiwan - mit größter Wahrscheinlichkeit letztlich nähern dürfte, ist wohl das japanische eher als das der westlichen Demokratien. Wie in Japan ist zu gewärtigen, daß eine herrschende Partei die Regierung monopolisiert, die zwar von der Opposition kontrolliert wird, aber die Macht nie aus der Hand gibt.

So also steht es um die Evolution dieser neuindustrialisierten Länder Asiens, wo sich nicht nur eine neue Form wirtschaftlichen Wachstums herausgebildet hat, sondern auch eine neue politische Kategorie, die man als aufgeklärten Autoritarismus bezeichnen könnte. Dieser aufgeklärte Autoritarismus integriert den Wandel und widersteht gleichzeitig jedem Versuch der inneren oder äußeren Destabilisierung.

Von Hongkong bis Singapur könnten wir ein recht ähnliches Bild zeichnen. In Taiwan und Südkorea ist diesen Völkern etwas gelungen, was kein anderes irgendwann in der Menschheitsgeschichte geschafft hat: die Massenarmut binnen 25 Jahren zu besiegen. Trotzdem begegnet ihre Leistung im Westen, und sogar in der Dritten Welt, eher Herablassung als einem wirklichen Interesse. Gern zeichnet man sie als Karikatur unmenschlicher Werkshallen, wo menschliche Roboter durch den amerikanischen oder japanischen Kapitalismus ausgebeutet werden. Die braven Apostel der Marktwirtschaft andererseits scheren sie flugs über ein und denselben ideologischen Kamm und preisen sie als allzu schmeichelhaften Erfolg einer kapitalistischen Strategie.

In Wahrheit aber gibt es schwergewichtige Unterschiede zwischen den Kulturen dieser Völker und den Wegen, die sie eingeschlagen haben. Was die »vier Drachen« eint, ist viel mehr ihre tiefe Schicksalsgemeinschaft als ihre Wirtschaft. Die vier Drachen Asiens sind Überlebende und Widerständler gleichermaßen. Woher nur nahmen sie die Kraft und Seelenstärke?

Deshalb lautet die fundamentale Frage aller Entwicklung: Liegt es an der Rasse, Religion, den Sitten, natürlichen Hilfsquellen, der Außenhilfe oder den politischen Optionen? Die beliebteste Erklärung wird selbstverständlich die Macht der Gegebenheiten in den Vordergrund stellen. In der wirklichen Praxis schien sie mir indessen weniger überzeugend als eine Analyse der Entwicklungsstrategien.

# 14

# Der gute Staat

Als Vater für das taiwanische Wunder bietet sich Dr. Tsiang Shoh Chieh an. Der über Achtzigjährige trägt die Elfenbeinhaut und lächelnde Weisheit zur Schau, die das hohe Alter dem chinesischen Volk verleiht. Er gehört zu jener besonderen Sorte Intellektueller, die durch und durch chinesisch und zugleich völlig international sind, die sich nur dann recht wohl fühlen, wenn sie von Land zu Land wechseln. Seit dreißig Jahren liest er Volkswirtschaft an der Cornell-Universität im Staat New York und ist zugleich der Berater, auf den die Regierungen der Republik China in Taiwan am meisten hören. Diese für die Intelligenzija der Überseechinesen typische Weltaufgeschlossenheit verleiht Tsiangs Wirtschaftslehre universellen Wert.

Angefangen hat alles Ende der fünfziger Jahre. Das Land steckte in der klassischen Sackgasse der Unterentwicklung; der Staat war praktisch bankrott, die Wirtschaft erstickte in den Verwaltungskontrollen: Taiwan war einfallslos den herrschenden Strömungen des damaligen wirtschaftlichen Denkens gefolgt. Die Währung war überbewertet, so daß das Bürgertum von Taipeh die Artikel des laufenden Verbrauchs preisgünstig im Ausland erwerben konnte. Das Land selbst lebte im Schutz hoher Zollmauern, die nach damaliger Auffassung den *takeoff* der nationalen Industrien bewirken sollten. Für die Investitionstätigkeit schließlich hielt es die Regierung für notwendig, die Zinsen ganz niedrig zu halten. Diese Import-Ersatz-Strategie galt in den Jahren der Entkolonisierung als das einzig mögliche Modell für die unterentwikkelte Welt. In Wirklichkeit lebte die Insel indessen weiterhin, genau wie vor dem Krieg, von ihren Reis-, Zucker- und Bananenausfuhren nach Japan. Der Verkauf dieser Agrarprodukte machte 80 Prozent der Außeneinkünfte aus. Bis 1960 also blieb Taiwan nichts anderes als eine Kolonialwirtschaft, unterstützt von der amerikanischen Hilfe, die die Wiederherstellung der kriegszerstörten Infrastruktur finanzierte. Die Wende trat erst mit Tsiangs Nonkonformismus ein: Er überredete seine Regierung, den Weg einzuschlagen, dem sich die anderen armen Länder eine Generation später zuwenden sollten.

## *Sparen und arbeiten*

Tsiang geht von der einfachen Annahme aus, daß seine Mitbürger vernunftbegabte Wesen sind. Bieten die Banken ihnen Zinssätze an, die weit unterhalb der Inflationsrate liegen, dann ziehen es die Sparer, die ja rechnen können, logischerweise vor, ihr Geld in Grundbesitz und Immobilien anzulegen. Die von der Exportlandwirtschaft erwirtschafteten Gewinne dienen also mitnichten dem Ingangsetzen der Industrie. Tsiangs zweites Prinzip lautet, Taiwan könne nur dann reicher werden, wenn es auf seinen »Vergleichsvorteil« setze, das heißt auf das, wovon es mehr als seine Rivalen bieten kann. Die Insel besitzt keinerlei Naturschätze, verfügt jedoch über gut ausgebildete Arbeitskräfte, die der technische Fortschritt in der Landwirtschaft freisetzt.

Diese Analyse führte zu einer völligen Kehrtwendung; an die Stelle der Importsubstitution trat die »Exportförderung«. Da der Vergleichsvorteil einen wettbewerbsfähigen Preis voraussetzt, mußte zuerst einmal abgewertet werden; dies geschah 1958. Wie bei allen erfolgreichen Wirtschaftsexperimenten war auch in Taiwan die Währungsreform absolute Voraussetzung für die Entwicklung. Tsiangs originellster Beitrag bestand jedoch darin, daß er seine Regierung dazu überreden konnte, die Zinsen müßten jederzeit höher liegen als die Inflation. Seit Ende der fünfziger Jahre liegt der Zinssatz in Taiwan, von gewissen Schwankungen in den Folgejahren abgesehen, immer über der Preissteigerungsrate, beträgt in manchem Jahr sogar 125 Prozent. Die positiven Wirkungen folgten auf dem Fuße: Die Ersparnisse strömten in die Banken, und die Inflation ging schnell zurück. Umgekehrt versiegte der Ersparnisstrom sofort, wann immer die Regierung der Versuchung erlag, den Zinssatz unter die Preissteigerungsrate zu drücken. Eine gerechte Belohnung der Spartätigkeit erwies sich also als ausgezeichnetes Mittel, um sowohl die Entwicklung zu finanzieren als auch die Inflation zu bekämpfen. Nach einem Vierteljahrhundert Währungsstabilität legt jeder Tainwanchinese ein Drittel seines Einkommens auf die hohe Kante - ein Weltrekord.

Nicht die dem Überseechinesen gemeinhin zugeschriebene natürliche Genügsamkeit ist es also, die eine hohe Spartätigkeit auslöst, sondern die richtige Politik mußte dieser Neigung entgegenkommen und dafür sorgen, daß die Ersparnisse in den offiziellen Geldkreislauf einfließen, anstatt sich der traditionellen Besitzanhäufung zuzuwenden. Den Beweis liefert die Tatsache, daß 1952 die Sparrate in Taiwan kaum 5 Prozent des Einkommens ausmachte und die amerikanische und britische Schwelle erst 1963, die japanische sogar erst 1971 überschritt. 1963 endete praktisch die amerikanische Hilfe. Man kann also sagen, daß seit jener Zeit die Entwicklung der Republik China tatsächlich von den Taiwanern selbst getragen wird und keineswegs auf Außenhilfe angewiesen ist. Hinzuzufügen bliebe, daß die Insel neuerdings mehr Kapital aus- als einführt und ihrerseits in anderen Zonen des pazifischen Raums investiert.

Aus dieser Erfahrung können wir ein paar Prinzipien herleiten, die wenig mit chinesischer Kultur und um so mehr mit wirtschaftlicher Analyse zu tun haben. Tsiang ist übrigens der Meinung, man könne mit Fug und Recht von einem Taiwan-Modell sprechen, beruhe es doch auf universell anwendbarer theoretischer Überlegung. Dieses Modell räumt der Währungsstabilität und privaten Spartätigkeit Vorrang ein. Sein weiterer Aspekt - die Angleichung der Einkünfte - ist zwar weniger bekannt, aber mindestens ebenso bemerkenswert wie das wirtschaftliche Wachstum. Tsiangs Strategie kann also für sich beanspruchen, daß sie Entwicklung und soziale Gerechtigkeit Hand in Hand voranbringt.

## *Adam Smith contra Karl Marx*

Nach sozialistisch inspirierter Lehre ruft das kapitalistische Wachstum Ungleichheit hervor, schlimmer: Es kann überhaupt nur auf einem Boden der Ungerechtigkeit gedeihen. Die wissenschaftliche Version dieses Vorurteils hat der amerikanische Wirtschaftler russischer Abstammung Simon Kuznets formuliert. Anhand früh industrialisierter Länder wie Großbritannien, Vereinigte Staaten oder Japan führt Kuznets den Nachweis, in einer ersten Phase mache das kapitalistische Wachstum die unteren Schichten der Bevölkerung ärmer. Doch Kuznets zeigt ebenfalls, daß in einer zweiten Phase, die in Großbritannien bereits 1860, in Japan 1920 einsetzt, die Armut in sämtlichen sozialen Schichten schnell zurückgeht, unter den gewöhnlichen Arbeitern sogar noch schneller als in den anderen Schichten. Dieser zweite Takt der Kuznets-Theorie wird meist zugunsten des ersten übersehen, weil dieser der Veröffentlichung von Marx' Werken entspricht. Trifft nun Kuznets' Theorie auf die erste Generation der kapitalistischen Länder unbestritten zu, so gilt sie doch keineswegs für die neuindustrialisierten Länder. In Taiwan - und dasselbe läßt sich in Singapur, Südkorea und Hongkong nachprüfen - hat das Wachstum zu keiner Zeit auch nur irgendjemanden ärmer gemacht. Im Gegenteil: Von Anfang an wurden gerade die bescheidensten Bevölkerungsschichten schneller reicher als die reichsten. Das läßt sich mit dem gängigsten Meßinstrument, Gini-Koeffizient genannt, problemlos messen, das heißt mit der Einkommenslücke zwischen dem reichsten und dem ärmsten Fünftel einer Bevölkerung. In Taiwan ist diese Lücke zwischen den beiden Gruppen seit der Zeit (1964), als sich das Wachstum zu beschleunigen begann, immer kleiner geworden. Dieser Fortschritt in Richtung auf mehr Gleichheit steht in völligem Gegensatz zum gängigen Bild von der auf Ausbeutung beruhenden Industrialisierung, sei es nun das Ausbeutungsmodell des 19. Jahrhunderts oder das zeitgenössische Modell anderer Entwicklungsländer wie Brasilien oder Indien.

Tsiang gibt uns dafür eine Reihe von Erklärungen, die nichts mit den Besonderheiten Taiwans zu tun haben, sondern die er für generalisierbar hält. Zunächst habe die *Agrarreform*, indem sie den Bodenzins beseitigte, den wichtigsten Graben zugeschüttet, der in den armen Ländern die Bauern zum Elend verurteile und den Wohlstand der Großgrundbesitzer verewige. Sodann habe die *Währungsreform*, indem sie das Wohl des Sparers im Auge hatte, eine Mittelschicht geschaffen, die selbst für ihre wirtschaftliche Sicherheit sorgen könne. Dank der stets positiven Zinssätze gab es keine ruinierten Bauern mehr! Drittens habe die Nutzung des *Vergleichsvorteils*, der eher auf den Arbeitskräften als dem Kapital beruhe, die Erträge des Wachstums – im Gegensatz zum brasilianischen oder indischen Schema – auf die Gesamtheit der Bevölkerung zu verteilen erlaubt.

Gerade der letztere Faktor ist zwar nicht unbedingt der wichtigste, hängt aber eng mit der *Verbreitung von Erziehung und Bildung* und ihrer Rolle in der Gesellschaft zusammen. Taiwan ist eine Meritokratie, wie Japan es seit Beginn des Jahrhunderts ist und wie es Korea und Singapur mittlerweile geworden sind; der gesellschaftliche Rang ist Funktion der Anstrengung und nicht des Grundbesitzes oder der Privilegien. Das gilt für Männer und Frauen gleichermaßen, und Taiwan gehört zu den ganz wenigen Staaten der Dritten Welt, in denen Frauen öffentlich wie privat verantwortliche Stellen einnehmen.

Diese Lektion zur Schaffung von mehr Gleichheit wird von Südkorea bestätigt, obgleich dort die Einkommensunterschiede noch etwas ausgeprägter sind. In diesem Land herrschen die Großunternehmen vor, die lange Zeit von der Regierung geschützt worden sind, und zwischen 1975 und 1981 tobte dort die Inflation. In diesem Zeitraum haben sich die Ungleichheiten verschärft und mithin im Umkehrschluß bewiesen, welche Rolle der Währungsstabilität als Gleichheitsfaktor zukommt.

Tsiang weist darauf hin, daß diese Einkommensangleichung in den neuindustrialisierten Ländern Asiens ohne Umverteilungspolitik zustande gekommen sei. Öffentliche Sozialversicherungssysteme sind praktisch unbekannt; den Mindestlohn gibt es entweder gar nicht oder er ist wie in Taiwan erst vor kurzem eingeführt worden; die Steuerprogression beim Einkommen ist geringfügig, und überhaupt ist die Besteuerung niedrig, da man ja keinen Vorsorgestaat zu finanzieren braucht. Trotz alledem erweist sich die Einkommensverteilung in diesen vier Ländern letztlich gleicher als in Schweden. Dies deutet darauf hin, daß der Markt nicht nur Reichtümer schöpft, sondern sie auch auf die Starken und Schwachen, auf Frauen und Männer umverteilt, und zwar besser, als es die öffentliche Hand zu tun vermag. Indem sie sich die harte Phase der Ausbeutung schenkten, stellen die vier Drachen also eine neue Kategorie des Kapitalismus dar und geben mit viel Verspätung Adam Smith, Verfasser des *Nationalreichthums*, Recht gegen Marx, versprach sich Adam Smith doch vom Wirtschaftswachstum vor allem mehr soziale Gerechtigkeit.

Schließlich kann man letztlich nicht wirklich verstehen, was in Taiwan geschah, wenn man sich nicht ein besonderes Merkmal seiner Bevölkerung ins Gedächtnis ruft. Tatsächlich leben dort seit der Unabhängigkeit zwei Völker nebeneinander, was Tsiangs Strategie zusätzlich beleuchtet.

## *Zwei Völker auf einer Insel*

Die erste Bevölkerungswelle kam im 19. Jahrhundert aus Südchina, kolonisierte die Insel und brachte sie zum Blühen. Es handelt sich dabei um eine zivile, friedliche Gemeinschaft, der es vor allem um persönliche Bereicherung geht; sie spricht taiwanisch und stellt neun Zehntel der Bevölkerung. Die zweite Welle kam ebenfalls vom Festland, aber aus allen Provinzen Chinas, ein erstes Mal im Jahre 1945, um die japanischen Besatzer aus Taiwan zu verjagen, sodann 1949, als die Insel zum Zufluchtsort für Chiang Kai-sheks flüchtende Armee wurde. Diese »Kontinentalen« sind Militärs, Politiker und Bürokraten; für sie geht es in erster Linie um eine Wiedereroberung Chinas, sie sprechen das Pekinger Mandarin, das zur Amtssprache der Republik von Taipeh geworden ist.

Diese beiden Bevölkerungsgruppen stehen nicht in offenem Konflikt, und schon nach einer Generation sind Eheschließungen zwischen Festlandkindern und Inselkindern alltäglich geworden. Dennoch gibt es faktisch eine Aufgabenverteilung zwischen den beiden Gemeinschaften: Der Staat ist Sache der Kontinentalen, die Wirtschaft Sache der Taiwaner. Der überall zwischen den beiden Kulturen - Staatsangelegenheiten und Geschäftsleben - anzutreffende Gegensatz hat hier also eine besondere, gewissermaßen ethnische Ausprägung erfahren. In den Händen der zivilen taiwanischen Gesellschaft liegen die privaten Kleinunternehmen und der Außenhandel, mithin der dynamische Teil der Wirtschaft. Die Kontinentalen hingegen beherrschen das politische Leben, die Kuomintang-Partei, den Binnenmarkt und den öffentlichen Sektor. Entgegen dem im Ausland gängigen Bild vom ultra-liberalen Taiwan umfaßt dieser öffentliche Sektor nicht nur die klassischen Monopole wie Verkehrswesen oder Telefon, sondern auch den Banksektor und die Versicherungen, die Petrochemie, die Zuckerraffinerien, Kunstfaserindustrie, Siderurgie, den Schiffsbau und sogar Bauunternehmen, die den Zivilfirmen Konkurrenz machen. Dieser riesige staatliche Sektor wird geleitet von ehemaligen hohen Beamten und Offizieren, die die Regierung auf diese Weise entschädigt.

Die taiwanischen Unternehmer haben den traditionellen Eindruck, sie subventionierten einen wenig leistungsfähigen Staat und öffentlichen Sektor. Doch dieser Staat kann sich zu seiner Verteidigung einiger wesentlicher und seltener Tugenden rühmen. Er ist kaum kostspielig, einer der billigsten der Welt: 18 Prozent des Bruttosozialprodukts, wovon die Hälfte in die Verteidigung und Sicherheit geht. Für in der Dritten Welt geltende Maßstäbe erscheint er relativ ehrlich, trotz einiger traditioneller Praktiken wie der, daß man gewissen Beamten »rote Umschläge« in die Hand drückt. Seine Beständigkeit gibt den taiwanischen Unternehmern die Möglichkeit, sich ohne größere Gefahren in der Dauer einzurichten. Er garantiert die Sicherheit der Einkünfte und den Schutz der Ersparnisse durch praktisch totale Preisstabilität und stets positive Zinsen. Schließlich gewährleistet er die Verteidigung des Staatsgebiets, ohne die Taiwan schon längst vom kommunistischen China aufgesogen worden wäre.

Diese Besonderheiten Taiwans bereichern noch die Lektion des Dr. Tsiang. Das Taiwan-Modell hat nichts gemein mit einem Liberalismus ohne Staat, einem *laisser-faire, laisser-passer*, wie es außerhalb von Hongkong wohl nirgends je existiert hat. Vielmehr veranschaulicht Taiwan sehr wohl die für das gute Funktionieren einer Wirtschaft unerläßliche Dualität: das – wesenhaft gegensätzliche – Nebeneinander von Staat und ziviler Gesellschaft.

Auch Singapur ist keineswegs einem irgendwie gearteten Ultra-

Liberalismus zuzurechnen; noch mehr als in Taiwan hat dort der Staat in der Entwicklung eine entscheidende Rolle gespielt.

## *Eine Regierung des Wettbewerbs*

Vor zwanzig Jahren war Singapur nach meiner Erinnerung eine Stadt der Gerüche. Den Reisenden aus Europa, der hier in Asien an Land ging, empfing auf den chinesischen Märkten ein seltsames Gemisch aus faulem Fisch und übelriechenden Gaslaternen. Die fliegenden Händler sind verschwunden, und Singapur riecht nicht mehr. Verschwunden auch sind die von der Tropenfäule zerfressenen viktorianischen Stuckfassaden, die Pedalrikschas und ihre spindeldürren, opiumsüchtigen Fahrer. Verschwunden das Elendsvolk, das unter den Planen stilliegender Kähne hauste. Von der Architektur des alten, britischen, chinesischen, indischen, arabischen und malaiischen Singapur sind nur noch ein paar Bruchstücke inmitten eines Panoramas aus Marmor, Glas und Stahl zurückgeblieben. Singapur ist nicht mehr exotisch; seine Regierung ist von der Neuzeit und der Sauberkeit geradezu besessen. Es gemahnt eher an Dallas als an China, selbst die von der Klimatisierung aus den Gebäuden und Autos verdrängte feuchte Hitze fällt der Vergessenheit anheim. Nur die öffentlichen Aufforderungen an die Bevölkerung, nicht auf den Boden zu spucken, erinnern daran, daß die chinesischen Sitten von dieser Hexenjagd auf die Tradition noch nicht ganz vertrieben worden sind.

Goh Keng Swee, Zentralbankpräsident und ehemaliger Premierminister, gilt einhellig als Architekt dieses Erfolgs – ein kleiner, freundlicher Mann mit der dunklen Haut der Südchinesen und großen, abstehenden Ohren, die anzustarren man nicht umhin kann. Goh ist ein ungemein reger Kopf. Wie die meisten Gründer Singapurs ist er ein durch und durch britisch geschulter Intellektueller, Absolvent der London School of Economics, die der Welt unzählige liberale wie keynessche Wirtschaftler geschenkt hat. »Wir waren eine Handvoll Chinesen und sind es bis heute geblieben«, bemerkt er, »zwei Millionen beim Abzug der Engländer, verloren in einem malaiischen und moslemischen Ozean.« Diese im Innern von einem kommunistischen Aufstand, von außen durch die Herrschaft der Malaien bedrohte chinesische Minderheit entschloß sich 1965 zur Unabhängigkeit und machte Singapur zu einem einmaligen Stadtstaat.

Anfänglich - das ist nichts Neues - stand Singapur noch schlechter da als die meisten Länder der Dritten Welt; in diesem sumpfigen Inselchen von 400 Quadratkilometern gab es keinerlei Bodenschätze, die Bevölkerung konnte kaum lesen und schreiben, eine Verwaltung war nicht vorhanden. Es gab zwar eine Händlertradition, aber keinerlei produktive Unternehmen, nur abgehalfterte einstige Diener der britischen Krone und eine Massenarbeitslosigkeit, die nach der Unabhängigkeit durch die Auflösung der britischen Militärstützpunkte noch verschärft wurde. Die Aufgabe, die sich den Gründern der Nation stellte, schien hoffnungslos. Alles mußte zugleich getan werden, ein Staat war zu organisieren, eine militärische Verteidigung und zudem ein Wirtschaftswachstum, das neben den Chinesen noch eine Million Malaien, Araber und Inder ernähren konnte. Dr. Goh oblag es, dazu eine Strategie zu entwerfen.

Das Modell von Hongkong verwarf er, trotz der scheinbaren bevölkerungs- und geopolitischen Ähnlichkeiten. Außerdem war Hongkong ja kein Staat; für die Verwaltung der Enklave sorgten die Engländer, so daß sich die dortigen Unternehmer auf die wirtschaftliche Entwicklung konzentrieren konnten. Vor allem aber war die Herkunft der Bevölkerung nicht dieselbe: Hongkong hatte einer Unternehmerelite Zuflucht geboten, die aus Schanghai oder Kanton geflohen war und ihr Kapital und ihre Beherrschung der Technik der Textilindustrie mitgebracht hatte. Dieser kleinen, ersten Gruppe hatte sich dann eine Masse von sechs Millionen Chinesen zugesellt, die zur Arbeit bereit waren und dabei die schlimmsten Wohn- und Lohnbedingungen akzeptierten, um nur ja nicht unter dem Pekinger Regime leben zu müssen. In Singapur hingegen konnte die für die kommunistische Propaganda durchaus empfängliche Bevölkerung nicht auf gleiche Weise eingesetzt werden. Ebensowenig hielt es Goh für möglich, die Strategie von Taiwan anzuwenden: Die lokalen Unternehmer in Singapur besaßen keinerlei Praxis in der gewerblichen Wirtschaft und in der Ausfuhr. Auf Protektionismus schließlich ließ sich das

Wachstum auch nicht aufbauen, denn Singapur hatte ja keinen Binnenmarkt. So blieb also nur übrig, sich der Außenwelt zuzuwenden; nur ausländische Unternehmen konnten sofort und massenweise Arbeitsplätze schaffen. Es waren die ohne jede Beschränkung aufgenommenen Multinationalen, die Kapital, Beschäftigung, Know-how und Absatzmärkte bringen konnten; Singapur sollte zur Werkstatt der ganzen Welt werden.

Rückblickend betrachtet, sieht alles ganz selbstverständlich aus. Indessen setzte es voraus, daß eine eben zur Unabhängigkeit gelangte Regierung nicht der Versuchung des Nationalismus und der Autarkie erlag. Es bedurfte des ganzen Kosmopolitismus der Überseechinesen, um sich sofort zu solcher Klugheit durchzuringen. Es bedurfte auch einer Regierung, die imstande war, den Multinationalen einen verlockenden, stabilen und funktionstüchtigen Rahmen zu bieten. Genau das tat die Führung in Singapur, indem sie einen schamlosen Dirigismus ins Werk setzte. Dieses unvermutete Miteinander von Staat und Multinationalen ist die Besonderheit Singapurs und stellt einen sehr eigenen Fall liberaler Entwicklung dar.

## *Im Dienst der Multis*

Um Singapur zum Stützpfeiler der ganzen Region zu machen, hat die seit der Unabhängigkeit von Lee Yuan Kew geleitete Regierung die zerfallende Koloniestadt in eine perfekte City für Multinationale verwandelt; in Singapur soll sich jede ins Ausland entsandte Führungskraft »am wohlsten« fühlen. Daher die Hotels im Überfluß, eine über alle Zweifel erhabene Hygiene, der mustergültigste Flughafen von ganz Asien, die mandelblütengesäumten Autobahnen, die hinreißenden Golfplätze – Singapur, Traumplatz für verwöhnte Manager. Desgleichen dürfen diese Manager mit geeigneten Arbeitskräften rechnen; der Staat stellt sie bereit. Die Regierung nimmt Arbeiterinnen aus Malaysia unter Vertrag, die mit geübten Fingern elektronische Bauteile zusammenfügen, und in den örtlichen Schulen und Universitäten »produziert« sie Fachkräfte in einem strengen Auswahlverfahren. Dieser Hang zur Perfektion grenzt gelegentlich schon an Eugenik: 1983 beschloß die Regierung eine Sonderförderung für das dritte Kind einer jeden Mutter mit höherem Schulabschluß! Zwar wurde diese Diskriminierung wegen der Proteste in der in- und ausländischen Presse wieder zurückgenommen, aber daß Ministerpräsident Lee überhaupt auf eine solche Idee kommen konnte, spricht Bände über seine Sicht der Rolle des Staates. 1987 wird er rückfällig und bedauert, daß es keine Polygamie mehr gibt, wie sie im alten China Tradition war, was die intelligentesten Väter hindere, ihre Nachkommenschaft zu vermehren ...

Gohs Strategie gelangte dank eines Nachfrage-Weltmarktes zum Erfolg. Singapur ist zur preiswerten Montagehalle der amerikanischen und japanischen Firmen geworden, vor allem der Halbleiterindustrie. Zu diesem Wohlstand, der auf der Nutzung der Arbeitskräfte beruhte, ist in denselben fetten Jahren die Entwicklung Singapurs zur Dienstleistungsgesellschaft für ganz Südostasien getreten. Auch dieses zweite Standbein des Singapur-Modells hat nichts mit *Laisser-faire* zu tun. Der Staat hat sich unmittelbar ins Geschäftsleben gemischt und die ehemaligen britischen Docks zu Werften und Reparaturstätten für die Ölindustrie der Region umgebaut. Sodann hat die Regierung selbst die Tätigkeiten entwikkelt, die sich um dieses erste Kernstück ranken sollten: Transport, Fernmeldewesen, Finanzen. Aber die öffentlichen Unternehmen in Singapur werden nie von Beamten, sondern immer von unter Vertrag genommenen Managern geleitet und arbeiten alle rentabel.

Diese massiven Eingriffe der öffentlichen Hand werden auf sehr originelle Weise finanziert, wie ich sie sonst nirgends gefunden habe. Die Einkommens- und Gewinnertragssteuersätze sind sehr niedrig, um die ausländischen Firmen nicht zu verprellen. Hingegen sind die Beschäftigten gezwungen, 30 Prozent ihres Einkommens in einer öffentlichen Kasse, dem *Central Providence Fund*, anzulegen: Der Arbeitgeber führt 25 Prozent der Lohn- und Gehaltssumme an den CPF ab, hinzu kommt ein Beitrag von 5 Prozent seitens des Arbeitnehmers. Damit besitzt jeder Bürger eine Art Zwangssparbuch, von dem er persönlich abheben kann. Diese Nutzung des eigenen Sparkapitals ist jedoch auf ganz bestimmte Ausgaben beschränkt: Kapitalisierung beim Eintritt in den Ruhestand, Krankheitskosten und vor allem Kauf einer Wohnung. Dem CPF ist es zu verdanken, daß sich die Bevölkerung Singapurs eine Wohnqualität leisten kann, die für eine erst vor so kurzer Zeit entwickelte Nation außergewöhnlich ist. Hingegen darf auf das beim CPF angesammelte Sparguthaben - obwohl es keine Arbeitslosenversicherung gibt - nicht während einer Arbeitslosigkeit zurückgegriffen werden, das liefe der Arbeitsethik zuwider. Der CPF verwaltet mithin ein beträchtliches Vermögen, das in den Staatsunternehmen und vorsichtshalber auch außerhalb Singapurs angelegt wird.

Die Strategie des Dr. Goh beruht also auf einem großen Mißtrauen gegenüber den wirtschaftlichen Tugenden der Bewohner Singapurs. Hielt Tsiang die Chinesen für sparsam und unternehmungsfreudig, so hält sie Goh für verantwortungslos und verschwenderisch. Er zweifelt an ihrer unternehmerischen Begabung und hält sich lieber an die Multinationalen; desgleichen glaubt er nicht, daß sie freiwillig zum Sparen bereit seien, und verwaltet ihre Zugewinne lieber selbst.

Diese schöne Mechanik ging indessen nicht ohne Fehlzündungen ab. Als 1985 das Wachstum erstmalig seit der Unabhängigkeit bei Null lag und im folgenden Jahr nur sehr langsam wieder in Gang kam, stellte sich Goh selbst die Frage, ob denn wirklich seine Methode die Ursache für den Wohlstand gewesen war oder die Insel nicht einfach von glücklichen Umständen profitiert hatte: billigen und geschickten Arbeitskräften, einer außergewöhnlichen Nachfrage auf dem Weltmarkt, einer strategischen Lage im Herzen Südostasiens und einem blühenden Ölgeschäft. Tatsächlich werden mit dem Rückfall von 1985 die Grenzen staatlichen Eingreifens in der Entwicklung deutlich. Die Lektion daraus sollte nicht mehr Goh selber, sondern die neue Generation an der Macht, insbesondere Lee Hsien Long, ziehen.

## *Auf der Suche nach dem vortrefflichen Staat*

Lee ist ein völlig anderer Typ als Goh, sein Haar trägt er kurzgeschoren, und er strahlt absolute Selbstsicherheit aus. Ein perfektes Produkt des modernen Singapur. Nach Abschluß des Studiums der Physik in Cambridge und der politischen Wissenschaften in Harvard diente er zunächst als Offizier in der Armee seines Landes, war mit 30 Oberst, mit 32 General, mit 35 Jahren schließlich Industrieminister. Er ist einer der wenigen Minister der Welt, auf dessen Schreibtisch ein Computerbildschirm steht und der ihn auch bedienen kann. Lee verdankt seine Karriere einer brillanten Intelligenz und ungewöhnlichen Tatkraft. Fügen wir noch hinzu, daß er der Sohn von Ministerpräsident Lee Yuan Kew ist und vermutlich eines Tages seine Nachfolge antreten wird. Seinem eigenen Sohn also hat der Premier die Revidierung des Singapur-Modells anvertraut.

Für Lee Hsien Long stellte die Krise von 1985 keineswegs Gohs Strategie in Frage, sondern war lediglich ein vorübergehender Fehltritt des staatlichen Managements: Entgegen der Tendenz aller Regierungen der Welt, die den Lohnanstieg zu bremsen trachten, hatte die Regierung Singapurs 1979 die Löhne und Gehälter schneller angehoben, als die Produktivität gestiegen war. Nur die Unternehmer, die sich die neuen Löhne leisten konnten, blieben, während alle abwanderten, die nur dank der billigen Arbeitskräfte Gewinne erzielten. Gleichzeitig war die Einwanderung ungelernter Arbeitskräfte unterbunden worden. Dieser »Große Sprung nach vorn«, der zudem mit einer Weltrezession zusammenfiel, veranlaßte die Multinationalen dazu, ihre Betätigung in großem Umfang in billigere Länder wie Thailand oder Indonesien zu verlagern; die Regierung hatte fälschlicherweise geglaubt, sie könne den Kräften des Weltmarktes gebieten.

Seit 1986 und mit Lee Hsien Long am Steuer nimmt Singapur dieses Urteil des Marktes zur Kenntnis, bleibt aber weiterhin autoritär. Die Gehälter wurden eingefroren, das Zwangssparen reduziert, die Besteuerung der Unternehmen verringert. Nicht wenige Beobachter erblicken darin nichts anderes als ein Einschwenken auf die liberale Form der achtziger Jahre. In Wirklichkeit jedoch hat Singapur nicht etwa die Strategie gewechselt, sondern seine Mechanik der Marktsteuerung durch den Staat nur noch verstärkt. »Wir sind auf der Suche nach dem vortrefflichen Staat«, sagt Lee Hsien Long zu mir, »und Singapur ist und bleibt ein antiliberales Paradigma.«

Für die Anhänger des integralen Liberalismus ist Singapur tatsächlich ein Störenfried. Angesichts dieses regelwidrigen wirtschaftlichen Erfolgs sind sie versucht, der Schwierigkeit mit einer Metapher auszuweichen: »Singapur ist in Wirklichkeit kein Staat«, sagte mir Milton Friedman, »sondern ein Unternehmen, das drei Millionen Einwohner nach den Grundsätzen der Marktwirtschaft betreibt.« Doch Lee jr. widerspricht: Der Staat Singapur suche nicht wie ein Unternehmen den Gewinn, sondern werde vom Nationalinteresse geleitet. Die Bürger Singapurs seien nicht dessen Beschäftigte, sondern seine Aktionäre, hätten sie es doch in der Hand, bei jeder Wahl die Führung auszuwechseln. Lee ist der Meinung, wenn Singapur Friedman störe, dann weil es den Nachweis liefere, daß ein Staat sehr wohl produktiv und gut geführt sein könne.

Dieser vortreffliche Staat brauche eine gute Regierung, und wenn die Regierung von Singapur gut sei, dann, weil sie sich in der Hand der Besten befinde, meint Lee. Die Auswahl der kommenden Beamten, die schon im achten Lebensjahr beginnt, setzt sich in der höheren Schule fort, wo die hervorragendsten Schüler mit 15/16 Jahren bereits Stipendien für Studien im Ausland erhalten. Dafür schulden sie dem Staat acht Jahre Dienst in der Verwaltung und den öffentlichen Unternehmen; dort werden sie besser bezahlt als die Führungskräfte des Privatsektors, doch wird jede Bestechlichkeit äußerst streng geahndet.

Tatsächlich ist Singapur, um Lees Ausdruck aufzugreifen, nur dann ein antiliberales Paradigma, wenn man davon ausgeht, Liberalismus sei gleichbedeutend mit *Laisser-faire*. In Singapur zeigt sich genauso wie in Taiwan die Notwendigkeit, die jeweilige Rolle der Regierung und der Unternehmen verläßlich festzulegen. Sind die vom Staat gesetzten Rahmenbedingungen - Infrastruktur, Rechtssicherheit der Güter und Personen, Qualität der öffentlichen Dienstleistungen - berechenbar, dann können sich auch die Unternehmen langfristig einrichten. Daß es sich in Singapur um ausländische Unternehmen handelt, tut überhaupt nichts zur Sache: Die Multis haben auch dort lediglich der Logik des Marktes gehorcht. In der Geschichte des modernen Wachstums scheint die Lektion von Singapur also zu lauten: Man braucht einen guten Staat, um darauf aufbauend eine gute Volkswirtschaft zu bekommen. Ebendies bestätigt die Erfahrung Südkoreas.

## *Die Tugenden des Ginseng*

In den *high-tech*-Büros des »Blauen Hauses«, einer modernen Festung, halb Krankenhaus, halb Kaserne, sind die Ginseng-Teetassen allgegenwärtig. Das »Blaue Haus« ist das koreanische Präsidialamt, und die Bitterwurzel mit Karamelgeschmack soll die Körper- und Geisteskraft der Staatsdiener stärken. Man hat auch den Eindruck, daß der intensive Verbrauch des Nationalgetränks von der Regierung lebhaft gefördert wird. Im Zentrum der koreanischen Staatsmacht scheint alles bis ins Kleinste geregelt. Minister und Berater werden geschützt von Sicherheitskontrollen, deren Zahl schon ans Absurde grenzt, von einem starren und ehrerbietigen Protokoll, von Kohorten von Sekretären, Assistenten und anderen Notizennehmern. Die Ausstattung ist die des heutigen Korea – nüchtern und bequem. In diesen Präsidialbüros wie in der gesamten Verwaltung gibt allein die Tatsache, ob Türgriff und Telefonhörer mit Seidenschnüren umwickelt sind, Aufschluß über den jeweiligen hierarchischen Rang. An den Wänden verkünden ein paar Kalligraphien des Präsidenten Chun die Parolen des Jahres: »nationale Sicherheit«, »Fleiß und Sparsamkeit«, »Recht und Ordnung«, »technologische Erneuerung«, »Olympische Spiele«. Ich weiß nicht, ob diese koreanische Verwaltung die beste der Welt ist, wie sie behauptet, aber die selbstzufriedenste ist sie allemal.

Wenn ich Sakung Il, Wirtschaftsberater des Präsidenten und damit Hauptverantwortlicher für die Entwicklungsstrategie, Glauben schenken darf, dann steht das Volk geschlossen hinter seiner auf wirtschaftlichen Fortschritt bedachten Verwaltung, gleichsam als Mitarbeiter eines einzigen Unternehmens des nationalen Interesses, in dem Privatinitiative und Initiative der öffentlichen Hand verschmelzen; das »Blaue Haus« wäre damit der Motor der Entwicklung und Sakung Il dessen Chefmechaniker.

Sakung Il ist ein heller Kopf, ein typisch koreanisches Gemisch aus konfuzianischer Umgänglichkeit, herrischer Befehlsbrutalität und amerikanischer Tüchtigkeit. Wie für die meisten in Amerika ausgebildeten Wirtschaftler ist für ihn die Wirtschaft so etwas wie die Zweckbestimmung der Politik, und er erinnert mich an seine fernen Vettern in Chile, die *Chicago Boys*. Sakung Il ist ein *Korea Boy* mit allen Vorzügen und der ganzen Dünkelhaftigkeit Asiens. Er ist ja auch der Organisator eines wahren Technokratiekults. In einem von der Harvard-Universität veröffentlichten Buch erläutert Sakung Il, die koreanische Verwaltung habe sich Anfang der sechziger Jahre eine gewissermaßen militärische Strategie zu eigen gemacht, nach der sämtliche Mittel in den Dienst eines einzigen Ziels – Wachstum – gestellt werden: Keine Verzögerung, kein Zaudern in der Durchführung wird geduldet, Entscheidungen werden auf der Stelle getroffen und sind gemeinhin richtig.

Nach diesem Entwicklungsschema steckt hinter allem seit 25 Jahren die politische Initiative als treibende Kraft. Eingesetzt hat demnach das Abenteuer dank des Präsidenten Park Chung Hee, der 1961 mit einem Jahrtausend nationaler Abgeschlossenheit Schluß machte, die Beziehungen mit dem Erbfeind Japan wieder anknüpfte und seinem Volk als Nationalbestrebung den Export vorschrieb. Ein historischer Präzedenzfall fällt uns ein: Japan im Jahre 1868, als Kaiser Meiji sein Land für die Welt aufschloß. Doch Sakung Il läßt uns wissen, Park habe sich weniger von Japan als vielmehr von Deutschland inspirieren lassen. Bei einer Reise in die Bundesrepublik Deutschland habe Park Chung Hee eine Lage vorgefunden, die der Koreas glich: ein von Krieg und Ideologie zweigeteiltes Land. Ludwig Erhard, damals Wirtschaftsminister in Bonn und europäischer Apostel der Marktwirtschaft, habe Präsident Park als erster eine Gesamtschau dessen vermittelt, was in Korea zu tun sei. Seit diesem Gründungsakt sei die koreanische Entwicklung gewissermaßen die Folge eines aufgeklärten Despotismus, der die fehlende oder widerwillige Privatinitiative lenke. Instrumente dieser Strategie sollten der Plan und die *chaebols* sein.

Im Gegensatz zu Taiwan oder Singapur hätten nämlich das Nationalgefühl und die Tradition der Verschlossenheit, so Sakung Il, keinen Rückgriff auf ausländische Investitionen gestattet. Aber

Korea besaß anfänglich weder Sparkapital noch genügend Unternehmer, um sich auf das industrielle Abenteuer einzulassen. Sollte also der Staat an die Stelle der Privatinitiative treten und einen öffentlichen Industriesektor schaffen? Undenkbar: Sozialismus, das ist Nordkorea, das absolute Böse. Folglich waren die *chaebols* die Lösung, vom Staat mit Hilfe einer Gruppe ausgewählter Industrieführer gezimmerte, private Konglomerate. An sie und sie allein gingen zwanzig Jahre lang alle öffentlichen Aufträge, ihnen und ihnen allein reservierte die Regierung die zinsgünstigen Kredite. Finanziert wurde das Ganze durch Außenverschuldung, die an die Stelle des unzureichenden nationalen Sparguthabens trat. Aber im Gegensatz zu Lateinamerika wurden die aufgenommenen Kredite im wesentlichen im Land selber investiert und pünktlich zurückgezahlt.

Dieses Schema der vom aufgeklärten Staat gelenkten Entwicklung geht nicht ohne eine gewisse Abschätzigkeit der Mandarine für die Unternehmensführer ab. Sakung Il ist der Ansicht, viele koreanische Arbeitgeber hätten ihre Betriebe vom schwarzen Markt her oder mit Unterschlagungen aufgebaut. Er hält die Führer der *chaebols* für übermäßig hart und autoritär gegenüber ihren Beschäftigten und meint, ihre Strategie werde mehr von der Spekulation als vom Nationalinteresse diktiert. Diese Äußerungen sind nichts als die übliche antikapitalistische Schmähede, offenbaren aber auch ein deutliches Mißtrauen zwischen öffentlichem und privatem Sektor, das in Japan beispielsweise unbekannt ist. So entspricht das gängige Bild von Korea als einem anderen Japan, in dem Staat und Unternehmen in vollkommener Harmonie voranstreben, ganz und gar nicht der Wirklichkeit. Korea ist an der Spitze nicht weniger konfliktgeladen als an der Basis in den Arbeitsbeziehungen, konfliktgeladen auch in der Auslegung der eigenen Geschichte. Denn die Arbeitgeber und nicht wenige koreanische Wirtschaftler widersprechen lebhaft dem Szenarium, das uns Sakung Il vorträgt und das im übrigen alle staatlichen Informationsmedien systematisch verbreiten.

## *Die* chaebol*-Strategie*

Kim Woo Choong gibt mir eine ganz andere Entwicklungsgeschichte Koreas zum besten, in der der Staat eine weitaus nebensächlichere Rolle spielt. Kim[1], Präsident des binnen zehn Jahren aufgebauten Handelsimperiums Daewoo, ist das, was man einen *chaebol* der zweiten Generation nennt. Im Gegensatz zum Hyundai-Chef Chung hat Kim nichts vom schlauen Bauern an sich, der sich mit eigenen Händen hochgearbeitet hat. Nichtsdestoweniger hat auch er seine Legende. Sein 1967 mit 18 000 Dollar gegründetes Unternehmen hat sich binnen zwanzig Jahren zur viertgrößten Privatgruppe Koreas gemausert: 100 000 Beschäftigte und acht Milliarden Dollar Umsatz. Daewoo, ursprünglich mit dem Export von Webwaren nach Singapur beschäftigt, wird heute mit Hochtechnologie und Schwermaschinen gleichgesetzt. Daewoo fabriziert und verkauft chemische Erzeugnisse, Computer, Krankenhäuser, Atomkraftwerke, Glasfaserkabel, Klaviere und Flügel, Flugzeugteile, Straßen, Lastkraftwagen und Hosen. Der Unternehmensaufbau entspricht etwa dem koreanischen Wachstum, das Ende der sechziger Jahre einsetzt und von kräftigem Export und dem Übergang von der reinen Montage zur hochmodernen Industrie gekennzeichnet ist. Kim Woo Choong ist ein brillanter und belesener Intellektueller, der Sakung Ils Argumente Stück für Stück auseinanderzunehmen vermag.

Da ist zum Beispiel der Plan. Kim sagt uns, er sei nichts anderes gewesen als ein paar hastig von den Wirtschaftlern des Korean Development Institute[2] zusammengepinselte Papiere, die der Politik Park Chung Hees einen rationalen Anstrich geben sollten. Seine These veranschaulicht Kim mit der Geschichte von den Perücken. Korea führt traditionell Haare aus. Anfang der sechziger Jahre hatten koreanische Händler herausgefunden, daß diese

1 Ein Viertel der Koreaner heißt Kim. Nimmt man Park, Lee und Choi hinzu, so kommt man auf die Hälfte der Bevölkerung, was für eine recht starke Homogenität dieses Volkes spricht.

2 Das KDI, eine öffentlich-rechtliche Einrichtung, ist das wichtigste Wirtschaftsforschungsinstitut des Landes.

Haare in den Vereinigten Staaten zu Perücken verarbeitet wurden; also beschlossen sie, die Perücken selbst herzustellen. Eine treffende Entscheidung, handelt es sich doch um eine Tätigkeit, die geschickte Finger und billige Arbeitskräfte verlangt und zudem keine großen Investitionen benötigt. Sehr schnell wurden die Perücken wertmäßig zum zweitgrößten koreanischen Exportprodukt, gleich nach dem Sperrholz! Da die amerikanische Nachfrage das Angebot überstieg, gingen die koreanischen Unternehmer zur Verwendung von Kunsthaar über und entwickelten dazu eine Faserindustrie. Der Plan jedoch erwähnte die Perücken nicht einmal, ganz zu schweigen von der Umstellung vom menschlichen Haar auf Kunsthaar. Man kann sich ja auch schlecht vorstellen, daß sich ein ernsthafter Planer mit derlei Kuriosa abgibt. Wenn nun die Ziele der ersten Pläne erreicht und sogar überschritten wurden, so Kim, dann keineswegs dank einer besonders gelungenen Planung, sondern ganz einfach deswegen, weil in einer Zeit der Knappheit der Bedarf so groß gewesen sei, daß sich jeder Plan ganz von selbst verwirklicht hätte.

Nach Kim verdankt die Industrialisierung Koreas der Planung herzlich wenig[1], um so mehr aber der richtigen Einschätzung der Vergleichsvorteile Koreas: eine gut ausgebildete und disziplinierte Arbeiterschaft, niedrige Löhne, Zugang zum japanischen und amerikanischen Markt. Der wesentliche Beitrag des Staates zur

1 Trotz Kims solider Beweisführung gibt es zahlreiche Bewunderer der koreanischen Planung, mehr noch außerhalb Koreas, vor allem in den USA, als im Lande selbst. Das liegt daran, daß zahlreiche, dem Dirigismus zuneigende Wirtschaftswissenschaftler ihre von anderen Völkern enttäuschten Hoffnungen auf das koreanische Experiment verlagert haben. Wenn es ihnen gelingt nachzuweisen, daß der Plan beim Schicksal Koreas eine hervorragende Rolle gespielt habe, dann wird automatisch der Grundgedanke der Planung gut an sich. Darum spielt die koreanische Planung in der Entwicklungsliteratur eine dem MITI in Japan vergleichbare Rolle. Es ist dieselbe Denkschule, die die japanische Entwicklung der geradezu prophetischen Voraussicht der MITI-Funktionäre und die koreanische der Planung zuschreibt. Weshalb wir hier nur eine schwerwiegende koreanische Fehlplanung festhalten wollen, die das Land bis heute in der Außenverschuldung teuer zu stehen kommt: Es handelt sich um die Absicht, Anfang der siebziger Jahre eine petrochemische Industrie aufzubauen, obwohl Korea sein gesamtes Erdöl einführen muß. Sogar die weltbesten Planer konnten voraussehen, daß eine Preissteigerung zu erwarten war!

koreanischen Entwicklung sei also nicht etwa die Planung des Wachstums gewesen, sondern habe in der Schaffung der richtigen Infrastruktur, von Straßen, Häfen, Fernmeldeverbindungen und eines soliden Schulwesens bestanden. Koreas Produktivität sei deshalb so ausgezeichnet, weil 95 Prozent der Beschäftigten eine Hochschulbildung genossen hätten. Und die sozialen Beziehungen seien deshalb stabil, weil man mit gebildeten Mitarbeitern reden könne. Damit habe der Staat zum Wachstum beigetragen, und sonst mit nichts.

Kims Äußerungen sagen sehr viel über einen neuen Wirtschaftszyklus aus, der in Asien unter dem Einfluß amerikanischer Ideen in Gang kommt. Neuerdings finden die Unternehmer, die Regierungen seien mit ihren übermäßigen Militärausgaben, ihren Wiedereroberungssüchten und einem von pensionierten Offizieren schlecht geführten öffentlichen Sektor recht lästig geworden. Man brauche weniger Staat in Seoul, auf Korea angewandte *Reaganomics*, meint Kim. Derartige Worte, die im Westen alltäglich sind, kommen in diesem Teil Asiens schon einer Revolution gleich: »Wissen Sie auch, daß man vor den Beamten keine Achtung mehr hat?« sollte mir der Staatssekretär für Wirtschaft in Taipeh im Ton einer verdutzten Offenbarung anvertrauen.

Anstelle der Idealisierung des Technokraten rät uns Kim zur Verherrlichung des Großunternehmers. Nun haben diese koreanischen Unternehmer in den letzten 25 Jahren ja auch einige außergewöhnliche Talente an den Tag gelegt. Trotz ihrer Riesengröße sind die *chaebols* durchaus in der Lage zu investieren, aber auch sehr schnell zu desinvestieren - eine Beweglichkeit, die die Stärke der koreanischen wie ja auch der japanischen Unternehmen ausmacht. So hat die Hyundai-Gruppe seit 1960 von großen öffentlichen Bauarbeiten zum Schiffsbau, von der Kfz-Herstellung zu den Mikroprozessoren gewechselt und dabei jede sich bietende Öffnung auf dem Weltmarkt wahrgenommen. Desgleichen sind die *chaebols* auch geografisch erstaunlich agil. Gleich nach dem Ende des Vietnamkrieges, währenddessen Hyundai Straßen und Kasernen gebaut hatte, begab sich Chung auf die Suche nach Ersatzmärkten und heimste seine ersten Verträge in Saudi-Arabien ein, sogar noch vor dem Ölboom von 1973. Das Datum ist nicht unwichtig, denn die koreanische Regierung hat später behauptet, die Umdisposition auf den Persischen Golf sei als Reaktion auf die Erhöhung der Energiepreise geplant gewesen. Desgleichen erzählt die Legende, als der saudische Monarch erstaunt gewesen sei, Arbeiter nachts auf den Baustellen an der Arbeit zu finden, habe man ihm erwidert, es handle sich um Koreaner, die unbedingt die Frist einhalten wollten. Daraufhin habe der König verlangt, man solle diesem ungemein tüchtigen Volk noch mehr Aufträge geben.

Daewoo ist nicht weniger entscheidungsschnell als Hyundai. Kim Woo Choong bringt es fertig, sich auf der Stelle von einer Fabrik zu trennen, wenn sie nicht mehr rentabel ist. Seine besondere Technik besteht darin, daß er sie den Beschäftigten weiterverkauft; diese investieren ihre Ablösesumme in den Aufkauf, verringern die Personalkosten und bringen die Fabrik wieder in Schwung. Dieses geschickte Loswerden versetzte Daewoo in die Lage, ohne größere Probleme sämtliche Schwankungen der Weltwirtschaft aufzufangen, indem es von einem Sektor zum anderen, von einem Markt zum anderen überwechselte. Schließlich ist Daewoo ein gutes Beispiel für die Art und Weise, wie die *chaebols* ins langfristige Wachstum zu investieren verstehen; durchschnittlich 15 Prozent des Umsatzes gehen in die Forschung und Entwicklung, bis 1990 will Daewoo 4000 Absolventen mit Doktorexamen einstellen, Jahr für Jahr werden 200 Fach- und Führungskräfte zur Zusatzausbildung auf amerikanische Universitäten geschickt. Als jüngste Initiative holen die *chaebols* die in die USA ausgewanderten Koreaner zurück. So konnte Lucky Gold Star seine PC-Herstellung dadurch in Gang setzen, daß es bei IBM beschäftigte koreanische Ingenieure abwarb.

Die Rivalität zwischen Daewoo und Hyundai zeigt zugleich beispielhaft die beiden Parallel-Strategien, deren sich die koreanischen Unternehmen bedienen, um das für sie immer bedrohlicher werdende Hindernis des internationalen Protektionismus zu umgehen. Chungs Methode besteht darin, den Bekanntheitsgrad von Hyundai als einer so attraktiven Marke durchzusetzen, daß die westlichen Verbraucher sie auf jeden Fall verlangen. Kim Woo Choong hingegen zieht es vor, Daewoo möglichst wenig in Erscheinung treten zu lassen und sich statt dessen mit amerikanischen oder japanischen Firmen zusammenzutun, um so leichter durch die Maschen des Zollnetzes schlüpfen zu können.

So brachte Hyundai 1986 den ersten koreanischen Pkw, den »Excel«, auf den amerikanischen Markt und verkaufte allein im ersten Jahr 100 000 Stück. »Das ist ganz normal«, sagt mir Chung, »es ist ja auch der beste Wagen der Welt.« Chung hat mehrere Millionen Dollar dafür aufgewendet, den Amerikanern *Hyundai* nahezubringen und es auf *Sunday* zu reimen (obwohl die koreanische Aussprache das eigentlich nicht zuläßt). Auf jedem PC, den er in die USA verkauft, läßt Chung stolz die Aufschrift anbringen: *Hergestellt von Hyundai.* Ein Jahr später drängt Daewoo seinerseits auf den nordamerikanischen Markt vor, aber Kim Woo Choong verkauft seinen Wagen, den in Deutschland von Opel entworfenen »Le Mans«, über General Motors. Desgleichen kann der amerikanische Käufer fast unmöglich feststellen, daß sein PC »Model D« von Daewoo stammt.

Für Kim Woo Choong verdankt Korea seine Entwicklung also der Strategie der Unternehmen und nicht umgekehrt. In Wirklichkeit stehen seine Auslegung und die von Sakung Il weniger in Widerspruch zueinander, als daß sie zeitlich nacheinander kommen. Korea ist heute in einen zweiten *takeoff* eingetreten, in eine neue Phase, in der die Dezentralisierung der Initiativen eine größere Rolle spielt als in der ersten. Jeder Phase entsprach eine passende Strategie.

## *Lassen sich Wunder wiederholen?*

Ist das, was in den vier Drachenländern geschah, etwas Einmaliges oder ließe es sich in anderen Staaten der Dritten Welt wiederholen? Koreas Vizepremier, der angesehene Wirtschaftswissenschaftler Kim Man Je, meint dazu, die Frage sei falsch gestellt. Zweifellos hätten die vier Drachen von – nationalen wie internationalen – Umständen profitiert, die nur für sie und für eine bestimmte Zeit galten. Diese Faktoren – die Kultur, die japanische Kolonisierung, der Ost-West-Konflikt, die amerikanische Hilfe, ein positiv reagierender Markt – seien nicht reproduzierbar. Aber dieses einmalige und abgeschlossene Kapitel der Entwicklungsgeschichte enthält nach Kim Man Je immerhin ein paar Lektionen, die heute auf die Gesamtheit der Dritten Welt zutreffen.

Die erste und entscheidendste Lektion bestehe darin, sich zu der Erkenntnis durchzuringen, daß der Mensch überall und immer ein von materiellen Anreizen motiviertes *animal oeconomicum* ist. Als Folge dieses wirtschaftsorientierten Menschenbildes müsse man das Entstehen einer bürgerlichen Schicht akzeptieren. Aber genau dagegen sträubten sich die meisten Regierungen der Dritten Welt aus ideologischen Gründen oder aus Angst vor sozialen Spannungen im Gefolge von Einkommensunterschieden.

Als zweites müsse man die ausschlaggebende Rolle des Staatsapparates als Entwicklungsfaktor einsehen, vorausgesetzt, er widme den wesentlichen Teil seiner Hilfsmittel dem, was er tun und was der Privatsektor nicht tun kann: zuvörderst das Erziehungswesen, sodann die Infrastrukturen, sogar bis hin zur Produktivinvestition, falls dazu die Privatinitiative mangelt, jedoch nur in einer ersten Phase und nur in den vom Vergleichsvorteil bestimmten Sektoren. Gerade dieser »Phasen«-Begriff sei wichtig. So habe die koreanische Regierung in den ersten Jahren der Entwicklung eine – übrigens keineswegs fehlerfreie – selektive Hilfspolitik für die Industrie betrieben, sie danach jedoch eingestellt und auf die Kräfte des Marktes vertraut.

Desgleichen sei der Begriff des Vergleichsvorteils wichtig. Nach Kim Man Je gibt es einen solchen Vorteil zu einer bestimmten Zeit für jedes Land, sofern es sich den Außenmärkten zuwende, einen realistischen Wechselkurs festsetze und nicht vor Exporthilfen zurückschrecke. Es gebe kein einziges Land, das auf dem Weltmarkt nicht wenigstens einen solchen Vorteil sein eigen nenne; als ausgefallenstes Beispiel nennt er mir Bhutan, den größten Besenstiel-Exporteur der Welt!

Doch der Weltmarkt, ist er für alle Welt gut? Zwar stand er den Ländern Asiens zu guten Diensten, aber hat er sich nicht gegen Afrika gewendet, das der Zusammenbruch der Preise für seine Exportprodukte offenbar ruiniert hat? Dazu meint Kim Man Je, nicht der Markt sei daran schuld, sondern die Afrikaner, die seine

Mechanismen nicht begriffen hätten. Der Markt sei nun mal kein Sozialversicherungssystem, das jedem Land konstante Einkünfte garantiere. Hätten Korea und Taiwan zwanzig Jahre lang dieselben Produkte ohne jede Qualitätsverbesserung zu verkaufen versucht, dann stünden sie heute genau so schlecht da wie Tansania. Der Weltmarkt verlange eine ständige Überprüfung des Vergleichsvorteils; dieser sei nie ein für allemal gegeben, sondern setze voraus, daß man unablässig auf die Konkurrenz und den Protektionismus reagiere. So habe sich im Falle Koreas das Exportgemisch seit zwanzig Jahren laufend verändert.

Letzte Lektion: Kontinuität in der Wirtschaftspolitik. Sie setzt nach Kim die Stabilität des Staates, aber auch eine gewisse Selbständigkeit der Wirtschaft gegenüber der Regierung und gegenüber politischem Druck voraus. Vergleiche man Lateinamerika mit den asiatischen Drachenländern, so habe ebendiese Eigenständigkeit der wirtschaftlichen Entscheidungskraft einen wesentlichen Vorteil dargestellt, auch wenn sie nicht alle Irrtümer ausgeschlossen habe. In Korea, Taiwan, Singapur gehe diese Autonomie der Wirtschaft nach und nach verloren; die Forderungen der Demokratie verwässerten die wirtschaftliche Rationalität, dadurch werde sich nach seiner Einschätzung mit Sicherheit das Wachstum verlangsamen. Aber abgesehen von den neuindustrialisierten Ländern stehe noch kein Land der Dritten Welt am Scheideweg zwischen Demokratie und Wachstum; derzeit kennen die meisten weder die eine noch das andere.

Folgen wir Kim Man Je, dann bedeutet das, daß sich der Erfolg der Schwellenländer reproduzieren läßt und nicht von den kulturellen Gegebenheiten dieses Teils Asiens abhängig war. Diese Hypothese widerspricht einer ganzen Denkschule, die, ausgehend von Max Weber, das wirtschaftliche Verhalten nur als Widerspiegelung der kulturell geprägten Verhaltensweisen eines jeden Volkes begreift. In dieser kulturellen Entwicklungsinterpretation konnte der Kapitalismus nur aus der protestantischen Ethik entspringen. Desgleichen halten viele den Islam für einen Hemmschuh des wirtschaftlichen Fortschritts, meinen, die afrikanischen Kulturen verurteilten ganz von selbst den schwarzen Kontinent zum Immobilismus, und wenn man nach einer Erklärung für den *takeoff* der vier Drachen wie übrigens auch Japans suche, so liege sie ganz und gar im Konfuzianismus. Diesen Thesen wollen wir uns jetzt zuwenden, wobei wir, angefangen mit der letzten, eine jede widerlegen werden.

# 15

# Alle Völker sind auserwählt

Chen Li Fou wohnt nicht, wie ich von einem konfuzianischen Lehrmeister erwartet hätte, in irgendeinem kahlen Winkel. Seine ganz aus Glas und Marmor gebaute Villa liegt hoch über Taipeh, und der Öffnungsmechanismus der Parkgitter wird elektronisch gesteuert. Der Diener, der mich empfängt, bittet, wie es sich in China gehört, um meine Visitenkarte. Chen Li Fou trägt nicht das bei Gelehrten übliche lange graue Gewand, sondern einen anthrazitfarbenen Dreiteiler aus Flanell. Offenkundig störte ich den großen, aufrechten und knöchernen Greis, der gerade dabei war, die Bonsais auf der Terrasse zurechtzustutzen.

Ich hatte fest damit gerechnet, daß er mir die Geheimnisse der asiatischen Drachenländer enthüllt, wurde aber grausam enttäuscht. Als erstes beklagt er sich über seine Diener; ihre Dienstbarkeit werde mehr von der Gehaltshöhe als von der Treue bestimmt. Ohne gleich ans goldene Zeitalter zurückdenken zu müssen, als Konfuzius trotz seiner materiellen Armut niemals von einem seiner Jünger verraten worden sei, sei doch die gesellschaftliche Harmonie längst nicht mehr, was sie einmal war!

Dieses Zeitalter, das in der Zhou-Dynastie, mehr als ein Jahrtausend vor unserer Zeitrechnung, geherrscht haben soll, ist der Ausgangspunkt von Chen Li Fous gesamtem System. Da die Menschheit vormals eine Zeit der Vollkommenheit erlangt habe, gelte es, dorthin zurückzukehren, indem man die damaligen Regeln anwende. Im Gegensatz zu uns Europäern, die wir die Zukunft idealisieren, lobt Chen Li Fou das Vergangene über alle Maßen. Diese einstige Vollkommenheit habe auf einer moralischen Ordnung beruht, in der die Frau ihren Ehemann achtete, der ihr seinerseits Schutz bot, die Kinder auf ihre Eltern hörten, die ihnen Zuneigung und Erziehung gaben, und gleiches galt im Verhältnis zwischen den jüngeren und älteren Geschwistern. So ging es weiter bis zum Ende einer langen Kette, wo eine gute Regierung[1] das Glück des Volkes besorgte, das sie seinerseits unterstützte. Diese Gesellschaft sei vollkommen gewesen, weil von ganz unten bis hinauf zur Spitze jeder einzelne nach Vollkommenheit gestrebt habe. Wie anders hätte, fragt Chen Li Fou, eine Dynastie auch acht Jahrhunderte dauern können, wäre sie nicht von solcher Harmonie getragen gewesen?

Konfuzius ist für Chen Li Fou der große Lehrer, weder Gott noch Messias, er braucht keine Kirche und keine Priester. Er zeige uns den Weg, einen geistigen Weg, wo eine aufrechte Moral keineswegs das Streben nach materiellem Wohlstand ausschließe. Tatsächlich geht es der chinesischen Philosophie stets um den Ausgleich der Widersprüche, des Positiven und des Negativen, des Idealismus und des Materialismus. Die Vollkommenheit des Universums hängt ebenso wie die der Person von diesem ständigen Streben nach dem Gleichgewicht ab.

In dieser Lehre des Meisters läßt der Konfuzianismus keinerlei Platz für Sozialkritik, und seine Suche nach einer vollkommenen Ordnung ist gleichbedeutend mit der Rechtfertigung einer bestehenden Ordnung. Ich frage Chen Li Fou, ob er mit seinen einfachen Antworten auf komplexe Fragestellungen mehr liefere als eine bloße Rechtfertigung für alle Formen etablierter Autorität, sei es nun die der Eltern, der Arbeitgeber oder der Regierung?

Dieser nicht gerade neuen ideologischen Kritik am Konfuzianismus stellt Chen Li Fou wiederum eine geschichtliche Parabel gegenüber. Zu Konfuzius' Lebzeiten hätten die chinesischen Kaiser zwar seine Thesen zur Rechtfertigung ihres Autoritarismus benutzt, ihm selbst jedoch jegliche Funktion bei Hofe versagt; sei das im damaligen China, dem sogenannten China des Frühlings und Herbstes, nicht die schlimmste Ungerechtigkeit gewesen? So sei die eigentliche Lehre des Konfuzius von Anfang an verdreht worden. Aber vielleicht muß man die Philosophie und den Verrat

1 Konfuzius übte im 18. Jahrhundert auf Europa und vor allem auf die französischen Philosophen einen beträchtlichen Einfluß aus. In Voltaires Arbeitszimmer hing ein Bild von Konfuzius, und der aufgeklärte Despotismus hat einiges mit der konfuzianischen guten Regierung gemein.

an ihr als die beiden sich ergänzenden Kräfte begreifen, als Yin und Yang?

Diese Unschärfe des Konfuzianismus findet sich auch in der Persönlichkeit seines heutigen Lehrmeisters wieder. Chen Li Fou, der Weise, war zu seiner Zeit auch einmal ein Machtmensch; vierzig Jahre lang hatte er Chiang Kai-shek als persönlicher Sekretär und dann als Erziehungsminister gedient, und so war er es, der in ein in Taiwan vorgeschriebenes Schulbuch die wesentlichen Maximen des Konfuzius und des Menzius setzen ließ, deren Lehren daran erinnern sollten, daß hier das wahre China sei und das Regime in Peking die Macht nur usurpiere. Desgleichen ist Chen Li Fou der Verfasser einer Kritik des Materialismus, der zu der als »vitalistisch« bezeichneten chinesischen Tradition in fundamentalem Widerspruch stehe. Ob das Buch nicht von Chiang Kai-shek in Auftrag gegeben worden sei, frage ich, als philosophisches und moralisches Kampfmittel gegen den Kommunismus? Der greise Lehrmeister nickt.

Ich ließ es dabei bewenden, Chen Li Fou kehrte zu seinen Zwergbäumchen zurück, und auf dem Nachhauseweg fragte ich mich, ob seine Weisheit nun echt oder nur Tünche ist, Weg zur Vollkommenheit oder einfache Verkleidung der Autorität.

## *Besser geht es ohne Konfuzius*

Ohne Zweifel ist die chinesische und koreanische Gesellschaftsorganisation, Mentalität und Verhaltensweise vom Konfuzianismus durchtränkt, und daraus entspringt ein in Fleisch und Blut übergegangener Gehorsam gegenüber aller Autorität sowie ein gewisser Mangel an kritischem Denken. Wer sich auflehnt, läuft Gefahr, von der Gemeinschaft ausgeschlossen zu werden oder sich doch jedenfalls von ihr ausgeschlossen zu fühlen. Sicherlich trägt der Konfuzianismus dazu bei, daß in Taipeh oder in Seoul die gute Regierung über allem Verdacht steht und der gute Chef Autorität und das Unternehmen sozialen Frieden genießen. Doch inwieweit der Konfuzianismus zur Entwicklung als solcher beigetragen haben soll, ist mir nicht ersichtlich. Neigt unbestrittene Autorität doch eher dazu, Initiative und Motivation zu ersticken. Überdies, wenn der Konfuzianismus zum Wohlstand führen sollte, ist nicht recht einzusehen, warum sich das gänzlich konfuzianistische Festlandchina nicht entwickelt hat. Auch sollten wir uns daran erinnern, daß der heute als Ursache der Entwicklung so hochgepriesene Konfuzianismus vorher als Erklärung für die Unterentwicklung hatte herhalten müssen; so insbesondere lautete die These von Max Weber.

Mir scheint zwischen Konfuzianismus und Wirtschaftswachstum durchaus eine Beziehung zu bestehen, aber sie ist eher negativ. Erst der Abschied von Konfuzius hat die vier Drachen aus ihrem traditionellen Immobilismus befreit. Liefert uns also Chen Li Fou einen Schlüssel zum Verständnis der Entwicklung von Taiwan, so nicht etwa durch seine Lehre, sondern dadurch, daß er isoliert ist: Der alte Philosoph ist der letzte Konfuzianer, gehört der Vergangenheit an, hat keinen Nachfolger. Diesen meinen Eindruck fand ich kurze Zeit später in Seoul bestätigt.

»Früher«, sagt Chongha Park, »stand das Militär ganz unten in der sozialen Hierarchie, knapp unterhalb der Händler. Im modernen Korea aber sind es eben die Militärs und die Händler, die das Land lenken: Die ›Harmonie‹ ist durchbrochen!«

Park ist keineswegs jünger als Chen Li Fou. Seine Gäste und Jünger empfängt er in einem antiken Pavillon von Sung Kyun Kwan, der ältesten, 1398 gegründeten Universität Koreas; diese aus bemaltem Holz gebauten und glanzziegelgedeckten Pavillons dürften sich kaum je verändert haben, aber heute wohnen die Studenten in modernen Gebäuden gleich nebenan. Ein eisiger Wind weht durch die Papierwände; der Seouler Winter ist hart, und der Ginsengtee kommt gegen die alles durchdringende Kälte nicht an.

Von allen Völkern Asiens, sagt mir der Großmeister des Ordens von Sung Kyun Kwan weiter, sei das koreanische das konfuzianischste gewesen, jedem buddhistischen oder christlichen »Aberglauben« abhold. Die japanischen Kolonisatoren hätten die konfuzianischen Riten verboten, weil sie darin das Fundament der nationalen Einheit erblickt hätten. Dennoch ist nach der Unabhängigkeit der Konfuzianismus keineswegs wieder in die Schulprogramme aufgenommen worden und wird jetzt nur noch in den *hyangkyo*, freiwilligen Studiengruppen, gewissermaßen als literarisch-philosophischer Katechismus gelehrt. Eben weil man ihn beiseite geschoben habe, sagt Park, »bricht die Moral zusammen, ehren die Kinder ihre Eltern nicht mehr, geraten die Generationen in Konflikt, revoltieren die Studenten.« Doch diese alte Ordnung, der Park nachweint, herrschte über eine Gesellschaft des Mangels, an die kein Mensch in Korea wieder anknüpfen wolle. Schon gar nicht die Jugend!

Während Park seiner Nostalgie frönt, klingen vom nahegelegenen Universitätsgelände Schreie und Explosionen herüber und überdecken unser Gespräch. Handelt es sich wieder mal um eine Demonstration gegen die Militärregierung? Nein. An diesem Tag unterziehen sich die Studenten hingebungsvoll ihrer militärischen Ausbildung und üben sich im Gebrauch der Waffen. Zufällig erscheint in derselben Woche eine Umfrage der großen, liberalen Wochenzeitschrift *DongA*, der zufolge sich die Befragten zu 96 Prozent als konfuzianisch bezeichnen, ein um so erstaunlicherer Prozentsatz, als ein Drittel der Koreaner Buddhisten und ein Fünftel Christen sind. Allerdings definiert in derselben Umfrage die Mehrheit den Konfuzianismus als eine »Form der Höflichkeit, insbesondere gegenüber den Eltern und Alten.«

In Wirklichkeit hat sich nicht nur der Konfuzianismus aus Korea verflüchtigt, sondern die gesamte traditionelle Gesellschaft ist zusammengebrochen. Kolonisierung und Krieg haben die Feudalaristokratie, die Großgrundbesitzer, die Kapitalisten in alle Winde zerstreut. Diesem aufgelösten Volk blieb nichts übrig als ein Neuanfang; erst in diesem Augenblick hat sich die große koreanische Leidenschaft für Erziehung und wirtschaftlichen Erfolg Bahn gebrochen. Fast bis in die sechziger Jahre waren die Koreaner noch weitestgehend Konfuzianer und Analphabeten! Erst in der neuen, aus dem Bruch mit der Geschichte entstandenen Nation sind Schule und Unternehmen zum – alleinigen – Mittel geworden, in der Gesellschaft einen Platz zu finden. Nicht die Vergangenheit erklärt die Gegenwart, ebensowenig erklärt die Kultur die Entwicklung; man muß keineswegs Konfuzianer sein, um zur Industriegesellschaft zu finden, es ist sogar besser, wenn man nicht Konfuzianer ist.

Doch wenn die Religion keineswegs ausschlaggebend zu sein scheint als Ursache der Entwicklung, spielt dann nicht wenigstens die Rasse eine Rolle? Sollten bestimmte Völker in besonderer Weise zur Entwicklung geeignet sein? Muß man beispielsweise Japaner sein? Ebendies möchten nicht nur der Erfolg Japans, sondern vor allem die Japaner im Ausland glauben machen.

## *Muß man Japaner sein?*

Tadashi Inoué, der ehrwürdige Präsident der Landgenossenschaft von Cotia, arbeitet umgeben von Kupferstichen, auf denen der Berg Fuji und die Tempel von Kyoto zu sehen sind. Ihn umgibt eine typisch japanische Atmosphäre des Fleißes und eine ebenso typische Unzahl von Computern; typisch japanisch auch ist der Geist, den das Haus atmet. Die Genossenschafter von Cotia, sagt Inoué, empfänden sich ihrer Organisation zugehörig in einer Weise, die die Bedürfnisse des einzelnen übersteige. Als Gegenleistung schulde die Genossenschaft ihren Mitgliedern vollständigen Schutz in allen Lebenslagen. Dabei befinden wir uns gar nicht in Japan, denn Cotia liegt gleich neben São Paulo. Und Inoué ist auch kein Japaner, sondern Brasilianer, spricht nur Portugiesisch und hat die Sprache seiner Väter vergessen. Sein Vorname? Gervasio.

Die Landgenossenschaft von Cotia wurde 1927 von 83 japanischen Bauern gegründet, die die Kunst des intensiven Kartoffelanbaus und die Vorzüge der Organisation mitgebracht hatten. Indem sie sich für den Absatz ihrer Produkte zusammenschlossen, wurden sie zu den Herren des Kartoffelmarkts in São Paulo. Die Weltwirtschaftskrise von 1929, die Brasilien schwer traf, zwang sie zur Diversifizierung ihrer Gemüseproduktion, um zu überleben. Während des Zweiten Weltkriegs reagierten sie auf die Treibstoffverknappung durch die Schaffung eines eigenen Transportnetzes. So wurde Cotia vermittels einer Reihe kollektiver Reaktionen auf nacheinander auftretende Herausforderungen zur größten Genossenschaft des Landes, der sich 10 000 Einzellandwirte anschlossen, die zur Hälfte nicht mehr japanischen Ursprungs waren. Als bedeutendster Frischgemüselieferant von São

Paulo ist Cotia von den Kartoffeln von vor 60 Jahren mittlerweile bei tiefgekühlten Pommes frites angelangt. Was Wunder, sagt und hört man oft in Brasilien, handelt es sich doch um Japaner!

Vor einem Jahrhundert waren Tadashi Inoués Vorfahren, arme Bauern aus Südjapan, wie ein paar tausend andere Landsleute, angelockt durch die lügnerische Propaganda der »Kaffeebarone«, die eine fügsame Fronarbeiterschaft suchten, nach São Paulo gekommen. Sie gedachten, zwei oder drei Erntejahre lang in Brasilien zu bleiben, eben genug, um sich zu bereichern, und danach wieder heimzukehren.[1] Doch die meisten der ausgebeuteten, miserabel ernährten und untergebrachten Fronarbeiter erlagen dem Fieber. Die Überlebenden schlugen Wurzeln, und heute bilden ihre Nachfahren die wohlhabendste Gemeinschaft Brasiliens; sie hat entscheidend dazu beigetragen, daß São Paulo zu einer Industriemetropole wurde.

Dieses wirtschaftliche Heldenepos der Japaner in Brasilien, das zu den aufsehenerregendsten Erfolgen einer in die Dritte Welt verschlagenen Minderheit gehört, war Thema einer beträchtlichen Literatur, die gemeinhin auf eine Überlegenheit dieses Volkes schließt. Meine Analyse indessen lautet anders. Als diese Japaner auswanderten, lag ihr eigenes Land im Elend, war ärmer noch als Brasilien. Galt Japan doch im 19. Jahrhundert als das Musterbeispiel des Immobilismus. Es ist folglich nicht erkennbar, inwiefern ihr genetisches oder kulturelles Erbe diese Menschen in besonderem Maße zum Erfolg bestimmt haben soll. Außer ebender Tatsache, daß sie sich zur Auswanderung entschlossen; die freiwillige Wanderschaft war für ihr Schicksal bestimmend.

## *Die Vorzüge des Zuwanderers*

Weggehen heißt Veränderung wählen statt der Stabilität, Neuheit statt Wiederholung – der Wanderer ist stets ein Wirtschaftsabenteurer. So will mir scheinen, daß Tadashi Inoué viel mehr deshalb

1 Diese Geschichte wurde von der brasilianischen Regisseurin japanischer Herkunft, Tizuja Yamazaki, in dem bemerkenswerten Film *Gaijin* in Szene gesetzt.

eine so entscheidende Rolle in São Paulo gespielt hat, weil er Einwanderer ist, als etwa wegen seiner japanischen Herkunft.

Eine weitere wesentliche Voraussetzung für den Erfolg der Japaner dünken mir die Institutionen des Aufnahmelandes zu sein. Zu Beginn dieses Jahrhunderts war Brasilien ein wenig reglementiertes Land, die wirtschaftliche Initiative stand weit offen für jeden, der Unternehmungsgeist besaß. Der Erfolg der japanischen Gemeinschaft ist denn auch keineswegs ein Einzelfall. Die meisten großen brasilianischen Unternehmen sind das Werk von Einwanderern - von Italienern wie Matarazzo oder Arena, von Libanesen wie Maksoud oder Malouf, von Deutschen wie Odebrecht. Was keineswegs einige Abkömmlinge früherer *bandeirantes* ausschließt, die - getreu dem Pioniergeist - heute zu den Großunternehmern gehören, etwa die Familie Mesquita, die die beiden großen Tageszeitungen São Paulos beherrscht, *O Estado* und *Jornal da Tarde.* Mit allen diesen Namen, in denen ihr Ursprung nachklingt, verbinden sich ebenso viele Erfolgsgeschichten der brasilianischen Wirtschaft.

Fast ist man versucht, anhand dieser Eindrücke eine Theorie vom Wanderer als Entwicklungsfaktor zu skizzieren. Sind doch viele große Länder, die sich außerhalb Europas entwickelt haben, von Einwanderern oder Flüchtlingen geprägt, handelt es sich nicht selten bei denen, die den Motor der Wirtschaftstätigkeit der Dritten Welt abgeben, um von anderswo gekommene ethnische Gemeinschaften: Libanesen in Westafrika, Araber und Pakistaner in Ostafrika, Sikhs im Punjab, Überseechinesen in Taiwan, Singapur und dem ganzen pazifischen Asien ...

Die Geschichte Afrikas bekräftigt nicht weniger als die Asiens oder Brasiliens diese wirtschaftliche Kraft der Wanderungsbewegung. Einige Länder Ostafrikas liefern den Beweis durch Umkehrschluß: Kaum waren die aktiven indischen Minderheiten verjagt, wie das massiv in Uganda und in geringerem Maße in Tansania geschah, schon stellte man fest, daß sie es gewesen waren, die die Wirtschaft des Landes belebt hatten. Diesem fremdenfeindlichen Afrika läßt sich ein für die Einwanderung aufgeschlossenes Afrika gegenüberstellen, wie es gerade Côte d'Ivoire deutlich repräsentiert. Die Zahl der Franzosen vor Ort ist nur ein Beweis für die

Aufnahmepolitik des Präsidenten Houphouët-Boigny - es gibt deren viele andere. Die Kleinhändler sind Mauretanier, die Großhändler Libanesen, die Baumwollkultur und die härtesten landwirtschaftlichen Arbeiten liegen meist in den Händen von Zuwanderern aus Burkina Faso. Deren Zustrom schwillt unablässig an: Auf der Straße von Burkina nach Abidjan kann man das bewegende Schauspiel der Fulbe-Hirten betrachten, die ihre magere Herde über Tausende von Kilometern einem neuen Leben zutreiben. Vor der Dürre und dem Sozialismus flüchten Burkiner, Nigerianer, Ghanaer und Senegalesen scharenweise nach Süden. Jeder Stamm bringt hier seine besondere Begabung ein, und diese Einwanderung ist unbestritten eine der wesentlichen Ursachen des relativen Wohlstands von Côte d'Ivoire.

Die Wanderströme mischen die Karten und vermischen die Rassen in einem Maße, daß die wirtschaftliche Überlegenheit einer Kultur über eine andere einfach nicht mehr nachzuweisen ist. Daraus läßt sich allgemeingültig auf die Vorzüge der Freizügigkeit schließen; die Zuwanderer bringen in das Aufnahmeland neue Werte und andere wirtschaftliche Verhaltensweisen ein und machen es ihm möglich, mit der selbstgefälligen Bewegungslosigkeit zu brechen, die ein so großer Faktor der Armut ist. Hier begegnen wir einer Gemeinsamkeit der Taiwaner, Koreaner, Japaner und Ivorer. Bei ihnen allen stand am Anfang der Entwicklung ein Infragestellen ihrer traditionellen Kultur; den Anstoß zum Wachstum scheinen sie jedesmal einem kritischen Zusammenprall und einer Krise ihrer traditionellen Wertvorstellungen verdankt zu haben.

Vielleicht öffnen sich durch die Krise heute auch für Schwarzafrika neue Wirtschaftsperspektiven.

## *Die drei Kulturen des Iba Der Thiam*

Iba Der Thiam ist wolofischer Abstammung, moslemischen Glaubens und französisch erzogen. Drei Kulturen sind nicht gerade wenig auf einem ansonsten manchmal als »akkulturiert« bezeichneten Kontinent ... Thiam, Erziehungsminister des Präsidenten Abdou Diouf, Geschichtsprofessor und Mekka-Pilger, trägt den gestreiften Dreiteiler ebenso selbstverständlich wie den herrlichen, blumengemusterten grünen *boubou* und tritt den einstigen Kolonisatoren völlig komplexfrei gegenüber; so pflegt er daran zu erinnern, daß die Bewohner von Dakar, Rufisque, Gorée und Saint-Louis allesamt seit 1830 dem Code Napoléon gehorchen und seit 1848 zu den Wahlen gehen.

Thiam vermag sich nicht der afrikanischen Gewohnheit zu entziehen, die nichts vom Protokoll hält. Bis spät in die Nacht kommen die Nachbarn scharenweise in seine Residenz in Dakar, um sein Telefon zu benutzen. Es fällt ihm schwer, diese Bittsteller abzuweisen, dennoch denkt er daran, den Apparat wegzuschließen. Weil er diese traditionelle Solidarität einfach nicht mehr bezahlen kann. Mit den wirtschaftlichen Schwierigkeiten haben in Senegal das Rechnen und der Individualismus schneller Einzug gehalten, als ein Jahrhundert europäischen Einflusses ermöglicht hatte. Eigentum, Arbeit - Begriffe, die bislang nicht dieselbe Bedeutung hatten wie im Abendland - erfahren neuerdings eine Aufwertung. Alles wird quantifiziert; das einstige Netz der Gesellschaftsbeziehungen bricht zusammen. Auch die Studenten, denen das Diplom keinen Arbeitsplatz mehr sichert, haben ihr Verhalten geändert; sie sind in den Zyklus des Wettbewerbs und der Leistung des einzelnen eingetreten. Als Mann der Tradition und der Kultur bedauert Thiam den Untergang dieser Werte, gesteht aber auch ein, daß die neuen Beziehungen, die nunmehr in Senegal Gestalt annehmen, unerläßliche Voraussetzung für die Entwicklung sind. Im alten Solidaritätssystem sei unternehmerische Aktivität unmöglich gewesen, sagt er freimütig. Wie konnte ein Arbeitgeber investieren, wenn seine hergebrachten Verpflichtungen von vornherein unberechenbar waren? Folglich stand immer das Kurzfristige im Vordergrund, die schnelle Bereicherung, der sofortige Verbrauch, denn die kollektive Solidarität schloß jegliche Rentabilitätsberechnung aus.[1]

1 Iba Der Thiam hat dieser starken Bewegung in der senegalesischen Gesellschaft durch die Schaffung des GRESEN (*Groupement de Recherche et d'Etude du Sénégal nouveau*) Auftrieb gegeben. Im GRESEN sind etwa tausend Intellektuelle, in Schlüsselpositionen von Staat und Wirtschaft tätige Universitätsabsol-

Paradoxerweise entsteht aus den heutigen Qualen Afrikas ein neuer, der Unternehmensidee verpflichteter Sinn für Organisation und Entwicklung und widerlegt die düsteren Prophezeiungen, die der Westen gemeinhin für diesen Erdteil parat hat. Vermittels der Krise treten die Afrikaner gezwungenermaßen in die Dynamik des Kapitalismus ein.

## *Die Afrikaner haben Unternehmungsgeist*

Der Unternehmer ist der neue Volksheld Afrikas, die öffentliche Hand verliert auf diesem Kontinent nach und nach ihr Ansehen. Nach der Unabhängigkeit traten sämtliche Absolventen der juristischen und philosophischen Fakultät, die *maîtrisards*, in Dakar in den Staatsdienst. Heute ist das anders. Da sich die Zahl der bei den Auswahlwettbewerben, insbesondere in der »Ecole nationale d'administration et de la magistrature« angebotenen Plätze verringert hat, sehen sie sich veranlaßt, ihr eigenes Unternehmen zu gründen. Allmählich tritt an die Stelle des Beamten als Erfolgssymbol im neuen Senegal der *maîtrisard*-Unternehmer.

In Côte d'Ivoire bilden die traditionell mit dem Handel beschäftigten Völkerschaften den Kern eines neuen afrikanischen Kapitalismus. »Wenn mein Volk, die Malinkés, den ivorischen Handel beherrscht, dann weil wir niemals lügen«, sagt mir rundheraus Lamine Fadiga, Präsident der Handelskammer in Abidjan. »Wirtschaftlicher Erfolg setzt nicht voraus, daß man Geld, sondern daß man Prinzipien besitzt.« Diese hübsche Formel ist nicht mir zugedacht. An diesem Morgen wohne ich lediglich der endlosen Audienz bei, die Lamine ratsuchenden Unternehmern gibt. »Sieh mal«, sagt Lamine einem jungen Ivorer, der sich im Transportwesen betätigen möchte, »dein Wort ist dein Kapital; wenn du es hältst, hast du Kredit. Und hüte dich vor den Bettelvettern!«

Wenn er nicht gerade eine Audienz abhält, fährt der alterslose Lamine in seinem blaubestickten *boubou*, eine ewige Davidoff

venten zusammengeschlossen. Durch seine Veröffentlichungen und mehr noch durch die Solidarität seiner Mitglieder verbreitet das GRESEN die neuen Ideen: Unternehmungsgeist, Initiative des einzelnen, Abstinenz des Staates.

zwischen den Lippen, auf dem Rücksitz seines Mercedes mit Autotelefon und Chauffeur zwischen seinen Geschäften, Fabriken und Hotels hin und her. All das ist das Ergebnis seiner Ersparnisse, nie hat er Geld aufgenommen, und er versichert mir auch seine Unbestechlichkeit. Sicher habe er einen guten Draht zum »Alten«, aber ich solle ihm auch nur eine einzige Bourgeoisie nennen, die ohne ein privilegiertes Verhältnis zu den politisch Mächtigen entstanden sei. Mag Lamine auch keine hohen Studien getrieben haben, so ist seine Geschichtskenntnis doch in diesem Punkt unbestreitbar.

Bald werde er seine sämtlichen Präsidentensessel seinem Sohn abtreten; dieser hat in Paris politische Wissenschaften studiert und in Washington eine *business school* besucht. Vom ungezügelten Kapitalismus werde Abidjan übergangslos ins Zeitalter der Manager treten. »Aber«, sagt er zum Schluß, »mein Sohn weiß noch nicht alles, die Geschäftsmoral muß ich ihm erst noch beibringen.«

## *Die* scharia *steht dem Geschäft nicht im Wege*

Der Islam stehe nicht im Widerspruch zum Kapitalismus, und dieser stehe dem Islam ebenso neutral gegenüber wie jeder Kultur und Religion. Im Gegensatz zum Sozialismus wolle das freie Unternehmertum nicht den hergebrachten Glauben verdrängen. Darin liegt nach Maqbool Qureshi in den Augen eines Moslems die wesentlichste Tugend des Kapitalismus.

Maqbool Qureshi nennt man in Karachi einen heiligen Mann. Was nicht bedeutet, daß er sich dem Gebet widmet. Im Gegenteil, er behauptet, er arbeite täglich 14 Stunden, trotz schwacher Gesundheit und einer vielköpfigen Familie; beide habe er seinem Beruf geopfert. Für Qureshi ist die Bank eine Askese, die ihn allem Anschein nach verschlingt; mit seinem ausgezehrten Gesicht, seinen sehr tiefen und weit auseinander liegenden Mandelaugen, seinen sorgfältig nach hinten gekämmten, langen weißen Haaren sieht er zum Verwechseln dem Porträt des Begründers Pakistans, Ali Jinnah, ähnlich, das über seinem Schreibtisch hängt. Die von Qureshi geschaffene »Banker's Equity« ist allerdings auch nicht eine Bank wie alle anderen, sondern eine islamische Bank, die ihre Finanzmethoden Schritt für Schritt so ändert, daß sie mit der *scharia* in Einklang stehen. Doch in der Frage der verzinsten Darlehen ist die *scharia* unerbittlich; sie verlangt vom Anleihegeber, mit dem Anleihenehmer die Risiken und Gewinne zu teilen. Eben das tut Qureshi.

Ebenfalls aus islamischer Solidarität sieht sich Qureshi veranlaßt, sich an den Aufsichtsräten seiner Kundenfirmen zu beteiligen. So ist er dank der *scharia* einer der mächtigsten Männer von Karachi geworden. Doch der Islam, versichert er mir, stehe der persönlichen Bereicherung positiv gegenüber; nach dem Koran gebe es keinerlei Widerspruch zwischen dem einzelnen, der nach mehr Reichtum trachte, und dem Gemeinwohl - der Islam idealisiere nicht die Not. Desgleichen stehe der Koran eindeutig auf seiten des Privateigentums als »Mandatsgut Gottes«. Darum sei die moslemische Welt in besonderer Weise zum Kapitalismus berufen, und es gebe nichts Islamischeres als eine Aktiengesellschaft, gründe diese doch auf der gerechten Verteilung der Gewinne und Verluste. Überdies spreche sich die *scharia* gegen das Horten und für die Investierung aus, denn sie verlange von den Gläubigen, daß sie jährlich 2,5 Prozent ihres Geldguthabens zugunsten der Armen verteilten - das *zakat.* Diese Verteilung stütze die Wirtschaftstätigkeit durch den Volkskonsum, sei Keynes vor Keynes.

Wenn es den Anschein habe, schließt Qureshi, als neigten die Moslems mehr zum Handel als zur Industrie, dann nicht etwa wegen des Islam, sondern wegen der Gesellschaft, in der sie leben müßten. Wenn Pakistan kapitalistisch und nicht wie Indien sozialistisch sei, dann nicht etwa, wie man gemeinhin glaube, aufgrund des amerikanischen Einflusses, sondern als Folge des Islam. Das indische Kastensystem habe die Moslems zum Handel gezwungen; desgleichen sei das wirtschaftliche Verhalten der Moslems in der arabischen Welt oder in Afrika das Produkt der Kolonisierung und nicht des Islam.

Dreitausend Kilometer von Karachi entfernt, in Kairo, sollte mich ein in der arabischen Welt hochangesehener ägyptischer Schriftsteller, Yahia Hakky, fast wie im Echo zu Qureshis Worten auffordern, »Mohammed zu geben, was Mohammeds ist, und dem Kolonialismus und dem Sozialismus, den beiden modernen Plagen Ägyptens, was ihres ist«. Hakky gehört zu den herrlichen Erzählern der literarischen Kairoer Schule, ist ganz und gar durchdrungen von französischer Bildung und arabischen Texten, mit einer Bretonin verheiratet, aber »hundertprozentiger Moslem«, wie er betont. Ägypten sei nicht etwa deshalb arm, weil es moslemisch, sondern weil es von den Europäern ausgebeutet worden sei; untüchtig sei es, weil der Nassersche Sozialismus es bürokratisiert habe. Und was ist mit dem Fundamentalismus? Ein Verrat am Islam, der eine Religion der Mäßigung und der Toleranz sei, versichert mir Hakky, und alle wahren Moslems litten schwer unter diesem Verrat. Sie litten darunter, weil man sie mit Fanatikern identifiziere und sie mit ansehen müßten, wie man im Westen die Diktatur eines Mullah in Iran mit der Herrschaft des Islam in einen Topf werfe.

So scheinen also Afrikaner und Moslems bereit, sich dem Kapitalismus anzuschließen. Wenn sich die Dritte Welt tatsächlich zum freien Unternehmertum bekehrt, wem würde dieser Kapitalismus nützen? Wenn die Völker der Dritten Welt gut sind für den Kapitalismus, ist dann der Kapitalismus auch gut für sie? Bringt er nicht Ungleichheiten und zusätzliche Ungerechtigkeiten mit sich? Für Gatsha Buthelezi ist der Kapitalismus nicht nur leistungsfähig und steht Glauben und Religion wertfrei gegenüber, sondern er ist auch gerecht. Von allen Verantwortlichen, denen ich in der Dritten Welt begegnet bin, ist Buthelezi der glühendste Verfechter des freien Unternehmertums. Er erblickt darin nicht nur ein Mittel, der Armut zu entkommen, sondern auch ein Instrument der sozialen Gerechtigkeit - eine um so provozierendere Hypothese, als wir uns jetzt Südafrika zuwenden ...

## *Der gerechte Kapitalismus*

Alles, was in Südafrika geschieht, ist wichtig, ist Südafrika doch ein Mikrokosmos der Beziehungen zwischen der Industriewelt und der Dritten Welt. Diese beiden Universa wohnen hier dicht bei dicht auf demselben Territorium - Weiße und Schwarze,

Mestizen und Inder, Reichtum und Armut, Stammeszeitalter und Atomkraftwerke, Subsistenzlandwirtschaft und Supermärkte sind ineinander verwoben wie sonst nirgends auf dem ganzen Planeten. Das Miteinander der Rassen, der Kulturen und der beiden Welten entscheidet sich hier; am Erfolg oder Fehlschlag hier wird sich weitgehend ablesen lassen, was andernorts eintreten wird.

In Buthelezi wohnen zwei Persönlichkeiten beisammen. Die erste ist liebenswürdig, in Cambridge erzogen und schmückt sich mit britischem Humor. Auf höchst demokratische Weise zum Chefminister der Provinz Kwazulu ernannt, ist er der legitime Vertreter von sieben Millionen Bürgern des Zuluvolkes. Dieser Buthelezi ist ein makelloses Produkt des Commonwealth, er liebt leidenschaftlich Maßanzüge, vorausgesetzt, sie kommen aus London, und sammelt sie dutzendweise. Er ist pechschwarz, doch gehört er zu denen, mit denen sich die Weißen Südafrikas eines Tages verständigen könnten.

Der andere Buthelezi findet riesigen Gefallen daran, sich ein Leopardenfell überzustreifen und den Befehlsstab zu heben – Insignien königlicher Macht. An diesem Buthelezi ist kein Fäserchen Englisches mehr, er lebt umgeben von einem Hofstaat aus Dienern und Leibwächtern, ist unausstehlich und aggressiv. Er weist uns darauf hin, daß er ein authentischer Fürst reinsten Geblüts ist, Nachfahre von Chaka, dem »schwarzen Napoleon«, der die Zulus anfangs des 19. Jahrhunderts einte. Desgleichen gehört er zu den Begründern des *African National Congress*, der radikalsten Bewegung gegen die Apartheid, und hält seinem gefangenen Freund Nelson Mandela die Treue.

Zwei Männer, zwei Kulturen, zwei Legitimitäten – die historische und die demokratische – in einem Mann vereint: *Chief* Gatsha Buthelezi verkörpert besser als sonstwer in Afrika die Authentizität und die Leiden des Zuluvolkes. Da sich indessen Buthelezi zum Konservatismus und Kapitalismus bekennt, ist er bei der Afrika so wohlgesinnten Linken in Europa und den USA weniger gern gesehen und für die Medien weniger showträchtig als die Guerilleros von Soweto oder engagierte Kirchenmänner. Dabei ist Buthelezi beileibe kein Gemäßigter, sondern ein engagierter Anti-Apartheid-Ideologe, der freilich gegen den Strom schwimmt. Er steht den amerikanischen Wirtschaftlern, insbesondere Milton Friedman, sehr nahe und vertritt eine Sicht und Lösungen, die zu sämtlichen über Südafrika existierenden Gemeinplätzen im Gegensatz stehen. Er ist der Auffassung, um mit der Apartheid Schluß zu machen, böten sich die südafrikanischen Großarbeitgeber geradezu als beste Verbündete der Schwarzen an. Der Kapitalismus werde die Schwarzen befreien, nicht etwa, weil die Arbeitgeber schöne Seelen seien, sondern weil ganz einfach die Fortentwicklung ihrer Unternehmen verlange, daß die Schwarzen auf den Arbeitsmarkt kämen, eine gute Ausbildung erhielten und zu Verbrauchern würden.

Im übrigen, bemerkt Buthelezi, fordere ja gerade die südafrikanische Arbeitgeberschaft die Abschaffung sämtlicher geografischer, berufs- und erziehungsmäßiger Beschränkungen, eine Anhebung der Löhne der Schwarzen, eine Verbesserung ihrer Wohnungen und Schulen sowie ihren freien Zugang zu Eigentum und zur Schaffung von Unternehmen. Umgekehrt, und aus ebenso offenkundigen materiellen Gründen, kämpften die Gewerkschaften, die weißen Kleinbesitzer und die Bürokraten traditionell für die Apartheid.

Buthelezi wehrt sich heftig gegen den Vorwurf, er sei weiches Wachs in der Hand der südafrikanischen Arbeitgeber. Wer ihm das vorwerfe, sagt er, fröne der Meinung, der Kapitalismus könne nur weiß sein. Nichts in der Tradition der Zulus hindere sie daran, ihrerseits Kapitalisten zu werden. Wenn sie bislang nicht allzuviel Unternehmungsgeist an den Tag gelegt hätten, so nicht etwa, weil sie dazu nicht fähig seien, sondern weil für sie der Markt noch verschlossen sei. Die Apartheid und nicht etwa eine kulturelle Unfähigkeit der Schwarzen sei die Erklärung dafür, daß es unter den Chefs der Unternehmen und großen Agrarbetriebe praktisch noch keine Schwarzen gebe. Als Beweis für die Fähigkeit der Schwarzen, die Leiter der beruflichen Qualifikation schnell zu erklimmen, verweist Buthelezi auf die Erfahrung des Zweiten Weltkriegs; kaum sei damals der Arbeitsmarkt freigegeben worden, schon sei die schwarze Bevölkerung schnell aus den ungelernten Tätigkeiten, zu denen sie vordem verurteilt gewesen sei, zu halbgelernten Posten aufgestiegen, aus denen sie die Weißen verdrängt habe. Und überhaupt, wäre die Arbeitsbegabung der Schwarzen von Natur geringer als die der Weißen, dann brauchten sich letztere nicht mit einer ausgeklügelten Organisation reservierter Arbeitsplätze vor ihnen zu schützen. Die wirkliche Lösung des Apartheidproblems bestehe mithin darin, die Initiative aller, der Schwarzen wie der Weißen, freizugeben. So gingen wirtschaftlicher und politischer Fortschritt Hand in Hand, während sie sich bislang in ganz Afrika gegenseitig ausgeschlossen hätten. »Ich würde meinem Volk einen schlechten Dienst leisten«, sagt Buthelezi, »wenn ich es wie im übrigen Kontinent die Unabhängigkeit mit Armut bezahlen ließe.«

Zum Schluß bezeichnet es Buthelezi als den großen Vorzug des Kapitalismus, er verlange nicht etwa, daß Weiße und Schwarze sich gegenseitig liebten, sondern sie müßten lediglich feststellen, daß sie sich gegenseitig brauchten. Es genüge, wenn die Volksgemeinschaften ihr wirkliches Interesse begriffen, um in eine vorteilhafte Koexistenz einzutreten. Ohne Gewalt, die ohnehin nichts nütze. Und ohne Liebe, die ohnehin unwahrscheinlich sei!

## *Das Modell Arthur Lewis'*

Alle Welt ist »entwicklungsfähig«, versichert mir Arthur Lewis. Von allen Wirtschaftlern, mit denen mich diese Untersuchung in Berührung brachte, ist Lewis der einzige, dessen Werk einmütige Zustimmung erfährt. Vermutlich, weil er sein ganzes Leben der wissenschaftlichen Forschung gewidmet und sich von allen politischen Kompromissen und Einflußkämpfen ferngehalten hat. Er ist kein Ideologe, sondern ein Beobachter. Er läßt sich nicht leicht vereinnahmen, und in keinem System erkennt er sich wieder. Lewis stammt aus Jamaika und war der erste schwarze Professor an der angesehenen Princeton-Universität. 1979 wurde sein ganz und gar der Entwicklung gewidmetes Leben mit dem Nobelpreis für Wirtschaft geehrt.

Alle Welt ist entwicklungsfähig, sagt Lewis – relativ! Selbstverständlich spielen Geschichte, Kultur, Klima, Traditionen, Bodenschätze, geopolitische Lage eine bestimmende Rolle, die zu leugnen absurd wäre. Jede Ausgangssituation enthalte immer Trümpfe und Hindernisse; doch auf die objektiven Gegebenheiten könne man praktisch nicht einwirken. Für die Politik indessen gelte nicht dasselbe. Die eingeschlagenen Strategien könnten entweder die Hindernisse verschärfen oder die Trümpfe begünstigen. Jedes Volk sei also relativ entwicklungsfähig, wenn seine Institutionen dazu die Hand liehen.

Lewis fügt hinzu, die Schwierigkeiten der Dritten Welt unterschieden sich ganz und gar nicht wesenhaft von denen der Industrieländer; sie seien lediglich größer. Hier und da sei das, was man gemeinhin Krise nenne, aus einem Vertrauensverlust zwischen Privatinitiative und öffentlicher Hand entstanden. Könnten die Unternehmen, seien sie nun groß oder klein, nicht fest mit einem stabilen und berechenbaren institutionellen Rahmen rechnen, so gingen sie sofort keine Risiken mehr ein, kümmerten sich nur noch um ihre unmittelbaren Bedürfnisse, schöpften weder Arbeitsplätze noch Reichtümer. So verlange denn die Dritte Welt nicht weniger als das Abendland, daß ein Vertrag geschlossen werde zwischen der Gesellschaft und einem Staat, der die wirtschaftlichen Grundrechte achte: Eigentum, Währung, vernünftige Besteuerung, ehrliche Gemeinverwaltung. Was – diesen Punkt betont Arthur Lewis ganz besonders – das Vorhandensein eines dieses Namens würdigen Staates voraussetze. In der Industriewelt sei der Kontrakt oft durch ein Überhandnehmen des Staates gebrochen worden, in der Dritten Welt durch die Exzesse der Regierungen und das Fehlen eines Rechtsstaats.

Dieser Rechtsstaat sei nicht deckungsgleich mit Demokratie, sondern vielmehr das Konzept einer offenen und pluralistischen Gesellschaft, von der die Demokratie ein Aspekt sei. Nur die offene Gesellschaft, in der die politische Macht von der wirtschaftlichen Macht getrennt sei, mache Risiko und Innovation möglich. Die geschlossene oder monistische Gesellschaft bringe nur Konformismus und Wiederholung hervor. Nach Arthur Lewis läßt sich seine gesamte Forschung auf diesen einfachen Nenner des Kontrakts zwischen der politischen und der wirtschaftlichen Macht bringen.

Dieses Modell verlange den Verzicht auf politische Mythen wie etwa den Mythos der Revolution, aber auch den Verzicht auf technische Mythen - den Schnellweg zur Entwicklung dank des Computers, der angepaßten Technologien, und was es sonst noch an Expertengefasel gebe! Aber, so frage ich, wenn alle Welt entwicklungsfähig ist und das dazu geeignete Modell so klar zutage liegt - warum dann ist nicht alle Welt schon längst entwickelt? Weil, schließt Lewis, Armut und Unterdrückung in der Geschichte der Menschheit die Norm, Wohlstand und Freiheit die Ausnahme seien. Das eigentliche Rätsel sei mithin nicht die Unterentwicklung, sondern die Entwicklung; in Europa seien als unvorhersehbarer Funke die technische Innovation und eine soziale Mutation zusammengetroffen: Dampfmaschine und Aufstieg des Bürgertums.

Bin ich nun bei meiner Untersuchung der Massenarmut und der Möglichkeiten ihrer Lösung wirklich einem Trugschluß aufgesessen?

# EPILOG

# Sansibar – oder der tiefere Grund

Gibt es ein ferneres Land als Sansibar? Erst nach fünfstündiger Sturmfahrt an Bord einer antiken Dau mit Dreieckssegel ging ich gegenüber der afrikanischen Küste und Daressalam auf der Insel an Land. Der Nachen roch wie ganz Asien und Afrika zusammen, aber er war immer noch besser als Air Tansania und ihre ungewissen Flugpläne. Doch trotz allem ist Sansibar ein Muß, und sei es nur um der Meditation über untergegangene Kulturen willen.

Sansibar, lange Zeit von Sultanen aus Oman regiert, war einst der strahlende Mittelpunkt der ganz Ostafrika beherrschenden Suahelikultur. Heute ist es nur noch eine zerfallende Medina im unpassenden arabischen Stil. Vom britischen Protektorat, das immerhin ein Jahrhundert währte, sind nur noch wenige Spuren übrig, sieht man einmal vom »Africa House« und »Spice Inn« ab, Schmuckstücken kolonialer Hotellerie, heute wurmzerfressen, tropenerhitzt und weitab aller Wege. Lange Zeit hindurch verdankte Sansibar seinen außergewöhnlichen Wohlstand dem Weltmonopol der Gewürznelke sowie dem Sklavenhandel zwischen Afrika und dem Persischen Golf. Den stechenden Geruch der Nelke kann man noch im Hafen atmen, aber ihren beherrschenden Platz mußte die Insel abtreten, als die Javaner (die das Gewürz mit Tabak vermischen) erkannten, daß sie das Produkt selbst billiger erzeugen konnten. Vom Sklavenhandel, den die Engländer 1895 offiziell unterbanden, sind noch ein paar Kerkerruinen übrig; deren Steine benutzen die Händler der Insel als Auslage für Obst und Gemüse. Hüten wir uns indessen, Sansibar für ein fernes Paradies zu halten, dem der Massentourismus und die Wechselfälle der Welt erspart geblieben seien. Ganz im Gegenteil: Sansibar ist die Insel aller heutigen Leidenschaften, allen zerstörerischen Wahnsinns. Diese Endstation meiner Reise vereinigt auf ihrer kleinen Oberfläche mit sechshunderttausend Einwohnern sämtliche

Schiffbrüche der Dritten Welt. Sansibar ähnelt einer Sackgasse oder einer Abzugsrinne, in der sich kunterbunt alle ideologischen Fantasmen und alle Delirien der Entkolonisierung angesammelt haben.

Die Sansibaris mit ihrem friedlichen Aussehen und langsamen Gang, diese seltsam blauäugigen Mulatten, Mischungen der Sklavinnen und ihrer einstigen Herren, haben gleich nach der Unabhängigkeit im Jahre 1964 auf den Aufruf eines ugandischen Werftarbeiters hin in einer einzigen Nacht der langen Messer fast sämtliche Araber auf der Insel umgebracht. Wer überlebte, floh über das Meer zurück nach Oman, dem einstigen Herkunftsland. Im Vollgefühl dieser ersten Revolution, die sie von ihren einstigen Beherrschern emanzipierte, ließen die Sansibaris eine zweite, diesmal maoistische folgen, angestachelt von Mohamed Babu, einem in Kuba ausgebildeten Intellektuellen. Es dauerte nicht lang, da wurde er von einem Volkstribun, Abeid Karume, entthront. Dieser nutzte eine vorübergehende Hausse auf dem Gewürznelkenmarkt, um an die Bevölkerung gratis Herde und Kühlschränke zu verteilen. Aus jener Zeit hat sich Sansibar ein Kollektiv-Wohnviertel bewahrt, das jedem Land in Osteuropa gut anstünde: »Ostberlin« nennen die Bewohner die unter der Äquatorsonne unerwarteten Betonanreihungen. In einer letzten Wallung schließlich verschmolz sich Sansibar mit Tanganjika und wandte sich dem afrikanischen Sozialismus zu. Julius Nyerere praktizierte hier dieselbe Politik wie auf dem Festland: Ausschaltung der durchweg indischen oder arabischen Zwischenhändler, staatliches Handelsmonopol, Senkung der Agrarpreise. Der Gewürznelkenanbau überstand dies nicht; die Sansibaris pflegten ihre Bäume nicht mehr, und um überleben zu können, verlegten sie sich auf Subsistenzkulturen.

Letzte Ironie der Geschichte: Ein paar arabische Fürsten sind aus Oman zurückgekehrt und lassen sich Prachtvillen erbauen, in denen sie ihre Tage beschließen. Die Bevölkerung nimmt diese Überlebenden um so lieber auf, als sie die Zeit der Sultansherrschaft mit dem damaligen Wohlstand gleichsetzt. Ist der Sklavenhandel weiterhin verboten, so ist es doch nicht untersagt, die eigene Tochter mit diesen Omanern zu verheiraten. Nun wäre dieses Bild von Sansibar nicht vollständig ohne den Entwicklungsexperten. Dieser ist meist skandinavischer Herkunft, von einer internationalen Organisation vom Typ FAO abkommandiert und gibt sich alle Mühe, eine den örtlichen Gewohnheiten völlig fremde Tätigkeit anzusiedeln, zum Beispiel den bewässerten Reisanbau; kaum kehrt der Experte den Rücken, kehren auch die Bauern sofort zu ihren traditionellen Kulturen zurück.

Wirtschaft, Kultur, Gesellschaft - alles hängt in Fetzen, und man weiß nicht recht, wovon die Sansibaris eigentlich leben. Vielleicht vom Warten auf die nächste Revolution? In den schläfrigen Buden der Medina sehe ich überall das Bild des Imam Khomeini. Wie nur können sich die Sansibaris, nachdem sie Sklaven der Araber gewesen und sie dann scharenweise ermordet haben, heute - Tausende Kilometer von Iran entfernt - in dieser dunklen Ikone erkennen? Weshalb folgt der Sklaverei, Kolonisierung und dem Sozialismus als letzte Zuflucht der Islam? Weil in Sansibar kein Mensch mehr an die wirtschaftliche Entwicklung glaube, vertraut mir der Suaheli-Schriftsteller Abdul Rahman Batibo an, und die Bestechlichkeit der politischen Machthaber aller Welt klar vor Augen stehe. Die Sansibaris haben nur noch Vertrauen zu ihren Mullahs. Khomeini ist allgegenwärtig, weil den Sansibaris überhaupt nichts mehr geblieben ist als allein der Islam. Der Islam ist Gesetz, Recht und Glaube zugleich; er gibt Antwort auf die Fragen des Alltags ebenso wie auf die Hoffnung auf das Jenseits.

Wir würden von diesem Inselchen nicht so viel Aufhebens machen, wäre es nicht ganz offenkundig ein Symbol. Denn heute geht durch die gesamte Dritte Welt beim Appell der Ideologien und der religiösen Begeisterung ein erwartungsvolles Zittern. Welch anderer Weg verbleibt denn ganzen Völkern, die keinerlei Aussicht auf eine materielle Verbesserung haben und ihrer traditionellen Kultur beraubt worden sind, als allein die Utopie? Was schlagen denn die Entwicklungsstrategen als Ersatz für den religiösen Fundamentalismus oder die revolutionäre Mobilisierung vor? Langweiliges Technokratengeschwätz, einen in Verruf geratenen Sozialismus, einen falsch begriffenen, schlecht angewandten oder zu langsam fruchtbringenden Liberalismus, der folglich nicht für ernst genommen wird. Das alles sind recht armselige Antworten.

So verlasse ich Sansibar zutiefst überzeugt, daß das Problem der Armut nur gelöst werden kann, wenn wir uns an die Wirklichkeit halten, wenn wir über aller Technik und Wirtschaft nicht die Vorstellungskraft und Sehnsüchte der Menschen vergessen, wenn wir uns stets vor Augen halten, daß sie nach Gerechtigkeit dürsten und nach Reichtum sich sehnen.

Nantucket, im Juni 1987

# ANHÄNGE

*Wirtschaftliche Basisdaten*

| | Bevölkerung 1984 (in Mio.) | Oberfläche (in Tsd. km²) | BSP 1984 (in Mrd. $) | Pro-Kopf-Einkommen 1984 (in $) | Jahreswachstum: 1973–1983: (in Prozent) |
|---|---|---|---|---|---|
| Ägypten | 46,2 | 1 001 | 33,3 | 720 | –0,2 |
| Argentinien | 30,1 | 2 767 | 67,0 | 2 230 | –0,2 |
| Bolivien | 6,2 | 1 099 | 2,5 | 410 | 0,3 |
| Brasilien | 132,5 | 8 512 | 227,0 | 1 710 | 4,4 |
| Chile | 11,9 | 757 | 20,3 | 1 710 | 2,2 |
| China (VR) | 1 030,0 | 9 561 | 318,3 | 310 | 6,1 (?) |
| Côte d'Ivoire | 9,9 | 322 | 6,0 | 610 | 4,5 |
| Hongkong | 5,5 | 1 | 30,6 | 6 330 | 9,1 |
| Indien | 750,0 | 3 288 | 197,2 | 260 | 4,2 |
| Kuba | 9,8 | 121 | 8,0 (?) | 820 | unbek. |
| Mexiko | 77,0 | 1 973 | 158,3 | 2 060 | 5,0 |
| Pakistan | 92,4 | 804 | 35,4 | 380 | 6,2 |
| Senegal | 6,4 | 196 | 2,4 | 380 | 2,4 |
| Singapur | 2,5 | 1 | 18,2 | 7 260 | 8,2 |
| Südafrika | 32,7 | 1 221 | 74,0 | 2 260 | 2,8 |
| Südkorea | 40,5 | 98 | 84,8 | 2 090 | 7,0 |
| Taiwan | 19,1 | 36 | 52,0 | 2 740 | 7,0 |
| Tansania | 21,5 | 945 | 4,4 | 210 | 2,6 |
| *Frankreich* | 55,0 | 547 | 490,0 | 9 760 | 2,3 |

*Quelle:* Weltbank, aufgrund der von den Regierungen gelieferten Zahlen.

## BESUCHTE ORTE

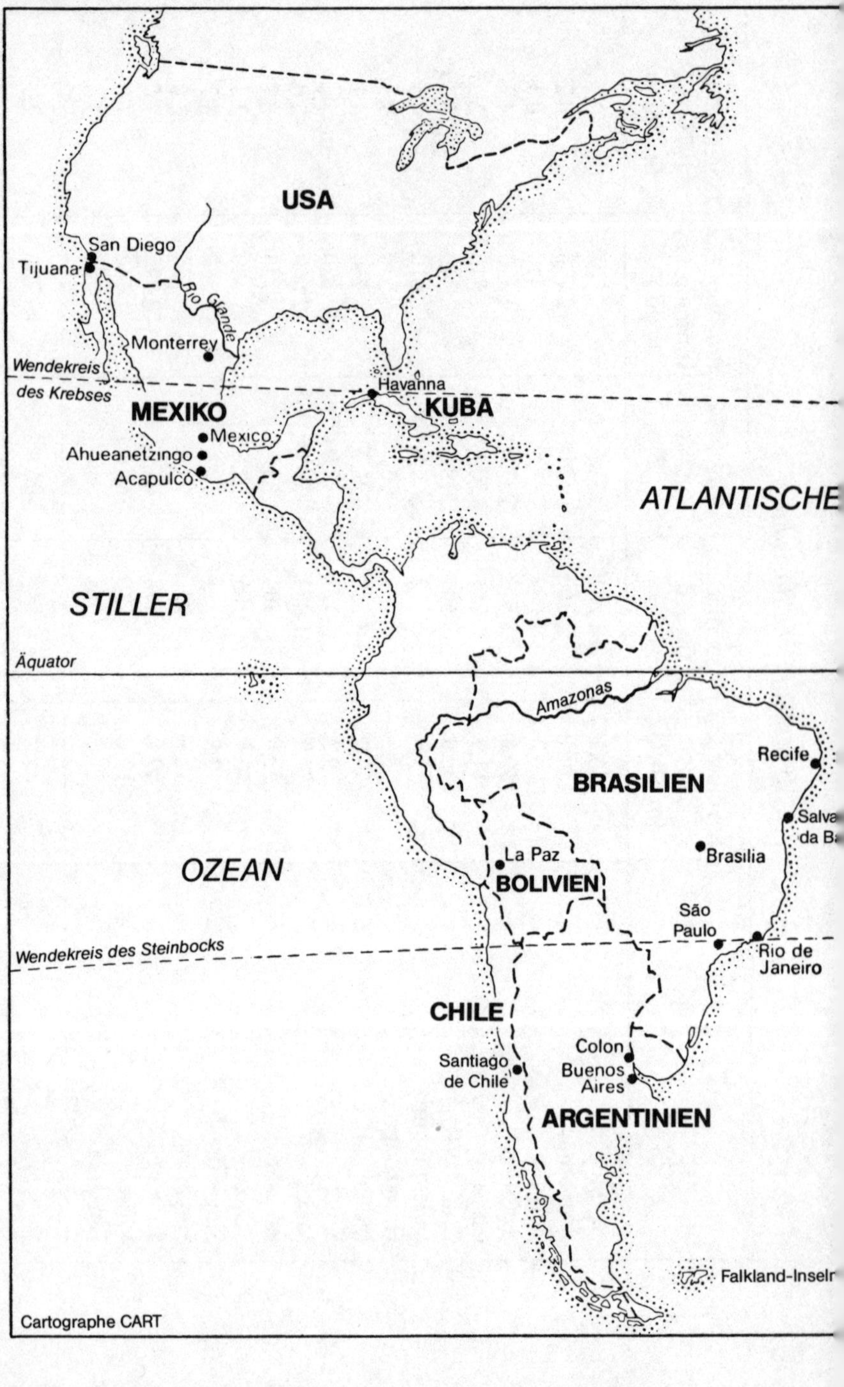

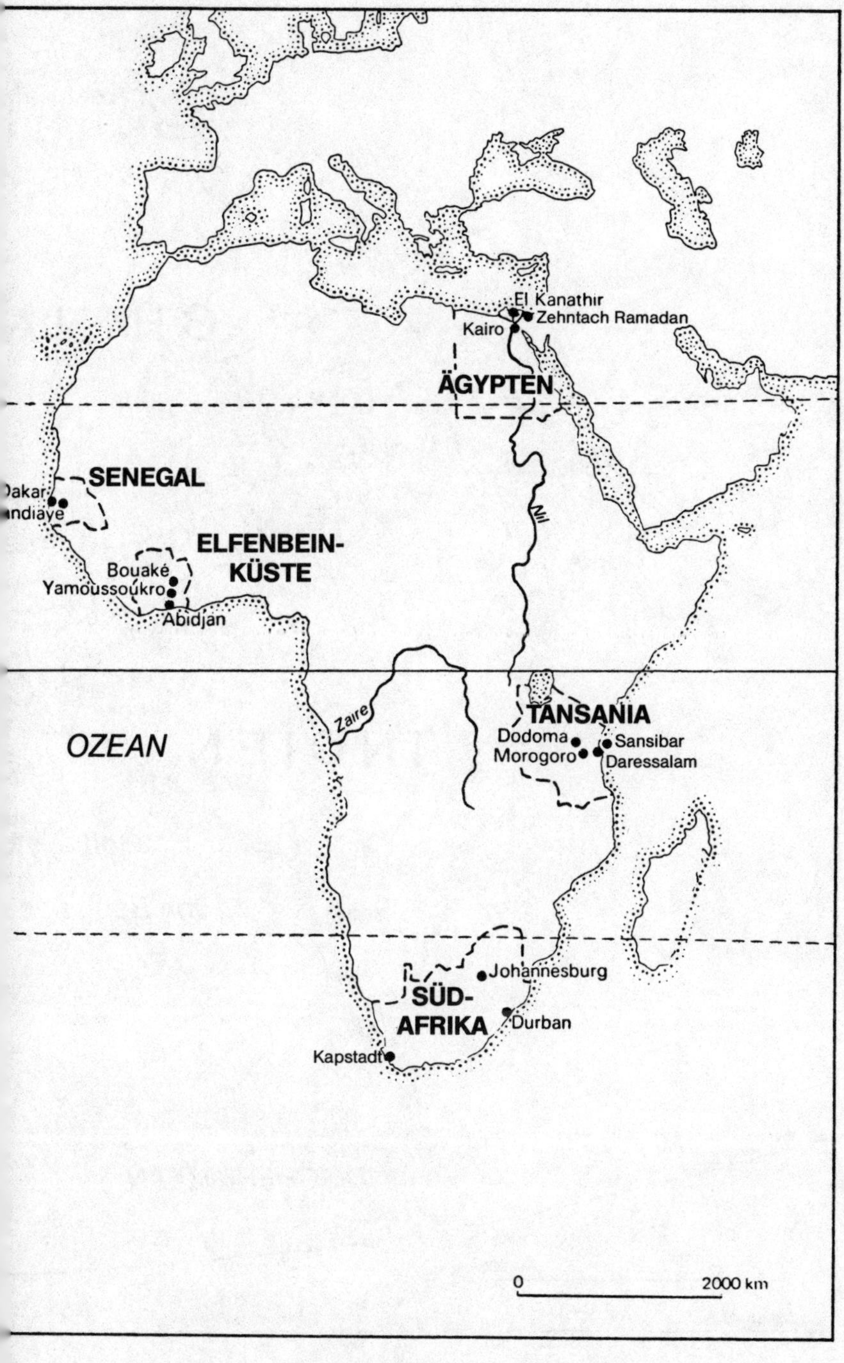
El Kanathir
Zehntach Ramadan
Kairo
ÄGYPTEN
Nil
SENEGAL
Dakar
Ndiaye
ELFENBEIN-
KÜSTE
Bouaké
Yamoussoukro
Abidjan
Zaire
OZEAN
TANSANIA
Dodoma
Morogoro
Sansibar
Daressalam
Johannesburg
SÜD-
AFRIKA
Durban
Kapstadt
0
2000 km

## BESUCHTE ORTE

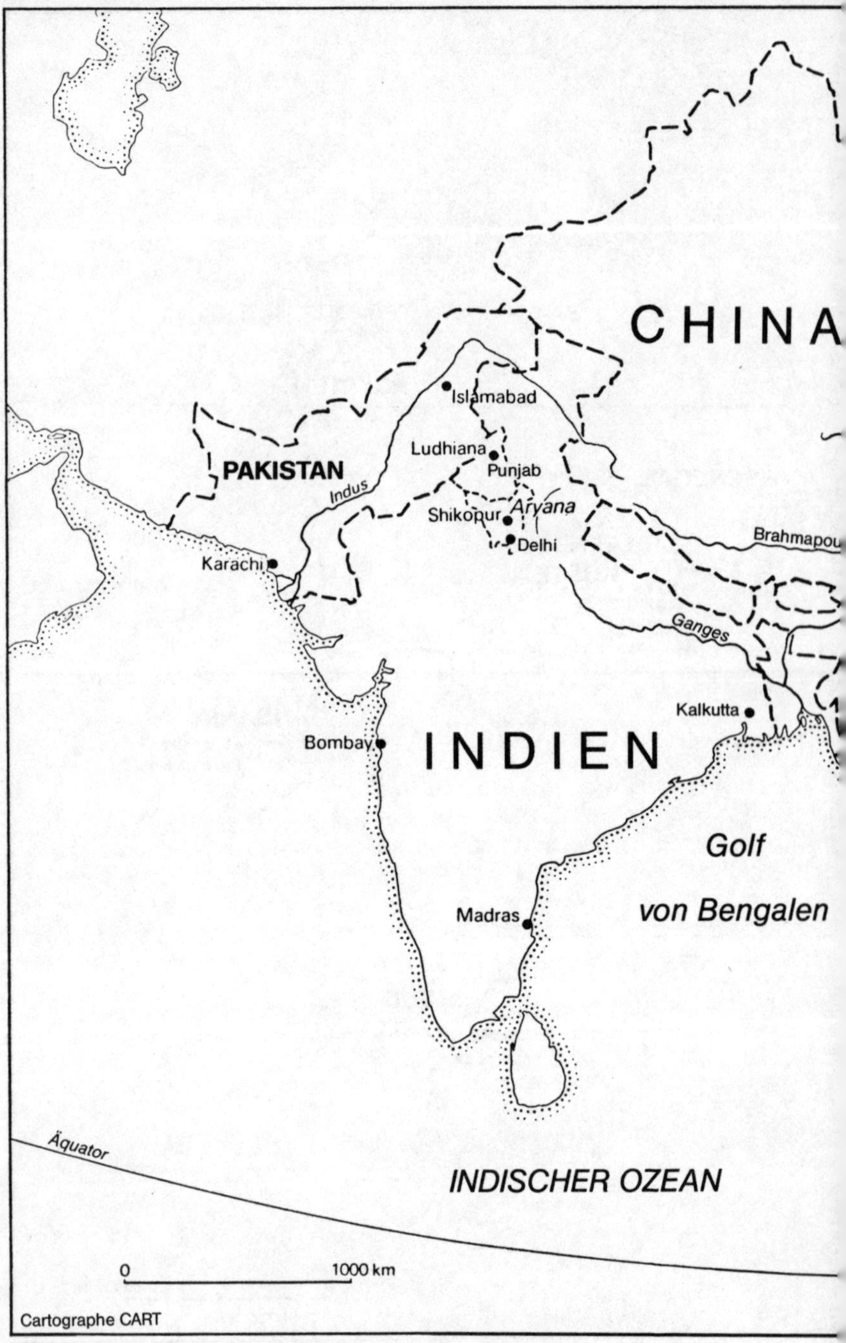

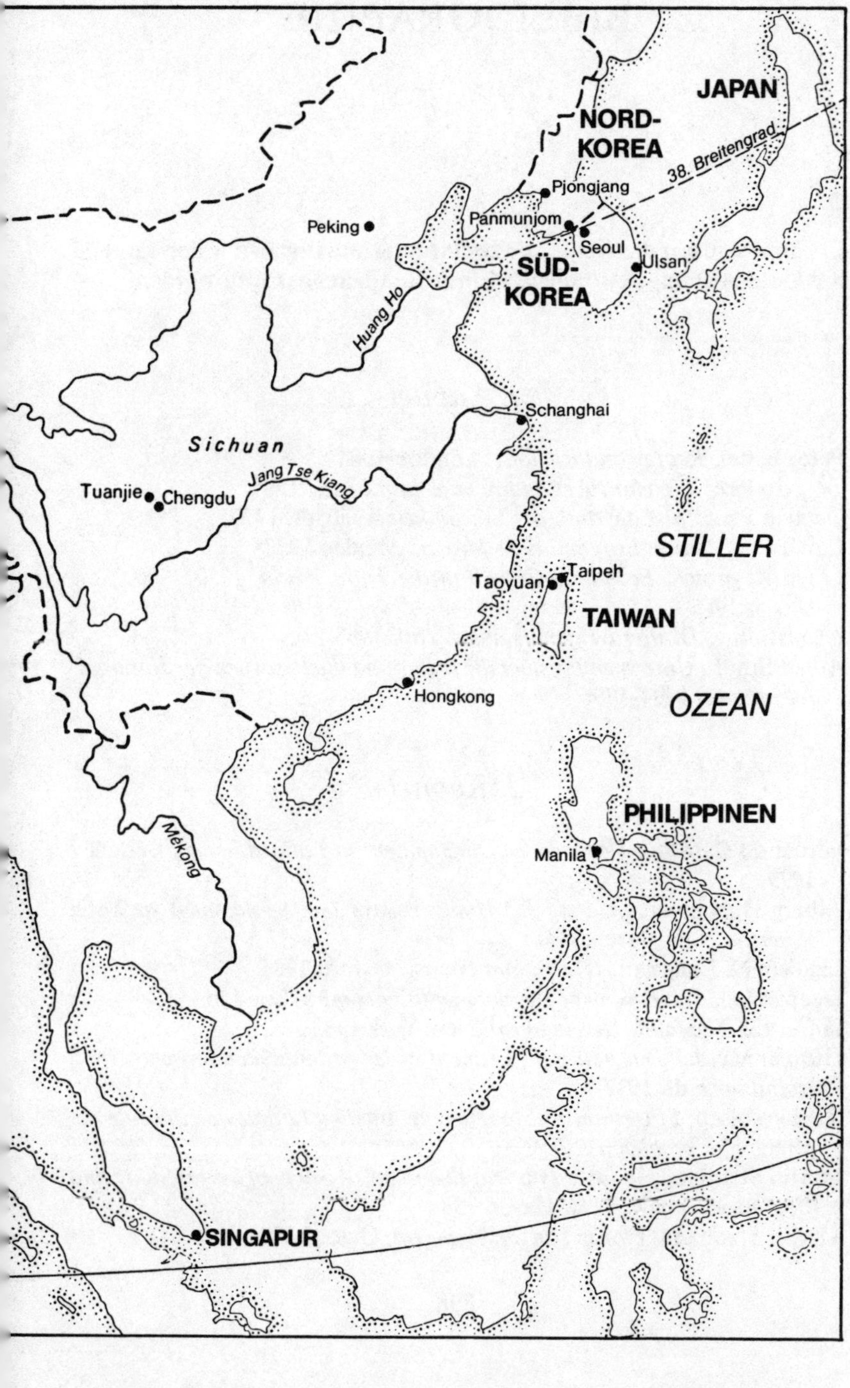

JAPAN
NORD-
KOREA
38. Breitengrad
Pjongjang
Panmunjom
Seoul
Ulsan
Peking
SÜD-
KOREA
Huang Ho
Schanghai
Sichuan
Jang Tse Kiang
Tuanjie
Chengdu
STILLER
Taipeh
Taoyuan
TAIWAN
Hongkong
OZEAN
PHILIPPINEN
Manila
Mekong
SINGAPUR

# BIBLIOGRAPHIE

Erwähnt sind nur die Werke, die zur Prüfung und Ergänzung der während der Untersuchung gewonnenen Einsichten herangezogen wurden.

## *1. Kapitel*


Peter Bauer, *Reality and Rhetoric,* London 1984

Octavio Paz, *Une planète et quatre ou cinq mondes,* 1985

Octavio Paz, *Das Labyrinth der Einsamkeit,* 1950, dt. 1970

Luis Pazos, *Futuro Económico de México,* Mexico 1977

Lloyd Reynolds, *Economic Growth in the Third World, 1850–1980,* New Haven 1985

Alan Riding, *Distant Neighbors,* New York 1985

Adam Smith, *Untersuchung über die Natur und die Ursachen des Nationalreichthums,* 1794–1796


## *2. Kapitel*


Fernando Cardoso, *Dependence Development in Latin America,* Berkeley 1979

Albert Hirschman, *A Bias for Hope. Essays on Development in Latin America,* New Haven 1971

Jagdish, N. Bhagwati, *Wealth and Poverty,* Oxford 1985

Deepak Lal, *The Poverty of Development Economics,* London 1983

Ian Little, *Economic Development,* New York 1985

Gunnar Myrdal, *Das politische Element in der nationalökonomischen Doktrinbildung,* dt. 1932

Raúl Prebisch, *El Desarollo económico de América Latina y algunos de sus principales problemas,* 1950

Martin Staniland, *What is Political Economy? A Study of Social Study and Underdevelopment,* New Haven 1986

Martin Staniland, *Pioneers in Development,* Oxford 1984

## *3. Kapitel*

Guibal de la Blacha, *Historia de la Agricultura Argentina,* Buenos Aires
Jorge Luis Borges, *Essai d'autobiographie,* Paris
Henri Bourguignat, Jacques Mistral, *La Crise de l'endettement international,* Paris 1986
Adolfo Coscia, *Segunda revolución agrícola de la región Pampeana,* Buenos Aires 1983
Osvaldo Ferrari, *Borges en Diálogo,* Buenos Aires 1986
Italo Luder, *Ideas y propuestas,* Buenos Aires 1986
Alberto Benegas Lynch, *Liberalismo para liberales,* Buenos Aires 1986
Guillermo O'Donnel, *El Estado burocrático autoritario,* Buenos Aires 1982
Maria Saenz Quesada, *Los Estancieros,* Buenos Aires 1985
Martín Schwab, *El Estado Eficaz,* Buenos Aires 1985

## *4. Kapitel*

Natalio Botana, *La Tradición republicana,* Buenos Aires 1985
Peter Evans, *Dependent Development: The Alliance of Multinational State and Local Development,* Princeton 1979
Gilberto Freyre, *Herrenhaus und Sklavenhütte,* dt. 1965
Celso Furtado, *Le Brésil après le Miracle,* 1987
Helio Jaguaribe, *Brasil 2000,* Rio de Janeiro 1986
Gilberto de Macedo, *Casagrande y senzala; obra didáctica,* Rio de Janeiro 1979
Henry Maksoud, *O poderes de governo,* São Paulo 1984
Antonio Paim, *Pensamento filosófico brasileiro,* São Paulo 1984
Paulo Ravello de Castro, *Barões y boias frias,* Rio de Janeiro 1982

## *5. Kapitel*

M. J. Akbar, *India: The Siege Within,* London 1985
J. A. Bernard, *L'Inde: le pouvoir et la puissance,* Paris 1985
Sahsti Brata, *India,* New York 1985
Jean-Luc Chambard, *Atlas d'un village indien,* Paris
Nirad Chaudhuri, *The Continent of Circe,* 1965
Louis Dumont, *Homo Hierarchicus,* Paris 1967
Pranay Gupte, *Vengeance: India after the Assassination of Indira Gandhi,* New York 1985
Dominique Lapierre, *La Cité de la joie,* Paris 1985

Gunnar Myrdal, *Asiatisches Drama. Eine Untersuchung über die Armut der Nationen,* dt. 1968 u. 1973 (Kurzfassung)
Ashis Nandy, *The Intimate Enemy,* Oxford 1983

## *6. Kapitel*

Samir Amin, *Le Développement du capitalisme en Côte-d'Ivoire,* Paris 1967
Robert Berg, *Strategies for African Development,* Berkeley 1986
Sylvie Brunel, *Greniers vides, greniers pleins,* Paris 1986
Tidiane Diakite, *L'Afrique malade d'elle-même,* Karthala 1986
René Dumont, *Pour l'Afrique? J'accuse,* Paris 1986
Y. A. Faure und J.-F. Médard, *Etat et Bourgeoisie en Côte-d'Ivoire,* Karthala 1982
David Lamb, *The Africans,* New York 1985
Uma Lele, *The Design of Rural Development: Lessons for Africa,* Baltimore 1975
Serge Michailof, *Les Apprentis Sorciers du développement,* Paris 1986
Shiva Naipaul, *North of South,* London 1978
Sven Rydenfelt, *A Pattern of Failure,* New York 1984
Abdou Toure, *Les Petits Métiers d'Abidjan,* Karthala 1986
Abdou Toure, *La Civilisation quotidienne en Côte-d'Ivoire,* Karthala 1981

## *7. Kapitel*

Unter der Leitung von Olivier Cambassedes, *Atlaséco de Poche,* 1986
Fidel Castro, *Entretien sur la religion avec Frei Betto,* Paris 1986
Nick Eberstadt, *Fertility Decline in the Less Developed Countries,* New York 1981
Gary Gereffi, *The Pharmaceutical Industry in the Third World,* Princeton 1983

## *8. Kapitel*

C. Aubert, Y. Chevrier, J.-L. Domenach, *La Société chinoise après Mao,* Paris 1986
*Pékin,* Editions Autrement 1985
J. K. Fairbanks, *The Great Chinese Revolution,* New York 1985
Liang Heng, *After the Nightmare,* New York 1986
Pr Ma Hong, *New Strategy for China's Economy,* Peking 1983
Claude Martin, »Les hutongs de Pékin«, *Revue française de Pékin,* 1985

## *9. Kapitel*

*Almanach of Chinese Economy,* Hongkong 1981
Jean-Luc Domenach, *Le Mariage en Chine,* Paris 1987
Sang Who Rhee, *China's Reform Politics,* Seoul 1986

## *10. Kapitel*

Ismaïl Sabri Abdalla, *Images of the Arab Future,* Kairo 1983
Claire Brisset, *La Santé dans le Tiers Monde,* 1984
Syed N. H. Naqvi, *Economy through the Seventies,* Islamabad 1985
Agustín Saavedra Weise, *Bolivia en el contexto internacional,* La Paz 1985

## *11. Kapitel*

Dana Dalrymple, *High Yielding Varieties of Wheat and Rice,* Washington D.C. 1978
Carl Escher, *Agricultural Development in the Third World,* Baltimore 1985
Gilbert Etienne, *Développement rural en Asie,* Paris 1982
Pierre Gourou, *Riz et civilisation,* Paris 1984
Pranay Gupte, *The Crowded Earth,* New York 1984
Shirley Kuo, *The Taiwan Economy in Transition,* 1983
Murray Leaf, *Song of Hope,* New York 1984
John Mellor, Gurvant Desai, *Agricultural Change and Rural Poverty,* Baltimore 1985
Vernon Ruttan, *Agricultural Research Policy,* 1984
Julius Simon, *The Ultimate Resource,* Princeton 1981
Khushwant Singh, *A History of the Sikhs,* Oxford 1963

## *12. Kapitel*

*Entwicklungsbericht,* Weltbank 1986
Peter Bauer, *Dissent on Development,* Cambridge, Mass. 1972
Milton Esman, *Local Organization, Intermediaries in Rural Development,* 1984
Sol Max, *Penny Capitalism,* Chicago 1963
Kusum Nair, *In Defense of the Irrational Peasant,* Chicago 1979
Carlos Rangel, *Le Tiers Monde et l'Occident,* Paris 1985
Theodore Schultz, *Investing in People,* 1981

Theodore Schultz, *Transforming Traditional Agriculture,* New Haven 1963
James Scott, *The Moral Economy of the Peasant,* New Haven 1983
James Scott, *Weapons of the Weak,* New Haven 1985
Herman Southworth, *Agricultural Development and Economic Growth,* 1967

## *13. Kapitel*

Philip Chen, *Prospect for the Pacific Century,* Taipeh 1986
René Dumont, *Taïwan, le prix de la réussite,* Paris 1986
Wanne L. Joe, *Traditional Korea, a Cultural History,* Seoul 1972
Shirley Kuo, *The Taiwan Success Story,* 1981
Kwoh Ting Li, *Experiences and Lessons of Economic Development in Taiwan,* Taipeh 1982

## *14. Kapitel*

Irma Adelman, Cynthia Taft Morris, *Society Politics and Economic Development: a Quantitative Approach,* Baltimore
Bela Belassa, *Chance and Challenge in the World Economy,* New York 1985
Bela Belassa, *Les Nouveaux Pays industrialisés dans l'économie mondiale,* Paris 1986
Peter L. Berger, *The Capitalist Revolution,* New York 1986
Leroy Jones, *Public Enterprise and Economic Development: The Korean Case,* Seoul 1975
Leroy Jones, Il Sakung, *Government, Business and Entrepreneurship: The Korean Case,* Cambridge, Mass. 1980
Clark Kerr, *The Future of Industrial Society,* Cambridge, Mass. 1983
Simon Kuznets, *Modern Economic Growth,* New York 1966
Park, *Social Security in Korea,* Seoul 1975
*The Singapore Economy: New Directions,* Ministry of Trade and Industry, Singapur 1985
Ian Woronoff, *Korea's Economy: Man Made Miracle,* Seoul 1983

## *15. Kapitel*

Muhammad Abdul-Rauf, *A Muslim's Reflexion on Democratic Capitalism,* Washington D.C. 1984

Serge Christoph Kolm, *L'Homme pluridimensionnel,* Paris 1986
David Lamb, *The Arabs,* New York 1984
Arthur Lewis, *The Evolution of International Economic Order,* Princeton 1978
Leon Louw, Frances Kendall, *South Africa, The Solution,* Ciskei 1986
Adam S. Moodley, *South Africa without Apartheid,* 1986
Michio Morishima, *Capitalisme et confucianisme,* Paris 1987
Roy Mottahedeh, *The Mantle of the Prophet,* London 1985
V. S. Naipaul, *Crépuscule sur l'Islam,* Paris 1981
S. H. Naqvi, *Principle of Islamic Economic Reform,* Islamabad 1984
Nathan Rosenberg, *How the West Grew Rich,* New York 1986
Jean-Jacques Servan-Schreiber, *Le Défi mondial,* Paris 1980
Thomas Sowell, *The Economics of Race,* New York 1984

# DANKSAGUNG

*Der neue Reichtum der Nationen* ist das Ergebnis einer zwischen 1984 und 1987 in 18 Ländern durchgeführten Untersuchung. Sie verdankt ihr Entstehen vor allem anderen der Freundlichkeit all derer, die bereit waren, mich zu empfangen und meine Fragen zu beantworten. Dennoch ist das vorliegende Buch keine Gesprächsniederschrift, sondern meine ganz persönliche Synthese der geführten Gespräche. Daher liegt die ganze Verantwortung bei mir allein, zumal ich mir leicht denken kann, daß sich eine Reihe der nachstehend genannten Gesprächspartner in den Porträts, die sie als unrichtig bezeichnen dürften, lieber nicht wiedererkennen möchten. Ich hoffe jedoch, daß sie zumindest meine Absicht würdigen, zur Entwicklung ihres Volkes beizutragen.

## *Ägypten*

Sabri Abdalla, ehemaliger Planungsminister
Amin Fakhry Abdelnour, Union européenne de Banque
Hazem El Beblawi, Präsident der Export Development Bank
Boris Catoire, Wirtschafts- und Handelsattaché, französische Botschaft
Pierre Comte, Französisches Kulturinstitut Kairo
M. Dewidar, Gesundheitsminister
Mohamed I. Farid, Vizepräsident der Weltentwicklungsbank
Hazem Foda, Presseattaché der ägyptischen Botschaft in Paris
Yahia Hakky, Schriftsteller
Pierre Hunt, französischer Botschafter in Ägypten
Ali Loutfi, ehemaliger Premierminister, Senatspräsident
Youri Moustafa, Minister für Wirtschaft und Außenhandel
Ali N. Negm, Arab International Bank
Wahib Raafat, Wafdi-Partei
Ismaël Sabri, Präsident der französisch-ägyptischen Gesellschaft für Ernährungsindustrien
Mohamed Zahwi, Ministerium für Planung und Zusammenarbeit

## *Argentinien*

Alessandro Achaval, Institut für die Entwicklung von Fach- und Führungskräften in Argentinien (IDEA)
Ingrid Adam, Belgrano-Universität
Tomas de Anchorena, Botschafter Argentiniens
Luis Balcarce, Belgrano-Universität
Luis Berisso Esteban, Bauer
Dario Bignoli, Belgrano-Universität
Natalio Botana, Soziologe
Adolfo Brodersohn, Staatssekretär für Wirtschaft
Domingo Cavallo, Institut für Wirtschaftsstudien in Argentinien
Enrique Cerda Omiste, Carlos-Pellegrini-Stiftung
Horacio Domingorena, Präsident von Aerolineas Argentinas
Hugo Alberto Filippini, *La Serenissima*
Martín Giesonov, Cargill
José Luis de Imas, Soziologe
José Javier Goni, Handelsbörse von Buenos Aires
Federico J. L. Korraquin, IPAKO (Petrochemische Industrie)
Margot de Kumiec, Journalistin
Italo M. Luder, Parteiführer
Alberto Lynch Benegas Jr., Schulleiter, Eseade-Schule
Bartolomé Mitre, Leiter von *La Nación*
Juan Terencio Moche, Tierprodukte
Juan Pedro Munro, IDEA
Vicente Olguin Baca, Handelsbörse
Carlos Ortiz de Rozas, argentinischer Botschafter in Frankreich
Juan Miguel Parodi, Präsident von Hewlett-Packard Argentinien
Avelino Porto, Rektor der Belgrano-Universität
Jacques Ramondou, Vizepräsident von Renault Argentinien
Etchebarne Schwab, Wirtschaftswissenschaftler
Emilio Taccone, Gewerkschafts-Generalsekretär
Jean-Pierre Thibaud, Industrieller

## *Bolivien*

Victor Paz Estenssoro, Präsident der Republik Bolivien
Gaston Araoz, bolivianischer Botschafter in Frankreich
Guilhermo Bedregal, Außenminister
M. Costa du Rels, Chef des Protokolls, Außenministerium

Philippe Desjeux, Leiter des bolivianischen Instituts für Höhenbiologie
Jacobo Liberman, Berater des Staatspräsidenten
Pierre Mutter, französischer Botschafter in Bolivien
Agustín Saavedra Weise, ehem. Außenminister
Jaime Villalos, Minister für Bergbau

## *Brasilien*

José Sarney, Präsident der Republik
Guilherme Afif Dominguo, Präsident der Handelskammer São Paulo
Jorge Amado, Schriftsteller
Roberto Appy, *Jornal da Tarde*
Emanuel Araujo, Bildhauer
Salvador Arena, Präsident von Industria Termo Mecanica
Lise Aron, Dolmetscherin
Marco Brandão, Wirtschaftsministerium
Dom Hélder Câmara, Bischof von Recife
Roberto Campos, Senator von Mato Grosso
Roberto Castro Neves, IBM Brasilien
Gilberto Freyre, Soziologe
Dilson Furnaro, Finanzminister
Celso Furtado, Kulturminister
Antonio de Rego Gil, Präsident von S.I.D.-Informática
Prof. José Goldemberg, Rektor der Universität von São Paulo
Alexandre Guasti, Liberales Institut
Gervasio Tadashi Inoué, landwirtschaftliche Kooperative von Cotia
Francisco Ivern, Leiter der Stelle für Forschung und soziale Aktion Johannes XXIII.
Helio Jaguaribe, Institut für politische Studien, Rio de Janeiro
Dr. Pedro Kassab, brasilianisches medizinisches Zentrum
Roberto Kouder Bornhausen, Präsident von Unibanco
Dom Luciano, Bischof von Belem
Henry Maksoud, Leiter von *Visão*
João Carlo Merielles, Präsident des Tierzüchterverbandes
Rui Mesquita, Präsident von *Jornal da Tarde*
Jean-Marie Monteil, Präsident der französisch-brasilianischen Handelskammer
Delfim Neto, Senator
M. Odebrecht, Unternehmer
Luis Paulo Rosemberg, Wirtschaftsberater von Präsident Sarney
Napoleon Saboia, *Jornal da Tarde*

Carlos Sant'anna, Generaldirektor von PETROBAS
Joaquim dos Santos Andrade, Präsident der Metallgewerkschaft
Luis Ignacio da Silva, genannt Lula, Arbeiterpartei
General Ivan de Souza, Präsidialamt
Donald Stewart, liberales Institut
Flavio Telles de Menez, Präsident der Gesellschaft für Landfragen
Amaury Temporal, Präsident der Konferenz der Handelskammern
Dom Timoteo, Benediktinerabtei von Salvador da Bahía

## *Chile*

Hernán Bucchi, Wirtschaftsminister
Sergio de la Cuadra, Leiter des Wirtschaftsinstituts
Oscar Godoy Arcaya, Leiter des Instituts für politische Wissenschaften der katholischen bischöflichen Universität von Chile
Norberto González, Generalsekretär von ECLAC
Victor Manuel Ojeda, Leiter von *Gestión*
José Pinera, ehem. Arbeitsminister
Lucia Santa Cruz, *El Mercurio*

## *China*

Michel Combal, französischer Botschafter in Peking
Chen Deyan, Wirtschaftsinstitut von Sichuan
Dong Furen, Leiter des Wirtschaftsinstituts von Peking
Feng Zhongmao, Stahlkombinat Peking
Hu Yaobang, Erster Sekretär der KPCh
Jiang Yiwei, Institut für industrielle Wirtschaft, Peking
Li Poxi, Institut für gesellschaftspolitische Entwicklung, Peking
Liu Guoguang, Vizepräsident der Akademie für Sozialwissenschaften
Liu Jinhua, chinesische Akademie für Sozialwissenschaften
Ma Hong, Rat für Staatsangelegenheiten
Ma Jiaju, Wirtschaftsinstitut Peking
Wang Hua, China Zhenxing Co. für Wirtschaft und Handel
Wang Zhiguo, Sichuan-Akademie für Sozialwissenschaften
Wu Lingmei, chinesische Akademie für Sozialwissenschaften
Xu Bo, Institut für Internationale Studien
Yu Zhuyao, Wirtschaftsinstitut
Zhang Kaiming, Institut für Soziologie und Bevölkerungsstudien, Schanghai

Zhan Shuguang, Wirtschaftsinstitut
Zhao Renvei, chinesische Akademie für Sozialwissenschaften
Zheng Suxiang, Dorfältester von Tuanjie
Zhou Xiaolong, Plankommission von Schanghai

## *Côte d'Ivoire*

M. Amethier, Afrikanische Pflanzervereinigung
Claude Angelini, Leiter des Savannen-Instituts
M. Berger, Handelsattaché, französische Botschaft
Aka Bogui Timothee, Industrieministerium
Denis Bra Kanon, Landwirtschaftsminister
Alain Doat, Afrikanische Pflanzervereinigung
Bernard Ehui Koutoua, Industrieminister
Lamine Fadiga, Präsident der Handelskammer, Abidjan
Kassi Kakou, Industrieministerium
Auguste Miremont, *Fraternité Matin*
François Pointereau, Zentrum für Internationale Zusammenarbeit in der Agrarforschung
Abdoulaye Sawadogo, ehemaliger Landwirtschaftsminister, Professor für Geografie

## *Indien*

Montek Singh Ahluwalia, Berater des Ministerpräsidenten
Amya Bagchi, Zentrum für sozialwissenschaftliche Studien, Kalkutta
Jyosi Basu, Premierminister von Bengalen
Jérôme Bonnafont, französische Botschaft
Sukhumoy Chakravarti, Wirtschaftsrat beim Ministerpräsidenten
Barun De, Zentrum für sozialwissenschaftliche Studien, Kalkutta
Michel Gelenime, französischer Handelsattaché in Kalkutta
Abid Hussein, Plankommission
L. K. Jha, Präsident der Produktivitätskommission
Prem Shankar Jha, Direktor, *Hindustan Times*
Rajni Kothari, Studienzentrum für Entwicklungsgesellschaften
T. N. Madan, Institut für Wirtschaftswachstum
M. D. Marathe, Voltas Ltd., Bombay
J. C. Marize, französischer Vizekonsul in Kalkutta
Jean Bernard Mérimée, französischer Botschafter in Indien
Inder Mohan

B. C. Mukherjee, Jessop Industries
Ashis Nandy, Studienzentrum für Entwicklungsgesellschaften
R. D. Pendse, Tata Industries, Bombay
Dr. Ramanna, Atomenergiekommission, Bombay
S. Rajgopal, Atomenergiekommission, Bombay
C. Hanumathan Rao, Institut für Wirtschaftswachstum
M. V. Rao, Landwirtschaftsministerium
Narasima Rao, Minister für menschliche Ressourcen
Moonis Raza, Vizekanzler der Universität von Delhi
Priya Sen
Ashwini Seth, agrarwirtschaftliches Forschungszentrum, Universität von Delhi
Mme Sharma, Kulturattaché, indische Botschaft in Paris
Lalit Sharma, Soziologe
Singh, Institut für Agrarforschung
Manmohan Singh, Plankommission
Khushwant Singh, Schriftsteller
Manbiv Singh, Außenministerium
G. P. Talwar, Leiter des nationalen Immunologie-Instituts
Romesh Thapar, Leiter der Zeitschrift *Seminar*
A. H. Tobaccowala, Voltas International
Kapila Vatsyayan, Ministerium für die Entwicklung der menschlichen Ressourcen
Francis Wagziarg

## *Korea*

Ahn Seung Chul, KDI
Chang Joon Shik, Arbeitsministerium
Choo Hakchung, KDI
Choo Soon Ho, Erziehungsministerium
Chung Hyungsoo, Internationales Informationsamt
Chung Joo Young, Präsident von Hyundai
Hwa Soo Chung, ILHAE-Stiftung
Sakung Il, Präsidialamt
Jin Nyum, Plankommission
Jung Kang Hong, Korean Overseas Information Service
Kang Ae Ryan, Dolmetscher
Kim Cae One, Institut für Sozialwissenschaften, Universität Seoul
Kim Dae Jung, Oppositionsführer
Kim Duk Chong, Daewoo

Kim Jin Jyun, Direktor, *Dong A*
Kim Ki Duk, Arbeitsministerium
Kim Kihwan, Präsident der ILHAE-Stiftung
Kim Man Je, Vizepremierminister
Kim Oksin, Vizeminister für allgemeine Angelegenheiten
Kim Woo Choong, Präsident, Daewoo Corp.
Kim Yong Wook, Democratic Justice Party
Kim Young Shik, Präsident des koreanischen Instituts für die Entwicklung der Erziehung
Ko Kwang Cho, Lucky Gold Star
Lee Hwan San, Democratic Justice Party
Nam Jaehee, Democratic Justice Party
Paik Nam June, Künstler
Park Chongha, Präsident des Buddhistenordens Sung Kyun Kwan
Shin Kook Hwan, Minister für Handel und Industrie
Shin Se Ho, Institut für die Entwicklung der Erziehung
Yu Taewan, Internationales Informationsamt

## *Kuba*

Regino G. Boti, Corporación Cimex
Leyla Carrillo, Kulturattaché, französische Botschaft
Dominique d'Ollone, Kulturattaché, französische Botschaft
Hermes Errera, Vizeminister für Kultur
Ricardo Garcia Pampin, *Editorial de Ciencias Sociales*
Miguel Llanera, Buchinstitut
Jean-Louis Marfaing, französischer Botschafter in Kuba
Victoria Penalver, Kulturministerium
Julio Pejaz Pérez, Vizegesundheitsminister
Antonio Rodríguez, Vizeerziehungsminister

## *Mexiko*

Victor Hinojosa Barragan, Generaldirektor der französisch-mexikanischen Handelskammer
Norman Borlaug, Agrarwissenschaftler, Friedensnobelpreisträger 1970
Jorge Bustamente, Generaldirektor von CEFNOMEX
Francisco Cálderon, Consejo Coordinador Empresarial
Fernando Canales, PAN-Partei, Monterrey
M. Coindreau, PAN-Partei

José Córdoba, Planministerium
Juan Manuel Durán, Technologico de Monterrey
Mario Garza González, Vitro
Angel Gurria Trevino, Finanzministerium
Alejandro Junco, Direktor von *El Norte*
Javier Livas, PAN-Partei
Cassio Luisseli, Missión Económica para América Latina
Jaime Matus, agrarwirtschaftliches Zentrum am Kolleg Chapin
Fernando Muñoz, Unterstaatssekretär im Arbeitsministerium
Sergio Reyes Osorio, Landwirtschaftsministerium
Octavio Paz, Schriftsteller
Luis Pazos de la Torre, Forschungszentrum für freies Unternehmertum
Ivan Restrepo, Leiter des Zentrums für Öko-Entwicklung
Fernando Salas Vargas, Präsidialamt
Tran Van Kha, Handelsattaché, französische Botschaft
Gregorio Martín Valdes, CIMMYT
M. Santos, PRI-Abgeordneter, Monterrey
Prof. Solis, Wirtschaftsberater im Präsidialamt
Guillermo Velazco, Präsident der Arbeitgebervereinigung COPARMEX
Luis Enrique Wah Ruiz, Generaldirektor der Vereinigung der Staatsindustrien Mexikos
Jaime Zabludowsky, Präsidialamt

## *Pakistan*

Dr. Meekal Aziz Ahmad, Plankommission
Bashir Ahmad, Pakistan Bank
M. Beaussou, 1. Sekretär, französische Botschaft
Mirza Qamar Beg, pakistanische Botschaft in Paris
Roger Duzer, französischer Botschafter in Pakistan
Ijaz Gilani, Institut für öffentliche Meinungsforschung
A. G. N. Kazi, Plankommission
Farook Leghari, Progressive People's Party
Nomaan Majid, National Development Finance Co.
M. W. Memon, Industrial Development Bank
K. M. Nagra, Industrial Development Bank
Syed N. H. Naqvi, pakistanisches Institut für wirtschaftliche Entwicklung
Maqbool Qureshi, Banker's Equity Ltd.

## *Republik Südafrika*

Gatsha Buthelezi, Chief Minister, Kwazulu, Präsident von Inkatha
Desmond Colborne, Südafrika-Stiftung, Paris
F. Khashane, Direktor von *Pace*
James Leatt, Kap-Universität
A. Le Grange, The Development Bank
L. Mvubelo, Arbeitergewerkschaft Bekleidung
J. F. du Plessis, Südafrika-Stiftung, Paris
J. de Souroure, Südafrika-Stiftung, Paris
Michael Spicer, Anglo-American Corp.
J. Suzman, Universität Wittswatersrand
Prof. S. Terreblanche, Universität Stellenbosch
G. van den Viljoen, Erziehungsminister
Ike Van der Watt, Metallgewerkschaft
P. J. Ullmann, Außenhandelsattaché, französische Botschaft

## *Senegal*

Abdou Diouf, Staatspräsident
Doudou Diop, Generalkonsul in Paris
Serigne Lamine Diop, Minister für industrielle Entwicklung und Handwerk
Falilou Mbaké Gueye, Ministerium für ländliche Entwicklung
Prof. Kasse, Universität Dakar
Omar Ngala Ndoye, Persönlicher Referent des Staatspräsidenten
Amadou Niang, Präsident von Sonaca-Sonabanque
Léopold Sédar Senghor, ehemaliger Staatspräsident
Moustapha Sourang, Doyen der rechtswissenschaftlichen Fakultät, Universität Dakar
Iba Der Thiam, Erziehungsminister
M. Versières, Leiter der Mission für Zusammenarbeit, französische Botschaft

## *Singapur*

Heng Chee Chan, Universität Singapur
Keng Swee Goh, Präsident der Zentralbank
Richard Hu, Finanzminister

Loong Lee Hsien, Minister für Handel und Industrie
David Marshall, Botschafter von Singapur in Paris
M. Pillay, Zentralbank
K. S. Sandhu, Studieninstitut für Südostasien
Ngiam Tong Dow, Ministerium für Handel und Industrie
Philip Yeo, Kommission für Wirtschaftsentwicklung

## *Taiwan (Republik China)*

Chang, Paul K., Informationsamt der Regierung
Chen, Charles Chao Hsi, Informationsminister
Chen Li Fou, Philosoph
Chen, Philip, Asia and World Institute
Chou, Tein Chen, Professor für Wirtschaftswissenschaften, Universität Taipeh
Chu, In Lu, Präsident von Cannontex
Hsiung, Alcko H. W., Kuomintang-Partei
Kuo, Shirley, Zentralbank
Lan, Annie S. C., Asia and World Institute
Lee, K. T., Wirtschaftswissenschaftler
Lin, T. S., Tatung Co.
Ma Ying Jeou, stellv. Generalsekretär des Kuomintang
Tang, Kelly, Fernsehproduzent
Tein Chen Chou, Universität Taiwan
Tsiang Shoh Chieh, Wirtschaftswissenschaftler
Wu, Charles C., Universität Taiwan
Yen Chia Kan, ehemaliger Präsident der Republik
Ying, Diane, Leiterin der Zeitschrift *Commonwealth*

## *Tansania*

M. Holela, Generalsekretär der Union der Kooperativen
Owen Hugues, FAO
Roland Hureaux, 1. Sekretär, französische Botschaft
Bernard A. Joinet, Universität Daressalam
K. A. Malima, Erziehungsminister
M. Mwita, Ecisa AG
Julius K. Nyerere, Präsident der Revolutionspartei, ehemaliger Staatspräsident

Roland Oquist, Schwedisches Institut für Entwicklung und Landwirtschaft
Georges-Emile Vinson, französischer Botschafter in Tansania

## *Internationale Organisationen und Forschungsinstitute*

Bela Balassa, Weltbank, Washington
Dana G. Dalrymple, U.S. Aid, Washington
Milton Friedman, Nobelpreisträger für Wirtschaftswissenschaften, Hoover Institution, Stanford
Marc Gentilini, Leiter der tropenmedizinischen Abteilung von Pitié-Salpêtrière
Jacques de Larosière, Internationaler Währungsfonds
Arthur Lewis, Nobelpreisträger für Wirtschaftswissenschaften, Universität Princeton
Nathan Rosenberg, Stanford-Universität, Kalifornien
Edward Schuh, Weltbank, Washington
Theodore Schultz, Nobelpreisträger für Wirtschaftswissenschaften, Universität Chicago
Guy Vallaeys, Präsident von CIMMYT

Diese Untersuchung wäre nicht möglich gewesen ohne die Hilfsbereitschaft von Air France, die mich heil über die sieben Meere und fünf Erdteile transportierte. Besonderen Dank sage ich den namenlosen Flugkapitänen, Navigatoren, Stewards und Stewardessen, die das Abenteuer zu einem zugleich sicheren und angenehmen Unterfangen gestalteten.

Schließlich danke ich Steven Kaplan für Rat und Hilfe, Michelle Gaillard, die meine Reisen vorbereitet hat, France de Malval, die die zahllosen Fassungen des Manuskripts mit geübtem Auge entzifferte, und Guy Rossi-Landi, der mir bei der Endredaktion beistand.

# NAMENREGISTER

# SACHREGISTER